Vorwort

Herrliche, ausgedehnte Strände mit feinem Sand und steter Brandung, gesäumt von wunderschönen Dünen – das bietet die niederländische Westküste, ein Paradies für Urlaub und Erholung. Reizvoll sind die Badeorte, die in ihrem Charakter so unterschiedlich sind wie Callantsoog als „Familienbadedorf" oder Scheveningen als mondänes Seebad und alle eine große Bandbreite an nicht nur sportlichen Aktivitäten bieten. Einen Besuch wert sind unbedingt die kleinen und größeren küstennahen Städte wie Alkmaar, Haarlem oder Delft und die drei Metropolen, die in diesem Buch als Tagesausflug beschrieben werden: Amsterdam, Rotterdam und Den Haag.

Interessant zu sehen sind auch die Ergebnisse der niederländischen Deichbaukunst, aus der schon vor Jahrhunderten planmäßig angelegte Polder entstanden und die inzwischen so perfekt geworden ist, dass die Niederlande vom Meer nichts mehr zu befürchten haben. Imposant erheben sich die Dämme des Deltawerkes, die nach der letzten großen Sturmflutkatastrophe 1953 gebaut wurden und frühere Meeresarme wie Haringvliet, Grevelingenmeer und Oosterschelde zu Binnenseen gemacht haben. Hier finden Wassersportler völlig neue Betätigungsflächen.

Die Dämme haben auch bewirkt, dass die Strände der Provinzen Noord-Holland, Zuid-Holland und Zeeland leichter zu erreichen sind. Viele Strände sind so weitläufig, dass sie jedem Urlauber genau das bieten, was er sich wünscht. Eine perfekte Infrastruktur gibt es nahe der Strandübergänge mit Strandpavillons, Zelt- und Windschutzverleih sowie Badeaufsicht. Hier werden die Badegäste nicht von Hunden, Pferden, Drachen oder Kitesurfern belästigt – für sie gibt es eigene ausgewiesene Abschnitte. Auch Naturisten finden abgetrennte Areale. Die Aufteilung und die Einrichtungen der Strandabschnitte werden in diesem Reiseführer ausführlich beschrieben.

Groß ist das Angebot an Unterkünften, von Hotels über Pensionen, Jugendherbergen, Appartements und Bungalows bis hin zu Campingplätzen – eine Auswahl findet der Leser in jeder Ortsbeschreibung, ebenso wie Tipps zu sportlichen und kulturellen Aktivitäten.

Die holländischen und zeeländischen Küstenlandschaften sind nicht nur in der Sommersaison attraktiv: Im Frühjahr locken allerorten die blühenden Blumenfelder, im Herbst kann man die wunderschöne Landschaft in aller Ruhe genießen und im Winter sollte man sich die frische Brise um die Ohren wehen lassen, um einmal richtig auszuspannen. Wir wünschen Ihnen schöne Tage an der niederländischen Westküste!

Barbara und Hans Otzen

Inhalt

Reisetipps A–Z

(unter Mitarbeit von E.H.M. Gilissen)

Landschaft und Natur

Menschen und Kultur

Noord-Holland

Zuid-Holland

Exkurse

Zeeland

Anhang

Abkürzungen:

ANWB = *Algemeene Nederlandse Wielrijdersbond* (Allgemeiner Niederländischer Automobilclub)

VVV = *Vereniging voor Vreemdelingenverkeer* (Fremdenverkehrsvereinigung)

Kartenverzeichnis

Übersichtskarten

Stadtpläne

300ho Foto: ot

Praktische Reisetipps von A bis Z

Anreise

Mit dem Auto

Mit dem Auto ist die niederländische Küste problemlos zu erreichen. Aus dem Alpenraum bzw. **Süddeutschland** empfiehlt sich die Fahrt auf der linksrheinischen Autobahn A61 über Koblenz, Venlo (Ortsumgehung noch nicht als Autobahn ausgebaut), Eindhoven und weiter auf der niederländischen A2 in Richtung Rotterdam/Amsterdam. Alternativ kann man die Autobahnen durch Frankreich, Luxemburg (der Abschnitt Metz – Luxemburg ist mautfrei und entsprechend frequentiert) und Belgien benutzen. Über Antwerpen geht es weiter auf der niederländischen A4 in Richtung Bergen op Zoom bzw. auf der A58/A17 in Richtung Rotterdam/Amsterdam.

Aus **Norddeutschland** kommend, bietet sich die Anreise auf der A1/A31 über Oldenburg an. Weiter geht es auf der niederländischen A7 über den Abschlussdamm des Ijsselmeeres bzw. auf der A6 nach Amsterdam. Von Osnabrück kommend, fährt man auf der A30 Richtung Hengelo und weiter auf der niederländischen A1 in Richtung Utrecht, wo es dann auf der A2 nach Amsterdam oder auf der A12 nach Rotterdam weitergeht.

Mit dem Flugzeug

Mit dem Flugzeug bietet sich der Anflug zum **Amsterdamer Flughafen Schiphol** an, der mehrfach täglich von den verschiedensten Flughäfen in Deutschland und aus dem Alpenraum angeflogen wird (www.schiphol.nl). Als weitere Möglichkeit kommt der **Rotterdamer Flughafen Zestienhoven** in Betracht, der aber nicht so häufig angeflogen wird (www.rotterdam-airport.nl).

Ein Economy-Rückflugticket von Deutschland, Österreich oder der Schweiz nach Amsterdam oder Rotterdam bekommt man je nach Jahreszeit und Aufenthaltsdauer ab etwa 200 € (Endpreis

Seite 12/13: Typischer Strandpavillon – die meisten werden über den Winter abgebaut

Buchtipps:
„Fliegen ohne Angst" und **„Clever buchen, besser fliegen"**, beide erschienen in der Praxis-Reihe, REISE KNOW-HOW Verlag, Bielefeld

einschl. Steuern, Gebühren und Entgelte), in der Hauptsaison kann der Preis über 300 € betragen. Kinder unter zwei Jahren fliegen ohne Sitzplatzanspruch für 10 % des Erwachsenenpreises, ansonsten werden für ältere Kinder die regulären Preise je nach Airline um 25–50 % ermäßigt. Ab dem 12. Lebensjahr gilt der Erwachsenentarif.

Linienairlines wie *KLM, Lufthansa, Austrian Airlines* und *Swiss* haben regelmäßig Angebote, aber auch folgende Airlines können interessant sein:

- **Budget Air:** Von verschiedenen deutschsprachigen Flughäfen nach Amsterdam (www.budgetair.com). Hier werden Restkontingente von u.a. Lufthansa, Austrian oder auch Swiss verkauft.

- **Easy Jet:** Von Berlin-Schönefeld, Basel-Mulhouse-Freiburg und Genf nach Amsterdam (www.easyjet.com).
- **Transavia:** Von Berlin, Salzburg (ab Dez.) und Innsbruck nach Amsterdam, von Wien, Salzburg (ab Dez.), Innsbruck, und Friedrichshafen (ab Dez.) nach Rotterdam (www.transavia.com).
- **OLT (Ostfriesische Lufttransport):** Von Hamburg nach Rotterdam (www.olt.de).

Am Ankunftsflughafen ist es sinnvoll, sich ein Auto zu mieten, um zum jeweiligen Ziel an der Küste zu gelangen. Der öffentliche Nahverkehr mit Bus und Bahn ist in den Niederlanden jedoch sehr gut ausgebaut.

Mit der Bahn

Mit der Eisenbahn ist eine Anreise an die Küste recht bequem. Die Küstenorte Den Helder, Zandvoort, Hoek van Holland und Vlissingen verfügen über einen Bahnanschluss. Die Fahrt mit dem ICE von Frankfurt über Amsterdam nach Zandvoort dauert viereinhalb Stunden und ist schon für unter 70 € zu haben – frühzeitige Buchung und richtige Terminwahl vorausgesetzt.

Für Vielfahrer innerhalb der Niederlande kann sich das **„Voordeelurenabonnement"** rechnen, das 55 € kostet und bis zu 40 % Rabatt zu bestimmten Fahrzeiten ermöglicht. Dazu muss man die sogenannte „OV-chipkaart" besitzen, die es nur in den Niederlanden gibt, die aber neben Bahnfahrten auch für Straßenbahn, U-Bahn und die meisten Überlandverbindungen (z.B. Connexxion) gilt.

Für die **Anreise nach Amsterdam** gibt es Nachtzüge mit komfortablen Schlaf-, gemütlichen Liege- oder preiswerten Ruhe-Sesselwagen. Sie verkehren jeden Abend von München über Augsburg, von Prag über Dresden und Berlin sowie von Zürich über Freiburg und Karlsruhe. Wer früh-

Abends hat man viele Strände auch im Sommer fast für sich allein

zeitig bucht und die Hauptreisetage meidet, kann damit schon für 44 € einfache Fahrt über Nacht bis Amsterdam reisen.

Wer sich nicht selbst durch den Dschungel der Bahntarife und Fahrpläne schlagen und trotzdem Geld sparen will, erhält bei einer spezialisierten Bahn-Agentur kompetente Beratung – und auf Wunsch die Tickets an jede gewünschte Adresse in Europa geschickt. Die hier genannten Informationen wurden uns von der Freiburger Bahn-Agentur Gleisnost zur Verfügung gestellt (www.gleisnost.de, Tel. (0761) 38 30 31).

Autofahren

Das Straßennetz in den Niederlanden ist hervorragend ausgebaut und in gutem Zustand. Fast alle Landstraßen haben Fahrradwege, der Fahrweg ist also Pkw und Lkw vorbehalten. Selbst Nationalstraßen sind aber oft relativ schmal. Auch alte Autobahnen haben schmalere Fahrspuren als die neueren und noch keinen Seitenstreifen.

Die niederländischen Autofahrer sind diszipliniert. Ordnungswidrigkeiten gegen Verkehrsvorschriften werden streng geahndet. „Knöllchen“

301ho Foto: ti

sind teuer und werden auch im Ausland, wenn der Besucher wieder aus den Niederlanden zurückgekehrt ist, geltend gemacht. Die **Höchstgeschwindigkeit** auf Autobahnen beträgt 120 km/h, auf Landstraßen 80 km/h und in Ortschaften 50 km/h. Die **Promillegrenze** liegt bei 0,5.

Parken

Parken in den Städten ist in der Regel extrem teuer, Parkplätze an den Stränden kosten meist mehr als 1 € pro Stunde, oft mit einer Mindestgebühr ab 4,50 €. Falschparker werden abgeschleppt oder die Räder der ordnungswidrig abgestellten Fahrzeuge mit einer Kralle versehen. Das Abschleppen in Amsterdam kostet fast 150 €, das Entfernen der Kralle 60 €.

Die einzige kostengünstige Art, in den Städten zu parken, sind die Transferium-Angebote, das niederländische **Park & Ride,** zu nutzen. Sie sind auf der Autobahn ausgeschildert und führen zu einem bewachten Parkplatz am Stadtrand, der einen bequemen Bus- oder Straßenbahnanschluss in die Stadt bietet. Das Parkticket kostet in der Regel 6 € für 24 Stunden und ist gleichzeitig ein Fahrschein für bis zu vier erwachsene Fahrzeuginsassen zur Beförderung vom Parkplatz in die Stadt und zurück.

Panne

Bei Pannen ist der **niederländische Automobilclub (ANWB)** mit seiner Pannenhilfe *(wegenwacht)* unter der Tel.-Nr. 088 269 28 88 zur Stelle. Weitere Notrufzentralen der wichtigsten ausländischen Automobilclubs:

- **ADAC,** Tel. (0592) 39 05 60
- **ÖAMTC,** (0043) 1 2512000 (keine Rufnummer in NL)
- **TCS,** Tel. (0041) 22 4172220 (keine Rufnummer in NL)

Mietwagen

Mietwagen sind in den Niederlanden zu vergleichbaren Preisen wie zu Hause bei den großen europäischen Mietwagenanbietern wie auch bei privaten Anbietern erhältlich. Hierfür ist der Nachweis einer mehr als einjährigen Fahrpraxis erforderlich, der Fahrer muss mindestens 21 Jahre alt sein. Es reicht der nationale Führerschein für Urlauber aus EU- und EFTA-Ländern. Oft lohnt es sich, den Wagen schon vor Antritt einer Reise in die Niederlande über einen internationalen Anbieter zu reservieren. Dann bekommt man (meistens) die reservierte Marke und kann Preisvorteile nutzen. Die Erfahrung zeigt aber, dass man zumindest außerhalb der Hauptsaison mit privaten Anbietern vor Ort billiger fährt. Informationen: www.avis.de, www.budget.de, www.europcar.de, www.hertz.de, www.sixt.de.

Behinderte

Die Niederlande sind sehr aufgeschlossen gegenüber den Problemen behinderter Menschen. Es wird viel unternommen, um Rollstuhlfahrern das Leben leichter zu machen. So werden beispielsweise Behörden und auch Museen behindertengerecht umgebaut. An Stränden können spezielle **Strandrollstühle** mit Ballonreifen gemietet werden. Unter den Tipps zu den Badeorten ist aufgeführt, wo solche Strandrollstühle verfügbar sind. Nähere Informationen zu diesen Rollstühlen findet man unter www.offtheroadwheels.nl.

Einkaufen

Im Bereich der Nahrungs- und Genussmittel haben die Niederlande einige Besonderheiten und eine große Vielfalt zu bieten. An erster Stelle stehen dabei Käse und sonstige Milchprodukte wie z.B. der berühmte *vla,* ein fast trinkbarer Pudding, Fisch – und da vor allem der Matjes. Unter dem reichen Angebot an Backwaren gibt es vor allem eine große Auswahl an Keksen; als alkoholische Spezialität des Landes gilt der Genever. Neben den Geschäften stellen dabei die **Märkte,** die als Wochenmärkte in fast allen größeren Orten abgehalten werden, mit ihrer Betriebsamkeit besonders attraktive Einkaufsstätten dar. Hier bekommt man auch unglaublich preiswert Blumen und Blumenzwiebeln und vieles andere mehr.

Die größte (aber auch teuerste) **Supermarktkette** in den Niederlanden heißt *Albert Heijn*. Ihre Filialen finden sich in allen größeren Orten, so auch in den Seebädern – meist am Ortsrand. Übrigens: Viele Sonderangebote kann man hier nur dann zum reduzierten Preis erwerben, wenn man über die Kundenkarte von *Albert Heijn* verfügt. Sie ist problemlos in jedem Geschäft zu erhalten, kostet nichts und verpflichtet zu nichts.

Eine niederländische Besonderheit besteht darin, dass **Spirituosen** nicht in Supermärkten, sondern in Spezialgeschäften *(slijterij)* angeboten werden. Bei den größeren Supermärkten liegt eine *slijterij* meist gleich nebenan.

302ho Foto: ot

Ein- und Ausreisebestimmungen

Besucher aus Deutschland, Österreich und der Schweiz benötigen für einen Aufenthalt von bis zu drei Monaten in den Niederlanden nur einen gültigen **Personalausweis oder Reisepass.** Nicht-EU-Staatsbürger müssen bei der zuständigen Königlich Niederländischen Botschaft ein Visum beantragen:

- **Deutschland:** Klosterstr. 50, 10179 Berlin, Tel. (030) 20 95 60, Fax 20 95 6 41, www.niederlandeweb.de.
- **Österreich:** Opernring 5, 1010 Wien, Tel. (01) 589 39, Fax 58 93 92 65.
- **Schweiz:** Seftigenstr. 7, 3007 Bern, Tel. (031) 350 87 00, Fax 350 87 10.

Zoll

Seit dem Inkrafttreten des **Schengener Abkommens** ist der Reise- und Warenverkehr zwischen den meisten EU-Staaten vereinfacht. Regelmäßige Grenz- und Zollkontrollen entfallen. Dennoch gelten in allen EU- und EFTA-Mitgliedstaaten weiterhin nationale Ein-, Aus- oder Durchfuhrbeschränkungen, z.B. für Tiere, Pflanzen, Waffen, starke Medikamente und Drogen (auch Cannabisbesitz und -handel).

Freimengen innerhalb EU-Ländern

- **Alkohol** (für Personen über 17 Jahre): 90 l Wein (davon max. 60 l Schaumwein) oder 110 l Bier oder 10 l Spirituosen über 22 Vol.-% oder 20 l unter 22 Vol.-% oder eine anteilige Zusammenstellung dieser Waren
- **Tabakwaren** (für Personen über 17 Jahre): 800 Zigaretten oder 400 Zigarillos oder 200 Zigarren oder 1 kg Tabak oder eine anteilige Zusammenstellung dieser Waren
- **Anderes:** 10 kg Kaffee und 20 l Kraftstoff in einem Benzinkanister.

Freimengen für Schweizer

- **Alkohol** (für Personen ab 17 Jahren): 1 l Spirituosen (über 22 Vol.-%) oder 2 l Spirituosen (unter 22 Vol.-%) oder eine anteilige Zusammenstellung dieser Waren, und 4 l nichtschäumende Weine, und 16 l Bier
- **Tabakwaren** (für Personen ab 17 Jahren): 200 Zigaretten oder 100 Zigarillos oder 50 Zigarren oder 250 g Tabak oder eine anteilige Zusammenstellung dieser Waren

Obststand auf dem Markt in Gouda

- **Andere Waren:** 10 Liter Kraftstoff im Benzinkanister; für See- und Flugreisende bis zu einem Warenwert von insgesamt 430 €, über Land Reisende 300 €, alle Reisende unter 15 Jahren 175 € (bzw. 150 € in Österreich)

Freimengen bei Rückkehr in die Schweiz

- **Alkohol** (für Personen ab 17 Jahren): 2 l bis 15 Vol.-% und 1 l über 15 Vol.-%.
- **Tabakwaren** (für Personen ab 17 Jahren): 200 Zigaretten oder 50 Zigarren oder 250 g Schnitttabak oder eine anteilige Zusammenstellung dieser Waren, und 200 Stück Zigarettenpapier
- **Anderes:** neuangeschaffte Waren für den Privatgebrauch bis zu einem Gesamtwert von 300 SFr. Bei Nahrungsmitteln gibt es innerhalb dieser Wertfreigrenze auch Mengenbeschränkungen.

Nähere Informationen

- **Deutschland:** www.zoll.de oder unter (D-)Tel. (0351) 44 83 45 10.
- **Österreich:** www.bmf.gv.at oder unter (A-)Tel. (01) 514 33 56 40 53.
- **Schweiz:** www.ezv.admin.ch oder unter (CH-)Tel. (061) 287 11 11.

Für die Mitnahme von Tieren siehe Stichpunkt „Tiere“.

Essen und Trinken

Der traditionelle wirtschaftliche Reichtum der Niederlande hat die Vorliebe seiner Bewohner zu **üppigen Mahlzeiten** gefördert. Selbst in Zeiten des Strebens nach vernünftiger Ernährung wird weiterhin mit viel Fett gekocht. Wo gibt es bessere Fritten als in Holland? Dass sich die Niederländer in ihren Ernährungsgewohnheiten aber sehr wohl umzustellen vermögen, ergibt sich ebenfalls aus ihrer kulturellen Tradition. Dieser weltoffene Menschenschlag hat sich schon immer für alles interessiert, was sich außerhalb des Landes zuträgt, so auch für die Ernährungsgewohnheiten anderer Kulturen. Dies gilt im Besonderen Maße für das Geschehen in den Kolonien. Vor allem die **indonesisch-malaiisch-chinesische Küche** hat Einzug in die holländische gehalten. Dies gilt nicht nur für

Matjes – Spezialität aus der Nordsee

Nicht Butter oder Käse, Gurken oder Tomaten sind Hollands berühmteste Nahrungsmittel – nein, es ist *Hollands Nieuwe,* der frische Matjes. Die Bezeichnung Matjes leitet sich von *meisje* (= Mädchen) ab. Ein Matjes ist ein junger Hering, der noch nicht gelaicht hat. In jedem Frühjahr vor der Laichperiode fressen sich die Fische ordentlich Fett an. So gefangene Heringe werden noch auf dem Kutter bis auf die Bauchspeicheldrüse (Pankreas) ausgenommen und gesalzen in Fässer gepackt. Dort reifen sie durch das Enzym des Pankreas in wenigen Tagen zum Matjes.

Jedes Jahr im Mai bekommt die holländische Königin ein Fässchen mit *Primtjes,* das sind einjährige Heringe, die nur mit 1,5 % Salz konserviert werden. Diese besonders zarten und milden Jung-Matjes halten sich nur tiefgekühlt.

Matjesheringe werden als Doppelfilets angeboten, von Hand filetiert, sodass die Innenseiten noch rosa schimmern – das ist ein Zeichen für beste Qualität. Gegessen wird der Matjes, indem man das Doppelfilet am Schwanz hochhebt, in klein gehackte Zwiebeln taucht, seinen Kopf in den Nacken legt und einfach abbeißt. Welch ein Genuss!

303ho Foto: ti

Mobiler Matjes-Verkaufsstand

die in jedem Ort anzutreffenden Chinarestaurants, sondern auch für die täglichen Essgewohnheiten. Saté-Stäbchen und Frühlingsrollen haben so längst festen Bestand in der Alltagsernährung.

Traditionelle Essgewohnheiten

Traditionell ist aber die Speisenfolge in den Niederlanden geblieben. Dazu gehören bis zu fünf Mahlzeiten am Tag. Schon das **Frühstück** ist reichhaltig – starker Tee und Kaffee, etliche Brotsorten (vor allem Weizenmischbrote), von denen nicht alle über die Grenzen hinaus beliebt sind, Marmelade, Honig und Apfelkraut, Honigkuchen, Käse, verschiedene Fleischwaren wie auch die berühmten Schokoladen- und bunten Zuckerstreusel gehören dazu. Vormittags gibt es oft eine Kaffeepause. Zum Kaffee werden kleine Küchlein oder Kekse gereicht.

Relativ früh am **Mittag** setzt man sich zur *koffietafel* zusammen. Im Unterschied zum Mittagessen, das andernorts Hauptmahlzeit ist, besteht die *koffietafel* aus kleineren Einzelbestandteilen mit Brot und Butter, warmen Häppchen und Wurstsorten. Typisch sind die *uitsmijter,* rasch gefertigte belegte Brote oder Brötchen mit Schinken, meist auch Käse und Spiegelei, gern mit einem Salatblatt und Tomaten- oder Gurkenscheiben belegt.

Nachmittags wird **Teestunde** gehalten, dazu gibt es wieder Kuchen und Kekse. *Appelgebak met Slagrom* ist den Autoren dieses Reiseführers der Lieblingskuchen dazu, weil er mit Rosinen und Zimt so lecker schmeckt. Dann folgt als Hauptmahlzeit das **Abendessen,** das bei Familien mit Kindern früh, schon gegen 18–19 Uhr, eingenommen wird. Gern nimmt man einen kleinen Genever, den niederländischen Wacholderbranntwein, vorweg! Zu dieser Mahlzeit gibt es als Hauptgericht Fleisch oder Fisch mit Kartoffeln oder Reis,

Straßencafé in Goedereede

Sauce und viel Gemüse als Beilage. Reichlich ist auch der süße Nachtisch. Wasser, Saft und Bier sind die Getränke dazu, Wein ist festlicheren Anlässen vorbehalten.

Natürlich sind diese traditionellen Essgewohnheiten im Aufbruch. Fertigprodukte sind sehr beliebt in niederländischen Haushalten, auch der Gang zur **Imbissstube,** zum Pizzashop oder zum Chinesen für *afhaal* (Gerichte zum Abholen) sind in kaum einem anderen europäischen Land so verbreitet.

Die Küche hat sich jedoch auch unter dem Gesichtspunkt vernünftiger Ernährung gewandelt. Die Portionen werden kleiner, es wird auch weniger fett gekocht. Insofern hat sich in den holländischen Küchen die gleiche Internationalisierung vollzogen, die auch in anderen westeuropäischen Ländern vonstatten geht.

Gastronomie

Die Bandbreite holländischer Gastronomie reicht von der einfachen Imbissbude bis zum Spitzenres-

304ho Foto: ot

taurant – hier kann man ausgezeichnet traditionell, aber auch international speisen. Vor allem die **asiatische Küche** ist allerorten vertreten, allen voran die indonesische mit der berühmten Reistafel, aber auch die chinesische Küche mit ihren vielen Erscheinungsformen, die malaiische und thailändische.

In den Ferienorten spielt neben traditionellen Restaurants die Schnellgastronomie eine große Rolle. In allen Küstenorten gibt es **Selbstbedienungsrestaurants** mit vorgefertigten Speisen, die man sich selbst zusammenstellen und im Hause oder auch im Ferienquartier zu sich nehmen kann. Diese Selbstbedienungsrestaurants haben – gerade bei Fisch – oft ein erstaunlich breites Angebot und sind entsprechend der Qualität auch nicht ganz billig. Übrigens: Kein Hollandurlaub ist perfekt, wenn man nicht wenigstens einmal **Krabben** gekostet hat. Das Krabbenpulen, bei dem mit einer leichten Drehung Kopf und Schwanzpanzer voneinander getrennt werden, will allerdings gelernt sein.

Urig sind die holländischen **Kneipen,** *bruin Café* genannt, die eher den Eindruck englischer Pubs hinterlassen. Die Biergläser sind klein, doch groß ist oft die Zahl der angebotenen Sorten. Auch kleinere Speisen und Gerichte werden in diesen Cafés angeboten.

Insgesamt wird die niederländische Küche noch immer als zu langweilig charakterisiert. Die *Frankfurter Allgemeine Zeitung* schrieb dazu 2010: „Die Spezialitätenküche der Niederlande war stilistisch nie besonders eng an Frankreich orientiert und besaß immer Eigenarten – von einer gewissen Vorliebe für rohe Assemblagen bei den Vorspeisen, über ein eher mildes Geschmacksbild, bis zu mehr oder weniger typischen Einflüsse bei den Desserts". Doch das Bemühen um ein landestypisches Erscheinungsbild der Speisen nimmt zu. Vor allem die regionaltypischen Besonderheiten und Produkte, vor allem besondere Fleischarten wie etwa vom Texelschaf, Fisch, Schalentiere und Milchprodukte kommen mit zunehmender Professionalität immer stärker zum Ausdruck. Es gilt, die weitere Entwicklung der niederländischen Küche wachsam im Auge zu behalten!

Restaurantkategorien

In diesem Buch sind die beschriebenen Restaurants in folgende **Preiskategorien** unterteilt, dargestellt durch hochgestellte Eurozeichen hinter dem Namen:

€	Menü unter 15 €
€€	Menü 15–20 €
€€€	Menü 20–25 €
€€€€	Menu über 30 €
€€€€€	Luxusklasse

Strandpavillons

Eine besondere Form der Gastronomie an der holländischen Küste bieten die Strandpavillons. Sie entwickelten sich aus einfachen Kiosken am Strand, an denen man **Getränke, Eis und Pommes Frites** kaufen konnte. Im Laufe der Zeit wurden diese Kioske immer größer und haben nun auch Sitzplätze im Inneren sowie Außenplätze auf **Terrassen,** die mit Glasscheiben gegen Wind und Wetter versehen sind. Um gegen die raue See geschützt zu sein, wurden sie auf feste Pfähle aufgepflockt. Neben Getränken und den obligatorischen Pommes Frites haben sie längst richtige Speisekarten mit einem breiten Angebot an Snacks und **kleinen Gerichten.** Im Winter werden die meisten Pavillons, von denen es annähernd dreihundert an der holländischen Küste gibt, abgebaut, lediglich die Pfähle bleiben im Sandboden zurück. Manche sind jedoch so stabil gebaut, dass sie inzwischen auch über Winter stehen bleiben und ganzjährig geöffnet sind. Einige haben ihr gastronomisches Angebot ausgebaut und ihre Einrichtung verschönert, so dass sie als richtige Restaurants zu bezeichnen sind. Die elegantesten der Strandpavillons findet man beispielsweise in Scheveningen und auch in Zandvoort.

305ho Foto: ti

Fahrradfahren

Kein Land der Erde verfügt über ein so **dichtes Fahrradwegenetz** wie die Niederlande. Baulich getrennte Fahrradwege säumen fast alle Landstraßen, oft sogar mit einem Mittelstreifen versehen. Hinweisschilder mit roter Aufschrift geben die Richtung und die Entfernungen an. Die Radfahrer sind die Könige des Verkehrs - entsprechend verhalten sie sich auch, sodass andere Verkehrsteilnehmer stets achtsam sein sollten. Unter allen sportlichen Freizeitbeschäftigungen steht in den Niederlanden das Radfahren an erster Stelle.

Fahrradverleihsstellen gibt es an fast allen größeren Bahnhöfen und in jedem Urlaubsort. Viele Fahrradgeschäfte vermieten auch Räder und weisen mit dem Hinweisschild „Fietsverhuur" auf ihr Angebot hin. Die Tagesgebühr beträgt ca. 5–10 €, die Kaution bis zu 100 €, meist aber etwa 20 €. Die Fahrräder sind meist in gepflegtem Zustand.

Das Fahrrad als beliebtestes Fortbewegungsmittel der Niederländer kann im regionalen Eisenbahnverkehr in den **Zügen** mitgenommen werden. Die Räder sind entweder bei der Gepäckabfertigung abzugeben oder direkt in den Zug mitzunehmen (nur außerhalb der Hauptverkehrszeit) – dazu müssen die mit einem entsprechenden Aufkleber versehenen Zugtüren benutzt werden. Das Fahrradticket zum Zugticket kostet 6 €.

In Zeeland gibt es eine Reihe von **Fahrradfähren,** die während des Sommers in Betrieb sind und die jeweiligen Inseln des Delta-Gebietes miteinander verbinden (siehe Praktische Tipps zu den einzelnen Orten).

Feiertage

Am **Königinnentag** *(Koninginnedag)* feiert das ganze Land den Geburtstag und Krönungstag der Königin – mit Kirmes und Flohmärkten allerorten! Der 30. April ist der Geburtstag der inzwischen verstorbenen Königinmutter *Juliane,* doch wurde der Festtag mit der Thronfolge einfach nicht verschoben.

Der 1. Mai ist in den Niederlanden kein Feiertag. Am Abend vor dem **5. Mai** wird um 20 Uhr eine Schweigeminute zu Ehren der Toten des Zweiten Weltkriegs eingelegt. Am **Karfreitag** sind die Geschäfte im Allgemeinen geöffnet.

Offizielle Feiertage

- 1. Januar
- Ostermontag
- 30. April: Königinnentag (fällt auf den 29., wenn der 30. ein Sonntag ist)
- 5. Mai: Befreiungstag (Zweiter Weltkrieg)
- Christi Himmelfahrt
- Pfingstmontag
- 25. und 26. Dezember

Radweg auf dem asphaltierten Deich von Walcheren bei Westkapelle

Geldangelegenheiten

Seit 2002 gilt auch in den Niederlanden als Währung der **Euro** (ausgesprochen: *öro*). Schweizer Bürger müssen ihr Geld bei Banken umtauschen (1 € = 1,26 SFr, Mai 2011) oder es aus **Geldautomaten** ziehen. Bankautomaten, die auch Karten aus anderen europäischen Ländern akzeptieren, gibt es überall. Kredit- und Maestro-(EC-) Karten haben eine hohe Akzeptanz in den Niederlanden, *Mastercard* ist am weitesten verbreitet.

Der Geldautomat ist der ideale Ort zur Bargeldbeschaffung. Sowohl mit der Maestro-(EC-)Karte, als auch der Kreditkarte muss man dazu den jeweiligen **PIN-Code** eingeben.

Ob und wie hoch die **Kosten für die Barabhebung** sind, ist abhängig von der kartenaustellenden Bank und von der Bank, bei der die Abhebung erfolgt. Man sollte sich daher vor der Reise bei seiner Hausbank informieren. Im ungünstigsten Fall wird pro Abhebung eine Gebühr von bis zu 1 % des Abhebungsbetrags per Maestro-(EC-) Karte oder gar 5,5 % des Abhebungsbetrags per Kreditkarte berechnet.

Für das **bargeldlose Zahlen per Kreditkarte** innerhalb der Euro-Länder darf die Hausbank keine Gebühr für den Auslandseinsatz veranschlagen; für Schweizer wird ein Entgelt von 1–2 % des Umsatzes berechnet.

Bei Diebstahl oder Verlust der Karte, siehe Stichpunkt „Notfälle“.

Reisekosten

Sind die Deutschen noch bis in die 1980er Jahre unter anderem deswegen so gern nach Holland gefahren, weil dort Lebensmittel viel billiger waren, so muss man heute feststellen, dass die Preise kaum noch ein Grund zum Holland-Besuch sind. **Lebensmittel** sind keinesfalls mehr billiger, eher etwas teurer. Das hängt auch damit zusammen, dass Discounter in Holland nicht so weit verbreitet sind wie etwa in Deutschland.

Benzin ist inzwischen etwa so teuer wie in Deutschland, Diesel immer noch etwas billiger.

Hotels, Pensionen, Appartements, Bungalows und Campingplätze kann man in Holland auch nicht mehr als billig bezeichnen – die Preise entsprechen denen in Deutschland. Restaurants sind in der Regel teurer, aber nicht entsprechend besser. In der Spitzenkategorie wird Spitzenessen zu Spitzenpreisen angeboten – wie bei uns!

In der Hotellerie und auf Campingplätzen ist es üblich, in der **Nebensaison** die Preise zu senken. Oft werden auch spezielle Tarife angeboten, so beispielsweise für Wochenenden oder für vier Tage in der Woche. Es lohnt sich immer, sich nach solchen Angeboten zu erkundigen!

Kurtaxe

Die Badeorte an der Küste erheben von ihren Übernachtungsgästen eine Kurtaxe. Diese Gemeindeabgabe wird über die Vermieter von Zimmern, Appartements, Bungalows etc. eingezogen. Sie beträgt in der Regel 1 € oder bis zu 2 € pro Tag und Person. Von diesen Geldern werden die touristischen Einrichtungen der Orte in Ordnung gehalten – und der Strand ist frei zugänglich.

Informationsstellen

Fremdenverkehrsamt

In den Niederlanden stehen die Zweigstellen des Niederländischen Fremdenverkehrsamtes **Vereniging voor Vreemdelingenverkeer (VVV)** den Besuchern für Informationen, Fragen und Buchungen zur Verfügung. Die ehemals staatlich finanzierten VVV-Büros müssen ihre Budgets inzwischen zunehmend selbst erwirtschaften. Für Informationsmaterialien werden daher Gebühren erhoben. Die Preise sind erschwinglich, die Materialien hervorragend. Die meisten VVV-Büros haben sich inzwischen zu Verkaufsgeschäften für Souvenirs, Kartenmaterial oder auch Bücher entwickelt. Informationsmaterialien liegen in der Regel auch in deutscher Sprache bereit.

- **Niederländisches Büro für Tourismus (NBT),** Postfach 270580, 50511 Köln, Tel. (0221) 925 71 70, Fax 92 57 17 37.

Internet

Eigentlich alle touristischen Einrichtungen in den Niederlanden sind heute mit einer eigenständigen Webseite vertreten. **Internetcafés** gibt es in allen größeren Orten. Die nachfolgenden Seiten geben allgemeine Auskünfte über die Niederlande:

- **www.niederlande.de:** Informationen über das Reiseland Niederlande – die Website des Niederländischen Büros für Tourismus (NBT)
- **www.nachbarland-niederlande.de:** Freizeit- und Verbrauchertipps
- **www.kustgids.nl:** Beschreibung aller Küstenabschnitte mit Informationen über Landschaft, Tiere, Pflanzen, Naturschutz und Orte
- **www.koninklijkhuis.nl:** Informationen über das niederländische Königshaus mit Sitz in Den Haag
- **www.holland.com:** Die Website des Niederländischen Fremdenverkehrsamtes
- **www.noord-holland-tourist.nl:** Die Website des Niederländischen Fremdenverkehrsamtes der Provinz Noord-Holland
- **www.vvv.zuid-hollandinfo.nl:** Die Website des Niederländischen Fremdenverkehrsamtes der Provinz Zuid-Holland
- **www.recreatiezeeland.nl:** Die Website des Niederländischen Fremdenverkehrsamtes der Provinz Zeeland

Karten

Für den Urlauber an der Küste sind vor allem die Fahrradkarten des Niederländischen Automobilclubs ANWB von Interesse, die in Zusammenarbeit mit den Fremdenverkehrsämtern im Maßstab 1:50.000 herausgegeben werden. Hier sind auch touristische Hinweise auf Museen, besondere At-

Foto: ti002ho

traktionen, Windmühlen, Campingplätze und vieles andere zu finden. Diese Karten können für 5–7 € im Buchhandel, bei den VVV-Büros und in den Touristengeschäften in den Badeorten erworben werden.

Kinder

Die Niederlande sind ein ausgesprochen **kinderfreundliches** Land. Diese Einstellung hat im besonderen Maße im Tourismus ihren Niederschlag gefunden. Eines der besten Beispiele hierfür besteht in dem Bemühen der Museen, ihr Angebot auch kindgerecht darzustellen (siehe „Museen"). In Restaurants werden Kinder genauso bedient wie Erwachsene, sie haben meist eine größere Auswahl an Kindergerichten.

Für Familien mit Kindern ist der Urlaub auf einer der großen **Campinganlagen** an der niederländischen Küste geradezu ideal. Neben Kinderspielplätzen, Fahrradverleih und Schwimmbädern bieten sie oft Spiel- und Sportmöglichkeiten in teils überdachten Räumlichkeiten und haben ein umfangreiches Animationsprogramm, sodass auch bei schlechtem Wetter für Unterhaltung gesorgt ist. Manche Plätze verfügen über (schallisolierte) Discos und eigene Sportplätze. In den Ferienparks ist Kinderbetreuung selbstverständlich.

Medien

In den Badeorten sind nicht nur in der Saison die großen überregionalen **deutschen Tages- und Wochenzeitungen** sowie die großen regionalen Tageszeitungen aus dem Rheinland noch am Erscheinungstag erhältlich. Die niederländische Medienlandschaft ist breit gefächert. Die wichtigsten überregionalen Tageszeitungen sind das *Algemeen Dagblad* und das *Nederlands Dagblad* sowie *De Telegraaf* als typische niederländische Boulevardzeitung.

Hotels, Pensionen sowie Appartements sind mit **Kabelfernsehen** ausgestattet, das auch die deutschen überregionalen und viele regionale Programme bietet.

Medizinische Versorgung

Praktische **Ärzte** und **Apotheken** gibt es in allen größeren Gemeinden. Die landesweite **Notrufnummer** ist 112. Apotheken sind montags bis freitags von 9 bis 18 Uhr geöffnet. Wochenendöffnungszeiten entnimmt man der lokalen Presse. Nicht rezeptpflichtige Arzneimittel wie Paracetamol, Hustensaft etc. kauft man in der **Drogerie,** ein breites Angebot an homöopathischen Mitteln halten die **Reformhäuser** bereit. In der Apotheke bekommt man fast ausschließlich verschreibungspflichtige Medikamente.

Die **gesetzlichen Krankenkassen** von Deutschland und Österreich garantieren eine Behandlung im akuten Krankheitsfall auch in den Niederlanden, wenn die medizinische Versorgung nicht bis nach der Rückkehr warten kann. Als Anspruchsnachweis benötigt man die **Europäische Krankenversicherungskarte,** die man von seiner Krankenkasse erhält.

Im Krankheitsfall besteht ein Anspruch auf ambulante oder stationäre Behandlung bei jedem zugelassenen Arzt und in staatlichen Krankenhäusern. Da jedoch die Leistungen nach den gesetzlichen Vorschriften im Ausland abgerechnet werden, muss man in der Regel zunächst **die Kosten der Behandlung** selbst tragen. Obwohl bestimmte Beträge von der Krankenkasse rückerstattet werden, kann doch ein Teil der finanziellen Belastung beim Patienten bleiben, also zu Kosten in kaum vorhersagbarem Umfang führen.

Aus diesem Grund ist zusätzlich der Abschluss einer **privaten Auslandskrankenversicherung** dringend empfohlen. Diese sollte auch eine zuverlässige Reiserückholversicherung enthalten, denn der Krankenrücktransport wird von den gesetzlichen Kassen nicht übernommen.

Zur Erstattung der Kosten benötigt man grundsätzlich ausführliche **Quittungen** (mit Datum, Namen, Bericht über Art und Umfang der Behandlung, Kosten und Medikamenten).

Der Abschluss einer **Jahresversicherung** ist in der Regel kostengünstiger als mehrere Einzelversicherungen. Günstiger ist auch die **Versicherung als Familie** statt als Einzelpersonen. Hier sollte man nur die Definition von „Familie" genau prüfen.

Museen

Die Niederlande verfügen über ein breites Angebot an Museen, wie es in dieser Dichte und Qualität kaum ein anderes Land aufzuweisen hat. Viele

306ho Foto: ti

Museen liegen in erreichbarer Nähe der Küste. Es fällt besonders auf, wie sehr sich die niederländischen Museen bemühen, ihre Angebote **kindgerecht** darzubieten. Diese Einstellung ist vorbildlich.

Die Eintrittspreise der Museen sind gerade in letzter Zeit stark angehoben worden – aber dafür wird viel geboten. Selbstverständlich sind Kinderermäßigungen, sehr häufig gibt es auch Seniorenermäßigungen – hierfür ist ein entsprechender Se-

Im Außenbereich des sehenswerten Zuiderzee-Museums von Enkhuizen am Ijsselmeer

niorenpass *(Pass65)* erforderlich. Mit einer **Museumskarte** *(museumkaart)* für 35 € kann man über 400 niederländische Museen besuchen.

Die meisten Museen lassen schon eine Stunde vor Ende der Öffnungszeit keine Besucher mehr ein. Informationen über die niederländischen Museen findet man unter **www.museum.nl.**

Nachtleben

An der Küste sind viele der Familienbadeorte „nachtlebenfrei". Die großen Badeorte, wie etwa Scheveningen mit seinem Casino, haben ein eher mondänes Nachtleben. Speziell für Disco-Nachtschwärmer ist Renesse bekannt.

Notfälle

Der allgemeine niederländische **Polizeinotruf** ist 112. Bei **Diebstahl** wendet man sich an die landesweite Hilfsnummer (0900) 88 44. Für Fahrzeugpannen siehe Stichwort „Autofahren".

Verlust der Geldkarten

Bei Verlust oder Diebstahl der Kredit- oder Maestro-(EC-)Karte sollte man diese umgehend sperren lassen. Für deutsche Maestro-(EC-) und Kreditkarten gibt es die einheitliche **Sperrnummer (0049) 11 61 16** und im Ausland zusätzlich (004930) 40 50 40 50. Für österreicherische und schweizerische Karten gelten:

- **Maestro-Karte,** (A-)Tel. (0043) 1 204 88 00; (CH-)Tel. (0041) 44 271 22 30, UBS: (0041) 848 88 86 01, Crédit Suisse: (0041) 800 80 04 88.
- **MasterCard,** internationale Tel. (001) 636 722 71 11 (R-Gespräch).
- **VISA,** internationale Tel. (001) 410 581 99 94.
- **American Express,** (A-)Tel. (0049) 69 9797 20 00; (CH-)Tel. (0041) 44 659 63 33.
- **Diners Club,** (A-)Tel. (0043) 1 50 13 50; (CH-)Tel. (0041) 58 750 80 80.

Geldnot

Wer dringend eine größere Summe ins Ausland überweisen lassen muss wegen eines Unfalles oder Ähnlichem, kann sich auch in die Niederlande über **Western Union** Geld schicken lassen. Für den Transfer muss man die Person, die das Geld schicken soll, vorab benachrichtigen. Diese kann es via www.westernunion.de online über sein Bankkonto versenden oder muss bei einer *Western Union* Vertretung (in Deutschland u.a. bei der Postbank) ein entsprechendes Formular ausfüllen und den Code der Transaktion telefonisch oder anderweitig übermitteln. Mit dem Code und dem Reisepass geht man zu einer beliebigen Vertretung von *Western Union* in den Niederlanden (siehe www.westernunion.de „Vertriebsstandort suchen"), wo das Geld nach Ausfüllen eines Formulares binnen Minuten ausgezahlt wird. Je nach Höhe der Summe muss der Absender eine Gebühr ab 10,50 Euro zahlen.

Ausweisverlust / dringender Notfall

Wird der Reisepass oder Personalausweis im Ausland gestohlen, muss man diesen bei der örtlichen Polizei melden. Darüber hinaus sollte man sich an die nächste diplomatische Auslandsvertretung seines Landes wenden, damit man einen Ersatz-Reiseausweis zur Rückkehr ausgestellt bekommt (ohne kommt man nicht an Bord eines Flugzeuges!).

Auch in **dringenden Notfällen,** z.B. medizinischer oder rechtlicher Art, Vermisstensuche, Hilfe bei Todesfällen, Häftlingsbetreuung o.Ä. sind die Auslandsvertretungen in Den Haag bemüht vermittelnd zu helfen:

- **Deutsche Botschaft,** Groot Hertoginnelaan 18–20, Tel. (070) 342 06 00.
- **Österreichische Botschaft,** Van Alkemadelaan 342, Tel. (070) 324 54 70.
- **Schweizer Botschaft,** Lange Voorhout 42, Tel. (070) 364 28 31/32.

Buchtipp:
„Schutz vor Gewalt und Kriminalität unterwegs", Reihe Praxis, REISE KNOW-HOW Verlag, Bielefeld

Öffnungszeiten

Ladenöffnungszeiten werden in den Niederlanden besonders am Wochenende recht flexibel gehandhabt. In der Regel sind die **Geschäfte** dienstags bis freitags von 9 oder 10 Uhr bis 17.30 oder 18 Uhr geöffnet, samstags bis 17 Uhr. Donnerstags haben die **Innenstadtbezirke** und freitags die **Bezirke am Stadtrand** verlängerte Öffnungszeiten bis 21 Uhr.

Am **Montagvormittag** ist „Ruhe" angesagt, frühestens ab Mittag fängt man in den Läden an, die Jalousien wieder hochzuziehen. Dies ist als Entschädigung für den langen Dienst am Samstag sowie Donnerstag oder Freitag gedacht und auch für den Sonntagsdienst. In Großstädten und in der Saison auch in den Küstenstädten sind die Geschäfte auch **sonntags** geöffnet, meist zwischen 12 und 17 Uhr (am 1. Sonntag des Monats in den meisten Städten: *koopzondag*). Das gilt im Übrigen auch für Gartenbaucenter und Baumärkte.

Supermärkte öffnen hingegen grundsätzlich nur montags bis samstags um 7.30 oder 8 Uhr und bleiben bis 18 Uhr geöffnet bzw. samstags nur bis 17 Uhr; lediglich große oder sehr zentral gelegene Supermärkte halten werktags ihre Pforten bis 21 oder 22 Uhr geöffnet und samstags bis 20 Uhr. **Bäckereien** sind sonntags geschlossen.

Auch die **Banken** halten den freien Montagvormittag ein. Banken sind in der Regel montags von 13 bis 16 Uhr sowie dienstags bis freitags von 9 bis 16 Uhr geöffnet. Geldautomaten sind wie üblich rund um die Uhr zugänglich.

Post

Postämter findet man in den Niederlanden kaum noch. Die Postagenturen befinden sich in Drogerien, Tabakwarenläden oder im Zeitschriftenhandel und sind am orangefarbenen TNT-Post-Symbol mit der Krone zu erkennen. Die Öffnungszeiten entsprechen den allgemein üblichen Ladenzeiten. Das **Porto** für einen Brief bis 20 Gramm oder eine Karte in EU-Länder kostet 0,77 €.

Reisezeit

In den Monaten **Juli und August** herrscht **Hochsaison** an der niederländischen Küste. Dann haben nicht nur die holländischen Schulen Ferien, sondern auch die nordrhein-westfälischen. In diesem Zeitraum sind die Unterkünfte teuer und ausgebucht, die Strände voll, der Tagesablauf in den Badeorten ist trubelig – und die Nächte sind lang. Vor allem Renesse in Zeeland ist in dieser Zeit für seine ausgelassenen jugendlichen Besucher „berüchtigt". Doch wer rechtzeitig vorgesorgt hat, wird „seine" Unterkunft auch finden – und Hollands Strände sind so groß, dass schon in geringem Abstand von den Strandübergängen genug Platz ist. Dies trifft allerdings auf Scheveningen nicht zu.

Wer nicht auf die Schulferien angewiesen ist, wird vor allem die **Vor- und Nachsaison,** also **Mai und September,** nutzen. Im Juni sind die Tage am längsten hell, so hat man am meisten von seinem Urlaub. Vor allem kann man sich zum Sonnenbaden an menschenleere Strände legen, denn es kann dann schon angenehm warm werden. Im September ist es zwar nicht mehr so lange hell, aber das Wasser der Nordsee ist noch erträglich „warm". Vor allem aber sind die Badeorte in der Vor- und Nachsaison nicht so überlaufen, sodass man sich auch kurzfristig ein passendes Quartier aussuchen kann.

Holland-Enthusiasten wissen aber alle Jahreszeiten zu schätzen, vor allem die Monate **April und Mai,** wenn Krokus, Hyazinthen und Tulpen auf den Feldern entlang der Dünen blühen. Für viele

Holland-Besucher ist dies sogar die schönste Jahreszeit.

Rund ums Jahr – so heißt heute die Devise für viele Besucher der Niederlande. Das kulturelle Angebot ist immer groß, Museen, Theater und Konzerthallen ziehen Besucher an. Aber auch die reinen Urlaubsfanatiker können auf ihre Kosten kommen. In den letzten Jahrzehnten ist eine Vielzahl von **Ferienparks** im Küstenbereich entstanden, die neben anderen Attraktionen über ein tropisches Hallenbad verfügen. In einem solchen Spaßbad kann einem das Wetter draußen nichts mehr anhaben!

Sport und Erholung

Angeln

Ein **Angelschein** wird nur für die Binnengewässer benötigt. Angeln in der Nordsee und im Wattenmeer ist ohne Angeldokumente erlaubt. Für die Binnengewässer benötigt man eine *sportvisakte,* den Angelschein, und eine Angelerlaubnis. Den Angelschein kann man in den Postämtern, bei den VVV-Büros und an sonstigen Verkaufsstellen, die als *verkooppunt sportvisakte* gekennzeichnet sind, erwerben. Er gilt vom 1. Januar bis 31. Dezember eines Jahres. Nähere Angaben findet man unter www.sportvisakte.nl/deutsch. Für 10,75 € kann man sich den Angelschein über diese Webseite auch zuschicken lassen.

Die **Angelerlaubnis** wird vom Besitzer der Fischereirechte des jeweiligen Binnengewässers ausgegeben. Meist ist das ein Angelverein oder ein regionaler Angelverband. Im Binnengewässer darf maximal mit zwei Ruten geangelt werden. Weitere Einschränkungen betreffen beispielsweise die Mindestgröße der Fische und Schonzeiten.

Golf

Golf ist auch in den Niederlanden ein weit verbreiteter Sport. Es gibt eine Vielzahl von Plätzen

003ho Foto: ti

auch in Küstennähe. Sie sind unter den Praktischen Tipps zu den Orten aufgeführt.

Reiten

Gerade an der Küste ist das Angebot für Reiter besonders vielfältig, kommen viele Besucher doch nicht nur wegen der Strände nach Holland, sondern weil es sich im Bereich der Dünen so wunderbar reiten lässt. Entsprechende Hinweise auf Reitställe sind unter den Praktischen Tipps zu den Küstenorten zu finden.

Wandern

Wandern in den **Dünen** und den küstennahen **Wäldern** wird immer beliebter. In vielen Badeorten werden über die VVV-Büros **geführte Touren** angeboten. Diese stehen meist unter einem speziellen Thema, z.B. zur Vogelbeobachtung, zu geografischen oder geologischen Besonderheiten, zur Pflanzen- und Tierwelt oder zum Naturschutz.

Wassersport

Wassersport ist das zentrale Thema für den Küstenurlaub in den Niederlanden. **Surfer** und **Kitesurfer** finden vor allem an den ausgewiesenen

Nordsee-Strandabschnitten herausfordernde Reviere. Wer es etwas ruhiger haben möchte, kann auf die Binnenseen ausweichen. Dennoch ist Vorsicht geboten, denn auch hier können Wind und Wellen gefährlich werden. Beliebt ist auch das **Strandsegeln,** für das es gleichfalls ausgewiesene Strandabschnitte gibt.

Trotz der vielen neuen Wassersportarten bleibt das traditionelle **Segeln** immer noch vorherrschend. An der Küste und an den Binnenseen gibt es eine Vielzahl von Jachthäfen mit entsprechender Infrastruktur wie Werften, Zubehörgeschäfte, Segelschulen, Gastronomie und Schiffsversorgung. Besonders reizvoll ist die Silhouette der alten Logger und Schoner mit ihrem seitlichen Ruder, die heute insbesondere für zünftige Gruppenreisen hergerichtet sind – sie tun längst nicht mehr Dienst als Frachtschiffe oder Fischerboote. Übrigens können **Motorboote** mit einer Geschwindigkeit von weniger als 20 km/h in den Niederlanden ohne Führerschein gesteuert werden.

Sprache

Die **niederländische Sprache** gehört zur Gruppe der germanischen Sprachen. Sie entstand hauptsächlich aus dem Altfränkischen. Mit dem Niederdeutschen hat sie dieselbe Stufe der Lautverschiebung gemeinsam, weswegen Niederländisch etwas an Plattdeutsch erinnert, unterscheidet sich aber durch ihre eigenen Diphthonge (Doppelvokale wie z.B. „ij" oder „ou") und die Pluralbildung. Die niederländische Sprache zeigt in vielen Punkten große Übereinstimmung mit der deutschen, unterscheidet jedoch beispielsweise nicht zwischen Maskulinum und Femininum: Sie kennt nur die Artikel *het* (das) und *de*.

Die **Grammatik** ist im Großen und Ganzen unkomplizierter: Das Deklinationssystem ist im Vergleich zum Deutschen stark eingeschränkt, das Kasussystem fast nicht vorhanden: Genetiv und Dativ werden gewöhnlich umschrieben. Der Konjunktiv ist bis auf wenige Reste verschwunden.

Buchtipps:
„Niederländisch – Wort für Wort" und **„Niederländisch Slang"**, Reihe Kauderwelsch, Reise Know-How Verlag, Bielefeld

Der **Wortschatz** hat viele Wörter bewahrt, die im Deutschen nicht mehr existieren. Groß ist er in den Bereichen Handel und Seefahrt – wen wundert das angesichts der niederländischen Geschichte. Übrigens hat eine Vielzahl von gleich klingenden Wörtern im Niederländischen eine **andere Bedeutung.** Das beste Beispiel hierfür bieten das niederländische Wort *zee*, das im Deutschen „Meer" heißt, und das niederländische Wort *meer*, das im Deutschen „(Binnen)-See" heißt.

Wenn sich also die deutsche und die niederländische Sprache auch ähneln, so ist eine direkte Verständigung doch nicht so einfach. Für einen Deutschsprachigen ist die Lektüre niederländi-

005ho Foto: ti

scher Zeitungen mit ein wenig Geduld durchaus möglich, bei den Nachrichten im Fernsehen wird es schon etwas schwieriger. Doch das **Verständigungsproblem** löst sich meist von selbst. An der niederländischen Küste stellt man sich auf die vielen deutschen Touristen ein. Außerdem sprechen die meisten der so weltoffenen Niederländer neben Deutsch auch Englisch.

Im **Anhang** findet sich eine kleine Sprachhilfe Niederländisch mit Begriffen für den Reisealltag.

Buchtipp:
„Sicherheit im und auf dem Meer", Reihe Praxis, REISE KNOW-HOW Verlag, Bielefeld

Strände und Baden

Die Hauptattraktion der niederländischen Küste sind die Strände mit ihren dahinter gelegenen Dünen. Da überall frei zugänglich und überwiegend

Gezeiten, Tidenhub und Brandung

Die Gezeiten werden im Wesentlichen durch die Bewegungen des Mondes, aber auch der Sonne ausgelöst. Das Wasser hebt sich auf der dem Mond zugewandten Seite durch die Anziehungskraft des Erdtrabanten, auf der entgegengesetzten Seite durch die Zentrifugalkraft der Erde. Der Gezeitenzyklus, also der Zeitraum von einer Flut bis zur nächsten, beträgt entsprechend der Mondumlaufbahn ca. 12¾ Stunden. Zu besonders ausgeprägten Gezeiten, den sogenannten Springtiden, kommt es zweimal pro Monat kurz nach Neu- und Vollmond – dann liegen Erde, Mond und Sonne auf einer Linie, sodass sich die Anziehungskräfte addieren. Die annähernd zweiwöchigen Schwankungen werden dadurch verursacht, dass der Mond die Erde nicht auf einer kreisförmigen, sondern auf einer elliptischen Bahn umrundet.

Die Gezeitenwelle verschiebt gewaltige Wassermassen, die sich jedoch aufgrund der uneinheitlichen Topografie des Meeresbodens und der ungleichmäßigen Verteilung der Landmassen auf der Erde unterschiedlich verteilen. Deshalb gibt es Gegenden mit besonders hohen Gezeitenwellen, wie etwa an der englischen oder französischen Atlantikküste, wo der Tidenhub im Extremfall bis zu zwölf Meter betragen kann, und solche, wo sie kaum zu spüren sind, wie etwa an der Ostsee oder im Mittelmeer. Im niederländischen Delta-Gebiet macht der Tidenhub drei Meter aus und schwächt sich weiter nordwärts leicht ab.

Die Brandung wird dadurch verursacht, dass die auf die Küste zulaufenden Meereswellen ihr Verhalten infolge der Reibung auf dem Meeresgrund verändern. Der ufernahe Teil einer Welle bewegt sich wegen der dort geringeren Wassertiefe langsamer als der uferferne. So schwenkt die Wellenfront allmählich ein, bis sie schließlich parallel zum Ufer verläuft. Sobald die Wassertiefe weniger als die Hälfte der Wellenlänge beträgt, leistet der Meeresboden den unter der Oberfläche kreisenden Wassermolekülen Widerstand und bremst sie ab. Der obere Wellenteil bewegt sich schneller als der untere und die Welle wird höher. Wenn die Wellenhöhe die Wassertiefe übersteigt, kann sich die Welle nicht mehr tragen – ihr Kamm kippt langsam nach vorn. Dabei entsteht für eine kurze Zeit an der Wellenfront ein glasiger Wassertunnel. Das so entstehende Geräusch, das Donnern der Brandung, zeigt an, dass der Wellenkamm nach vorn abgebrochen ist. Die Wassermassen haben dann die Luft im Tunnel so stark komprimiert, dass sich der Druck explosionsartig entlädt. Das überkippende Wasser, das den Strand hinaufläuft, fließt wegen der Schwerkraft wieder ins Meer zurück. Dabei entsteht ein starker Sog, der allen im Meer Badenden bekannt ist.

breit, bieten sie viel Platz für Besucher, auch wenn es im Bereich der Strandübergänge der Seebäder in der Hochsaison schon mal eng werden kann – aber es gibt genügend Ausweichmöglichkeiten. Der Sand ist weiß bis hellgelb und feinkörnig. An den **Strandwachen** hängen Fahnen, die Informationen für die Besucher anzeigen:

- Eine **gelbe Fahne** weist daraufhin, dass angesichts der Wetterlage das Baden gefährlich ist.
- Eine **rote Fahne** zeigt an, dass das Baden wegen Strömung, Seegang etc. verboten ist.
- Eine **weiße Fahne mit blauem Fragezeichen** informiert darüber, dass in der Wache ein Kind eingetroffen ist, dass seine Eltern sucht.

Mit der **„blauen Flagge"**, einer internationalen Auszeichnung für saubere und sichere Strände, sind die meisten Strandabschnitte der Niederlande ausgezeichnet. Dazu muss das Badewasser beste Qualität aufweisen, müssen die Strände gesäubert werden, Hygieneeinrichtungen sowie Rettungsposten und Erste-Hilfe-Einrichtungen ausreichend vorhanden sein und entsprechende Informationsveranstaltungen angeboten werden. Für Jachthäfen und kommerzielle Häfen gelten vergleichbare Kriterien.

Für die einzelnen Strandabschnitte an der niederländischen Küste ist genau festgelegt, wann und wo **Hunde** mitgeführt werden dürfen, wo **Surfen** oder **Drachenfliegen** erlaubt ist und wo Naturisten ihre Bereiche haben. In den Beschreibungen der einzelnen Badeorte werden diese Regelungen aufgeführt.

Parken am Strand

Es gibt reichlich Parkplätze an den Stränden, allerdings sind die nah an den Übergängen gelegenen bei schönem Sommerwetter schon früh belegt. Egal ob auf den Strandparkplätzen oder in den Badeorten – die **Parkgebühren** sind erheblich und betragen zwischen 1,20 und 1,70 Euro pro Stunde, Tageskarten liegen bei 10 bis 12 Euro.

FKK

Groß war die Aufregung, als südlich von Callantsoog in Noord-Holland nach dem Zweiten Weltkrieg der erste offizielle Nacktbadestrand eröffnet wurde. Inzwischen ist FKK an holländischen Stränden eine Selbstverständlichkeit – allerdings in begrenzten und hierfür vorgesehenen Strandabschnitten. Nähere Informationen findet man auf der Internet-Seite der Naturisten Federatie Nederland, www.nfn.nl, sowie unter www.members.lycos.nl/Naturisten/naaktstranden.htm.

Telefonieren

Die **Auslandsvorwahl** der Niederlande ist im internationalen Telefonverkehr 0031. Aus den Niederlanden wählt man 0049 für Deutschland, 0043 für Österreich und 0041 für die Schweiz. Die Ortsvorwahl wird dann jeweils ohne die vorangestellte 0 gewählt, gefolgt von der Anschluss-Nummer. Telefon-Nummern in den Niederlanden findet man auf der Website www.telefongids.com.

Telefonzellen werden in dem Maße auch in den Niederlanden überflüssiger, wie sich mobile Telefone weiter verbreiten, dennoch gibt es noch **Karten-Telefonzellen** in den Orten, auch an vielen Strandübergängen. Die Karten können an Bahnhofskiosken und in Geschäften mit entsprechendem Sortiment gekauft werden.

Buchtipp:
„Handy global – mit dem Handy im Ausland“, Reihe Praxis, Reise Know-How Verlag, Bielefeld

Das Telefonieren mit dem eigenen Handy ist in den Niederlanden problemlos möglich. Alle großen deutschen, österreichischen und schweizerischen Telefonanbieter haben Roamingpartner in den Niederlanden, über die die Gespräche abgewickelt werden, allerdings sind die Tarife höher (bei *T-Mobile* und *Vodafone* gibt es jedoch gute Angebote, da diese auch in den Niederlanden ansässig sind). Wegen hoher Gebühren sollte man bei seinem Anbieter nachfragen oder auf dessen Website nachschauen, welcher der Roamingpartner günstig ist und diesen per **manueller Netzauswahl** voreinstellen. Nicht zu vergessen sind die **passiven Kosten,** wenn man von zu Hause angerufen wird (Mailbox abstellen!). Der Anrufer zahlt nur die Gebühr ins heimische Mobilnetz, die teure Rufweiterleitung ins Ausland zahlt der Empfänger.

Wesentlich preiswerter ist es, sich von vornherein auf **SMS** zu beschränken, der Empfang ist dabei in der Regel kostenfrei.

Tiere

Für die EU-Länder gilt, dass man eine **Tollwutschutzimpfung** und einen EU-Heimtierausweis *(Pet Passport)* für Hund oder Katze haben muss. Dieser gilt in allen EU-Staaten, auch für das Nicht-EU-Land Schweiz und kostet ca. 15–25 €. Darüber hinaus muss das Tier mit einem **Microchip** oder übergangsweise bis 2012 mit einer lesbaren Tätowierung gekennzeichnet sein

Strenge Regeln gelten für das Ausführen von Hunden. In der Regel besteht **Anleingebot** in den Ortschaften, Bereiche, in denen Hunde frei herumlaufen können, sind gekennzeichnet. Hundekot muss vom Besitzer entfernt werden. Hierfür gibt es an vielen Stellen sogar Tütenautomaten. Das Mitführen von Hunden an den **Strand** ist genauso streng geregelt. Besonders für die Hauptsaison im Sommer ist festgelegt, an welche Strandabschnitte Hunde (angeleint) zu welchen Tageszeiten mitgenommen werden dürfen und wo ein generelles Hundeverbot gilt. In den Praktischen Tipps zu den Badeorten sind die entsprechenden Regeln aufgeführt.

Buchtipp:
„Verreisen mit Hund“, Reihe Praxis, REISE KNOW-HOW Verlag, Bielefeld

Unterkunft

Vielfältig sind die Unterkunftsmöglichkeiten an der holländischen Küste. Die Bandbreite reicht von absoluten Luxushotels, wie sie in Scheveningen, Zandvoort oder beispielsweise Noordwijk anzutreffen sind, über „normale" Hotels, Frühstückspensionen und Appartementhäuser bis hin zu Bungalowparks und Campingplätzen.

Die Niederlande sind überwiegend Reiseziel für Individualurlauber, die ihr Quartier nicht pauschal buchen. Hotelbuchungen in den Niederlanden werden aber auch über Reisebüros vorgenommen. Alle örtlichen VVV-Büros vermitteln Unterkünfte in ihrem Zuständigkeitsbereich. Es gibt auch überörtliche Angebotskataloge, so z.B. Bungalow-Vakanties, Hotel-Vakanties und City-Breaks (alle VVV-Vakanties).

Hotelkategorien

In diesem Buch sind die beschriebenen Hotels in folgende **Preiskategorien** unterteilt, dargestellt durch hochgestellte Eurozeichen hinter dem Namen. Die Preise gelten für ein Doppelzimmer pro Nacht mit Frühstück in der Hauptsaison:

€	bis 50 €
€€	50–75 €
€€€	75–100 €
€€€€	über 100 €
€€€€€	Luxusklasse

Ferienparks

Bungalowparks sind eine für die Niederlande typische Einrichtung, man findet sie vielfach an der Küste. Hier können sich Besitzer wie Mieter frei und wie zu Hause bewegen und haben in der Regel einen kleinen Garten. Die Parks, die in den 1950er bis 1970er Jahren angelegt wurden, sind

Typischer Ferienbungalow

307ho Foto: ot

meist privat, sie bieten keine zentralen Buchungseinrichtungen. Um sich hier einzumieten, hilft der örtliche VVV weiter, der über die Adressen der zur Miete angebotenen Bungalows verfügt. In neuerer Zeit haben sich verschiedene **Ferienhausanbieter** Parks mit zentralen Versorgungseinrichtungen zugelegt.

Die **Mietpreise** sind nach Größe, Ausstattung und Saison gestaffelt. Bungalows und Ferienhäuser werden in der Saison in der Regel nur **wochenweise** vermietet. Die Wochenpreise schwanken zwischen 250 und 500 Euro; qualitativ hochwertige, große Häuser können 1000 Euro und mehr kosten.

Die Preisstaffel bei **Appartements** bewegt sich in etwa im gleichen Rahmen. Inzwischen gibt es – vor allem in der Nebensaison – auch zunehmend Angebote für Wochenendmieten (drei Nächte) oder für vier Nächte innerhalb einer Woche. Die Preise sind dann entsprechend angepasst.

Die Anbieter der großen Ferienparks in den Niederlanden treten als Reiseveranstalter auf. Zu den führenden Ferienpark-Anbietern zählen:

- **Center Parcs,** Kaltenbornweg 1–3, 50679 Köln, Tel. (0221) 97 30 30 85, www.centerparcs.com; an der holländischen Küste vertreten mit Park Zaandvoort und Porte Zélande.
- **Landal Green Parks,** Postfach 1255, D-54432 Saarburg, Informationen und Reservierungen Tel. (0180) 570 07 30 (0,12 €/Min.), www.landal.de.
- **Hogenboom Ferienparks,** 1424 PC De Kwakel, Hoofdweg 23, Tel. (0297) 34 13 09, info@hogenboomvakantieparken.nl, www.hollandferien.com.
- **Roompot Vakanties,** Tel. (0190) 47 20 09, www.roompot.nl; auf Zeeland spezialisiert.
- **Molecaten,** www.molecaten.nl; Campingplätze und Ferienparks.

Jugendherbergen

Welche Jugendherbergen in den Niederlanden dem YHA-Verbund angeschlossen sind, kann man auf der Website des niederländischen **Stayokay** (www.stayokay.com) erfahren. Dort kann man im Übrigen unabhängig von seinem Alter absteigen!

Hat man einen internationalen Jugendherbergsausweis aus dem Heimatland, schläft man auch bei den niederlänischen Jugendherbergen zum günstigeren Tarif, sonst muss man eine Tagesmitgliedschaft erwerben. Hat man noch keine Jahresmitgliedschaft bei den Jugendherbergsverbänden daheim, kostet diese jährlich 12,50–21 Euro in Deutschland (www.jugendherberge.de), 10–20 Euro in Österreich (www.oejhv.or.at) und 22–44 SFr in der Schweiz (www.youthostel.ch).

Campingplätze

Die Niederlande bieten nicht nur an der Küste Campingplätze unterschiedlicher Qualitätsstufen. Unmittelbar hinter den Dünen sind große, mit allem Komfort ausgestattete Anlagen besonders zahlreich, die oft einen eigenen Strandzugang haben. Viele Plätze vermieten fest installierte Mobil-Homes und Hütten und verfügen neben den üblichen Serviceeinrichtungen wie Einkaufsmöglich-

In Cadzand, ganz im Süden der zeeländischen Küste nahe der belgischen Grenze, liegen mehrere Campingplätze unmittelbar hinter den Dünen

keiten, Restaurant, Imbiss und Bar über Schwimmbecken/-bad, Spielzentrum und ein umfangreiches Sport- und Unterhaltungsangebot, das bei Familien hoch im Kurs steht. Animation und Kinderbetreuung gehören auf zahlreichen Plätzen zum Programm. Die Ausstattung umfasst auf einigen dieser Komfort-Anlagen Einrichtungen, die das auf Campingplätzen übliche Angebot bei weitem übersteigen: So gibt es oftmals Parzellen mit eigenem Fernseh-Kabelanschluss, einer Zu- und Abwasserleitung sowie Sanitärkabinen. Meist kann man zwischen sogenannten Komfort- und Standardparzellen wählen. Preislich schlägt sich dies alles natürlich nieder: Von „günstigem Campingurlaub" kann hier keine Rede sein. Die in den Niederlanden weit verbreiteten, eher einfach ausgestatteten Mini- und Natur-Campingplätze sind unmittelbar an der Küste kaum zu finden. Das Gleiche gilt für Camping auf dem Bauernhof: Diese Einrichtungen finden sich vornehmlich weiter im Hinterland.

In den Sommermonaten und besonders während der niederländischen und norddeutschen

004ho Foto: ti

Schulferien sind die Campingplätze an der Küste oft bis auf den letzten Platz belegt. Ist man auf diese Zeit angewiesen, lässt sich die **vorherige Buchung** praktisch nicht umgehen.

Die **Übernachtungspreise** auf Campingplätzen schwanken stark in Abhängigkeit von der Saison. Ein gut ausgestatteter Platz kostet pro Stellplatz und Nacht für zwei Personen in der Hochsaison ca. 25 Euro, ein sehr guter bis an die 40 Euro. Es können auch Jahresstellplätze gemietet werden. Der Spitzenplatz *Napoleon Hoeve* in Breskens z.B. vermietet Jahresplätze für ca. 1750 Euro.

Wildes Campen und Übernachten im **Wohnmobil an Straßenrändern** ist in den Niederlanden untersagt und wird mit hohen Geldbußen bestraft. Um das „wilde" Übernachten zu verhindern, sind viele **Strandparkplätze** mit stets geschlossenen Schlagbäumen versehen, unter denen nur Pkw hindurchfahren können.

Verkehrsmittel

Bus

Ein dichtes Netz öffentlicher Verkehrsmittel durchzieht das gesamte Land. Da nur wenige Ferienorte an der niederländischen Küste ans Schienennetz angeschlossen sind, kommt hier dem Busverkehr besondere Bedeutung zu. Er wird von der privaten Firma *Connexion* betrieben. Die Tarife richten sich nach der Entfernung, die in Zonen eingeteilt ist. Als Fahrausweise galten bisher **Streifenkarten** *(Nationale Strippenkaart)*, welche derzeit teilweise durch eine Chipkarte ersetzt werden, siehe unten „OV-Chipkaart". Für die erste Zone werden zwei Streifen abgerechnet, für jede weitere eine. Streifenkarten mit 8 Streifen sind für 6,40 Euro erhältlich. Die bekannten Streifenkarten mit 15 Streifen (6,70 Euro) oder mit 45 Streifen (19,80 Euro) gibt es auch weiterhin. Kinder zwischen 4 und 11 Jahren sowie Senioren ab 65 Jahren zahlen einen ermäßigten Tarif: Sie reisen mit der 15-Streifenkarte zum Preis von 4,40 Euro. Diese Standard-Streifenkarten werden an Bahnhöfen, in Postämtern, Fremdenverkehrsämtern (VVVs), Tabakläden und oftmals auch im Supermarkt verkauft. Einzelfahrscheine gibt es auch direkt bei den Fahrern der Busse und Straßenbahnen zu kaufen, diese sind aber mit 1,60 Euro (2 Streifen) und 2,40 Euro (3 Streifen) vergleichsweise teuer.

Bahn

Ein weit verzweigtes Schienennetz kennzeichnet das niederländische System öffentlicher Verkehrsmittel *(Openbaar vervoer)*, allerdings konzentriert auf die Ballungsräume im Land. Nur wenige Orte an der Küste sind an das Schienennetz angeschlossen, so Zandvoort und Scheveningen. Es lohnt auf jeden Fall, sich die Sondertarife der Niederländischen Eisenbahn *(Nederlandse Spoorwegen, NS)* anzuschauen, um Kosten zu sparen. So kann man z.B. ein Tagesticket, die sogenannte *Zomertour*, für 45 Euro erwerben, welches für das gesamte Netz gilt und mit dem so zwei Personen im Juli und August einen Tag durch die gesamten Niederlande reisen können (Bahn einschl. der Privatanbieter *Arriva, Veolia, Connexxion* und *Syntus*).

- **Fahrplaninformation der Niederländischen Eisenbahnen:** www.holland.com (Menüpunkt „Praktische Informationen“, „Mit dem Zug“, „Fahrplan“).
- Zur **Fahrradmitnahme** siehe Abschnitt „Fahrradfahren“.

OV-Chipkaart

Auch bei der Bahn wird das bisherige System der Streifenkarte durch das der **Chipkarte** *(OV-Chipkaart)* des niederländischen Verkehrsverbundes sukzessive abgelöst, denn die Chipkarte gilt als Fahrtausweis für das gesamte Netz öffentlicher Verkehrsmittel. Sie entstand aus der Initiative der fünf großen Betreiber öffentlicher Verkehrsmittel, der Bahn *(NS), Connexxion* (Busverkehr), *RET* (Rotterdam), *GVB* (Amsterdam) sowie *HTM* (Den Haag). Ein Reisender checkt sich bei Antritt einer Fahrt an den überall aufgestellten Kartenlesern mit einem gültigen Fahrtausweis ein – und beim Aussteigen wieder aus. Die Chipkarte kann wie die alte Streifenkarte an allen bekannten Verkaufsstellen, s. unter „Bus", sowie bei den Büros der Verkehrsbetreiber und im Internet erworben werden.

Die Chipkarte wird in **drei Versionen** angeboten. Es gibt die **personalisierte Chipkarte** *(Persoonlijke chipkaart)* mit Passfoto des Inhabers, sie wird aufgeladen, entweder mit einem Guthaben für Einzelfahrten oder etwa mit einer Monatskarte. Mit dem Auschecken, beispielsweise nach einer Einzelfahrt, erfolgt die Abbuchung des Fahrpreises von der Chipkarte. Erhältlich ist diese personalisierte Chipkarte bei den Büros der Verkehrsbetreiber oder über www.ov-chipkaart.nl direkt. Das Aufladen der Chipkarte kann ebenso über www.ov-chipkaart.nl oder durch eine direkte Abbuchung bei der Bank erfolgen. Die zweite Version der Chipkarte ist die nicht personalisierte **Anonyme Chipkarte** *(Anonieme chipkaart)*. Sie ist übertragbar, kann aber keine Ermäßigungen gewährleisten. Sie ist aufladbar wie die personalisierte Chipkarte. Letztlich wird noch die **Einmal-Chipkarte** *(Wegwerpchipkaart)* angeboten. Auf ihr wird der erforderliche Fahrpreis vor Antritt der Fahrt aufgeladen. Nach Beendigung der Fahrt ist sie wertlos. Es gibt auch spezielle Chipkarten für Kinder und Studenten, die man ebenfalls bei den bekannten Verkaufsstellen erwerben kann.

- **Information:** www.ov-chipkaart.nl (holländisch und englisch)

Taxi

Taxifahren ist in den Niederlanden allgemein sehr **teuer.** Es gibt aber Preisunterschiede und man sollte sich den Preis gleich bei der Reservierung sagen lassen und eventuell ein anderes Taxiunternehmen anrufen. Außerdem gibt es in vielen Städten das sogenannte *treintaxi,* mit dem man **vom und zum Zug** zum verbilligten Tarif im **Sammeltaxi** kutschiert wird. Dies muss man für die Hinfahrt zum Bahnhof telefonisch oder über die Website vorbestellen, bei der Fahrt ab Bahnhof gibt es dort einen Knopf, den man zur Bestellung drückt. Dies lohnt sich aber nur, wenn man allein ist, da der Preis pro Person gilt.

In Amsterdam und anderen niederländischen Städten kann man **kein Taxi herbeiwinken.** Man muss immer zum Taxistand gehen oder telefonisch bestellen. Wichtig ist auch zu wissen, dass man außer in Amsterdam ein Taxi **etwa zwei Stunden vorher** bestellen sollte, damit zum gewünschten Zeitpunkt überhaupt eines verfügbar ist. Das von zu Hause gewohnte Verfahren ist in den Niederlanden leider nicht üblich: anrufen und zehn Minuten später ist das Taxi da ...

Versicherungen

Für die **Auslandsreise-Krankenversicherung** siehe Stichpunkt „Medizinische Versorgung".

Egal welche Versicherungen man abschließt, hier ein Tipp: Für alle abgeschlossenen Versicherungen sollte man die **Notfallnummern** notieren und mit der **Policenummer** gut aufheben! Bei Eintreten eines Notfalles sollte die Versicherungsgesellschaft sofort telefonisch verständigt werden!

Europaschutzbrief

Ist man in Europa mit einem Fahrzeug unterwegs, ist der **Europaschutzbrief** eines Automobilclubs eine Überlegung wert. Wird man erst in der Notsituation in den Niederlanden Mitglied, gilt diese Mitgliedschaft auch nur für dieses Land und man ist in der Regel verpflichtet, fast einen Jahresbeitrag zu zahlen, obwohl die Mitgliedschaft nur für einen Monat gültig ist. Die **Notrufnummern** der wichtigsten Automobilclubs sind unter dem Stichpunkt „Autofahren – Panne" zu finden.

006ho Foto: ot

Landschaft
und Natur

Geografie der Niederlande

Die Niederlande erstrecken sich einschließlich ihrer Watt- und Wassergebiete über eine Fläche von annähernd 42.000 Quadratkilometern. Dabei zählt der Staat fast **15,9 Millionen Einwohner,** womit er eine Bevölkerungsdichte von 465 Einwohnern pro Quadratkilometer aufweist und damit zu den **am dichtesten besiedelten Ländern der Erde** gehört.

In den Niederlanden setzt sich die Norddeutsche Tiefebene westwärts fort. Das Erscheinungsbild der Küste ist dreigeteilt. Im Norden liegen die „Waddeneilanden", die Wattinseln. Der mittlere Teil ist als Strandwallküste ausgebildet – hier trennt eine vorwiegend durchgehende Dünenlinie das Meer vom Land. Der südliche Küstenabschnitt wird von einem Delta gebildet, in dem sich zwischen den Flussarmen von Rhein, Maas und Schelde ausgedehnte Flussinseln mit meerseitigen Dünenkämmen gebildet haben. Landeinwärts breiten sich eingedeichte, teils unter dem Meeresspiegel liegende See- und Flusslandschaften, sogenannte **Polder,** und wellige Geestlandschaften aus. Nur im äußersten Südwesten verfügen die Niederlande über Börde- und Mittelgebirgslandschaften.

Das Tiefland der **Küstenprovinzen Noord-Holland, Zuid-Holland und Zeeland** wird entwässert – hierfür taten früher Windmühlen ihren Dienst, heute erledigen dies mechanische Pumpen, die auch **Landtrockenlegungen** in größerem Umfang möglich machten. Zuletzt geschah dies durch die Eindeichung und teilweise Einpolderung der **Zuiderzee,** die heute mit Süßwasser gefüllt ist und seither den Namen **Ijsselmeer** trägt. Die Tieflandgebiete sind, wo dies erforderlich ist, durch See-

Seite 58/59: Der Noordhollands Kanaal bei Schagerbrug

deiche, ansonsten durch Flussdeiche geschützt. Mittels Schleusen gegen die See gesicherte **Kanäle** durchziehen die gesamte unter dem Meeresspiegel liegende Fläche der Niederlande und prägen ihr Erscheinungsbild.

Entwicklung der Küstenlandschaften

Eiszeit

Die Niederlande grenzen mit ihrer gesamten Küstenlänge an die **Nordsee.** Doch dies ist erst seit ein paar Tausend Jahren so. Während der Eiszeit, als die schweren Eispanzer über der nördlichen Halbkugel ungeheure Wassermassen banden, lag der Meeresspiegel 130 Meter unter dem heutigen. Über dem gesamten südlichen Teil der heutigen Nordsee breitete sich eine unwirtliche **Kaltsteppe** aus. Die Nordgrenze der damaligen Landmasse wurde von der Doggerbank gebildet, der Ärmelkanal zwischen Dover und Calais war Landfläche.

Die Wiedererwärmung der Erdatmosphäre ließ mit dem Ende der Eiszeit vor ungefähr 15.000 Jahren durch **abschmelzendes Gletschereis** den Meeresspiegel wieder so weit ansteigen, dass sich vor etwa 6000 Jahren das Meerwasser der Nordsee und des Atlantischen Ozeans im Ärmelkanal trafen. Nunmehr konnte der **Golfstrom** seine warmen Wassermassen in die Nordsee entsenden und das Klima erwärmte sich in Mitteleuropa. Der Meeresspiegel stieg weiter, und durch das Abschmelzen der schweren skandinavischen Eiskappen hoben diese sich und als Ausgleich senkte sich das Gebiet der heutigen Benelux-Staaten ab. Gleichzeitig strömte immer mehr Meerwasser über die ehemaligen Sandböden der vormaligen Kaltsteppe.

Strandwälle

Durch den Einfluss der **Gezeiten** auf den Golfstrom formten sich die ersten Strandwälle vor der niederländischen Küste und trennten die dahinter liegenden Landmassen vom Meer ab. So bildete sich vor etwa 5000 Jahren ein niederländischer

Küstenverlauf heraus, der schon fast dem heutigen entsprach. In dem durch die Strandwälle geschützten Hinterland staute sich Süßwasser aus Zuflüssen und Regenfällen auf. Ein Abfluss war nur begrenzt gegeben, sodass sich in diesem Stauwasser **Hochmoore** entwickelten, die bald einen großen Teil der westlichen Niederlande einnahmen.

Die Strandwälle konzentrierten sich auf den Küstenverlauf zwischen den heutigen Städten Scheveningen und Bergen. Hier traten sie in mehreren Wällen landeinwärts bis zu einer Linie zwischen Den Haag und Alkmaar auf. Viele der holländischen Orte wurden auf diesen Strandwällen, die heute als solche kaum mehr zu erkennen sind, errichtet. Bis heute werden diese sandigen Strandwallflächen für den Blumenzwiebelanbau genutzt! Mit der ostwärtigen Verlagerung des Strandwallküstenverlaufs bis zur Zeitenwende verblieben die westlicher gelegenen Wälle als Sandbänke im Meer – daher ist die Nordsee vor der niederländischen Küste auch kaum mehr als zwanzig Meter tief. Auf dem Strandwall, der jeweils die Küstenlinie bildete, türmte sich anwehender Sand zu **Dünen** auf – ein Prozess, der bis heute anhält.

Zu der Zeit, als die Römer über die Niederlande herrschten, war die Linie des Küstenstrandwalls durch die Trichtermündungen vier großer **Flüsse** unterbrochen, die im Laufe der Jahrhunderte das heutige Deltagebiet Zuid-Hollands und Zeelands ausbildeten. Die Mündung der **Schelde** lag im Bereich der heutigen Oosterschelde, südlich von Scheveningen lag die Mündung der **Maas,** bei Katwijk floss der **Rhein** in die Nordsee und bei Egmond lag die Mündung der **Ur-Ij,** jenem Fluss, der später dem Ijsselmeer seinen Namen gab.

Überschwemmte Salzwiesen:
die sogenannten Slufter auf der Wattinsel Texel

Watt

Der **Golfstrom** hatte entscheidenden Einfluss auf den sichelförmigen Verlauf der holländischen Strandwallküste zwischen Scheveningen und Bergen. Ab Bergen nimmt der Golfstrom einen eher nördlichen Verlauf – wendet sich also von der Küste ab, sodass sich ab hier in ihrem weiteren Verlauf bereits das Wattenmeer abzeichnet. In der Tat bewirkten gegenläufige Strömungskräfte dann auch das Aufreißen der nördlicher verlaufenden Dünenreihe, und es entstanden nördlich von Petten die voneinander getrennten Düneninseln 't Oghe und Huisduinen. Jenseits des Marsdieps bildeten sich die niederländischen Wattinseln **Texel** (verwaltungsmäßig zur Provinz Noord-Holland gehörig) sowie **Vlieland, Terschelling, Ameland** und **Schiermonnikoog** heraus.

Hochmoore

Um die Zeitenwende lag der Meeresspiegel um etwa zwei Meter tiefer als heute. Noch tausend Jahre später breiteten sich die großflächigen Hochmoore, die sich hinter den Dünenwällen gebildet hatten, über dem Meeresspiegel aus. Etwa ab dem Jahr 1000 begannen die Menschen mit dem **Torfabbau** in diesen Hochmooren. Bis dahin waren

007ho Foto: ot

die Moorflächen kaum besiedelt, doch nun zwang der Bevölkerungsdruck dazu, auch diese an sich für eine landwirtschaftliche Nutzung weniger geeigneten Flächen zu kultivieren. Aus dieser Zeit datieren die ersten **Entwässerungsmaßnahmen** und **Einpolderungen** in den Niederlanden. Der Torf wurde als Brennmaterial benötigt, und die vom Torf befreiten Flächen konnten als **Weide** und in begrenztem Umfang auch ackerbaulich genutzt werden.

Diese im Hochmittelalter einsetzende landwirtschaftliche Erschließung der Hochmoorgebiete hatte aber verheerende Folgen für die weitere Oberflächengestaltung der Niederlande. Durch Einpolderung und Entwässerung senkte sich das Land ab, so entstand das **„Hohle Land"**, das sich als Begriff in der späteren Bezeichnung für **Holland** – und im deutschen Sprachgebrauch für die ganzen Niederlande – wiederfindet. Gleichermaßen Land absenkend wirkte der Torfabbau. Nicht nur die Entnahme der Torfoberfläche allein hatte diesen Effekt, sondern zusätzlich die Tatsache, dass sich trocken gelegte Moore aus sich selbst heraus setzen, weil sie sich nunmehr mit dem Sauerstoff aus der Luft verbinden können und Kohlensäuregas an die Luft abgeben, wodurch sie sich verdichten.

Untergehendes Land

Völlig unabhängig von den eiszeitlichen Effekten führt außerdem die sich aus der **Kontinentalverschiebung** ergebende Plattentektonik auf der Erde dazu, dass sich die nordwestlichen Gebiete der heutigen Niederlande weiterhin leicht senken (wohingegen sich die südöstlichen Gebiete anheben). Im Zuge der klimatischen Verschlechterung im ersten Jahrtausend n. Chr. brachen die **Nordseefluten** immer öfter in die Niederlande ein, Springfluten überschwemmten die ehemaligen Hochmoorflächen. Bis zum 14. Jahrhundert hatten sich große Wasserflächen ausgebildet, wo einst festes Land war. Die **Zuiderzee** brach als tiefe Meereseinbuchtung genauso wie der **Dollart** in das Festland ein. Die Flussmündungsbereiche öffneten sich immer weiter. Meereseinbrüche verblieben als große Wasserflächen, so die friesischen Seen im Noorderkwartier – wie der nördliche Teil Hollands genannt wird –, das Beemstermeer, das Purmermeer, die Waard, das Schermermeer und in Südholland beispielsweise das Haarlemermeer. Das Gebiet des äußersten Nordens von Noord-Holland nördlich von Schagen, das heute als „Kop van Holland" bezeichnet wird, war gänzlich dem Einfluss der See preisgegeben. Hier hatte sich eine Gemengelage aus Wattflächen einerseits, die regelmäßig bei Flut überschwemmt wurden und keinen Bewuchs mehr aufwiesen, und andererseits aus Salzwiesen, wie man sie heute noch im Slufter auf Texel sehen kann, ergeben.

Schutzmaßnahmen

Angesichts dieser erschwerten Umweltbedingungen mussten die in den Niederungsgebieten ansässigen Menschen Maßnahmen zu ihrem Schutz ergreifen. Sie hatten bereits früher als Wurten bezeichnete **Erdhügel** für ihre Wohnstellen angelegt, von denen schon der römische Geschichtsschreiber *Plinius* berichtete. Doch nun waren rigorose Maßnahmen gegen das eindringende Wasser erforderlich, wobei sich das **Stauwasser im Hinterland** als noch gefährlicher als das Nordseewasser erwies. Der **Westfriesische Ringdeich** (Westfriese Omringdijk), der ab dem 12. Jahrhundert als Schutzwall das gesamte Gebiet Westfrieslands zwischen Schagen im Nordwesten, Medemblik im Nordosten, Hoorn im Osten und Alkmaar im Südwesten umschloss, gilt als größte wasserbauliche Maßnahme des Mittelalters.

Gegen das Stauwasser half nur Entwässerung. Zu diesem Zweck wurden **Gräben** angelegt und mit **Schleusen** versehen, die sich bei Ebbe öffneten, sodass überflüssiges Wasser ablaufen konnte – eine Entwässerungstechnik, die im Übrigen schon von den Römern angewandt wurde. Doch wirkungsvoll blieben diese Maßnahmen der Landsicherung nur, wenn nicht gleichzeitig das zu entwässernde Gebiet auch gegen von außen eindringendes Wasser geschützt wurde. Hierzu reichten die bisherigen **Deiche,** die zunächst reine Erdwälle von nur geringer Haltbarkeit waren, nicht mehr aus. Im Laufe der Zeit wurden die Deiche mit Hölzern verstärkt, die man durch Schilfmatten miteinander verband, in die man Lehm, Sand und Erde füllte – Steine kamen hierfür erst viel später zum Einsatz, da sie von weither herangebracht werden mussten.

Besonders prekär entwickelte sich die Situation im **Delta-Gebiet,** wo sich bis zum 15. Jahrhundert durch Sturmfluten einerseits und Flussablagerungen andererseits ein Gitterwerk aus Inseln und Halbinseln gebildet hatte, das weitgehend ungeschützt der Unbill der Natur ausgesetzt war. Eine Katastrophe brach mit der **St. Elisabethflut** im Jahre 1421 herein, die weite Landstriche nicht nur im Delta unter Wasser setzte – erst die Sturmflutkatastrophe des Jahres 1953 kann hiermit verglichen werden.

Ein umfassender Schutz von Wohnstätten, Ackerflächen und Weiden konnte nicht mehr nur durch einzelne Menschen geleistet werden. Die Bewohner der Siedlungen schlossen sich zu *buurtgemeenschappen* (Nachbarschaftsgemeinschaften) zusammen, aus denen später die *waterschappen* (Wasserverbände) entstanden, das vielleicht erste demokratische Verwaltungssystem, das die Geschichte kennt. Auch die Rolle der Klöster ist nicht

Schon im Mittelalter begann man mit dem Bau von Deichen

zu unterschätzen, die sich erfolgreich in der Landsicherung betätigten und durch ihren hohen Organisationsgrad die Techniken des Deichbaus und der Einpolderung nachhaltig verbesserten.

Landgewinnung

Erst mit dem Einsatz von **Windmühlen** war es möglich, von den Maßnahmen der Landsicherung zu Maßnahmen der Landgewinnung überzugehen. Windmühlen kamen seit dem 14. Jahrhundert zur Landentwässerung zum Einsatz. Sie brachten die erforderliche Energie auf, um auch Flächen unterhalb des Meeresspiegels **vom Wasser frei zu pumpen.** Solche durch Windmühlen entwässerten Polder entstanden beispielsweise ab Mitte des 15. Jahrhunderts bei Schagen und im 16. Jahrhundert bei Alkmaar.

Parallel dazu setzte sich die Erkenntnis durch, dass die Landsicherung im Inland angesichts **zunehmender Sturmfluten** nur durch zusätzlichen Küstenschutz gewährleistet werden konnte. Ein erster planmäßiger Ansatz zum Bau eines **Seedeiches** wurde im 16. Jahrhundert in Petten ergriffen, wo sich rückwärtig zur Düneninsel 't Oghe im Mittelalter die Zijpe als Wattenbucht ausgebreitet

008ho Foto: ot

hatte – es handelte sich zunächst um die Aufwerfung eines Sandrückens, für den man durch Einbringen von Stöcken in den Strandwalluntergrund auch die natürliche Dünenbildung durch Flugsand ausnutzte. Wie bei der Stabilisierung der Binnendeiche wurde dann im Laufe der folgenden Jahrhunderte der Seedeichbau technisch weiter verbessert. Die meisten Küstendeiche der damaligen Zeit wurden unter der fachkundigen Leitung des Deichbauingenieurs *Andries Vierlingh* (1507–79) erbaut. Spätestens seit dem **Delta-Plan,** der als Folge der letzten verheerenden Flut im Jahre 1953 realisiert wurde, schützen nunmehr über elf Meter hohe und an der Basis weit über 100 Meter breite Deiche sowie Sperrwerke an den Mündungsarmen der Flüsse die Niederlande sicher vor zukünftigen Sturmfluten.

Der entscheidende Durchbruch zur nachhaltigen Trockenlegung der Flächen, die im Mittelalter durch Sturmfluten an das Meer verloren gegangen waren, erfolgte aber erst, als durch den Asien- und Amerikahandel reich gewordene Amsterdamer Kaufleute ihr Kapital in Landgewinnungsprojekte steckten. Der Wohlstand der Bürger der holländischen Städte war so groß geworden, dass die Nachfrage nach landwirtschaftlichen Gütern stetig wuchs. Aus der Bewirtschaftung neuer Agrarflächen erhoffte man sich einen noch größeren Gewinn als aus dem Überseehandel! Für die Planung und Realisierung solcher **Polderprojekte** im Einzugsbereich von Amsterdam zeichnete vor allem der Wasserbauingenieur *Jan Adriaenszoon Leeghwater* (1575–1650) verantwortlich. Unter seiner Leitung wurde durch Errichtung einer Vielzahl von Wassermühlen bis zum Jahr 1612 das **Beemstermeer** trockengelegt. Dort, wo die Schöpfkraft einer Mühle nicht ausreichte, tiefer liegende Gräben zu entwässern, wurden mehrere Mühlen hintereinander geschaltet. Dieses System kann man heute noch am bestem am Kinderdijk in Zuid-Holland erkennen.

Als nächste große Polderprojekte nach dem Beemster entstanden 1622 der Polder **Purmer** und 1626 der **Wormer.** Ab 1631 wurde das **Schermermeer** eingedeicht. Pläne für die Trockenlegung des **Haarlemermeers** bestanden auch schon, doch wurde dieses Projekt erst im 19. Jahrhundert realisiert. Schon 1667 gab es Pläne zur Eindeichung der **Zuiderzee,** doch sie blieb dem 20. Jahrhundert vorbehalten. Den endgültigen Anstoß zu diesen Maßnahmen gaben die Überschwemmungen des Jahres 1916. Nach weit über zehnjähriger Bautätigkeit war 1932 die Zuiderzee durch den Abschlussdeich *(Afsluitdijk)* vom Meer getrennt. Der **Noordoostpolder** und die beiden **Flevolandpolder** wurden noch fertig gestellt, auf die Trockenlegung des Markermeeres verzichtet man aber.

Doch das größte Problem, das die Niederlande je mit dem „Blanken Hans" hatten, kam erst noch auf sie zu. Die Sturmflut vom 1. Februar 1953 brach vor allem durch die Deiche des Deltagebietes. Über 200.000 Hektar Land wurden überschwemmt, 1835 Menschen ertranken, 500.000 wurden obdachlos. In einer großartigen Kraftanstrengung und in über vierzigjähriger Bauzeit haben die Niederländer inzwischen ihre Küsten so befestigt, dass keine Sturmflut ihnen noch etwas anhaben kann. Seit der Realisierung dieses großartigen **Delta-Plans,** mit dem alle niederländischen Küstendeiche auf eine Höhe von über zehn Metern über dem Meeresspiegel gebracht wurden, sichern zusätzlich vier Hauptdämme im Flussmündungsbereich von Schelde, Maas und Rhein mit mehreren Nebendämmen im Hinterland die Küstenlinie im Süden der Niederlande.

Landes- und Naturschutz

Im ständigen Kampf mit den unheilvollen Kräften der Nordsee mussten die Niederländer ihr Land, das zu großen Teilen unter dem Meeresspiegel liegt, gegen hereinbrechendes und vom Grund heraufdrückendes Wasser schützen. Angesichts der Dichte der Bevölkerung und des wachsenden Wohlstands trat mit der fortschreitenden Industrialisierung der **Konflikt zwischen Ökonomie und Ökologie** immer deutlicher zu Tage. Dennoch sind es gerade die Niederlande, die trotz allen „Platzmangels" in außerordentlicher Weise ihr landschaftliches Erscheinungsbild und ihre Lebensräume für Pflanzen und Tiere zu schützen verstehen. Große Dünengebiete, alte Polderlandschaften, Seengebiete und Küstenregionen sind unter Naturschutz gestellt beziehungsweise als Naturreservate ausgewiesen worden.

Den **hohen Stellenwert des Naturschutzes** haben sich die Niederländer aber nicht ohne Reibungsverluste erkämpfen können. Viele der Maßnahmen des Landesschutzes erfolgten aufgrund von Katastrophen wie Dammbrüchen, Überschwemmungen und Zerstörungen durch eindringende Wassermassen. Da galt es in erster Linie Not zu mildern, Wiederholungen solcher Katastrophen zu verhindern und Schutzbarrieren für die Zukunft zu bauen. Auge in Auge mit den überschäumenden Fluten des Meeres stand zunächst immer der **Sicherheitsaspekt** für die Menschen und ihren Besitz im Vordergrund.

Dies war auch noch der Fall, als nach der letzten großen Flutkatastrophe am 1. Februar 1953 der Delta-Plan zur verbesserten Küstensicherung realisiert werden sollte. Vorgesehen war die Verkürzung der Küstenlinie durch den Bau von Dämmen an den Meereseinbuchtungen zwischen den Delta-Inseln und eine entsprechende Verstärkung der See- und Binnendeiche. Gegen die Folge der **Entsalzung der Meeresarme** erhob sich bald immer nachhaltigerer Protest von Naturschützern, Wissenschaftlern und auch Fischern, der bald in der ganzen Bevölkerung Unterstützung fand. So entschloss man sich zu einer Konzeptionsänderung und errichtete den Oosterscheldedam: nicht als abriegelnden Deich, sondern als **Sturmflutwehr.** Dadurch konnte das einmalige **Ökosystem** der Oosterschelde erhalten werden. Auch an anderen Baustellen des Delta-Gebietes sorgte man nunmehr für den Erhalt der durch die Nordseetide gestalteten ursprünglichen Wasserführung aus Süß- und Salzwasser – und damit für den Erhalt wertvoller Naturräume.

Im Zusammenhang mit der Errichtung des Rotterdamer Außenhafens Maasvlakte wurden Umweltproteste immer stärker artikuliert. Die Pläne der Regierung zu einer nochmaligen Erweiterung des Hafens auf einer vor der Küste liegenden Sandbank („Maasvlakte II") führten bisher zu so starkem Protest, dass zunächst mit keinem Baubeginn zu rechnen ist.

Eine Aufstellung aller Naturgebiete in den Niederlanden findet man unter www.natuurmonumenten.nl, der Naturparks unter www.ertussenuit.com/links/54-11-1.htm.

Technische Höchstleistungen

Dennoch – zu den großartigen Kulturleistungen der Niederländer gehören die Maßnahmen zur Sicherung ihres Landes gegen die Fluten der Nordsee an der Küste und an den Flussläufen sowie gegen das ins Land hereindrückende Wasser, das die tief liegenden holländischen und zeeländischen Landesteile immer wieder zu überschwemmen droht. Jahrhunderte haben die Niederländer benötigt, um weiteren Landverlusten durch Nordseestürme zu widerstehen, einmal wieder gewonnenes Land zu schützen und auch dem Meer neues Land abzutrotzen. Hierzu mussten die Kenntnisse des **Deichbaus,** des **Abpumpens** von Wasser insbesondere in Gebieten unter dem Meeresspiegel sowie auch spezielle **Hausbaukenntnisse** im seichten Untergrund erarbeitet werden. Dabei waren neben dem Erlernen der Techniken der **Wasserwirtschaft** gleichermaßen Kenntnisse über die **Wasserstände** selbst erforderlich. Längst bildet der in Amsterdam gemessene Wasserpegel die Basis für alle Wasserstandsmessungen im Land.

Windmühlen

So war die Messlatte des Amsterdamer Pegels von entscheidender Bedeutung für die Eindeichung von Poldergebieten und deren Entwässerung. Erst als der Mensch lernte, die Windenergie über Windmühlen einzufangen und mittels rotierender Bewegungen zum **Wasserschöpfen** einzusetzen, war es möglich geworden, auch unter dem Amsterdamer Pegel liegende Landflächen dauerhaft zu entwässern. Im Gegensatz zu den steinernen mediterranen Getreidemühlen wurden im Holland des 13. Jahrhunderts erstmals Wassermühlen aus Holz gebaut. Die planmäßige Trockenlegung von Wasserflächen mit solchen Windmühlen, die zunächst nur aus einer Welle bestanden, an der sich oben die Flügel und unten ein schräg ins Wasser reichender Schöpfmechanismus befanden *(Tjasker),* begann 1542 mit der Trockenlegung des Dergmeeres bei Alkmaar.

Fortschrittlicher waren die sogenannten **Bockwindmühlen** oder Ständermühlen *(Standerdmolen),* bei denen sich der Mühlenkasten mit den Flügeln auf einem Unterbau um eine innere Achse dreht. Mittels eines an der den Flügeln gegenüberliegenden Seite angebrachten „Sterts", der bis auf den Boden reicht, kann der gesamte Mühlenkasten in den Wind gedreht werden, damit die daran angebrachten Flügel in Bewegung kommen. Die Weiterentwicklung stellte die **Wippmühle** *(Wippmolen)* mit verkürztem Aufbau und pyramidenförmigem Unterbau dar, der auch zu Wohnzwecken genutzt wurde.

Doch den eigentlichen technischen Fortschritt erbrachte *Jacob van Deventer* mit der von ihm 1558 präsentierten **Kappenwindmühle.** Dabei

NAP – der Amsterdamer Wasserstandspegel

Amsterdam entwickelte sich im Laufe der niederländischen Geschichte zum wichtigsten Wirtschaftsstandort des Landes. Hier wurden die Geschäfte mit den Kolonien abgewickelt, hier sammelte sich das Kapital an, mit dem auch die Eindeichungen und Landgewinnungen in Holland finanziert wurden. Doch kämpften die Amsterdamer Segelschiffkapitäne von Anfang an mit dem Problem der Wasserstände. Damals führte der Zugang zum Amsterdamer Hafen nur über die offene Zuiderzee, die den Auswirkungen von Ebbe und Flut ausgesetzt war. Und da es schwer war, bei Ebbe den Hafen zu verlassen, mussten die Kapitäne im Vorhinein über die Wasserstände Bescheid wissen. Insofern brachte man zunächst einmal an den Kaimauern Markierungen an, die den Wasserstand zwischen Ebbe und Flut angaben – dies war der *Amsterdams Peil,* der vor allem für die auslaufenden Segelschiffe hilfreich war. Später brachte man ähnliche Markierungen in anderen Häfen an. Mit der Verbesserung der Messtechniken konnten diese Pegel dann einheitlich zum **Normaal Amsterdams Peil (NAP)** justiert werden. Dieser sogenannte Amsterdamer Nordsee-Normalpegel dient heute als Orientierungsmaß für alle wasserbaulichen Maßnahmen in den Niederlanden – wie gleichermaßen in Deutschland als Bezugsgröße für Höhenmessungen.

handelt es sich um eine hohe Windmühle mit großem, achteckigem Unterbau, dem eine Haube *(kap)* mit daran angebrachten Flügeln aufgesetzt ist, die auf einem Kammrad von innen in den Wind gedreht werden kann. Neben diesem in Noord-Holland weit verbreiteten *Binnenkruier* gibt es auch einen vergleichbaren *Buitenkruier,* bei dem der Drehmechanismus der Haube außen angebracht ist – Mühlen dieses Typs sind vor allem am Kinderdijk zu sehen. Besonders reizvoll an diesen Mühlen ist, dass sie meistens mit Stroh eingedeckt sind.

Einen weiteren Entwicklungsschritt stellte die Perfektionierung der im Prinzip schon am Tjasker angebrachten **Wasserschnecke** durch *Symon Jacobszoon Hulsebos* im Jahre 1634 dar. Mit seinen neuartigen, an den leistungsstarken Kappenwindmühlen angebrachten Schnecken konnte man nunmehr Wasser über drei Meter hoch befördern. Den Höhepunkt der Entwicklung im Windmühlenbau bedeuteten die **Galerieholländer** – dies waren meist in den Städten in Backsteinbauweise für gewerbliche Zwecke errichtete, hohe Getreidemühlen in Form riesiger Kegelstümpfe. Auf halber Höhe war eine kreisförmige Balustrade angebracht, von der aus der Müller die Flügel bediente. Seine Wohnräume und die Getreidespeicher befanden sich in den Untergeschossen, in den oberen Geschossen fanden die Mahl- und Abpackvorgänge statt. Fünf solcher Galerieholländer stehen beispielsweise noch an der Noordergracht in Schiedam bei Rotterdam.

009ho Foto: ot

Schutzprojekte und Küstenlandschaften in Noord-Holland, Zuid-Holland und Zeeland

Praktische Hinweise zu den im Folgenden beschriebenen sehenswerten Naturlandschaften und zu Einrichtungen wie Besucherzentren und Schutzbauten finden sich in den Ortskapiteln.

Festlandküste von Nord nach Süd

Kop van Noord-Holland

Um sich ein Bild von der Entstehungsgeschichte der Spitze des nordholländischen Festlandes zu machen, muss man einige Jahrhunderte zurückblicken. Am sogenannten Kop van Noord-Holland hatte das Meer seit dem Mittelalter tief ins Land eingegriffen. Etwa ab dem 13. Jahrhundert stand dieses Land weitgehend unter dem Einfluss der Gezeiten. Die durchgehende nordholländische Dünenküste reichte nur noch bis **Petten.** Nördlich davon war der Strandwall durchbrochen worden, es verblieben die beiden Sandinseln **'t Oghe** und **Huisduinen,** deren Dünen durch die Gewalt der Nordseewellen und des Windes im Laufe der Zeit weiter nach Osten verlagert wurden. Nördlich der Insel Huisduinen vertiefte sich das **Marsdiep,** das noch heute das nordholländische Festland von der Insel Texel trennt. Erst über hundert Jahre später wurde damit begonnen, das Hinterland durch den Bau des Westfriesischen Ringdeichs wieder vor dem Wasser zu schützen. Ab dem 17. Jahrhundert stabilisierte sich der Zustand der nordholländischen Küste wieder. Die Meerestiefen zwischen den beiden Inseln versandeten, die Küstenlinie war ostwärts zurückgedrängt worden und verlief nunmehr wieder durch-

Windmühlen wurden ab dem 13. Jh. zum Wasserschöpfen benutzt – so konnte man Land unterhalb des Meeresspiegels trockenlegen

gehend. Dadurch bildete sich zwischen **Callantsoog,** dem Dorf auf der ehemaligen Insel 't Oghe, und Petten ein breiter Dünengürtel, bestehend aus dem heutigen **Zwanenwater,** einem der beachtenswertesten Naturschutzgebiete des gesamten niederländischen Dünengürtels, sowie den **Pettemerduinen.**

Westfriesischer Ringdeich

Lange bevor die Menschen im niederländischen Küstenbereich an planmäßige Einpolderungen dachten, ging es ihnen zunächst einmal darum, das vorhandene Acker- und Weideland, das durch Absenkung und Sturmfluten gefährdet war, vor eindringendem Wasser zu schützen. Die westfriesischen Siedlungsflächen auf der Halbinsel Nordholland zwischen **Schagen** und **Alkmaar** drohten zunehmend dem Wasser anheim zu fallen. Sofort nachdem sich der holländische Graf *Floris V.* im Jahre 1289 Westfriesland einverleibt hatte, machte er sich daran, dieses Gebiet durch einen Deich zu schützen – eine Großtat für damalige Verhältnisse! Dieser *Westfriese Omringdijk* hat eine Länge von 126 Kilometern und war vom Charakter her ein Binnendeich, denn seewärts lag noch ein Gürtel von Brackwasser- und Schlickflächen mit dem Dünengürtel direkt an der Küste, der aber an mehreren Stellen durchbrach und so unter anderem die Meeresbucht der Zijpe entstehen ließ. Doch immer wieder kam es auch zu Deichdurchbrüchen, die kleine, als Wiele bezeichnete Wasserflächen hinterließen und oft so tief waren, dass man es bei der Reparatur vorzog, einen neuen Deich um diese Wasserflächen herum anzulegen. Daraus resultieren die vielen Kurven im Deich – am anschaulichsten kann man dieses Phänomen bei den Burgerwielen zwischen **Sint Maarten** und **Burgerbrug** beobachten.

Wiele, durch Wassereinbrüche entstandene Wasserflächen, am Westfriesischen Ringdeich

010ho Foto: ot

Hondsbossche Zeewering

Der nordholländische Küstenbereich zwischen **Petten** im Norden und **Camperduin** im Süden, der heute durch die Hondsbossche Zeewering geschlossen ist, stellte ab dem ausgehenden Mittelalter eine offene Flanke für das dahinter liegende Land dar. Auch in diesem Abschnitt verlagerte sich die Küste zwischen 1300 und 1800 um mehrere Kilometer landeinwärts, trug aber immer noch einen schmalen Dünengürtel. Landeinwärts hatte man bereits 1432 einen sogenannten *slaperzandddijk* („Schlafsanddeich", ein Deich aus Flugsand, der hinter der Hauptküstenlinie eine zusätzliche Schutzfunktion übernimmt) anwehen lassen, hundert Jahre später einen weiteren nördlich davon, vor dem sich später die Pettemerduinen aufhäuften. Ende des 18. Jahrhunderts wurde dann durch Pfahlwerke und Steinbefestigungen der Küstenverlauf zwischen Petten und Camperduin festgelegt. Im 19. Jahrhundert verstärkte man die Hondsbossche Zeewering durch eine Basaltsteinauflage. Längst ist dieser Seedeich an der nordholländischen Küste auf „Delta-Höhe" (11,50 Meter über NAP) gebracht und seeseitig mit einer dicken Asphaltdecke versehen worden.

Beemster-Polder

Zu der Erfordernis, das Land vor dem Wasser zu schützen, ergab sich vor dem Hintergrund der enormen Bevölkerungsvermehrung in den Niederlanden die Notwendigkeit der **Landerweiterung** – nur durch vergrößerte Acker- und Weideflächen war eine ausreichende Nahrungsmittelversorgung zu gewährleisten. Längst hatte sich die niederländische Landwirtschaft zu einem einträglichen Geschäft entwickelt, was auch den reichen Kaufleuten in den Städten nicht verborgen blieb. So entstand der Plan, die **Binnenwasserflächen** im **Noord-Kennemerland** zwischen **Alkmaar** und **Purmerend** trockenzulegen. Hauptsächlich mit den Finanzmitteln von *Dirck van Oos,* dem Administrator der Vereinigten Ostindischen Kompanie, und nach Plänen von *Jan Adriaenszoon Leeghwater* wurde zwischen 1607 und 1612 mit der Trockenlegung des Beemstermeers die erste durchgeplante Landerschließungsmaßnahme in Holland realisiert. Die quadratische Anlage dieses Beemster-Polders, dessen entwässerte Flächen in Grundstücksgrundeinheiten von 185x930 Metern aufgeteilt wurden, entsprach ganz dem Zeitgeist der Renaissance mit dem Anspruch auf eine neue ideale Ordnung – der Charakter dieser Polderanlage ist bis heute erhalten geblieben. Gleichermaßen rechteckig war die Flächenaufteilung im wenig später bis 1635 trockengelegten **Schermermeer,** ganz auf Alkmaar ausgerichtet, dem Markt, der die neuen Landwirtschaftsprodukte aus diesem Polder aufnehmen sollte.

Noord-Hollands Duinreservaat

Der große Dünengürtel, der sich zwischen **Camperduin** im Norden und dem Austritt des **Noordzee Kanaal** im Süden auf einer Breite von mehreren Kilometern erstreckt, wird heute weitgehend vom Noord-Hollands Duinreservaat eingenommen. Das Reservat umfasst eine Fläche von 5000

Hektar und ist von Fuß- und Fahrradwegen durchzogen. Die abwechslungsreiche Landschaft aus Strandhafer-, Heide- und Waldflächen bietet ein Paradies für Naturliebhaber und Strandurlauber! Und dieser Dünengürtel schützt das Hinterland besser als jeder Deich es kann. Doch um die Zeitenwende sah das noch anders aus. Etwa bei **Egmond aan Zee** mündete der Ur-Ij, dem das heutige Ijsselmeer seinen Namen verdankt, westlich des Strandwalls Limmen-Heiloo-Alkmaar in die Nordsee – hier weist der Dünengürtel mit einer Tiefe von nur eineinhalb Kilometern auch seine schmalste Stelle auf. Das Flussbett des Ur-Ij verlief dann im Bereich des heutigen Noordzee Kanaal aufwärts in Richtung Amsterdam. Im 12. Jahrhundert zerriss die Gezeitengewalt die Dünen zwischen **Heemskerk** und **Beverwijk.** Durch die Rückwärtsbewegung der Küstenlinie wurden Fischersiedlungen vernichtet, so verschwand noch im 18. Jahrhundert die westliche Hälfte des Dorfes **Egmond** in der Nordsee. Im Zuge von Renaturierungsmaßnahmen hat man im breiten Dünengürtel von **Bergen** (De Kerf) wiederum eine Bresche geschlagen, um hier die für den historischen Dünensaum so typische Brackwasserflora wieder anzusiedeln.

Interessant an diesem Dünengürtel, der das Noord-Kennemerland nördlich von Amsterdam gegen die Nordsee abschirmt, ist die sogenannte **Kalkgrenze** bei Bergen. Nördlich dieser Grenze sind die Dünensande eisen- und kalkarm, südlich davon kalk- und eisenoxydreicher. So findet man südlich von Bergen Kalk liebende Pflanzen wie den Weißdorn und den Sanddorn, die weiter nördlich nicht anzutreffen sind, dafür dort eher niedrigere Pflanzen wie Strauchheide und Ginster. Im Norden ist der Sand hellweiß, im Süden dagegen viel „blonder". Der Grund für diese Kalkgrenze liegt darin, dass der Golfstrom hier, wo sich die Nordsee hinter dem Kanal zwischen Dover und Calais wieder weitet, an Geschwindigkeit verliert

Foto: ot 011ho

und die mit dem Strom mitgetragenen, schwereren, eisenhaltigen Sande von der englischen und französischen Kanalküste absinken, während die leichteren, eisenärmeren an der Küste weiter entlanggetragen werden.

Das Noord-Hollands Duinreservaat ist zugänglich, allerdings nur mit Besitz einer Dünenkarte, die an Automaten an den Eingängen gezogen oder bei den VVVs der angrenzenden Gemeinden erworben werden kann. Das Besucherzentrum De Hoep auf dem Weg nach **Castricum aan Zee** bietet Einblick in die Dünenlandschaft.

Noordzee Kanaal

Der Noordzee Kanaal mit seinen drei Kilometer ins Meer hinausragenden **Nord- und Südpieren** unterbricht den nordholländischen Dünengürtel. Insbesondere der Südpier stellt ein Hindernis für den Golfstrom dar, der hier seine mitgeführten Sande ablagert und einen anderthalb Kilometer breiten Strand entstehen ließ, den der Industrieort **Ijmuiden** zur Eigenprofilierung als Seebad nutzen möchte.

Zugbrücke über einen Kanalzugang zum Noordzee Kanaal

Nationalpark Zuid-Kennemerland

Zwischen **Ijmuiden** und **Katwijk** erstreckt sich ein breiter Dünengürtel mit den größten Dünenwäldern des Landes. Auch hier lag der Küstenverlauf vor 5000 Jahren noch einige Kilometer landeinwärts. Um die Zeitenwende, als die Römer das Gebiet beherrschten, lag die Mündung des Ur-Rheins bei dem heutigen Ort Katwijk. Mit der Westverlagerung der Küste blieben Strandwälle zurück, die als ausgedehnte Blumenzwiebelfelder genutzt werden. Von der Seeseite her bildeten sich hohe Dünenwälle, die seit dem 19. Jahrhundert befestigt und bepflanzt wurden. Der meerseitige Dünenwall weist Erhebungen zwischen 20 und 35 Metern auf, der landseitige mit dem **Kopje van Bloemendaal** sogar eine Erhebung von 45 Metern Höhe. An den landseitigen Dünenausläufern baute man ab dem 17. Jahrhundert Sand als Baumaterial für die wachsenden holländischen Städte ab. Für den Abtransport wurden Kanäle, die sogenannten *zanderijvaarten,* angelegt. Das Dünengebiet zwischen Ijmuiden und Bloemendaal wurde mit seinen abwechslungsreichen Erhebungen und dazwischenliegenden Vertiefungen 1995 zum Nationalpark Zuid-Kennemerland erhoben.

Der breite Dünengürtel setzt sich südlich von **Zandvoort** fort, wird aber umso schmaler, je mehr man sich **Nordwijk** nähert. Am Binnenrand der Dünen erstreckt sich ein breiter Nadelwaldgürtel, der in der ersten Hälfte des vorigen Jahrhunderts angepflanzt wurde. Seeseitige Teile dieses Waldgürtels wurden leider durch die große Trockenheit des Jahres 1959 vernichtet.

Amsterdamse Waterleidingduinen

Unter dem nordholländischen Dünengürtel bildet sich durch versickerndes Regenwasser eine tiefe Süßwasserblase, die für die **Trinkwasserversorgung Amsterdams** genutzt wird. In dem sich südlich von **Zandvoort** erstreckenden Dünenteil ist diese Blase wegen des festen Geestuntergrundes besonders ausgeprägt. Hier wurde ein dichtes

Netz von Filtrierkanälen zur Reinigung des Wassers angelegt. Diese Amsterdamse Waterleidingduinen sind teilweise für Spaziergänger zugänglich. Vier Eingänge gibt es: Zandvoortselaan in Zandvoort, Oase bei Aardenhout/Vogelenzang, Panneland in Vogelenzang und de Zilk bei dem gleichnamigen Dorf.

Am Südende der Amsterdamse Waterleidingduinen verläuft die Grenze zwischen den Provinzen Noord-Holland und Zuid-Holland. Hier nimmt die Breite des Dünengürtels wieder ab, bis er zwischen **Noordwijkerhout** und **Katwijk** nur noch relativ schmal ist. Dieses Dünengebiet wurde bereits im 14. und 16. Jahrhundert verfestigt. Vor allem durch Sandabgrabungen wurde die Dünenlandschaft stark verändert. Kleine Waldparzellen und Moorflächen unterbrechen die mit Gräsern bewachsenen Dünenkuppen und -täler. Auf halbem Weg nach Nordwijkerhout weist das Landschaftsgebiet **De Blink,** das besonders nachhaltig durchgearbeitet wurde, sodass sich hier kalkarme und kalkhaltigere Untergründe mischen, eine reichhaltige Flora von über 280 Pflanzenarten insbesondere an Moosen und Krustenflechten auf. Dieses Biotop ist so empfindlich, dass es für Besucher nicht zugänglich ist.

Hollands Duin

Der breitere Dünengürtel zwischen **Katwijk** und **Den Haag** gehört zum Forstgebiet Hollands Duin und unterteilt sich in die Abschnitte Berkheide und Meijendel. Die meerseitige, junge Dünenreihe ist hoch und steil. Sie entstand in den letzten tausend Jahren. Weiter landeinwärts liegen die geologisch älteren und abgeflachteren Dünen, welche die frühere Küstenlinie markieren. Östlich des Dünengürtels erstrecken sich die noch älteren Strandwälle bis zur Linie Leiden – Rijswijk.

Die Klimaverschlechterung nach der Zeitenwende brachte nicht nur große Veränderungen an der Küstenlinie mit sich, im Zuge der Sturmfluten wurden auch Sandverwehungen ins Inland hineingetragen. Diesem Umstand ist es wohl zu verdanken, dass der Ur-Rhein kein Delta beim heutigen Ort Katwijk ausbildete, sondern dass sich seine Mündung weiter südwärts verlagerte. Der **alte Rheinarm** versandete zunehmend, hinterließ aber einen festen Kleieuntergrund, sodass sich auch hier unter den Dünen Süßwasserblasen bildeten. Wie auch weiter nördlich dient dieser Dünenteil zur Trinkwassergewinnung und ist mit einer Vielzahl von Seen und Kanälen durchzogen – ein Paradies für die Tierwelt! Im Verlauf der Geschichte ist auch dieser Dünenteil nicht von Sturmfluten verschont geblieben. Durch Bepflanzung des Binnendünenrandes glaubte man, dieser Gefahr Herr zu werden, doch nur mit wechselndem Erfolg. Seit dem Mittelalter hat sich auch hier die Küste wieder landeinwärts verlagert. Von den Siedlungen in diesem Küstenabschnitt konnten sich nur **Katwijk** und **Scheveningen** halten. Vor allem die Elisabethflut im Jahre 1421 und die Allerheiligenflut 1570 wirkten sich für die Ortschaften katastrophal aus. Große Teile ihrer Bebauung wurden ins Meer gerissen – seither steht die „Weiße Kirche" von Katwijk so dicht am Meer wie keine andere in Holland.

Im Abschnitt **Berkheide** stehen besonders viele Betonbunker aus der Zeit des Zweiten Weltkriegs, als die deutschen Besatzungstruppen die Küstenlinie zum Westwall ausbauten. Diese Bunker sind inzwischen als Wohnquartiere von Fledermäusen angenommen worden. In Richtung auf das Flugfeld von Valkenburg zu ist das Waldgebiet **De Pan van Persijn** als Erholungsgebiet zugänglich. Das südlicher gelegene Dünengebiet **Meijendel** ist nach dem gleichnamigen Tal im Dünengebiet benannt, wo sich heute auch das Besucherzentrum befindet. Hier gibt es große Bestände an Weißdorn. In diesem Gebiet begann bereits Ende des 19. Jahrhunderts die Süßwasserausbeute für Den Haag.

Solleveld

Der Dünenabschnitt im Bereich von **Den Haag** ist zwischen **Scheveningen** und **Kijkduin** fast völlig verbaut. Südlich des Scheveninger Hafens erstreckt sich der **Westduinpark,** ein Spaziergebiet für die Großstädter aus Den Haag. Südlich an Kijkduin schließt sich das Dünengebiet Solleveld an, das in den letzten Jahrhunderten stark unter Sturmfluten gelitten hat. Die seeseitigen Dünen wurden dabei so weit abgetragen, dass die Binnendünen nunmehr unmittelbar an die Brandung stoßen. Jüngere Sandanwehungen haben diese „alten" Dünen zu sogenannten Kopfdünen geformt. Dort, wo die alten kalkarmen Dünen zutage treten, tritt auch der typische Bewuchs aus Heide und Flechten auf. In den Tälern des südlichen Sollevelds wurde übrigens vom 17. bis 19. Jahrhundert Ackerbau betrieben.

Bei **Ter Heijde,** heute Ortsteil von Monster, wird der Dünengürtel so schmal, dass ein Durchbruch bei Sturmflut nicht auszuschließen ist. Deshalb wurde hinter dem Dünengürtel ein sogenannter *Slaperdijk* (Schlafdeich) angelegt, der im Notfall die Wassermassen hinter der Küste auffangen soll. Im Hinterland von **Monster** erstreckt sich das **Westland,** jenes Landschaftsdreieck zischen Den Haag, Hoek van Holland und Maassluis, in dem intensiver Gemüseanbau in Gewächshäusern betrieben wird – nirgendwo sonst auf der Erde stehen diese gläsernen Gewächshäuser so flächendeckend wie hier!

Nieuwe Waterweg

Das südholländische Festland endet am Nieuwe Waterweg, jenem ab 1863 begonnenen **Kanal zum Hafen von Rotterdam.** Dieser Küstenabschnitt wird von den sogenannten Kapittelduinen begrenzt, dem einst schmalen Dünengürtel von **Ter Heijde** über den Strandslag von **'s Graven-**

Der Nieuwe Waterweg – die Zufahrt zum Hafen von Rotterdam

zande bis zur südlicher gelegenen Mündung der Oude Maas. Mit dem Kanalbau wurde auch eine mehrere Kilometer lange Mole, der **Norderdam,** in die Nordsee hinausgetrieben. Durch diese Mole wurde Sand angeschwemmt, was zu einer Verbreiterung des dem schmalen Dünenstreifen vorgelagerten Strandes führte und zum zusätzlichen Schutz des Küstenstreifens beitrug. Als dann in den 70er Jahren des 20. Jahrhunderts mit dem Bau des riesigen Außenhafens von Rotterdam, der **Maasvlakte,** begonnen wurde, spülte man den Sandaushub zusätzlich auf den Strand von **Hoek van Holland.** So entstanden neue vorgelagerte Dünen: der Dixhorndriehoek. Mit diesem verbreiterten Dünen- und Strandgebiet konnte sich Hoek van Holland in die Reihe der großen holländischen Seebäder einreihen.

012ho Foto: ot

Delta-Gebiet von Nord nach Süd

Südlich des Nieuwe Waterweg beginnt die **Inselwelt** des niederländischen Delta-Gebietes, gebildet aus den Mündungsarmen der Flüsse **Waal (Rhein), Maas** und **Schelde.** Das Delta-Gebiet umfasst die Inseln (bzw. Inselgruppen) Voorne mit Putten, Goeree mit Overflakkee, Schouwen mit Duiveland sowie Walcheren mit Noord- und Zuid-Beveland. Südlich der Westerschelde setzen sich die Niederlande mit dem auf dem Festland gelegenen Landesteil Zeeuws Vlaanderen der Provinz Zeeland zur belgischen Grenze hin fort.

Das Delta-Gebiet weist eine interessante Landschaftsgeschichte auf. An kaum einer anderen Stelle in Europa zeigen sich die geografischen Gegebenheiten so flexibel wie in **Zeeland** und dem **südlichen Zuid-Holland.** Innerhalb der letzten beiden Jahrtausende sind hier nachhaltige Meereseinbrüche erfolgt. Flussläufe veränderten ihre Richtung, Mündungen versandeten, Inseln entstanden und wurden wieder überschwemmt, bis sich der Mensch so nachhaltig der Situation angenommen hat, dass nunmehr wieder eine durchgehende, **künstliche Deich- und Flutwehrfront** im Bereich des einstigen Küstenverlaufs besteht.

Voorne

Voorne ist die nördlichste der Delta-Inseln. An ihrem nordwestlichen Ausläufer wurde zwischen 1968 und 1974 auf einer Sandbank die **Maasvlakte,** die gewaltigen Außenanlagen des **Rotterdamer Hafens,** errichtet. Sie bestimmen mit ihren Kränen, Becken und Industrieanlagen das Erscheinungsbild der gesamten Region. Doch wenn man sich aus der Sichtweite dieser Industrielandschaft auf die eigentliche Insel begibt, ändert sich die Landschaft urplötzlich. Das Innere der Insel wird agrarisch genutzt, Äcker und Weiden wechseln sich ab, dazwischen sind Bauernhöfe verstreut. Und Sonnenanbeter kommen an den Stränden der Insel auf ihre Kosten.

Vor tausend Jahren sah das heutige Gebiet von Voorne noch anders aus. Hier mündete die **Maas** mit vielen Verzweigungen. Südlich der heutigen Insel breitete sich der **Haringvliet** zu einem immer größeren Seearm aus. Dünenbildung setzte erst nach dem beginnenden 13. Jahrhundert ein. Im späten Mittelalter begannen die Menschen, die Dünen zu besiedeln und dann das Hinterland einzudeichen. Die ersten Polder waren Gouthoek bei Oostvoorne, Oud-Rockanje und Oud-Hellevoet. Die Deiche wirkten als Sandfänger, sodass bis zum 16. Jahrhundert die Insel von einer durchgehenden Dünenreihe geschützt wurde. Doch Ende des 19. Jahrhunderts gingen Teile der Dünenreihe durch eine Veränderung der Gezeitenrinne verloren. So nagte die Strömung stärker am Groene Punt, der äußersten und damit exponiertesten Kante der Insel. Durch Entwaldung und Überweidung waren die Dünen hier bewuchslos geworden und konnten so von Wind und Strömung abgetragen werden. Man baute Buhnen an dieser Stelle, deren Verlauf auch heute noch erkennbar ist. Aber spätestens seit dem Bau des Haringvlietdam hat sich die Lage entschärft. Der Bau dieses Dammes schuf im Rahmen der Realisierung des Delta-Plans die unmittelbare Verbindung zwischen Voorne und der südlicher gelegenen Insel Goeree.

Haringvlietdam

Der 4,5 Kilometer lange Haringvlietdam wurde 1971 nach 14-jähriger Bauzeit fertig gestellt. Zur Ableitung des in den einstigen Meeresarm einfließenden Wassers von **Rhein und Maas** wurde er mit riesigen **Entwässerungsschleusen** versehen. Die tausend Meter breite Durchlassöffnung kann von beiden Seiten mit entsprechend groß dimensionierten Sperrwerken verschlossen werden. Eine Schleuse bietet Durchlass für Fischereifahrzeuge und Jachten. Bereits zwei Jahre zuvor hatte man das Ostende des Haringvliet durch Brücken- und Dammbau vom Volkerak abgeriegelt.

Der Delta-Plan – wie man Sicherheit und Naturschutz vereint

Die Niederlande liegen zu einem großen Teil unter dem Meeresspiegel und fallen sogar noch weiter ab. Die in letzter Zeit gemessene Landabsenkung beträgt im Schnitt zwanzig Zentimeter pro Jahrhundert. Der Mensch hat diese Problemlage durch den Torfabbau vor allem in den niederländischen Tieflandgebieten noch weiter verschärft. Im Zusammenwirken kosmischer, geografischer, klimatischer und ebendieser menschlichen Einflüsse kann eine Sturmflut ihre allergrößte Kraft entwickeln. Fluten fallen immer dann besonders hoch aus, wenn sich die Anziehungskräfte von Sonne und Mond durch besondere Konstellationen miteinander addieren. Wenn dann zu solch einem Zeitpunkt auch noch ein Orkan die Wellen der Nordsee auf die Niederlande zutreibt, ist die Katastrophe perfekt. Eine solche Springflut trat am 1. Februar 1953 ein. Eine Stunde hielt der Sturm bei Windstärke 12 an, und in der Folge standen ganze Städte und Dörfer unter Wasser, 200.000 Hektar Acker- und Weideland wurden überschwemmt, fast 2000 Menschen ertranken, ungezählte Kühe, Schafe, Schweine und Pferde kamen dabei um.

Noch im gleichen Jahr setzte die niederländische Regierung die „Delta-Kommission" ein, deren Vorschläge für die Verstärkung der Küstenschutzanlagen vor allem eine Abriegelung der Meeresarme im Delta-Gebiet nach dem Muster des 1932 fertig gestellten Abschlussdeiches am Ijsselmeer vorsahen. Außerdem sollten alle vorhandenen Meeresdeiche auf das sogenannte „Delta-Maß" erhöht werden – fünf Meter über dem normalen Flutmaß bei Hoek van Holland – bei gleichzeitiger entsprechender Erhöhung der Flussdeiche. Als erste Maßnahme dieses sogenannten Delta-Planes wurde 1958 das Sturmflutwehr in der Hollandse Ijssel, als vorläufig letzte große Maßnahme 1997 das Sturmflutwehr im Nieuwe Waterweg fertig gestellt. Die größte Herausforderung war die Abriegelung der Oosterschelde – dieses Mammutprojekt musste im Laufe seiner Realisierung sogar noch umgestaltet werden, denn die öffentliche Meinung hatte sich geändert und forderte nunmehr die nachhaltige Beachtung von Umweltschutzgedanken bei den weiteren Baumaßnahmen.

Noch unter dem Eindruck der großen Sturmflut des Jahres 1953 war es zunächst das vorrangige Ziel der Nieder-

Der Oosterscheldedam riegelt die Oosterschelde ab

lande gewesen, den Küstenschutz so zu verbessern, dass vergleichbare Katastrophen zukünftig ausblieben. Doch im Laufe der Realisierung der ersten Teilprojekte des Delta-Plans wurden Fragen des Umweltschutzes immer stärker in ihre Ausgestaltung mit einbezogen – nicht zuletzt, weil sich die politischen Entscheidungsträger den Argumenten der Naturerhaltung nicht mehr widersetzen konnten.

Das Delta-Gebiet in Zeeland und im Süden von Zuid-Holland weist eine besonders artenreiche Flora und Fauna auf. Im relativ seichten Wasser gedeihen Algen und Wasserpflanzen besonders gut. Das Meer führt organische Substanzen heran, die Flüsse bringen Mineralien mit sich, was die Region zu einem idealen Laichgebiet für Fische macht, so beispielsweise für Hornhechte, Aale und Heringsarten, aber auch für Schollen und Kabeljau. In den bei Flut regelmäßig überspülten Schlick- und Wattgebieten leben Würmer, Schnecken und Schalentiere, an den Ufern und Deichböschungen Schnecken, Seepocken, Krebse und auch Seesterne – Lebensgrundlage für eine großartige Tierwelt und Futterplatz vor allem auch für Zugvögel. Die Nahrungskette ist hier einfach perfekt!

Kurz vor der Fertigstellung des Oosterscheldedam, der aus dem von den Gezeiten durchspülten, artenreichen, salzigen Meeresarm der Oosterschelde einen „stillen" Süßwassersee gemacht und dessen Flora und Fauna nachhaltig verändert hätte, wurden die Proteste immer lauter. Um die vollständige Entsalzung der Oosterschelde zu vermeiden, entschloss man sich nunmehr, anstelle eines Abriegelungsdammes ein Sturmflutwehr zu errichten, das bei einer Springflut geschlossen werden kann, aber ansonsten den Austausch von Salz- und Süßwasser in diesem so sensiblen Lebensraum ermöglicht. Damit konnte der einmalige Naturraum der Oosterschelde erhalten werden.

014ho Foto: ot

Landschaft und Natur

Goeree

Die südlich von Voorne gelegene Delta-Insel Goeree hat eine eigenständige Entstehungsgeschichte. Hier gibt es erstaunlicherweise einen doppelten Dünengürtel. Der äußere, kalkreiche Gürtel mit seinem stärkeren Relief wehte ab dem 12. Jahrhundert an und formt die heutige Küstenlinie. Der ältere und kalkärmere innere Dünengürtel, der zwischen 600 und 1100 entstand, ist längst abgeflacht. Innerhalb dieses inneren Gürtels, bestehend aus den sogenannten West-, Mittel- und Ostdünen, entstanden die ersten Ansiedlungen auf Goeree. Die inneren Dünen dienen zur Trinkwasserversorgung, indem Wasser aus dem Haringvliet durch sie durchgeleitet und dann den Kommunen auf der Insel zur Verfügung gestellt wird.

Die Entstehungsgeschichte der Insel Goeree beginnt mit der Vertiefung der Abflussrinnen im nördlichen Haringvliet und im südlichen Grevelingen ab dem beginnenden Mittelalter. Vor dem Westrand der ursprünglichen Insel wurde durch die veränderte Meeresströmung eine große Sandbank aufgeschwemmt, auf der sich die Insel seewärts ausbreitete. Der westliche Teil dieses äußeren Sandgürtels wurde Ende des 15. Jahrhunderts bedeicht, und dazwischen entstand der Westnieuwlandpolder. Die Strömung bewegt sich bis heute scharf an der Küstenlinie der vorgelagerten Nordausläufer des äußeren Dünengürtels entlang. Dies führte an der Küstenmitte sogar zu Landabtragungen, gegen die man 1793 die noch heute existierenden Buhnen baute, das sogenannte *Flauwe Werk,* und dazu die restlichen Dünen als Deich verstärkte. Die Sturmflut des Jahres 1953 nagte hier nochmals an den Dünen, sodass man landeinwärts unmittelbar dahinter einen Sicherheitsdeich anlegte und diesen auf neun Meter über NAP-Niveau erhöhte.

Die an der Insel vorbeiführende Strömung verliert im weiteren Verlauf an Dynamik, sodass sich im Nordosten der Insel Sand absetzt. Hier entwickelt sich der **Kwade Hoek** als neuestes und größtes Dünengebiet der Insel – ein Prozess, der trotz Errichtung des Haringvlietdam weiter in vollem Gang ist. Obwohl das Gebiet inzwischen von den jungen Dünen ganz eingeschlossen ist, dringt immer noch Salzwasser ein. Daher fühlen sich hier Salz liebende Pflanzen wie Queller, Salzaster, Seelavendel und Strandnelken besonders wohl. Es überwintern Gänse und Enten, Zugvögel finden Ruhe und Nahrung, außerdem leben hier Wiesenvögel wie Kiebitz, Uferschnepfe und Brachvogel.

Am **Westhoofd,** dem westlichsten Punkt von Goeree, wird die an der Insel vorbeiführende West-Ost-Meeresströmung teilweise nach Süden umgelenkt. Diese exponierte Inselspitze ist in besonderem Maße der Strömung und den Wellen ausgesetzt – und in den beiden letzten Jahrhunderten um annähernd 500 Meter zurückgewichen. Doch weiter südwärts setzt sich der Sand wieder ab. Hier, an **De Punt van Goeree,** bauen sich wie auch im Nordosten immer größer werdende Sandflächen auf.

Brouwersdam

Mit der über sechs Kilometer langen Verbindung zwischen den Inseln **Goeree** und **Schouwen** über den Delta-Flussarm **De Grevelingen** wurde 1962 begonnen. Dazu schüttete man auf der Kabbelaarsbank und den Middeplaten-Untiefen Sandbänke auf. Das nördliche Springersdiep wurde mit Senkkästen abgeschottet, im südlichen Teil des Flussarmes wurde ein Damm aufgeschüttet. 1971 war der Brouwersdam fertig gestellt, aus dem Flussarm De Grevelingen das **Grevelingenmeer** geworden. Aber schon zehn Jahre später baute man in den Damm einen Durchlass, um das Grevelingenmeer mit frischem Nordseewasser zu versorgen. Auf der Kabbelaarsbank entstand im Laufe der Jahre **Port Zélande,** eine der großartigsten Ferien- und Freizeitanlagen der Niederlande.

013ho Foto: ot

Grevelingendam

Mit der landseitigen Abschottung des Grevelingenmeers war bereits 1958 begonnen worden. Der 1965 fertig gestellte Grevelingendam verbindet seither **Overflakkee** und **Duiveland.** Für den Bau des nördlichen Teils des Grevelingendam wurde erstmals ein neues Verfahren eingesetzt: Von einer über den Flussarm gebauten Seilbahn warf man Steine ab, die den Kern dieses Dammteils bildeten. Von der Dammmitte besteht seit 1987 ein Abzweig zum Sint-Philipsland. Große Schleusenkammern in diesem **Philipsdam** dienen der gewerblichen Binnenschifffahrt, eine weitere Schleuse steht der Sportschifffahrt offen. Die Schleusen wurden mit einem speziellen System zur Trennung von Süß- und Salzwasser versehen, wobei man sich deren unterschiedliches spezifisches Gewicht zu Nutzen macht. So wird vermie-

Am Flauwe Werk auf Goeree

den, dass durch die Schleusen größere Mengen Meerwasser aus der Oosterschelde in den Randsee Krammer/Volkerak und umgekehrt Flusswasser in die Oosterschelde gelangt.

Schouwen Im Gegensatz zu den anderen Delta-Inseln weist Schouwen einen Strandwallkern auf, wie er von der holländischen Festlandküste her bekannt ist. Auf diesem Strandwall bildeten sich etwa ab dem 11. Jahrhundert neue Dünen. Diese sogenannten Vroongronden teilen sich in den **Oosterenban van Schouwen** und den **Westerenban van Schouwen** auf. Der Bereich des Westerenban wurde später von jungen Dünen überweht. In diesen höheren Dünen stieg der Grundwasserspiegel, sodass hier schon früh zur Erhaltung der Bodenfruchtbarkeit Entwässerungsgräben gezogen wurden, die noch heute zum Teil erkennbar sind. Die Dünenbildung setzte sich auf Schouwen noch bis in die Neuzeit fort. Bestes Beispiel hierfür bietet der hohe Dünengürtel, der sich durch die Meeuwenduinen und die Booswachterij Westerschouwen zieht.

Menschen haben sich auf Schouwen schon im zweiten Jahrtausend v. Chr. angesiedelt. Es gibt Funde aus der Römerzeit, der Frankenzeit und der Normannenzeit. Die für Schouwen so typischen Kirchringdörfer haben ihren Ursprung in der Verteidigung gegen die Normannen. Ab dem Mittelalter wurden Flächen im Hinterland des Dünengürtels von Schouwen trockengelegt, doch an der Südküste ging wieder Land verloren. Der Plompe Toren, jener allein stehende ehemalige Kirchturm am Hammen, einer an dieser Stelle unmittelbar an der Küste bis zu vierzig Meter tiefen Rinne in der Oosterschelde, ist das einzige Relikt mehrerer Dörfer, die hier wieder aufgegeben werden mussten. Der große Polder Schouwen östlich des Dünengürtels liegt unter dem Meeresspiegel – und wurde bei der Flutkatastrophe von 1953 großteils überschwemmt.

Oosterscheldedam

Die größte Herausforderung im Rahmen des Delta-Planes stellte die Abriegelung der Oosterschelde durch den Bau eines Verbindungsdammes zwischen den Inseln **Schouwen** und **Walcheren** dar. Dieser Oosterscheldedam sollte 1978, fünfundzwanzig Jahre nach der großen Sturmflutkatastrophe, fertig gestellt sein. Dazu musste der acht Kilometer breite Mündungsarm der Oosterschelde mit seinen Sandbänken und einer vierzig Meter tiefen Rinne abgeschottet werden. Der Tidenhub beträgt hier durchschnittlich drei Meter, das Gezeitenvolumen 1,1 Milliarden Kubikmeter Wasser – am Brouwersdam dagegen „nur" 350 Millionen Kubikmeter. Die Sandbänke Roggenplaat, Neeltje Jans und Nordland wurden zu Arbeitsinseln umgestaltet, Neeltje Jans und Nordland durch einen drei Kilometer langen Damm miteinander verbunden. Doch 1973 mussten die Arbeiten am Oosterscheldedam vorläufig eingestellt werden, als es daran ging, die Stromrinnen Hammen, Schaar van Roggenplaat und Roompot mit Betonblöcken zu schließen. Unter dem Druck der öffentlichen Meinung musste das Grundkonzept des Delta-Plans modifiziert werden: Die Gedanken des Umweltschutzes sollten nunmehr gleichrangig neben dem Küstenschutz beachtet werden.

Die neuen Anforderungen sahen den Bau des **Oosterscheldeflutwehrs** vor, mit dem technisches Neuland betreten wurde. In den Strömungsrinnen Hammen, Schaar van Roggenplaat und Roompot stellte man Betonpfeiler auf, zwischen denen insgesamt 62 bewegliche Schütze hängen. Normalerweise sind diese Schütze geöffnet und ermöglichen den Wasseraustausch. Nur bei Sturmflut werden sie heruntergelassen, um das Hinterland vor Überschwemmung zu bewahren. So ist der Landesschutz gewährleistet und gleichzeitig dem Naturschutz Genüge getan worden!

Auf der ehemaligen Arbeitsinsel **Neeltje Jans** ist das Kontrollzentrum des Oosterscheldedam und ein hoch interessantes Besucherzentrum, das **Wa-**

terland Neeltje Jans, eingerichtet worden. Ein gekennzeichneter, vier Kilometer langer Wanderweg führt vom Parkplatz des Besucherzentrums zur meerseitigen Küste mit einem künstlichen Dünendurchbruch, einem *Slufter* wie auf Texel, in das sich bei Hochwasser die Nordsee ergießen kann und wo bei Niedrigwasser die Austernfischer nach Kleingetier suchen.

Noord-Beveland

Der Oosterscheldedam trifft an seinem Südende auf die Nordwestspitze der (ehemaligen) Insel Noord-Beveland. Hier hat Noord-Beveland noch unmittelbaren Kontakt zur Nordsee – ein Dünenstreifen bildet den Küstenschutz. Durch das Veerse Gat, einen ehemaligen Seitenarm der Oosterschelde, ist Noord-Beveland von der Halbinsel **Walcheren** getrennt. Das sich trichterförmig zuspitzende Veerse Gat stellte schon immer eine Bedrohung für sein Hinterland dar. Insofern war es nur logisch, auch diesen Meeresarm im Delta zu schließen. Als eine der ersten Maßnahmen des Delta-Plans schloss man 1960 den hinteren Teil des Veerse Gat durch den Zandkreekdam ab. Gleichzeitig begann man mit dem Bau des **Veerse Dam,** der 1961 fertig gestellt wurde. Damit war aus dem Veerse Gat das Veerse Meer geworden, heute ein geschütztes und auch deswegen so beliebtes Ziel für Wassersportler.

Walcheren

Über den Veerse Dam wurde der östlich an das niederländische Festland angebundenen Halbinsel Walcheren ein weiterer Verkehrszugang nach Norden eröffnet. Der westwärts ausgerichtete „Kopf" von Walcheren hat die Form einer Raute, an deren Spitze der Ort **Westkapelle** liegt. Vor zweitausend Jahren hatten sich vor der heutigen Westküste Strandwälle aufgehäuft, die zwischen dem 3. und 9. Jahrhundert n. Chr. von der See überspült wurden. Hinter der Küstenlinie, die durch Sandanhäufungen der sich trichterförmig ausbreitenden Ooster- und Westerschelde gebildet wurde, blieben die Moorlandschaften aber erhalten, die die heutige Grundlage von Walcheren bilden. Ab etwa 1850 war dann der Zugang zur Oosterschelde so weit versandet, dass er ganz geschlossen wurde. Seit mehr als 150 Jahren fließt nun das gesamte Scheldewasser über die Westerschelde ab.

Die Dünenbildung auf Walcheren begann etwa vor tausend Jahren. Damals lagen die sogenannten jungen Dünen noch einige Hundert Meter westlich des heutigen Küstenverlaufs. Diese Dünenpartien wanderten seither landeinwärts und wurden dabei immer schmaler. An der Spitze der Insel Walcheren in Westkapelle verschwanden sie im 15. Jahrhundert sogar ganz. Das Dorf wurde daraufhin nach Osten verlegt und durch einen Deich geschützt, den Vorläufer der heutigen Westkapelse Zeewering. Schon bald musste man den Deich nach Osten verlängern, um den Anschluss an den Dünengürtel bei **Domburg** zu bekommen.

Der Dünengürtel der Nordküste von Walcheren ist westlich von Domburg noch recht schmal, bricht auch steil zur See ab, verbreitert sich aber weiter nach Osten. Am landschaftlich reizvollen inneren Rand des Dünengürtels zwischen Domburg und Oostkapelle ließen sich reiche Kaufleute aus Middelburg und Vlissingen herrschaftliche Sommerresidenzen errichten – eine Reihe dieser Landhäuser steht noch. Früher bestand hier von einigen Dünentälern ein direkter Zugang zur See, doch diese Einbuchtungen wehten im Laufe der Zeit zu. Weiter östlich, im Breezand, wurden die letzten dieser Einbuchtungen im Zuge der Anlage von Entwässerungskanälen zur Trinkwassergewinnung zugeschüttet. Im Küstenbereich zwischen Domburg und **Vrouwenpolder** hatte sich nämlich zwischen dem Mittelalter und dem 18. Jahrhundert der Dünenstreifen weiter ausgebreitet. An dieser Stelle trug der Wind so viel Sand heran, dass der „Bree Sant" entstand. Zu Beginn des

20. Jahrhunderts wurde die nunmehr Breezand genannte Fläche im Zuge der Wassergewinnungsmaßnahmen teilweise begrünt und bewaldet. Durch den Bau des Veerse Dam änderten sich die Strömungsverhältnisse, sodass seither in östlicher Richtung auf den Damm zu ein immer breiterer Strand entsteht.

Die Südwestküste von Walcheren war im Mittelalter weniger durch Dünenbildung beeinflusst. Wo Dünen fehlten, mussten Deiche angelegt werden, so insbesondere bei **Dishoek.** Doch diese Küstenlinie war immer wieder durch die See bedroht, sodass man hier zusätzliche Binnendeiche errichtete. Im Zuge dieser Entwicklung zog sich die Küstenlinie weiter zurück, und erst viel später brachten Strömung und Wind so viel Sand heran, dass sich eine durchgehende Dünenreihe bildete. Zwischen **Zoutelande** und Dishoek türmen sich einzelne Dünen sogar fast fünfzig Meter hoch auf. Dieser Landstrich verfügt über die höchste Sonnenscheindauer der Niederlande und wird wegen seines südwärts ausgerichteten Strandes auch als „Zeeuwse Riviera“ bezeichnet. Der Strand fällt weitgehend flach ins Wasser ab, sodass die Flut bis fast an die Dünenreihe heranreicht. Inzwischen ist er großteils durch Pfahlreihen abgesichert, um Sandabschwemmungen entgegenzuwirken. Der rückwärtige Dünengürtel ist zwischen Zoutelande und Dishoek weitgehend bewaldet, teilweise stammen diese Wälder noch aus dem 19. Jahrhundert.

Zeeuws Vlaanderen

Von **Vlissingen** aus verkehrt eine Personen- und Fahrradfähre nach **Breskens** – hier betritt man in Zeeuws Vlaanderen wieder Festlandboden, dessen Küstenstrich bis zur **belgischen Grenze** reicht. War dieser südwestlichste Teil der Niederlande ansonsten bislang nur über eine weitere Fähre bei Kruiningen oder über Belgien zu erreichen, so bietet der neue **Westerscheldetunnel** nach **Terneu-**

zen aus Richtung Norden einen viel einfacheren und schnelleren Zugang zu Zeeuws Vlaanderen.

Im frühen Mittelalter verlief die Küstenlinie noch in etwa entlang der heutigen Grenze zwischen Belgien und den Niederlanden. Nördlich davon verlief ein Strandwall etwa in Richtung auf die heutige Westspitze von Walcheren zu – die Schelde mündete nördlich der Insel. Im Laufe der Jahrhunderte zog sich die Küste ostwärts zurück, es verblieben einige Eilande, die ab dem 9. Jahrhundert von flämischen Mönchen eingedeicht und eingepoldert wurden. Zwischen den Poldern breiteten sich Watt- und Schlickflächen aus, Seearme griffen tief in das offene Land hinein. In späteren Jahrhunderten überspülten große Sturmfluten das heutige Küstengebiet von Zeeuws Vlaanderen, und im 16. und 17. Jahrhundert gingen auch noch die letzten Polder verloren.

Erst mit dem Westfälischen Frieden, der 1448 den Freiheitskampf der Niederlande gegen Spanien beendete, wurde auch die Grenze von Zeeuws Vlaanderen festgelegt. Danach hat man versucht, dessen Küstenlinie durchgehend zu befestigen, aber Meereseinbrüche konnten nicht überall dau-

015ho Foto: ti

erhaft verhindert werden. So verblieben bis heute **Het Zwin** und der **Verdronken Zwarte Polder** als zur See hin offene Naturflächen bestehen.

Die Dünenreihe bei **Cadzand** ist noch spätmittelalterlichen Ursprungs, während sich die Dünen im Bereich des Verdronken Zwarte Polder erst viel später gebildet haben. Zur Sicherung der Küstenlinie und des Strandes ist die gesamte Westküste von Zeeuws Vlaanderen mit Buhnen versehen worden. Zwischen **Nieuwesluis,** wo die Schleuse des Entwässerungskanals hinter einem Becken liegt, das durch einen vor dem Strand aufgeschütteten meerseitigen Damm geschützt ist, und Breskens ist die Küste durch massive Deiche hinter dem Strand gesichert.

Küstenklima

Das Klima an der holländischen und zeeländischen Küste ist wechselhaft, etwa so wie in Norddeutschland. Es ist ein angenehmes, **mildes Seeklima** mit zumeist warmen, aber wechselhaften Sommern. Es gibt einen regenreichen Herbst und einen kurzen Frühling. Im Winter ist es relativ mild, Schneefall ist möglich.

Im Sommer liegen die durchschnittlichen Temperaturen bei 16 bis 17 Grad Celsius, wobei es im Süden wärmer ist als im Norden. Der Wind kommt meist aus nordwestlichen bzw. südwestlichen Richtungen, an der Küste regelmäßig mit Geschwindigkeiten um die 6 m/s. Leider regnet es häufig, im Durchschnitt 800 mm pro Jahr. Dennoch kann es an der niederländischen Küste wunderschöne Sommer geben – immer dann, wenn ein Hoch über Russland mit einem Hoch über den Azoren eine stabile Brücke bildet.

Buhnen verhindern die Abtragung des Sandes in Zeeuws Vlaanderen

Mittlere tägliche Maximum- und Minimumtemperaturen in °C

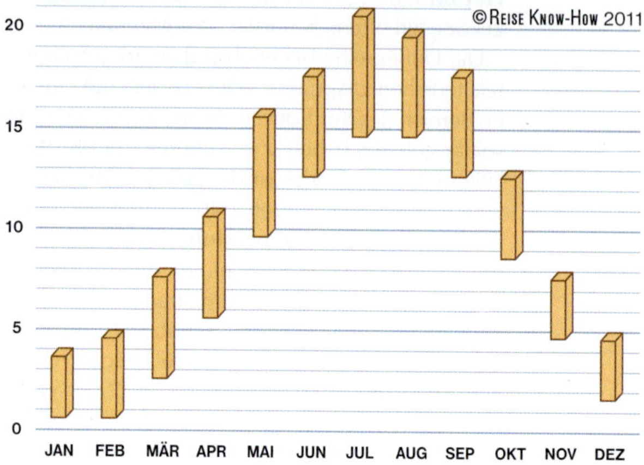

Luftfeuchtigkeit in Prozent

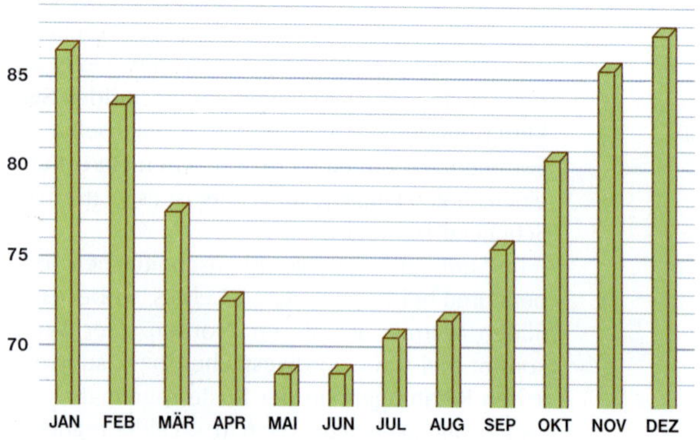

Regentage pro Monat

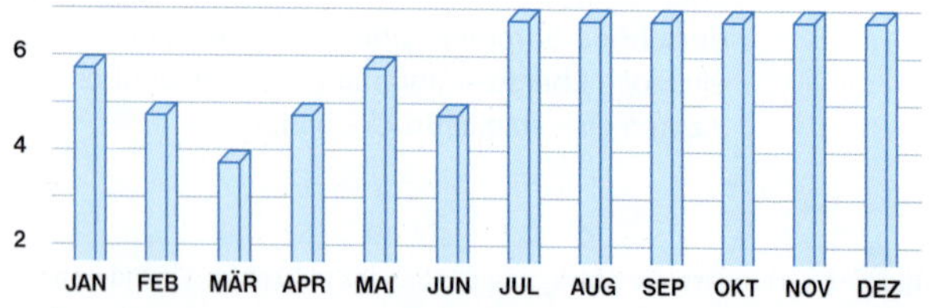

In den westlichen Niederlanden scheint die Sonne öfter als im Binnenland. Von Juni bis August lässt sie sich dort mindestens 600 Stunden lang blicken. Besonders sonnig ist es an der zeeländischen Küste - hier wird die **höchste jährliche Sonnenscheindauer** der gesamten Niederlande gemessen. Die **Wassertemperatur** der Nordsee steigt allerdings selten über 20 Grad Celsius.

Flora und Fauna

Die Naturlandschaften der niederländischen Küste weisen verschiedene Lebensvoraussetzungen auf, sodass sich auch Pflanzen- und Tierwelt entsprechend vielfältig gestalten. Da ist zunächst der Flachwasserstreifen in unmittelbarer Küstennähe, dann der Strand selbst, an einigen Stellen so schmal, dass er bei stark auflaufendem Wasser überspült wird. Im Delta-Bereich sind Wattlandschaften erhalten geblieben, die sich in ständigem Umbruch befinden. Ein Dünenstreifen trennt den Strand vom Hinterland, das durch Deiche geschützt und eingepoldert wurde. Breite Strandwälle werden vor allem für die Blumenzwiebelzucht verwendet.

Vögel

Die Vogelwelt hat alle diese Küstenlandschaften für sich erobert. Da gibt es sowohl Dauerbewohner als auch Durchzügler, die auf ihrer Reise zwischen den Brutgebieten im Norden und den Winterquartieren im Süden an der niederländischen Küste rasten und sich hier am reichhaltigen Nahrungsangebot satt fressen. Ein typischer Sommerbrutvogel ist die **Brandseeschwalbe.** Sie taucht Ende April/Anfang Mai auf. Das Männchen kokettiert mit aufgestelltem Federschopf und eingezogenem Hals mit einem kleinen Fisch im Schnabel vor den Weibchen, bis er sich für eines entscheidet, ihr das Fischlein überreicht und mit einem

016ho Foto: ot

Brauttanz die „Verlobung" begeht. Im Gegensatz zu diesen scheuen Vögeln gehen **Austernfischer** sowie **Lach- und Silbermöwen** mit Geschrei im Sturzflug auf die Menschen nieder, die sich ihrem Brutrevier zu sehr nähern. Der Austernfischer ist mit seinem roten Schnabel und seinen roten Beinen ein besonders prägnanter Vogel. Weitere Brutvögel an der Küste sind beispielsweise **Sandregenpfeifer** und **Zwergseeschwalben. Flussseeschwalben** und **Küstenseeschwalben** findet man in den Salzwiesen hinter den Dünen.

Groß ist das Interesse der niederländischen Bevölkerung an der Vogelwelt. Überall an der Küste gibt es **Vogelbeobachtungsposten,** freiwillige Helfer des niederländischen Vogelschutzbundes notieren die Zugvogelarten und die Zahl der durchreisenden Vögel wie auch des vorhandenen Bestandes. Viele Fremdenverkehrsvereine der Badeorte bieten im Sommer geführte Vogelbeobachtungs-Wanderungen durch die Dünen an.

Meeresbewohner

Die küstennahen Meeresbewohner sehen viele Urlauber nur auf der Speisekarte der vielen Fischrestaurants in den Badeorten – es sei denn, sie besuchen ein Aquarium, das viele Küstenstädte aufweisen. Die nahrungsreiche Nordseeküste dient zahlreichen **Fischarten** als Laichgrund. Im Winter ziehen sich viele Fische wieder in das tiefere Wasser zurück. Dann sind die kleinen Dorsche, Wittlinge und Heringe aus der Kinderstube heraus. Schollen, Flundern und Seezungen sind manchmal bei ablaufendem Wasser noch „flüchtend" am Sandboden zu sehen.

Ganz besondere Bewohner der Nordsee sind die **Seehunde.** Faul liegen sie dösend auf Sandbänken vor der Küste in der Sonne, doch bei ungewohnten Geräuschen oder Bewegungen sind sie schnell wieder im Wasser. Bei den beliebten Fahrten zu Seehundbänken sollte man also auf jeden Fall ein Fernglas einstecken.

Im strandnahen Gewässer gibt es vielfältige **Muschelarten,** so die Herzmuschel, die Miesmuschel und die Plattmuschel. Miesmuscheln werden an vielen Stellen in salzigen oder brackigen, den Gezeiten unterworfenen küstennahen Bereichen auf künstlichen Gestellen gezüchtet – sehr zur Freude der Restaurantbesucher, die sie hier in allen Variationen genießen können.

Küstennahe Pflanzen

Zu den prägnanten Arten des Pflanzenbewuchses des Küstenstreifens zählt die **Strandqueke.** Sie verträgt es, wenn das Seewasser einmal über sie hinwegspült. **Strandroggen** siedelt sich an, **Strandhafer** und der **Blaue Halm.** In den Salzwiesen stellt der **Queller** eine Pionierpflanze dar. Dort, wo er verwurzelt ist, weht Sand an und die Dünenbildung beginnt. Dies ist an mehreren Stellen der niederländischen Küste im Delta-Gebiet der Fall. Hier sind die Lebensbedingungen auch für andere Pflanzen günstig, so für **Salzmelde, Strandaster** und **Wiesenrispengras.** Herrlich blühen **Grasnelke, Salz-Schuppenmiere, Tausendgüldenkraut** und **Löffelkraut.**

Der Fischreiher – häufiger Gast an Hollands Kanälen

In den Dünen

Die Dünen wiederum bilden einen eigenständigen Lebensraum für ganz typische Pflanzen und Tiere. Neben dem **Strandhafer,** der durch seine tiefe Verwurzelung diese Aufgabe primär übernimmt, sind dies eine Reihe anderer Gräser und Buschpflanzen, so vor allem auch **Heidearten,** die **Wildrose** und verschiedene **Dorn-Arten.** Bei Bergen in Noord-Holland gehen die eher kalkreichen Dünen in kalkärmere über. Im kalkhaltigeren Bereich wachsen **Dünendorn, Liguster** und **Flieder,** Kalk meidende Pflanzen sind eher niedrigwüchsig wie **Heide und Moose.**

Da die natürliche Beweidung in den Dünen fehlt, werden gezielt **Rinder,** vor allem schottische Kleinrinderrassen, eingesetzt, um die Verbuschung der Dünen zu verhindern. Im dichten Gestrüpp fühlen sich **Hase** und **Kaninchen** wohl, auch die

017ho Foto: ot

Ein Freund der feuchten Polderwiesen: der Kiebitz

Zu den typischen Küstenvögeln zählt in den Niederlanden der Kiebitz – hier brüten 250.000 Paare, mehr als im gesamten übrigen Westeuropa. Der taubengroße Weidevogel mit der langen, nach vorne umgebogenen Federholle am Hinterkopf hat einen breiten, schwarzen Brustlatz, der im Flug mit dem teils weißen Gefieder auffällig kontrastiert. Er ist ein Zugvogel, den es im Winter von Westeuropa ans Mittelmeer bis nach Marokko zieht. Ab März ist er zurück und brütet auf den feuchten Polderwiesen. Ist das Wetter schon zu früh zu gut, fallen manche seiner Gelege dem Mähdrescher der Bauern zum Opfer – kein Problem, ein Nachgelege ist üblich.

Zur Balzzeit vollführt das Männchen wahre Kunstflüge über seinem Brutrevier. In der Regel werden vier Eier in etwa 25 Tagen ausgebrütet. Die Jungen sind Nestflüchter und nach sechs Wochen flügge.

Düneneidechse und die **Wühlmaus.** Ihnen allen stellen **Füchse** nach. In größere Dünengebiete verirren sich manchmal **Rehe.**

Dünenseen

Ganz besondere Biotope bilden die Dünenseen, die teilweise aus Grundwasserblasen gespeist werden. Hier gibt es verschiedene **Orchideenarten,** es wachsen **Weide, Holunder** und **Birke.** Man sieht die typische Flachtümpelflora mit **Schilf, Iris** und **Seerose** und es gibt Bestände an **Kormoranen, Fischreihern** und sogar **Löffelreihern,** wie etwa im Zwanenwater bei Callantsoog.

Poldergebiete

Die Poldergebiete jenseits der Dünen weisen kleinere und größere Seen auf und sind von Kanälen durchzogen. Hier findet man die ganze Vielfalt der Süßwasserflora und -fauna der gemäßigten Klimazone. Es brüten die verschiedensten Weidevogelarten, so vor allem der **Kiebitz,** von dem die Niederlande den größten Bestand in Europa aufweisen. Diese Wiesenlandschaft ist das Winterquartier für große **Gänsepopulationen.**

024ho Foto: ti

Menschen und Kultur

Geschichte der Niederlande

„...dort lebt ein armseliges Volk auf mit Händen aufgeworfenen Höhen, und darauf haben sie ihre ärmlichen Hütten gebaut. Aus Schilf und Binsen haben sie Netze gefertigt, mit denen sie den Fischen nachjagen, die mit dem abnehmenden Wasser zu entkommen suchen."

So beschreibt der römische Geschichtsschreiber *Plinius* die Situation der Menschen an der holländischen Küste. Doch die Besiedlung des Landes reicht viel weiter zurück, und die Geschichte der Niederlande ist viel aufregender – aber das konnte Plinius noch nicht ahnen.

Frühe Besiedlung

Steinzeitliche Siedlungsspuren reichen im Osten der Niederlande 30.000 Jahre zurück. Spuren erster ackerbaulicher Tätigkeit aus dem 5. Jahrtausend v. Chr. wurden in Limburg gefunden. Die ersten Wurten von Bewohnern im Küstenbereich datieren aus dem 5. Jahrhundert v. Chr. in Friesland (Leeuwarden).

Frankenreich

Das Gebiet der Rheinmündung, wo der **germanische Stamm der Bataver** siedelte, wurde kurz vor der Zeitenwende dem **Römischen Reich** einverleibt. Im nördlichen Bereich der heutigen Niederlande siedelten die **Friesen,** die sich gegen die im Zuge der Völkerwanderung vordringenden Franken und Sachsen behaupten konnten. Die **Franken** erlangten im frühen Mittelalter die Vorherrschaft in Mitteleuropa. **Karl der Große** unterwarf die Sachsen und gliederte ihr Gebiet in das Fränkische Reich ein. Im Zuge der Reichsteilung nach dem Tod Karls des Großen kam das Gebiet der heutigen Niederlande zunächst an **Lothringen,** später bis auf Flandern an das **Ostfränkische Reich.** In diese Zeitspanne fallen die großen **Normanneneinfälle,** die auch die niederländischen Küstengebiete nicht verschonten – im Gegenteil, in Wierin-

Seite 106/107: Häuserzeile in Enkhuizen am Ijsselmeer

Niederlande – Zahlen und Fakten

- **Name:** Koninkrijk der Nederlanden
- **Fläche:** 41.528 km^2
- **Einwohner:** 16,6 Mio.
- **Bevölkerungsdichte:** 397 Einw./km^2
- **Hauptstadt:** Amsterdam (743.000 Einwohner)
- **Regierungssitz:** Den Haag (474.000 Einwohner)
- **Gliederung:** 12 Provinzen: Drenthe, Flevoland, Friesland, Gelderland, Groningen, Limburg, Noord-Brabant, Noord-Holland, Overijssel, Utrecht, Zeeland, Zuid-Holland
- **Währung:** 1 Euro = 100 Cent
- **Zeit:** Mitteleuropäische Zeit (MEZ)
- **Länder-Vorwahl:** +31
- **Staatsform:** Konstitutionelle Monarchie mit Zweikammerparlament
- **Regierungschef:** *Mark Rutte* (seit 2010)
- **Staatsoberhaupt:** Königin Beatrix (seit 1980)
- **Nationalfeiertag:** 30. April (Königinnentag)
- **Religionen:** Fast die Hälfte der Niederländer sind inzwischen konfessionslos, 27 % römisch-katholisch, 17 % Protestanten, 6 % Muslime.
- **Ethnische Gruppen:** Niederländer (95 %), Türken (1,4 %), Sonstige (3,6 %)
- **Sprachen:** Niederländisch, regional Friesisch

gen (s. Den Helder) errichteten sie sogar einen ihrer Stützpunkte.

Grafschaft Holland

Die Auflösungstendenzen der Zentralgewalt im Ostfränkischen und späteren Deutschen Reich ließen die Regionalfürsten erstarken. Im Zuge dieser Entwicklung konnte sich die Grafschaft Holland nach Osten um Teile des **Bistums Utrecht** und nach Süden um Teile von Zeeland erweitern. Im Jahre 1289 gelang es Graf *Floris V. von Holland,* die **Westfriesen** zu unterwerfen, deren Grafen ihren Sitz in Enkhuizen hatten. 1323 fiel auch ganz **Zeeland** in den Besitz der Grafen von Holland.

Burgund

Doch das mächtige Burgunderreich, das sich im Süden in **Flandern** immer fester etablierte, übernahm bald die Oberhoheit über das gesamte Gebiet der heutigen Niederlande - bis auf Friesland. *Jacoba van Baieren,* die Erbtochter des holländischen Grafen *Wilhelm II.,* verließ ihren zweiten Ehemann, Herzog *Jan IV. von Brabant,* im Streit, heiratete den *Duke of Gloucester* und versuchte mit dessen Hilfe ihre Besitzungen in den Niederlanden abzusichern. Doch *Philipp der Gute,* auf Machterweiterung bedacht, hatte längst große Gebiete im Besitz von Jacoba besetzt und zwang sie, ihn als Erben einzusetzen. Ein entsprechender Vertrag wurde im Jahre 1428 in Delft von ihr unterzeichnet, sodass die Grafschaft Holland mit den anderen Besitzungen von Jacoba, wozu unter anderem auch Zeeland gehörte, dem Burgunderreich einverleibt wurden.

Spanische Niederlande

Die Tochter des letzten Burgunderherrschers heiratete *Maximilian von Österreich,* sodass Burgund an die **habsburgische Krone** fiel. Als Kaiser *Karl V.* sein Erbe regelte, überließ er 1555 Burgund seinem Sohn **Philipp II.** Ein Jahr später wurde Philipp König von Spanien, das Gebiet der Niederlande danach als die Spanischen Niederlande bezeichnet.

Die Niederländer empfanden die spanische Herrschaft zunehmend als **Unterdrückung.** Der Steuerdruck stieg, die zentralistische spanische Politik schränkte ihre Standesfreiheiten ein, reformatorische Tendenzen wurden blutig niedergeschlagen - die Inquisition griff immer stärker durch. **Niederländische Adelige** reichten daraufhin im Jahre 1566 bei den Spaniern eine Bittschrift ein, in der Hoffnung auf eine Verbesserung der Lage. Sie ernteten aber nur Spott und wurden seither als **„Geusen"** (aus dem Französischen *gueux* = Bettler) verhöhnt. Doch die calvinistischen Adeligen machten sich diesen Ausdruck zu Eigen, und an der symbolhaften Bezeichnung orientierte sich dann auch die unterdrückte Bevölkerung. So kam es zu den später als **Bildersturm** bezeichneten Ereignissen - die Menschen plünderten Kirchen und zerstörten Bilder und Heiligenfiguren.

Aufstand und Krieg gegen Spanien

Um der sich zuspitzenden Situation Herr zu werden, ernannte Philipp II. im Jahre 1559 **Wilhelm, Prinz von Oranien,** zum Statthalter über die Spanischen Niederlande. Tief im katholischen Glauben verwurzelt, versuchte Philipp durch massiven Truppeneinsatz seine Vormachtstellung in den Niederlanden wieder zu stärken. Nun hatten es die Spanier mit einer doppelten Opposition zu tun

Die Wassergeusen – Widerstandskämpfer gegen die spanische Herrschaft

Der niederländische Widerstand gegen die spanische Vorherrschaft formierte sich mit Beginn der zweiten Hälfte des 16. Jahrhunderts. Stolz bezeichneten sie sich selbst als „Geusen", wobei man zwischen den **Waldgeusen** und den **Wassergeusen** unterscheiden muss. Die Waldgeusen kämpften zu Land gegen die Spanier, die Wassergeusen in den Küstenregionen auf dem Wasser.

Zunächst konnten die Niederländer nur wenig gegen die spanische Übermacht ausrichten. Spanische Truppen hielten fast das ganze Land besetzt. Einzelne niederländische Freiheitskämpfer organisierten daher ihren Widerstand von London aus. Doch die Spanier setzten die Engländer derart unter Druck, dass die Niederländer im Frühjahr 1572 das Land verlassen mussten. Sie erhofften sich Zuflucht im brandenburgischen Emden – hier war man offen gegenüber Protestanten. Doch die Kämpfe wurden bei rauer See an die **holländische Küste im Bereich der Insel Voorne** abgedrängt. Daraufhin beschlossen die Widerstandskämpfer, **Brielle** als größte Stadt der Insel, in der schon seit fünf Jahren spanische Truppen stationiert waren, zu erobern. Dies gelang den Wassergeusen am 1. April des Jahres 1572 im Handstreich, nachdem sie das nördliche Stadttor durchbrochen hatten.

Zimperlich waren die Wassergeusen aber nicht. In der Nähe von Brielle fiel ihnen eine Reihe katholischer Geistlicher in die Hände, die sie, nachdem diese nicht „freiwillig" zum reformierten Glauben konvertieren wollten, kurzer Hand umbrachten. In der außerhalb von Brielle gelegenen Bedevaartskerk wird heute dieser Glaubensopfer gedacht. Die Toten, die die Wassergeusen bei der Eroberung von Brielle unter ihren Kameraden zu beklagen hatten, setzten sie in der örtlichen Grote Kerk bei.

– jener der Calvinisten und jener der Freiheitsliebenden in den Niederlanden. In dieser Situation schloss sich Wilhelm gemeinsam mit den Grafen von Egmond und Hoorne dem Widerstand der Geusen an. So begannen im Jahre 1568 die Auseinandersetzungen mit den Spaniern, die 80 Jahre lang währen sollten. Vor der Übermacht der Spanier konnte sich Wilhelm durch die Flucht in seinen Heimatort Dillenburg retten, doch die Spanier wurden der beiden Grafen habhaft und richteten sie hin. Um wieder Ruhe und Ordnung im Lande herzustellen, entsandten die Spanier ein Heer unter dem berüchtigten Herzog *Alba,* ihrem neuen Generalstatthalter der Niederlande. Mit Brachialgewalt konnte sich Alba zunächst durchsetzen. 1570 konvertierte Wilhelm zum **Calvinismus** und stellte sich an die Spitze der Widerstandsbewegung der Geusen. Am 1. April 1572 konnten die

018ho Foto: ot

Geusen die Stadt Brielle von den Spaniern zurückerobern – ein erster großer Erfolg der Niederländer im **80-jährigen Krieg!**

Oranier

Im Juli 1572 versammelten sich die Vertreter der niederländischen Nordprovinzen *(Staaten van Holland)* in Dordrecht, um den Unabhängigkeitskampf der Geusen zu unterstützen, und bestätigten Wilhelm von Oranien in seinem Amt als Statthalter – in diesem politischen Akt liegt der Ursprung der niederländischen Königsdynastie der Oranier begründet.

Doch auch die Geusen blieben nicht von den religiösen Gegensätzen der Zeit verschont. Sie zerstritten sich, die sieben Provinzen des niederländischen Nordens riefen für sich 1581 die **Republik der Vereinigten Niederlande** aus. Nachdem Wilhelm von Oranien 1584 ermordet worden war, trat sein Sohn **Moritz von Oranien-Nassau** die Nachfolge an. Er behauptete sich im Widerstand gegen die Spanier und schloss einen zwölfjährigen Frieden (1609–21) mit ihnen.

Goldenes Zeitalter und Kolonien

In dieser militärischen Ruhephase konnten die Niederländer ihre ganze Kraft der wirtschaftlichen Entfaltung widmen – das 17. Jahrhundert wird daher auch als das Goldene Zeitalter der Niederlande bezeichnet. Wohlstand breitete sich aus, **Kunst und Architektur** erlebten eine ungeheure Blüte!

Den Frieden mit den Spaniern nutzten die Niederlande auch, um ihre Position auf den Weltmeeren auszubauen. 1596 waren holländische Schiffe bereits auf Java gelandet. 1602 wurden die **Vereinigte Ostindische Kompanie** *(VOC – Verenigde Oostindische Compagnie)* und 1621 die **Westindische Kompanie** *(WIC – Westindische Compagnie)* gegründet. 1619 war schon Batavia entstanden, 1624 drangen die Niederländer in Portugiesisch-

Renaissancehaus in Hoorn – nach dieser Stadt wurde das Südkap Amerikas benannt

Modernes Agrarland mit Tradition

Das „Goldene Zeitalter", das den Niederländern so großen Reichtum bescherte, wirkt bis heute sowohl in ihren Ess- und Trinkgewohnheiten als auch in ihren Vorlieben zu Nahrungsmitteln und Getränken nach. Dieser Reichtum hat schon früh die Nachfrage vor allem nach höherwertigen Nahrungsmitteln steigen lassen, was besonders die kapitalintensive Milchwirtschaft im Lande förderte. So bildete sich in den Niederlanden schon ab dem 17. Jahrhundert eine **marktorientierte Landwirtschaft** heraus, die allen anderen Agrarwirtschaften Europas weit voraus war. Bis heute sind die Niederländer führend auf dem Gebiet des Ackerbaus und der Viehzucht. Ein Land, das keinesfalls durch Klima und Böden landwirtschaftlich bevorteilt ist, liefert nach wie vor Obst, Gemüse, Milchprodukte sowie Fleischwaren in alle Herren Länder – die Niederlande sind heute ein **führendes Agrarexportland!**

Brasilien ein, wo sie sich bis 1654 halten konnten. 1625 wurde **Neu-Amsterdam** (New York) als Niederlassung gegründet und 1634 durch die WIC Curaçao als wichtigste Antilleninsel erobert. Von ausschlaggebender Bedeutung für diese Aktivitäten waren die holländischen Kaufleute aus dem reichen Amsterdam und den anderen Hafenstädten an der Zuiderzee – so vor allem aus Hoorn –, denn die **Provinz Holland** war bei weitem die wichtigste unter den sieben Provinzen der Vereinigten Niederlande.

Unabhängigkeit

Mit dem Ende des Dreißigjährigen Krieges kam endgültig die von den Niederländern so lange ersehnte Freiheit. Im **Frieden zu Münster** (1648) erkannte Spanien die Unabhängigkeit der Niederlande an, die nunmehr auch formell aus dem Heiligen Römischen Reich Deutscher Nation herausgelöst wurden. Die Staatshoheit lag bei den Ständen *(= Staaten)* und bei der Versammlung der niederländischen Provinzstaaten *(= Generalstaaten)*, die ausübende Gewalt bei den von den Oraniern gestellten **Statthaltern.** Das Konfliktpotenzial zwischen hoheitlicher und ausübender Gewalt war von Anfang an gegeben. Schon Moritz von Oranien-Nassau hatte seine Probleme mit seinem „Ratspensionaris" *Johann von Oldenbarnevelt,* dem höchsten „beamteten" Vertreter der holländischen Stände. So hilfreich dieser ihm auch bei der Aushandlung des Friedens mit den Spaniern war, geriet er doch in Auseinandersetzungen mit ihm. Moritz ließ ihn 1618 einkerkern und im nächsten Jahr in Den Haag hinrichten. Der Konflikt schwelte weiter – *Wilhelm II.* versuchte 1650, sich durch einen Anschlag auf Amsterdam durchzusetzen. Der Versuch misslang und fortan führte **Johan de Witt** als Ratspensionaris faktisch – und mit strenger Hand – auch die Regierungsgeschäfte.

Seekriege gegen England

In die Zeit von de Witt fiel die Auseinandersetzung mit der aufstrebenden Seemacht England. In drei aufeinander folgenden Seekriegen (1652–54,

309ho Foto: ti

1665–67, 1672–74) mussten die Niederlande aber letztendlich ihre Vormachtstellung an die Engländer abtreten. Dennoch war ihnen ein **großes Kolonialreich** mit Besitzungen in Mittel- und Südamerika, Südafrika, Hinterindien und Südostasien verblieben, das auch weiterhin für Reichtum im Lande sorgte. In dieser Zeit beabsichtigte de Witt, die Statthalterschaft praktisch ganz zu beseitigen. Er setzte 1667 das sogenannte *Eeuwig Edikt* (Ewiges Edikt) durch, mit dem die Macht der Oranier in Holland ausgehebelt werden sollte.

Kriege gegen Frankreich

Doch das Glück verließ de Witt. Konnte er zunächst einen französischen Vormarsch nach Holland mit Hilfe Schwedens und sogar Englands noch stoppen, gelang ihm dies beim zweiten Vorstoß *Ludwigs XIV.* im Jahre 1672 nicht mehr – die Seekriegspolitik gegen England hatte das Land militärisch ausgeblutet. Die Vorgänge führten zum Sturz de Witts und zur Wahl **Wilhelms III. von Oranien** zum Generalstatthalter auf Lebenszeit. De Witts Bruder *Cornelis de Witt,* Bürgermeister von Dordrecht, wurde zu Unrecht der Verschwörung gegen Wilhelm III. bezichtigt und in der Gevangenenpoort in Den Haag eingekerkert. Als Johann de Witt dort seinen Bruder besuchen wollte, wurden beide von der aufgebrachten Volksmenge gelyncht. Unter Wilhelm III. konnten sich dann die Niederlande in den Kriegen 1672–78, 1688–97 und 1701–13 erfolgreich gegen Frankreich zur Wehr setzen.

Wilhelm III. hatte keine Erben. Sein Titel „Prinz von Oranien“ ging daher an den Statthalter von Friesland über. Dessen Sohn *Wilhelm IV.* wurde 1747 erster Statthalter der gesamten Niederlande.

Ein englischer Panzer als Mahnmal zur Erinnerung an den Zweiten Weltkrieg in Westkapelle – hier begann am 1. November 1944 die Befreiung der Niederlande von der deutschen Besatzung

Französische Besatzung

1795 marschierten französische Revolutionstruppen in den Niederlanden ein. Unter der französischen Besatzung wurde das niederländische Staatsgebilde in die sogenannte **Batavische Republik** umfunktioniert. Einen Landungsversuch alliierter russisch-englischer Truppen bei Groote Keeten in Noord-Holland im Jahre 1799 konnten die französischen Truppen nach wochenlangen verlustreichen Kämpfen abwehren. Als **Napoleon** an die Macht kam, ernannte er seinen Bruder *Louis Bonaparte* als **Lodewijk** zum **König von Holland.** 1810 dankte Louis Bonaparte ab, die Niederlande wurden bis 1813 in das französische Empire eingegliedert. Auf Beschluss des **Wiener Kongresses** wurden 1815 die nördlichen und die südlichen Niederlande (das heutige Belgien) einschließlich des Fürstbistums Lüttich wieder zusammengefügt, und man ernannte *Wilhelm V. von Oranien* als König *Wilhelm I.* zum Herrscher über beide Landesteile. So erfolgreich Wilhelm I. auch wirtschaftlich vorausschauend agierte, führte doch sein wenig glückliches politisches Taktieren ab 1830 zur Loslösung der südlichen Landesteile, die sich zum **Königreich Belgien** formierten.

310ho Foto: ot

Weltkriege und deutsche Besatzung

Im Ersten Weltkrieg blieben die Niederlande neutral. Im Zweiten Weltkrieg marschierten deutsche Truppen 1940 überraschend in das Land ein und hielten es bis 1945 besetzt. Die deutsche Besatzung mit der Bombardierung Rotterdams, der Judenverfolgung, dem Abriss von Häusern an der Küste für freies Schussfeld und letztendlich der Bombardierung durch alliierte Kampfhandlungen im Zuge der Befreiung von deutschen Truppen bedeutete eine schwere Belastung für das deutsch-niederländische Verhältnis. Vor allem die Erinnerung an das **Kamp Westerbork,** dem Zwischenlager zur Deportation der niederländischen Juden, ist noch bis heute in der Bevölkerung wach. Die Ereignisse sind nicht vergessen, aber die **Aussöhnung** zwischen beiden Völkern ist längst wieder gelungen – sicherlich auch durch die Entwicklung hin zum europäischen Gedanken, für den die Niederlande eine wichtige Vorreiterrolle spielten und immer noch spielen.

Sturmfluten

Trotz allen technischen Fortschritts blieb die Unberechenbarkeit der Nordsee bis in die jüngste Gegenwart eine große Gefahr für die Niederlande. Immer wieder überschwemmten sogenannte Jahrhundertfluten das in weiten Teilen unter dem Meeresspiegel liegende Land. Selbst Mitte des 20. Jahrhunderts richtete eine solche Flutkatastrophe noch allergrößten Schaden an der Küste, auf den Delta-Inseln und in den Poldern an. Sie überraschte die Menschen in der Nacht des 1. Februar 1953.

Aufgabe der Kolonien

In der Nachkriegszeit mussten die Niederlande ihr Kolonialreich weitgehend aufgeben. 1949 wurde **Indonesien** in die Selbstständigkeit entlassen, 1954 die **Niederländischen Antillen** dem Königreich angegliedert, 1975 wurde **Niederländisch-Guayana** unter der neuen Bezeichnung Surinam selbstständig und 1986 erhielt **Aruba** im Königreich der Niederlande einen Sonderstatus. 2010 wurde der Verbund der Niederländischen Antillen aufgelöst. Seither sind Curaçao und St. Maarten autonome Länder innerhalb des Königreichs der Niederlande, vergleichbar mit Aruba. Die Inseln **Bonaire, Saba** und **St. Eustatius** sind inzwischen Gemeinden der Niederlande mit Sonderstatus, gehören jedoch keiner Provinz an.

Europa

In dem Maße, wie sich die Niederlande aus der Kolonialära zurückzogen, engagierten sie sich verstärkt in Europa – hier liegt eindeutig die große politische und wirtschaftliche Chance dieses relativ kleinen Küstenstaates, der einen weit überdurchschnittlichen Beitrag zur Entwicklung der europäischen Kultur geleistet hat. So gehörten die Niederlande 1957 zu den sechs Gründungsstaaten der **Europäischen Wirtschaftsgemeinschaft** (EWG). Die Wirtschaftsunion der **BENELUX-Länder** trat 1960 in Kraft und war vorbildlich für die weitere Entwicklung der EWG zur **Europäischen Union,** deren Erweiterung nunmehr auch osteuropäische Staaten einbezogen hat. Von entscheidender Bedeutung auf diesem Weg war die Unterzeichnung des **Maastrichter Vertrages** im Jahre 1992 durch die Regierungschefs der damals zwölf europäischen Mitgliedsstaaten, der die Grundlage für die europäische Wirtschafts- und Währungsunion legte – nicht umsonst fand diese Unterzeichnung im niederländischen Maastricht statt!

Sorgen bereitet die **politische Entwicklung** der Niederlande. Das Land, das immer so stolz auf seine liberale Gesellschaftsordnung war, droht angesichts der Radikalisierung der Bevölkerungskreise mit Migrationshintergrund, seine freiheitliche Grundhaltung einzubüßen. Vor allem nach den Morden an dem Politiker *Pim Fortuyn,* 2002, und an dem Filmregisseur *Theo van Gogh,* 2004, begannen die Debatten über das Selbstverständnis der niederländischen Gesellschaft. Die Parlamentswahl 2010 brachte einen enormen Zuwachs an Stimmen für rechtspopulistische Parteien, vor allem für die „Partij voor de Vrijheid" (PVV = „Par-

Das Königshaus der Oranier

Die Verbindung zwischen den Niederlanden und dem Hause **Nassau,** später **Oranien-Nassau,** entstand im Jahre 1403, als Graf *Engelbert I. von Nassau* die begüterte Niederländerin *Johanna von Polanen* aus Breda heiratete. Schon bald gehörte der Bredaer Zweig des Hauses Nassau zu den wichtigsten Adelsgeschlechtern der Niederlande. Die burgundischen Landesherren übertrugen ihnen immer wichtigere Ämter. Durch geschickte Heiratspolitik kamen sie auch in den Besitz weiterer Ländereien in Ost- und Südfrankreich, darunter das souveräne Fürstentum Orange.

Ab 1544 führte *Wilhelm von Nassau* (1533–84), der später als **Wilhelm von Oranien** bekannt werden sollte, die Geschicke des Hauses und als **Statthalter der Spanier** die Provinzen Holland und Zeeland. Er setzte sich dann an die Spitze des niederländischen Freiheitskampfes gegen die Spanier und legte so den Grundstein für die Bande zwischen den Niederlanden und dem Haus Oranien-Nassau. 1584 fiel Prinz *Wilhelm I.* in Delft einem Attentat zum Opfer. Nachfolger als Statthalter und Heerführer wurde zunächst sein Sohn Prinz *Moritz* (1567–1625) und danach dessen Halbbruder, Prinz *Friedrich Heinrich* (1584–1647). Beide waren erfolgreiche Feldherren, die zahlreiche Festungen in den östlichen und südlichen Niederlanden eroberten.

Die politische Situation erzwang einen statthalterlosen Zeitabschnitt nach dem Westfälischen Frieden im Jahre

019ho Foto: ot

Zufahrt zum Huis ten Bosch in Den Haag, dem Wohnsitz der königlichen Familie

1648. Der englisch-französische Angriff gegen die Niederlande brachte 1672 eine Wende. Unter dem Druck des Volkes erhielt **Wilhelm III.** (1650–1702) noch umfassendere Befugnisse als seine Vorfahren, und es gelang ihm tatsächlich, die feindliche Koalition zu sprengen. Dank seiner Erfolge konnte sich Wilhelm III. als Statthalter eine Machtposition erwerben. Nach seinem Tod erfolgte eine zweite statthalterlose Zeit bis 1747, an deren Ende Prinz **Wilhelm IV.** (1711–51) zum ersten **Statthalter aller Provinzen der Republik** ernannt wurde. Unter dem Druck eines drohenden Angriffs von Seiten Frankreichs wurde das **Statthalteramt für erblich erklärt,** und zwar sowohl in männlicher als auch in weiblicher Linie.

Mit dem Einmarsch französischer Truppen in die Republik der Niederlande im Jahre 1795 endete auch das Statthaltersystem, das längst **monarchische Züge** angenommen hatte. Beim Sturz *Napoleons* hielt sich der amtierende Prinz *Wilhelm von Oranien* in England auf. Er reiste in die Niederlande, wurde dort im November 1813 von der Bevölkerung begeistert empfangen und übernahm die Regierungsverantwortung als souveräner Herrscher. Bei der Neuordnung Europas durch den Wiener Kongress wurden 1815 die Niederlande mit den ehemaligen Österreichischen Niederlanden zum **Königreich der Niederlande** mit **Wilhelm I. als König** zusammengefügt. Die Integration der Nördlichen Niederlande und der Südlichen Niederlande (das heutige Belgien) gelang allerdings nicht auf Dauer und führte zur Bildung des selbstständigen Königreichs Belgien, das 1839 von Wilhelm I. anerkannt wurde.

Der zweite König der Niederlande regierte bis zu seinem Tod im Jahre 1849. Im europäischen Revolutionsjahr 1848 gab er den Reformwünschen der liberalen Opposition nach. Er stimmte einer **Verfassung** zu, die die Macht des Königs zugunsten des **Parlaments** stark einschränkte. Sein ältester Sohn und Nachfolger, *Wilhelm III.* (1817–90), konnte dies nicht mehr rückgängig machen. Nach seinem Tod folgte ihm auf dem Thron seine Tochter *Wilhelmina* (1880–1962), für die Königin *Emma* von 1890 bis 1898 die Regentschaft übernahm. In die fünfzigjährige Regierungszeit von **Königin Wilhelmina** fielen zwei Weltkriege und die Dekolonisation Indonesiens. Für ihr standhaftes Auftreten im Londoner Exil in den Jahren 1940 bis 1945 wurde ihr in den Niederlanden wie im Ausland viel Respekt gezollt.

Aus Wilhelminas Ehe mit Herzog *Heinrich von Mecklenburg* war 1909 eine Tochter, Prinzessin **Juliana,** hervorgegangen, die nach Wilhelminas Abdankung von 1948 bis 1980 regierte. Sie lebte bis März 2004 und wurde unter großer Anteilnahme in der Familiengruft der Oranier in der Nieuwe Kerk in Delft beigesetzt. Prinzessin **Beatrix** folgte 1980 ihrer Mutter nach und wurde damit die vierte Königin in Folge. 1966 heiratete sie den deutschen Diplomaten *Claus von Amsberg.* Nach anfänglichen Vorbehalten gegen die Ehe der niederländischen Königin mit einem Deutschen konnte der Prinzgemahl durch sein kluges Verhalten große Anerkennung bei der Bevölkerung gewinnen. Er verstarb nach langer Krankheit im Oktober 2002.

Mit ihrem Mann und den aus der Ehe hervorgegangenen Söhnen *Willem-Alexander* (1967), *Johan Friso* (1968) und *Constantijn* (1969) wohnte die Prinzessin bis zu ihrer Inthronisierung im Jahr 1980 auf Schloss Drakensteyn in der Nähe von Schloss Soestdijk. Danach zog die Familie ins Schloss Huis ten Bosch in Den Haag, ihre Arbeitsstätte ist im restaurierten Haager Stadtpalais Noordeinde. In einem Haus unmittelbar neben dem Palais wohnt **Kronprinz Willem-Alexander** zusammen mit seiner Frau, Prinzessin *Máxima* und ihren drei Töchtern.

Übrigens hat das niederländische Königshaus durch die Finanzkrise 2009 viel von ihrem Vermögen eingebüßt. Unter den Reichsten der Niederlande rutschten sie von Platz 23 auf Platz 25 – mit „nur“ noch 800 Mio. Euro Vermögen.

tei für die Freiheit“). Die 2010 angetretene Regierung unter *Mark Rütte* konnte dann auch nur mit Duldung durch diese Partei regieren.

Wirtschaft im 21. Jh.

Der günstige wirtschaftliche Standort der Niederlande in Europa, der sich mit der Erweiterung der Gemeinschaft um osteuropäische Staaten noch weiter verbessert hat, verhalf dem Land zu einem anhaltenden ökonomischen **Wachstum.** Auch aufgrund fortschrittlicher **sozialpolitischer Maßnahmen** konnten die Niederlande die Arbeitslosigkeit im Lande weit niedriger halten als in den meisten anderen Mitgliedsländern. Dieses gerne als **„Poldermodell“** bezeichnete Erfolgsmodell hat aber dennoch unter der wirtschaftlichen Stagnation der letzten Jahre gelitten. Unkenrufe sprachen bereits vom „Untergang des Poldermodells“, aber wenn man betrachtet, in welchem Umfang in den Niederlanden in moderne Industrien und Dienstleistungen investiert wird, stehen in diesem Land die wirtschaftlichen Chancen weitaus günstiger als in den großen Mitgliedsländern der Europäischen Union, denen die Durchsetzung der dringend erforderlichen Strukturreformen so außerordentlich schwer fällt. So konnten die Niederlande die Finanzkrise des Jahres 2007 besser überstehen und noch stärker vom wirtschaftlichen Wiederaufschwung seit 2010/11 als andere Länder Europas profitieren, dies auch mit einer strikten Arbeitsmarktpolitik, die von Sozialhilfeempfängern eine größere Bereitschaft zur Annahme von Arbeit verlangt, als dies in anderen europäischen Ländern der Fall ist.

Das Königshaus heute

Nicht unerheblich trägt das niederländische Königshaus mit seiner **hohen Reputation beim Volk** zum sozialen Ausgleich im Lande bei. Die Mitglieder der Dynastie der Oranier zeichnen sich weitgehend durch vorbildliches Verhalten aus. **Königin Beatrix** ist seit 1980 im Amt und führt ihre Amtsgeschäfte mit großer Umsicht. Ihr verstorbener deutscher Ehemann *Claus von Amsberg*, gegen den zunächst heftig protestiert worden war, konnte durch sein ausgeglichenes Wesen viel zur deutsch-niederländischen Versöhnung in der Nachkriegszeit beitragen. Große Trauer löste der Tod der Königinmutter *Juliana* im März 2004 aus, die 1980 zugunsten ihrer Tochter abgedankt hatte. Die Thronfolge ist durch Prinz *Willem-Alexander* und seine drei Töchter gesichert.

Architektur und Kunst

Im Zuge der geschichtlichen Entwicklung der Niederlande hat das künstlerische Schaffen im Lande immer eigenständigere Formen angenommen. Besonders auf den Gebieten der Malerei und der Architektur haben Niederländer seit dem ausgehenden Mittelalter richtungweisende Werke geschaffen, deren Einfluss weit über die Landesgrenzen hinaus reichte und reicht.

Romanik und Gotik

In der Romanik hing die niederländische Kunst noch aufs Engste mit der deutschen und französischen zusammen. Die Gotik drang von Frankreich wie auch etwas später von Deutschland aus in das Gebiet der Niederlande ein. Die sich daraus entwickelnde niederländische Gotik war zunächst durch eine Beschränkung in der Formenvielfalt gekennzeichnet, wie beispielsweise bei der **Pieterskerk in Leiden.** Erst in spätgotischer Zeit nahm die Formenvielfalt zu und es entstanden auch großartige profane Prachtbauten, wie etwa die noch erhaltenen alten **Stadthäuser in Gouda und Middelburg.** Das Ende der Kulturepoche der Gotik markiert den Beginn der **altniederländischen Malerei.**

Renaissance

Die Renaissancearchitektur, die vor allem im Schloss- und Palastbau ihren Niederschlag fand, hatte in den bürgerlichen Niederlanden weniger Ansatzpunkte. Dennoch wurde Großes geleistet, so durch den Stadtbaumeister *Lieven de Key* in **Haarlem.** Für die frühe Renaissancemalerei wurde **Jan Gossart** (etwa 1478–1532), genannt *Mabuse,* mit einer großartigen Ausstellung im New Yorker Metropolitan Museum 2011 „wiederentdeckt". Der größte niederländische Maler dieser Epoche, **Pieter Breughel d.Ä.** (etwa 1525/30–69), trat bereits im manieristischen Stil hervor.

Barock

Mit dem Goldenen Zeitalter, das den Niederlanden so großen Wohlstand brachte, setzte der gesellschaftliche und kulturelle Umbruch im Lande ein. Die reformatorische Bewegung des Calvinismus hatte im Kampf gegen das katholische Spanien immer mehr Anhänger unter den Niederländern gefunden und wurde zur Triebkraft im Kampf um die Unabhängigkeit. Die niederländische Sprache hatte sich längst verselbstständigt. Es war das Zeitalter des Barock, das in der niederländischen Architektur seine eigenständige, eher schlichte,

„klassizistische" Variante fand. Musterbeispiele dieser Epoche sind beispielsweise das Königsschloss **Huis ten Bosch** sowie das **Mauritshuis** in Den Haag und die vielen stattlichen **Bürgerhäuser** in den Altstädten. Die typischen **Grachtenhäuser** in den holländischen und zeeländischen Städten entstanden in dieser Zeit und prägen bis heute nachhaltig das Bild niederländischer Stadtkultur.

In der Malerei taten sich neben einer sehr großen Zahl anderer Meister vor allem **Rubens** und **Rembrandt, Frans Hals** und **Vermeer van Delft** hervor. Sie widmeten sich weltlichen Themen, entstammten ihre Auftraggeber doch überwiegend bürgerlichen Kreisen. Ein Großteil ihres Schaffens waren Gruppenporträts (z.B. die „Nachtwache" von Rembrandt), Interieur- und Architekturbilder, Stillleben und Genrebilder sowie Landschafts- und Schiffsdarstellungen. Das Goldene Zeitalter ist aber auch die Epoche großen handwerklichen Schaffens. Beispielhaft seien die wunderbaren **Delfter Fayencen und Kacheln** erwähnt, die als „Delfter Blau" Weltgeltung errangen.

Rokoko und Historismus

Das 18. und 19. Jahrhundert waren auch in den Niederlanden vom Rokoko gekennzeichnet, das vor allem in der **Fassadenornamentik** in Erscheinung trat, und später vom Historismus, in dessen Verlauf viele neugotische Kirchen, öffentliche Gebäude wie der **Amsterdamer Bahnhof** oder auch Industriebauten entstanden, von denen das ehemalige Dampfpumpwerk **De Cruquius bei Haarlem,** das in ein Museum umfunktioniert wurde, die bekanntesten sind.

Moderne Architektur

Das einsetzende 20. Jahrhundert löste völlig neue künstlerische Impulse in den Niederlanden aus. In der Architektur beschritten die Mitglieder der **Amsterdamer Schule** mit skulptureller Baukörpergestaltung neue Wege. Berühmt wurde die von dem Maler *Piet Mondrian* (1872–1944) mitbegründete Baugruppe **De Stijl,** die die Ästhetik der

Außen- und Innengestaltung in konstruktivistischen Formen erneuerte, eine Stilrichtung, die deshalb auch als „Neues Bauen" oder „Funktionalismus" bezeichnet wird.

Die sogenannte Zweite Moderne der niederländischen Architektur hat vor allem ihren Niederschlag in **Rotterdam** gefunden. Die im Zweiten Weltkrieg völlig zerstörte Stadt galt es unter dem Gesichtspunkt besserer Wohnqualität neu aufzubauen. So wurde in Rotterdam die erste Fußgängerzone Europas eingerichtet. An vielen Stellen der Stadt entstanden hypermoderne Gebäude, so im Bahnhofsviertel, am Schouwburgplein, an der Waterfront, am Willemsplein und im neu geplanten Stadtviertel südlich der Nieuwe Maas. Berühmt sind die nachts angestrahlten drei Boompjes-Hochhäuser an der Waterfront, extravagant die Kubuswohnungen am Oude Haven. Eine großartige Brücke ist die Erasmusbrug über die Nieuwe Maas mit ihrem angeknickten Pylon, die den Blick über den Wilhelminaplein auf den Durchbruch der Häuser am Kop van Zuid frei gibt.

Malerei des 19. und 20. Jh.

In der Malerei begann die Neuerungsbewegung mit der **Haagse School,** deren wichtigster Vertreter *Johann Barthold Jongkind* ist, und führte zum Impressionismus. **Vincent van Gogh** war der Wegbereiter des Expressionismus, dessen Genie erst posthum anerkannt wurde. Den niederländischen Jugendstil vertrat vor allem **J. Toorop.** Den Übergang zur abstrakten Malerei vollzog u.a. **Piet Mondrian.** Doch das niederländische Kunstschaffen ging weiter. Der magische Realismus fand zunehmend Anhänger, für experimentelle Malerei machte die Gruppe **Cobra** von sich Reden.

Zeitgenössische Kunst

Heute ist **mediale Kunst** angesagt. Die großen Museen der Niederlande beschäftigen sich alle mit der einen oder anderen neuen Kunstrichtung, die vielleicht erst noch ihre eigentliche Bewährungsprobe bestehen muss.

Literatur

Die niederländische **Nachkriegsliteratur** setzt sich vor allem mit der traumatischen Besatzungszeit während des Zweiten Weltkriegs auseinander. Die Literatur der unmittelbaren Nachkriegsjahre hatte die Verbrechen während der Nazizeit zum Thema. Erst sehr viel später löste man sich aus dem Bann des historischen Traumas. So bricht beispielsweise der Schriftsteller **Harry Mulisch** mit seinem Roman „Das steinerne Brautbett" (1959) mit gängigen Pauschalurteilen über „die Deutschen" und bietet eine differenzierte Darstellung von Deutschland und seinen Bewohnern. Weit über die Niederlande hinaus fanden seine Romane „Das Attentat" (1982) und „Die Entdeckung des Himmels" (1992) Beachtung. Der 2010 verstorbene Schriftsteller galt sogar als Nobelpreis-Kandidat.

Fasziniert vom „Phänomen Deutschland", entstanden eine Romantrilogie von **Louis Ferron** und Prosastücke des Malers und Schauspielers **Armando.**

Vor allem der wohl bekannteste Vertreter der neueren niederländischen Literatur, **Cees Nooteboom,** hat sich befreit vom Trauma mit dem Thema Deutschland auseinander gesetzt. Von Anfang 1989 bis Juni 1990 lebte er in Berlin und hielt seine Eindrücke vom deutschen Einigungsprozess in seinen „Berliner Notizen" (1990) fest. Wie sehr sich die Beziehungen zwischen Deutschland und den Niederlanden inzwischen normalisiert haben, kommt in den Büchern des 1944 in Maassluis geborenen **Maarten t'Hart** zum Ausdruck. Am eindrucksvollsten stellt er seine Romanfiguren in „Das ganze Wüten der Welt" und „Die Netzflickerin" dar, in denen die geografische Nähe zur Küste am Nieuwe Waterweg eine große Rolle spielt. *Maarten t'Hart* ist heute der meist gelesene niederländische Autor in Deutschland.

026ho Foto: ot

Noord-Holland

Überblick

Die Festlandküste der niederländischen Provinz Noord-Holland wird von einem lang gezogenen Dünenstreifen gebildet, dessen Unterbrechung zwischen Petten und Camperduin durch die Hondsbossche Zeewering, einen mit einer Asphaltdecke versehenen Deich, geschlossen wird. Im Norden schließt der Dünenstreifen bei Den Helder ab und setzt sich dann auf Texel fort, einer der niederländischen Wattinseln, die verwaltungsmäßig zur Provinz Noord-Holland gehört.

Den Helder

Küste

Das **Marsdiep** trennt als tiefe **Meerenge** das nordholländische Festland von der Insel Texel. Südlich dieser Meerenge hatte sich um das 8. Jahrhundert die Insel **Huisduinen** als große, sichelförmige Sanddüne gebildet, die westlich vor der heutigen Festlandlinie lag. Ab dem 12. Jahrhundert entstand auf der Insel eine kleine Fischersiedlung, die sich im Zuge der Dünenverschiebung ostwärts verlagerte und um 1500 den Namen Den Helder erhielt. Aus diesem Fischerort stammen viele der berühmten holländischen Walfängerkapitäne wie auch manche ihrer Bootsführer, Harpuniere und Trankocher. Einige der **Walfängerhäuser** stehen noch im Ort. In der zweiten Hälfte des 18. Jahrhunderts wurde ein erster Deich zum Schutz von Den Helder angelegt, der nach dem Bau des Abschlussdeichs der Zuiderzee erheblich verstärkt werden musste, weil veränderte Strömungen die Dünen abzutragen begannen.

Alle niederländischen Handels- und Kriegschiffe, die aus den Zuiderzeehäfen ausliefen, mussten das Marsdiep passieren. Hier bot sich auf der Ree-

Noord-Holland

de von Den Helder die letzte Möglichkeit der Bevorratung für ihre langen Reisen in die asiatischen und mittelamerikanischen Kolonien. Auch nahm die Bedeutung des Ortes als Stützpunkt der Walfänger zu.

Im 18. Jahrhundert wurde dann auf der Wattenseite von Den Helder mit dem Bau eines **Hafens**

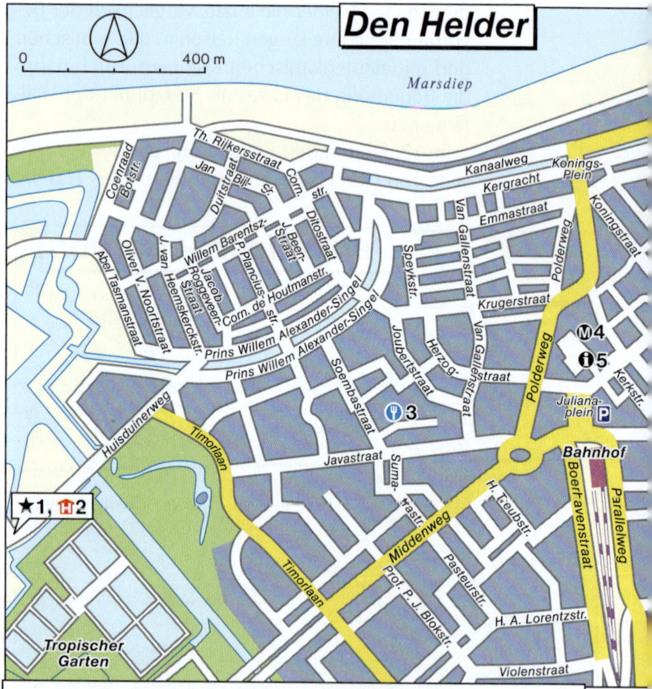

★ 1 Fort Kijkduin
2 Grand Hotel Beatrix
3 Oranjerie "De Groene Parel"
4 Nationaal Reddingsmuseum Dorus Rijkers
5 Information
6 Marinemuseum
7 Lands End, t'Veerhuis
8 Fährhafen nach Texel
★ 9 Ice-World Willemsoord
★ 10 De Oude Rijkswerf Willemsoord
11 North Palace
12 Käthe Kruse Poppenmuseum

für die Kriegsmarine begonnen. Als *Napoleon* Ende des 18. Jahrhunderts in Holland einmarschierte, erkannte er sofort die strategische Bedeutung dieses Standorts, den er als das „Gibraltar des Nordens" bezeichnete. Er ließ die Stadt mit einem Ring aus fünf durch Wallanlagen verbundenen **Bastionen** befestigen. Die Fertigstellung des

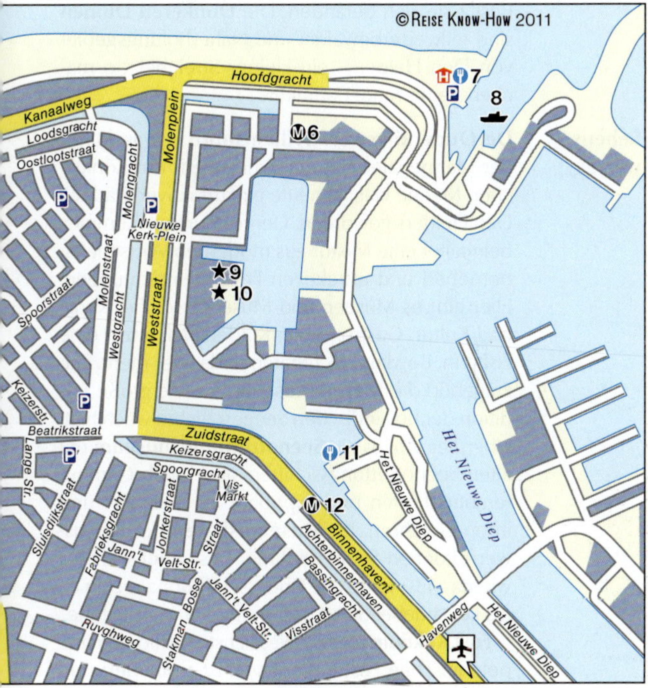

Noordhollands-Kanaal, der Schiffsverbindung von Amsterdam nach den Helder, brachte weiteren wirtschaftlichen Aufschwung für die Stadt, die aber zunehmend durch die Aktivitäten der Marinebasis geprägt wurde. Im Zweiten Weltkrieg erlitt Den Helder durch Bombardements allergrößte Schäden. Die Stadtmitte wurde nördlich vom Bahnhof neu aufgebaut und ist heute als Fußgängerzone das quirlige **Einkaufszentrum** am Kop van Holland, wie die Nordspitze der Provinz Noord-Holland genannt wird.

Von der alten Düneninsel Huisduinen sind noch die Grafelijkheidsduinen und die Donkere Duinen verblieben. Die **Grafelijkheidsduinen** tragen ihren Namen nach dem Grafen von Egmond, in dessen

Besitz sie sich befanden. Die **Donkeren Duinen** sind teilweise bewaldet und Naherholungsgebiet von Den Helder - ein kleiner Streichelzoo machen sie für Kinder attraktiv.

Sehenswertes

De Oude Rijkswerf Willemsoord - was früher der Marinehafen mit der Schiffswerft der Königlichen Marine war, ist heute ein attraktiver Stadtteil Den Helders geworden. Der restaurierte Komplex beinhaltet eine Mixtur aus modernen Wirtschaftsbetrieben und attraktiven Freizeiteinrichtungen. Hier gibt es Museen und Museumsschiffe, Kunst und Kultur, Gastronomie, Kinderspielplätze, eine Eisbahn, Bowling, Jachthafen und vieles mehr. Dazu gehört das **Marinemuseum,** das die große Tradition der holländischen Seegeschichte wach hält. Überdies gibt es ein **Seenotrettungsmuseum** mit alten Seenotrettungsschiffen, aber auch Computeranimationen und Exponate zur Seefahrt und ihren Gefahren. Im **Museumshafen** der Reichswerft können Schiff-Oldtimer besichtigt werden, wie das 130 Jahre alte Kriegsschiff *Bonaire,* ein altes Leuchtfeuer-Schiff und andere museale Schiffe.

Fort Kijkduin als nordwestlichste Bastion der napoleonischen Festungsanlagen ist restauriert und zum Museum mit einem **Seeaquarium** ausgebaut worden. Beim Fort erhebt sich Den Helders 64 Meter hoher **Leuchtturm,** im Volksmund „De lange Jaap" genannt.

In der Innenstadt sollte man auch einmal in den **Tropischen Garten** (Oranjerie „De Groene Parel") hineinschauen. Dort befindet sich zudem der größte Japanische Garten des Landes.

Info

- **Tel.-Vorwahl:** 0223
- **VVV Den Helder:** 1781 HH, Bernhardplein 18, Tel. 62 55 44, Fax 61 48 88, www.kopvannoordholland.nl.
- **Unterkunftsmöglichkeiten** finden sich im südlich gelegenen Ort Julianadorp (s.u.).

Strand

- Im Gebiet **Den Helder/Julianadorp:** breit, feinsandig, nicht überlaufen, qualitativ hochwertig (blaue Flagge für Badestrand Huisduinen und Julianadorp); Angeln und Surfen in den angegeben Teilen zugelassen; vier Strandübergänge, Übergänge Huisduinen und Duinoord rollstuhlgeeignet; Strandpavillons; FKK am Strandaufgang Falda links von Strandpfahl 9.

Essen & Trinken & Unterkunft

- **Lands End** €€€: Havenplein 1, Tel. 62 56 28, Fax 68 49 31, www.landsend.nl, exponierte Lage am Fährhafen, weite Aussicht über das Meer, mit Sommerterrasse, angeschlossener Hotelbetrieb €€€, mit **Restaurant t'Veerhuis.**
- **Grand Hotel Beatrix** €€€€, 1783 AK, Huisduinen, Badhuisstraat 2–10, Tel. 62 40 00, Fax 62 73 24, www.grandhotelbeatrix.nl, mit Restaurant, Bar, Brasserie, Hotelbetrieb mit Hallenbad, stilvoll und frisch renovierte Hotelzimmer unterschiedlicher Kategorien, auch mit Balkon.
- **North Palace:** Het Nieuwe Diep 19, Tel. 61 88 55, www.northpalace.nl, schwimmendes Chinarestaurant (Mo geschlossen).

Museen

- **Oude Rijkswerf Willemsoord:** Weststraat 1, Tel. 61 61 00, Fax 68 00 68, www.willemsoord.nl.
- **Marinemuseum:** Hoofdgracht 3, Tel. 65 75 34, www.marinemuseum.nl, geöffnet Mo–Fr 10–17 Uhr, Sa, So und Feiertage 12–17 Uhr, Nov.–April montags sowie 25./26.12. und 1.1. geschlossen, Eintritt 6 €, Senioren 5 €, Kinder 5–15 Jahre 3 €, darunter frei, es können u.a. ein 150 Jahre altes Rammschiff, ein Minenleger und ein U-Boot besichtigt werden.
- **Nationaal Reddingmuseum Dorus Rijkers:** Willemsoord 60G, Tel. 61 83 20, www.reddingmuseum.nl, täglich 10–17 Uhr (So und feiertags 13–17 Uhr), 25.12. geschl., behindertengerecht, Eintritt 6 €, Kinder 5–15 Jahre 5 €. Seenotrettungsmuseum.
- **Fort Kijkduin:** Admiraal Verhuellplein 1, Tel. 61 23 66, Fax 62 31 04, www.fortkijkduin.nl, Museum und Aquarium, geöffnet 10–18 Uhr, im Winter bis 17 Uhr, Eintritt 8 €, Senioren 7 €, Kinder von 4 bis 12 Jahren 5,50 €, darunter frei.
- **Puppen- und Spielzeugmuseum:** Binnenhaven 25, Tel. 61 67 04, umfangreiche Kollektion von Käthe-Kruse-Puppen, geöffnet März bis Okt. Do–Sa 14–17 Uhr, ansonsten nach Vereinbarung, Eintritt 3,50 €, Kinder 1,75 €.

Botanischer Garten

- **Oranjerie „De Groene Parel":** Soembastraat 83, Tel. 61 42 06, www.oranjeriedenhelder.nl, geöffnet Mo–Fr 9–17 Uhr, im Sommer auch So 13–17 Uhr, Eintritt 3 €, ermäßigt 1 €.

Aktivitäten

- **Angeln auf der Nordsee:** *Nestor Sportvisserij,* Tel. 62 34 13; *J.P. Bakker,* Tel. 51 22 32; *A. Loonstra,* Tel. 51 14 17; *Pro Shipping,* Tel. 62 87 13; *Hendrik Karssen,* Tel. 51 14 26.
- **Exkursionen zum Balgzand:** Termine und Information beim Natuurinformatie-Centrum 't Kuitje, Oostoeverweg.

- **Segeln:** Yachthafen Den Helder, Pluto 199, Tel. 63 74 44.
- **Hallenbad:** De Schots, Het Nieuwland 2, Tel. 62 10 41, mit Restaurant.
- **Reiten:** Manege Bruin, Huisduinen, Zeeweg 1, Tel. 61 40 94.
- **Ice-World Willemsoord:** 1781 AS, Willemsoord 51, Tel. 62 44 61, www.iceworldwillemsoord.nl; 300 m² große Schlittschuhhalle, geöffnet tgl. 11–22 Uhr, Eintritt 3,50 €, Sa–Do 18–19 Uhr Happy Hour.

Veranstaltungen

- **Flottentage:** jährlich Anfang Juli.
- **Wochenmarkt:** samstags im Zentrum.
- **Juttersmarkten:** weithin bekannter Krammarkt alljährlich dienstags zwischen Ende Juni und Ende August in der gesamten Innenstadt.

Verkehr

- **Flughafen Den Helder Airport:** Luchthavenweg 6A, Tel. 63 56 66, Fax 66 08 92, www.denhelderairport.nl, spezialisiert auf Hubschrauberflüge zu den Bohrinseln, Rundflüge und Charterflüge.
- **Fähre nach Texel:** Abfahrt stündlich von frühmorgens bis abends, Hin- und Rückfahrt für PKW mit bis zu 7 Personen 35 €, im Sommer Di, Mi und Do 30 % Rabatt. Informationen: www.teso.nl.

Küste

Julianadorp

Südlich von Den Helder liegt inmitten des Polders Het Kougras das ehemalige Bauerndorf Julianadorp, das sich längst zu einem attraktiven Wohn- und Urlaubsort mit anspruchsvollen Unterkünften entwickelt hat. Hier gibt es gepflegte Bungalow-Parks, gehoben ausgestattete Ferienhäuser, gastronomische Einrichtungen, Schwimmbäder, Tennisplätze und einen Golfplatz. Seeseitig findet man den Badeplatz **De Zandloper** mit Campingplätzen und weiteren Bungalow-Parks.

Info

- **Tel.-Vorwahl:** 0223
- **VVV Julianadorp:** 1788 BN, Van Foreestweg 37, Tel. 64 56 62, Fax 64 69 42, www.kopvan noordholland.de.

Essen & Trinken

- **Restaurant Kruimeltje:** 1788 BM, Meester Tigchelaarstraat 6, Tel. 66 14 88, www.kruimeltje.info, Familienrestaurant mit breitem Speisenangebot, Mo Ruhetag.

- **De Chinese Pagode:** Meester Tichelaarstraat 4, Tel. 64 23 59, www.chinesepagode.nl. Spezialität: chinesisches Fondue, auch Gerichte zum Mitnehmen.
- **Strandpavillon Schip op 't Strand:** am Strandslag De Zandloper, Tel. 64 14 74.

Unterkunft

- **Residence Juliana:** 1780 AM Julianadorp, Tel. 64 86 48, Fax 64 86 83, www.avac.nl, Appartementanlage mit gehobenem Standard.
- **Landal Beach Resort Ooghduyne:** 1787 PS Julianadorp, Ooghduyne 1, Tel. 64 01 00, Fax 64 21 00, www.landal.de/Ooghduyne, Appartements und Bungalows mit gehobenem Standard.
- **Strandslag Juliana:** Julianadorp aan Zee, Tel. 0800 081 77 77, www.hollandferien.com, ein Hogenboom-Ferienpark in Strandnähe mit Bungalows und Appartements.
- **Villaparc Duynopgangh:** 1787 PP, Zanddijk 11, Tel. 0113 56 27 89, Fax 56 13 73, www.hogenboomvakantieparken.nl. Hogenboom-Ferienpark hinter den Dünen 500 m vom Strand, luxuriös, mit reetgedeckten Häusern.
- **Camping 't Noordersandt:** 1787 Julianadorp, Noordersandt 2, Tel. 64 12 66, Fax 64 56 00, www.noordersandt.com, weitläufiger Platz mit gehobenem Standard.

Aktivitäten

- **Golf:** Golfclub Ooghduyne, Ooghduyne 1, Tel. 64 01 25, www.golfclubooghduyne.nl.
- **Minigolf:** Golf&Beachresort Ooghduyne; Restaurant De Yperhof; Bungalowpark Strandslag.

Hinterland

Wieringen

Wenn man von Den Helder nach Osten fährt, ändert sich nach der Überquerung des Amsteldiepdijk, der das kleine **Amstelmeer** vom Marsdiep abtrennt, das Landschaftsbild: Nach dem ebenen Breezand-Polder erscheinen auf einmal sanfte Bodenwellen, die den Geestkern der **früheren Insel Wieringen** kennzeichnen. Nach der Sturmflut von 1170 versank das Gebiet für Jahrhunderte im Wasser, und erst nach der Eindeichung des Anna-Paulowna-Polders erhielt die Insel Wieringen wieder direkten Kontakt zum Festland.

Wieringen hat eine bewegte Vergangenheit. Das Gebiet war schon früh von Friesen besiedelt. Im 9. Jahrhundert wurde es immer wieder von Wikingern aufgesucht. Sie hinterließen hier einen legendären Silberschatz mit Schmuckstücken, Silberbarren und -münzen, der 1996 gefunden wurde. Heute sind diese Fundstücke im Original im Rijksmuseum von Oudheden in Leiden ausgestellt. Zum Schutz ihrer Insel bauten die Bewohner im 14. Jahrhundert den Wierdeich von De Haukes nach Den Oever – aus Seegras. Mit der Fertigstellung des Abschlussdeiches der Zuiderzee 1932 war Wieringen wieder unmittelbar mit dem friesischen Festland verbunden.

Neben der abwechslungsreichen Landschaft, die so sehr im Gegensatz zu den ebenen, quadratisch aufgeteilten Poldergebieten steht, kann Wie-

021ho Foto: ot

ringen mit den reizvollen Orten **Westerland, Hyppolytushoef, Oosterland** und **Den Oever** mit großem Fischereihafen aufwarten.

Info

- **Tel.-Vorwahl:** 0227
- **VVV Wieringen:** 1777 CA Hippolytushoef, Tel. 59 22 20, www.vvvwieringen.nl.

Museen

- **Museumsbauernhof Allerhande:** Hippolytushoef, Noordburenweg 13, Tel. 59 25 55, geöffnet April/Mai Sa und So 14–17 Uhr, Juni bis Aug. Mi–So und feiertags 11–17 Uhr, Sept. Sa und So 14–17 Uhr, 100 Jahre alter Bauernhof mit Fuhrwerken und alten Gerätschaften.

Aktivitäten

- **Wattausflüge:** Watten Fisher Gilde, Tel. 59 12 66; Watwanderen Ton de Groot, Tel. 51 19 17; Wadden- und Seehundefahrt, Info VVV Den Oever.
- **Segelausflüge:** Mit dem 1915 gebauten „Wieringer Kahn", Info: Frau Jongsma, Westerland, Westerlandweg 16, Tel. 59 30 09.
- **Angelfahrten und Wattwandern:** Sportvisserijbedrijf Jan Rotgans, Westerland, Koningsweg 20, Tel. 59 12 66, Fax 59 12 99, www.sportvisserei.nl.

Einkaufen

- **Käsebauernhof:** Land van Wieringen, Familie Poortman, Den Oever, Gemeenelandsweg 72, Tel. 51 10 37, land.van.wieringen@hetnet.nl, geöffnet April bis 1. November, 9–18 Uhr, So geschlossen.

Veranstaltungen

- **Jahresmarkt:** Anfang September in Den Oever.

Küste

Insel Texel

Texel (Aussprache: Tessel) ist die südlichste und mit vierundzwanzig Kilometern Länge und neun Kilometern Breite größte der westfriesischen Inseln *(Waddeneilanden)*. Sie gehört verwaltungsmäßig zur Provinz Noord-Holland. Texel entstand, nachdem der durchgehende Strandwall im Norden der Niederlande zu Beginn der Zeitrechnung durchbrach. Dadurch, dass Texel einen Geestkern

Mühle im Poldergebiet Wieringen

mit dem fünfzehn Meter hohen **Hoge Berg** bei Den Burg hat, „wandert“ sie nicht wie die anderen Waddeneilanden ostwärts ab. Erste Eindeichungen erfolgten ab dem 12. Jahrhundert.

Schafe sind die charakteristischen Tiere auf Texel. Für sie bauten die Bauern die für die Insel so typischen Schafscheunen, mit Reet gedeckte „halbe Schuppen“ als Futterspeicher. Noch eindrucksvoller sind die **Vogelschwärme,** die auf der Insel heimisch sind. Mehr als dreihundert Vogelarten zählt man auf Texel, teilweise sind sie als Zugvögel auf der Durchreise. Gern halten sie sich im **Slufter** auf, jenem Salzwiesenbecken in den nördlichen Dünen, das nach einem Dünendurchbruch im Jahre 1858 verblieb. Der besondere Stolz der Inselbewohner sind die Löffelreiher, die im Dünenbereich ihr Sommerquartier aufschlagen. Hier kann man auch eine spezifische Pflanzenwelt antreffen: Da gibt es einerseits Orchideen (Knabenkräuter) und andererseits eine ans Salzwasser angepasste Flora, wie sie beispielsweise durch die Salzaster, die Stranddistel oder die Strandwolfsmilch vertreten wird.

Hauptort von Texel ist **Den Burg** im Inselinneren mit einem reizvollen Kern. Hier gibt es gemütliche Cafés, Restaurants und kleine Geschäfte. Die kleineren Orte wie **Oosterend** oder **Oudeschild** leben von ihrer dörflichen Atmosphäre mit kleinen, teilweise alten Häusern und Häuserzeilen in schmalen Gassen. **De Koog** ist der Hauptbadeort mit entsprechender Infrastruktur – Hotels, Läden, Ferienparks, Campingplätze etc. Ganz im Norden liegt **De Cocksdorp** als weiterer Badeort mit einem großen Leuchtturm am äußersten Ende der Insel.

Besonders interessant sind die Museen auf Texel. Am bekanntesten ist **EcoMare,** ein Nordseemuseum in den Dünen von De Koog mit einer

Der Eierlandse Toren ganz im Norden von Texel, der einzige Leuchtturm auf der Insel

022ho Foto: ot

Seehundaufzuchtstation. Des Weiteren gibt es das **Strandräubermuseum** *(Maritiem en Juttersmuseum)* mit Exponaten zur maritimen Geschichte der Insel, das **Wagenmuseum,** das über die Landwirtschaft Texels informiert, sowie das **Luftfahrtmuseum,** das über den 1937 auf Texel eröffneten Flughafen und die deutsche Besatzungszeit während des Zweiten Weltkriegs aufklärt.

Info

- **Tel.-Vorwahl:** 0222
- **VVV Texel:** 1791 AV Den Burg, Emmalaan 66, Tel. 31 47 41, Fax 31 00 54, www.texel.net.

Strand

- Meerseitig durchgehend, beste Qualität, größtenteils mit der blauen Flagge versehen; Strandbewachung Juni bis 1. Sept.-Woche bei Pfahl 9, 12, 15, 17, 19–21 und 28; Badeverbot zwischen Pfahl 31 und 33 (Strömung zwischen Texel und der Nachbarinsel Vlieland); für Hunde Leinenzwang am bewachten Strand, im Winter entfällt in einem ausgewiesenen Dünenteil der Leinenzwang; **Drachensteigen** nur in ausgeschilderten Arealen, **FKK** 1 km südlich von Pfahl 28 (De Cocksdorp) und südlich von Pfahl 9 (De Hoorn).

- **Strandpavillons:** *Paviljoen,* Paal 9, Tel. 31 93 09; *De Zeestern/Beachcafé De Buren,* Paal 17; Tel. 31 74 39; *Strandpaviljoen, Paal* 19, Tel. 32 72 40; *Paviljoen Drie,* Paal 20, Tel. 31 76 04; *Strandpaviljoen Paal 28,* De Cocksdorp, Tel. 31 65 37.

Museen

- **EcoMare,** Zentrum für Wattenmeer und Nordsee, 1796 AZ De Koog, Ruyslaan 92, Tel. 31 77 41, www.ecomare.nl, täglich (außer 25.12. und 1.1.) 9–17 Uhr, Ostersonntag und 25.12. geschlossen, Seehundfütterung täglich 11 und 15 Uhr, Eintritt Erw. 9 €, Kinder 4–13 Jahre 6,25 €.
- **Maritiem en Juttersmuseum,** Oudeschild, Barentszeestraat 21, Tel. 31 49 56, www.texelsmaritiem.nl, Di–Sa 10–17 Uhr, Juli/Aug. Mo–Sa sowie 2. Oster- und Pfingsttag 10–17 Uhr, Eintritt 6,50 €, Kinder bis 14 Jahre 5 €.
- **Cultuurhistorisch Museum Texel,** 1793 AG De Waal, Hogereind 6, Tel. 31 29 51, www.cultuurmuseumtexel.nl, Ausstellung alter Pferdewagen, geöffnet Mo 13.30–17 Uhr, Di–Fr 10–17 Uhr, Sa 10–16 Uhr, So und Feiertage 14–16 Uhr, Eintritt 3,50 €, Kinder 2 €.

Küste

Groote Keeten

Südlich an den Helder schließt sich die Gemeinde **Zijpe** an, ein Zusammenschluss mehrerer Dörfer, zu dem vor allem die Badeorte Groote Keeten, Callantsoog, St. Martenszee und Petten gehören. Der größte Teil des Gemeindegebietes lag einst in der Meereseinbuchtung gleichen Namens, die sich hier ab dem Mittelalter geöffnet hatte. Unter der Regentschaft Kaiser *Karl V.* wurde die Eindeichung beschlossen; trocken gelegt war das Gebiet dann am Ende des 16. Jahrhunderts. Einige der zur Entwässerung errichteten **Windmühlen** stehen noch. Der sandige Untergrund macht die Polder zu bevorzugten **Blumenfeldern.**

Bei Groote Keeten landeten im Jahre 1799 die alliierten russisch-englischen Truppen, um im besetzten Holland eine Front gegen die französische Militärmacht aufzubauen. Das Unternehmen scheiterte nach achtwöchigem Kampf mit hohen Verlusten auf beiden Seiten.

Der **De Duinstrock** genannte Dünenabschnitt zwischen Julianadorp und Groote Keeten ist fast neun Kilometer lang und wenig besucht. In Groote Keeten ist der Strand besonders breit. Auf der Düne steht einsam ein Appartementhaus. Ein schmaler Dünenstreifen zieht sich landeinwärts als nördlicher Ausläufer der ehemaligen Düneninsel **'t Oghe.** Auf diesem Streifen führen der Helmweg und parallel der Achterweg entlang, wo sich Bungalow-Parks und andere Ferienunterkünfte finden.

Info

- **Tel.-Vorwahl:** 0224
- **VVV Prospektservice:** 't Coraaltje, Achterweg 7, www.groote-keeten.nl.

Strand

- Besonders breit, feinsandig, nicht überlaufen, qualitativ einwandfrei (blaue Flagge), **FKK** Strandpfahl 8.4. bis 9.4., Leinenzwang für Hunde Mai bis 1. Okt. 9–19 Uhr; nördlich liegt ein Militärgelände, hier Strandsperrungen bei Schießübungen.

Essen & Trinken

- **De Vijverhut:** Helmweg 9, Tel. 58 14 21, www.devijverhut.nl, Restaurant, Partyzentrum, Tanz, Veranstaltungen, tägl. geöffnet bis 4 Uhr, Buspendeldienst in die umliegenden Orte, Ticket 6 €.
- **Strandpavillon:** 't Claartje Vier, Tel. 58 26 90.

Unterkunft

- **Bungalow-Park Sandepark:** 1759 NW, Achterweg, Tel. 58 40 40, Fax 58 15 40, www.sandepark.nl, gepflegte Anlage aus den 1960er Jahren.
- **Camping Callasande:** 1759 NX, Voorweg 5A, Tel. 58 16 63, Fax 58 25 88, www.callasande.nl, mit Hallenbad, geöffnet April bis Okt.

Aktivitäten

- **Reiten:** Manege Noot, Zwarteweg 1, Tel. 64 12 87.

Callantsoog

Küste

Der typischste Badeort im Norden der Provinz Noord-Holland ist Callantsoog, ein **Familienbad mit Flair.** Einst befand sich der Ort auf der Düneninsel 't Oghe. Im Zuge der Ostwärtsverlagerung der Meeresküste wurde das alte Dorf Callantsoog von Dünen vergraben, dann von der Allerheiligenflut 1570 überspült. Einzig die 1491 gegossene

Glocke der Dorfkirche blieb erhalten und konnte in den Turm der 1581 neu errichteten Kirche eingehängt werden. Diese etwas abseits vom Dorfplatz in den Dünen stehende **Kirche** bestimmt bis heute das Erscheinungsbild des Ortskerns.

Längst ist die Insel 't Oghe durch Eindeichung ins Festland integriert. Callantsoog blieb bis nach dem Zweiten Weltkrieg ein Bauerndorf, was heute noch an dem großen **Dorfplatz** zu erkennen ist, der früher die Dorfweide war. Die Bauernhäuser am Platz mussten inzwischen touristischen Neubauten weichen. So gibt es hier heute alles, was der Badegast braucht – vom Café über Frittenbude, SB-Restaurant und Dorfkneipe bis hin zu Restaurants und Boutiquen. Doch ein Bauernhaus steht noch – es ist das der Tante Jaantje, das inzwischen als **Museumsbauernhof** Auskunft gibt über die bewegte Geschichte des Dorfes und seiner Bewohner, der Landwirtschaft und der Strandräuberei.

Nördlich des Ortskerns erhebt sich die **Seinpostduin** als höchste Düne der Umgebung. Früher konnte man sie erklimmen, inzwischen ist im Rahmen des Dünenschutzes der Zugang verboten. Fast einen genauso schönen Ausblick hat man aber vom **Strandübergang De Seinpost.** Darunter liegen die Gebäude des einst traditionsreichsten Hotels des Ortes, das sich nach der Düne De Seinpost nennt, längst aber zu einem attraktiven Appartementhaus umgebaut ist, in dessen Garten eine Reihe von Bungalows vermietet wird.

Dünenlandschaft

Unmittelbar südlich von Callantsoog verbreitern sich landeinwärts die Dünen ganz erheblich – auch hierin spiegelt sich die mittelalterliche Unterbrechung der Dünenreihe des Norderkwartier wider, in deren Folge die Düneninseln 't Oghe und Huisduinen entstanden. Dieses als **Zwanenwater** bezeichnete Dünengebiet zählt mit seinen beiden Dünenseen, dem **Eerste Water** und dem **Tweede Water,** zu den ökologisch interessantesten Dünengebieten der ganzen Niederlande. Teilberei-

Naturreservat Het Zwanenwater

Fast 600 Hektar groß ist das Dünengebiet, das südlich von Callantsoog über St. Maarten bis Petten reicht. Seine abwechslungsreiche Landschaft aus Dünen, eingebetteten Seen und Teichen sowie Sumpf- und Schilfgebieten, durchsetzt von Weiden, Heidefeldern und kleinen Wäldern ist einmalig auf der ganzen Welt. Hier gibt es eine vielfältige Pflanzen- und Tierwelt – im Sommer blühen gar **Orchideen.** Das Gelände hat vor allem große Bedeutung als Brut- und Durchzugsgebiet für **Vögel.** An die siebzig Brutvogelarten hat man schon gezählt, unter anderem den so seltenen Löffelreiher. Große Teile des Geländes werden abgegrast, um eine Verbuschung zu verhindern.

Das Gelände unmittelbar südlich des Zuidschinkeldijk bei Callantsoog ist als Naturreservaat **Het Zwanenwater** ausgewiesen und auf zwei **Wanderrouten** von 2 und 4,5 Kilometern Länge um das **Eerste Water** freigegeben. An diesem See stehen zwei Vogelbeobachtungshütten, in denen Besucher durch aufgestellte Fernrohre in aller Ruhe die Vögel beobachten können.

● **Information:** *Vereniging Natuurmonumenten,* 1243 ZS 's-Graveland, Noordereinde 60, Tel. (035) 655 99 33; vor Ort: VVV Callantsoog. Eintritt Erwachsene 1,50 € (am Kartenautomat). Hunde, joggen und radfahren verboten, geöffnet im Sommer täglich 7–21 Uhr, ansonsten ab Einbruch der Dunkelheit geschlossen.

Noord-Holland

023ho Foto: ot

Im Zwanenwater bei Callantsoog

che sind auf vorgeschriebenen und hervorragend mit Informationstafeln versehenen Wegen für Besucher begehbar (s. Exkurs).

Kooibos

In der Verlängerung des Dünengebietes nach Norden hat sich der Kooiboos als **historisches Waldgebiet** erhalten. Ein alter „Entenkäfig“ *(Eendenkooi)* aus dem 17. Jahrhundert kann besichtigt werden. Führungen von Mitte Juni bis Ende Aug. Mi 9.45 Uhr, Information VVV Callantsoog.

Info

- **Tel.-Vorwahl:** 0224
- **VVV Callantsoog:** 1759 HA, Jewelweg 8, Tel. 58 15 41, Fax 61 48 88, www.vvvkopvannoordholland.nl.

Strand

- Breit, gepflegt, qualitativ einwandfrei (blaue Flagge), **FKK** südlich zwischen Pfahl 14.500 und 16.800, Leinenzwang für Hunde Mai bis 1. Okt. 9–19 Uhr.
- **Strandpavillons:** *De Ster,* Aufgang Abbestee, Tel. 58 21 01; *Noordzeebad Callantsoog,* Aufgang Seinpost, Tel. 58 23 58; *De Schrew,* Aufgang Rabobank, Tel. 58 22 10; *De Strandtent,* Aufgang Kiefteglop, Fischrestaurant, Tel. 58 20 62.

Essen & Trinken

- **Dorpszicht** €: Dorpsweg 2, Tel. 58 16 59, durchgehend geöffnet, am Ende des Dorfplatzes, Fisch-, Fleisch- und Grillgerichte, kleine Karte.

Unterkunft

- **Strandhotel Landgoed de Horn** €€: 1759 GX, Previnaireweg 4a, Tel. 58 12 42, Fax 58 25 18, www.strandhoteldehorn.nl, gepflegtes Haus in den rückwärtigen Dünen von Callantsoog, ruhig gelegen, großer Garten.
- **De Seinpost:** 1759 GG, Dorpsweg 23, www.deseinpost.nl, unmittelbar hinter den Dünen gelegene, komfortable Ferienwohnungen, direkter Dünenzugang, Vermietung über Familie de Weerd (2-Personen-Appartements), Tel. (0594) 51 36 52 (nach 18 Uhr), post@deseinpost.nl, oder Familie Hazeloop (2-Personen-Appartements), Tel. (072) 5 12 51 22 (nach 18 Uhr).
- **Camping De Nollen:** 1759 JD, Westerweg 8, Tel. 58 12 81, Fax 58 20 98, www.denollen.nl, gehobener Standard.
- **Camping Tempelhof:** 1759 DJ, Westerweg 2, Tel. 58 15 22, www.tempelhof.nl, komfortabler Platz mit Hallenbad.

Museum

- **Tante Jaantje:** Museumsbauernhof, Dorpsplein 33, Tel. 58 22 28, www.tantejaantje.nl, geöffnet Mitte Juni bis Mitte Sept. 15–17 Uhr, Juli/Aug. bis 21 Uhr, Eintritt 2 €, Kinder 1 €.

Küste

Sint Maartenszee

Das Dorfgebiet von Sint Maarten erstreckt sich südlich von Callantsoog. Der eigentliche Ort lag noch innerhalb des Westfriesischen Ringdeiches. Auf dem Weg westwärts zu den Dünen passiert man zunächst **Sint Maartensbrug,** gegründet zur Zeit der Eindeichung der Zijpe, dann folgt **Sint Maartensvlotbrug,** so benannt nach einer Schwimmbrücke über den Noord-Hollands-Kanaal. **Sint Maartenszee** ist ein reiner Urlaubsplatz, unmittelbar an den breiten Dünen des Zwanenwater gelegen. Optisch stören die Gebäude des Reaktors, die inmitten der Dünen stehen - dafür sind die Dünen hier umso schöner!

Het Wildrijk

Zwischen Sint Maartensvlotbrug und Sint Martenszee erstreckt sich das **Naturschutzgebiet** Het Wildrijk, ein im 17. Jahrhundert angelegtes Waldstück, in dem im Frühling wilde Hyazinthen üppig blühen. Quellwasser aus der Süßwasserblase unterhalb der breiten Dünen sorgt für die Bewässerung. Doch durch die Anlage von Blumenfeldern rings um Het Wildrijk trocknete der Baumbestand zunehmend aus. Um diesen historischen Wald zu erhalten, hat man die Zuflüsse renaturiert.

- **Het Wildrijk:** St. Maartenszee, Korte Bosweg 47, Informationen über Führungen beim VVV, allgemeine Informationen Tel. (0226) 39 20 64 bzw. durch Kantoor van Het Noord-Hollands Landschap, 1901 EJ Castricum, Dorpsstraat 65, Tel. (0251) 36 27 30.

Info

- **Tel.-Vorwahl:** 0224
- **VVV Prospektservice St. Maartenszee:** 1753 EC St. Maartensvlotbrug, *Hotel-Café-Restaurant 't Karrespor,* Rijksweg 39, www.vvvkopvannoordholland.nl.

Strand

- Breit, feinsandig, nicht überlaufen, **FKK** s. Callantsoog, Leinenzwang für Hunde Mai bis 1. Okt. 9–19 Uhr.
- **Strandpavillons:** Strandpaviljoen Noord, Tel. 56 15 29; Strandpaviljoen Zuid, Tel. 56 24 36.

Unterkunft

- **Bungalowpark Campanula:** 1753 KK, Belkmerweg 62, Tel. 56 15 02, Fax 56 37 89, www.bungalowpark-campanula.nl, mit Hallenbad, geöffnet vom 2. Jan. bis 12. Dez.

- **Camping De Lepelaar:** 1753 BA St. Maartenszee, Westerduinweg 15, Tel. 56 13 51, www.campingdelepelaar, großer Platz in den Dünen, mittlerer Standard.
- **Camping St. Maartenszee:** 1753 BA St. Maartenszee, Westerduinweg 30, Tel. 56 14 01, www.Campingsintmaartenszee.nl, gehobener Standard.

Aktivitäten

- **Spielparadies De Goudvis:** Zeeweg 91, Tel. 56 16 71, www.attraktieparkdegoudvis.nl; Freizeitpark, Eintritt Kinder 5 €, begleitende Erwachsene frei.
- **Minigolf:** *Park Campanula,* Camping Sint Maartenszee (s.o.).

Petten

Küste

Am südlichen Ende des breiten Dünengürtels von Callantsoog liegt das Dorf Petten. Hier verbindet der **Seedeich Hondsbossche Zeewering** als südliche Verlängerung der Pettemerduinen die ehemalige Insel 't Oghe mit den Schoorlse Duinen, dem breitesten Dünengebiet von Nordholland – und schließt damit den Zugang zur ehemaligen Meeresbucht der Zijpe ab. Ab dem 9. Jahrhundert ist hier eine Fischersiedlung nachgewiesen. Das Dorf Petten wurde von zwei Sturmfluten im 17. und 18. Jahrhundert weggespült. Im Zweiten Weltkrieg wurde der Ort von der deutschen Besatzung zerstört. Der Ort am Südende der Pettemerduinen ist heute stark auf den **Fremdenverkehr** ausgerichtet.

Am Strandparkplatz steht der Ausstellungsraum **De Dijk te Kijk** mit informativen Darstellungen zu den Entwicklungen an der holländischen Küste von den Deichbrüchen in der Antike über die Anstrengungen zur Rückgewinnung der Landflächen bis hin zum heutigen Tourismusbetrieb.

Pettemerduinen

Erst vor etwa 200 Jahren entstand dieser Dünenwall, der seither die direkte Verbindung zur Hondsbossche Zeewering darstellt. Die reizvolle Landschaft der Pettemerduinen lädt zum Spazierengehen ein.

- **De Pettemerduinen:** öffentlich zugänglich.

De Putten

Am Südende des Deiches Hondsbossche Zeewering sind im vereinigten Harger- und Pettemerpolder einige **Wasserflächen** verblieben, die noch vom Deichbau stammen. Hier grub man Mitte des 19. Jahrhunderts nach Lehm, um die Deichkrone zu befestigen. In den Gruben sammelt sich Brackwasser, ein ideales Biotop für Kleingetier, das Vögeln als Nahrung dient. Längst sind die Gruben erweitert und zum **Vogelschutzgebiet** De Putten ausgestaltet worden, das für Besucher nicht zugänglich ist. Das Areal kann aber von Beobachtungsstellen am Hondsbosscheweg und vom Deich gut eingesehen werden.

- **De Putten,** Teil des Naturgebietes Harger- en Pettemerpolder, www.natuurmonumenten.nl, vielseitige Ausstellung über den Küstenschutz in Nordholland, täglich geöffnet April bis Okt., 10–17 Uhr, www.museumhetsterkenhuis.nl, Information: Vereniging Natuurmonumenten, 1243 ZS 's Graveland, Noordereinde 60, Tel. (035) 655 99 33; vor Ort: VVV Callantsoog (s. dort).

Info

- **Tel.-Vorwahl:** 0226
- **VVV Petten:** 1755 NZ Petten, Zijperweg 1a, Tel. 38 13 52, Fax 38 13 93, www.vvvkopvannoord holland.nl.

Strand

- Nördlich von Petten, breit, feinsandig, nicht überlaufen, qualitativ einwandfrei (blaue Flagge); Leinenzwang für Hunde von Mai bis Sept. 9–19 Uhr.

Unterkunft

- **Hotel Petten aan Zee** €€: 1755 NS, Hofstraat/Singel 33, Tel. 38 14 05, Fax 38 31 24, www.hotelpettenaanzee.nl, Hotel mit Restaurant und Café im Ort.
- **Recreatiepark De Watersnip:** 1755 KK, Pettemerweg 4, Tel. 38 14 32, Fax 38 32 97, www.watersnip.nl, komfortabler Bungalowpark und Campingplatz.
- **Camping Corfwater:** 1755 LA, Strandweg 3, Tel. 38 19 81, Fax 38 33 71, www.corfwater.nl, in den Dünen nahe dem Pettener Strand, behindertengerecht.

Museum

- **De Dijk te Kijk:** Strandweg 4, Tel. 38 14 55, www.hollandskwartier.nl, geöffnet April–Okt. Di–So 10–17 Uhr, Eintritt frei.

Aktivitäten

- **Minigolf:** De Buitelaar, Spreeuwendijk, Tel. 38 16 44.

Hinterland

Schagen

Als sich im Jahr 344 n. Chr. nach einer Sturmflut erstmals die Meeresbucht der Zijpe bildete, flüchteten die Menschen in das „Terpenland" (= erhöhtes Land), um sich hier niederzulassen. Terpen wurden hier *caagen* genannt, woher sich der Name der Stadt ableitet (ausgesprochen: *S-chagen*). Durch die Anlage des Westfriesischen Ringdeiches erhielt Schagen nachhaltigen Schutz vor Wassereinbrüchen.

Das Schagener **Schloss** wurde Ende des 14. Jahrhunderts errichtet und nach Beschädigungen während der französischen Besatzung abgerissen. Zwei der alten Türme stehen noch, der neue Verbindungsbau dazwischen fügt sich harmonisch ein. Am Markt steht die nach einem Brand neugotisch wiedererrichtete reformierte Kirche; um den Markt sind einige Häuser mit hübschen alten Giebelhäusern erhalten. In einem kleinen Park in der Stadt ist ein Bauernhof (Vreeburg) als **Heimatmuseum** hergerichtet worden.

Im nahe gelegenen Schagerbrug, Sitz der Gemeinde Zijpe, informiert im Rathaus das kleine **Zijper Museum** über die Geschichte des Zijpe-Polders und seiner Bewohner.

Berühmt ist Schagen für seine **Westfriesischen Markttage,** die im Sommer regelmäßig donnerstags stattfinden und ganz im Zeichen der Folklore stehen – an diesen Tagen tragen viele Verkäufer und Besucher ihre alte westfriesische Tracht.

Info

- **Tel.-Vorwahl:** 0224
- **VVV Schagen:** 1741 CA, Slotplein 5, Tel. 29 83 11, Fax 21 84 91, www.vvvkopvannoordholland.de.

Museen

- **Museumboerderij Vreeburg:** 1741 BP, Loet 14, Tel. 21 69 06, www.museumvreeburg.nl, eingerichtetes Bauernhaus aus dem 17. Jahrhundert, geöffnet Anf. April–Ende Okt. Mi–Sa 13.30–16.30 Uhr, So (Juli/Aug.) 13.30–16.30 Uhr, Do an den Westfriesischen Markttagen (Juli/Aug.) 9.30–16.30 Uhr, Eintritt 4 €, Kinder bis 14 Jahre 1 €.

- **Zijper Museum:** Schagerbrug, Schagerweg 97, Tel. 57 41 14, www.zijpermuseum.nl, Heimatmuseum geöffnet Mi und So 13–17 Uhr, Eintritt frei.

Einkaufen

- **Westfriesischer Markt:** Donnerstagvormittags Ende Juni bis Ende August, gleichzeitig mit dem das ganze Jahr stattfindenden **Wochenmarkt.**

Hinterland

Barsingerhorn und Kolhorn

Zwischen Schagen und Kolhorn liegt das Terpenland, das ab dem Mittelalter durch den Westfriesischen Ringdeich geschützt wurde. Der kleine Ort Barsingerhorn auf dem Weg nach Kolhorn, der bereits im Jahre 1411 Stadtrechte erhalten hatte, entstand wie auch Schagen auf solchen erhöhten Terpen. Seine Häuser ziehen sich malerisch an einem Kanal entlang – in der Mitte steht das **Rathaus** aus dem Jahr 1622, ein Musterbeispiel ländlicher Renaissancearchitektur.

Unmittelbar am Westfriesischen Deich liegt die **alte Fischersiedlung** Kolhorn. Die Eindeichung des sich südlich erstreckenden Groetpolders nahm dem Ort ab dem Jahr 1844 den direkten Zugang zur Zuiderzee. Reizvoll ist ein Spaziergang entlang der Nieuwe Straat mit ihren kleinen, gepflegten Häusern, deren Gärten über den Weg hinaus an einen Kanal grenzen. Die Tradition des Ortes wird mit entsprechenden Dekorationen in der Fischerkneipe 't Anker aufrechterhalten.

Info

- **VVV für Barsingerhorn:** VVV Nieuwe Niedorp, 1733 AG Nieuwe Niedorp, Dorpsstraat 103, Tel. (0226) 41 12 76, Fax 41 12 76, www.vvvkopvannoordholland.nl.

Essen & Trinken

- **'t Anker:** Kolhorn, Strook 1, Tel. (0234) 53 19 84, www.caferestaurantanker.nl, gemütliche Kneipe jenseits des Deiches am Yachthafen, geöffnet 8–2 Uhr.

Hinterland

Medemblik

Medemblik an der Küste des Ijsselmeers zählt zu den sehenswerten Städten an der ehemaligen Zuiderzee, die durch den indirekten Zugang zur Nordsee – ohne der Unberechenbarkeit des Meeres direkt ausgesetzt zu sein – mit Handel sowie Fisch- und Walfang reich wurden. Der Sage zufolge soll hier bereits im 7. Jahrhundert eine Burg gestanden haben. Erstmals urkundlich wird Medemblik im Jahre 960 im Güterverzeichnis der Utrechter Martinskirche vermerkt. 1288 errichtete Graf *Floris V.* anstelle der alten Burg **Kasteel Radboud** als Zwingburg gegen die gerade von ihm unterworfenen, widerspenstigen Westfriesen. Die erhaltenen Reste wurden mustergültig renoviert. Der 1632 als Binnenhafen angelegte Pekelharinghaven bot den Schiffen Schutz, was Medemblik als Standort für Handelsschiffe noch interessanter machte. Doch in dem Maße, wie sich die lukrativen Kolonialhandelswege von der Zuiderzee weg verlagerten, versandete der Hafen zunehmend, wurde dann allerdings Ende des 19. Jahrhunderts als Yachthafen neu gestaltet.

Die **Giebelhäuser** der Stadt zeugen noch vom vergangenen Reichtum ihrer Bürger. Am Westerhaven, am Oosterhaven sowie in der Nieuwstraat steht noch eine Vielzahl solcher Schmuckstücke, so auch das 1613 gebaute heutige **Bäckereimuseum.** Sehenswert sind neben der spätgotischen **Bonifazius-Hallenkirche,** in deren Nähe das **Weeshuis** (Waisenhaus) mit Rokokoportal steht, unter anderem das **Koggehaus,** im Kern aus dem 17. Jahrhundert, sowie die **Waage** aus der gleichen Zeit mit später vorgesetztem Giebel.

Das **Dampfpumpenwerk** aus dem 19. Jahrhundert am Oosterdijk, das bis 1976 noch für die Entwässerung der umliegenden Polder betrieben wurde, gibt einen interessanten Einblick in die historische und moderne Polderpumpentechnik.

Mit einer **Museumseisenbahn** kann man inzwischen wieder von Medemblik nach Hoorn fahren.

- **Museumstoomtram Hoorn-Medemblik:** Tel. (0229) 21 48 62, www.museumstoomtram.nl, verkehrt April bis Okt., einfache Fahrt 8 €, Kinder 4–11 Jahre 6 €.
- **Kasteel Radboud:** Oudevaartsgat 8, Tel. 54 19 60, www.kasteelradboud.nl, Burgbesichtigung Mai–Mitte Sept. Mo–Sa 11–17 Uhr, So 14–17 Uhr, im Winter nur So geöffnet, Ostersonntag und 1.1. geschlossen, Eintritt 5 €, Kinder bis 13 Jahre 3 €.

Info

- **Tel.-Vorwahl:** 0227
- **VVV Medemblik:** 1671 BH, Kaasmarkt 1, Tel. 54 28 52, Fax 54 09 67, www.vvvmedemlik.nl.

Museen

- **De Oude Bakkerij:** Nieuwstraat 8, Tel. 54 50 14, www.deoudebakkerij.nl, geöffnet Mitte Feb. bis Okt. Di–So 12–17 Uhr, in den Schulferien auch Mo, Nov./Dez. nur Sa und So, Eintritt 4 €, Kinder und Senioren 2,50 €.
- **Nederlands Stoommachinenmuseum** (Dampfmaschinenmuseum): Oosterdijk 4, Tel. 54 47 32, www.stoommachinenmuseum.nl, geöffnet Anf. Feb.–Anf. Nov. Di–So 10–17 Uhr, Ende Juli–Ende Aug. auch Mo, Eintritt 4,80 €, Kinder 4–12 Jahre 2,40 €.

Camperduin und Schoorl

Küste

Der mächtige Deich der Hondsbossche Zeewering geht südlich von Camperduin in die **Schoorlse Duinen** über, den breitesten Dünengürtel Nordhollands. Die von einem weit verzweigten **Wander- und Radwegenetz** (Info: Tel. (072) 509 33 52) durchzogene, abwechslungsreiche Landschaft weist Wälder und Heideflächen auf, Bachläufe füllen kleine Teiche im Gelände.

Am Strandübergang von Camperduin steht die „Statue des unbekannten Strandräubers". Etwas weiter gibt es eine Zufahrt zum großen Parkplatz von **Hargen aan Zee.** Die Straße nach Bergen führt am östlichen Rand der Schoorlse Duinen entlang, immer wieder Blicke in die Polderlandschaft zur Linken und die Dünen zur Rechten freigebend. An der Straße stehen vorbildlich restaurierte alte Stolphäuser und viele schöne Villen reicher Anwohner wie auch begüterter Amsterdamer.

Jan van Scorel

Jan van Scorel, einer der berühmtesten holländischen Maler, wurde 1495 in Schoorl geboren. Seine Karriere führte ihn in jungen Jahren nach Rom, wo er in den päpstlichen Kunstsammlungen tätig war. 1524 kehrte er in die Niederlande zurück und ließ sich erst in Haarlem und dann endgültig in Utrecht nieder. Durch die venezianischen Maler und durch *Rafael* angeregt, vermittelte er seine Eindrücke von der italienischen Renaissancekunst der holländischen Malerei und wurde zum maßgeblichen Vertreter der Utrechter Schule. Am Ende seiner Laufbahn widmete er sich ganz dem manieristischen Stil. Jan van Scorel starb 1562 in Utrecht.

Der nächste Ort hinter Camperduin ist **Groet** mit einem kleinen Rathaus aus dem Jahr 1639, dem wahrscheinlich kleinsten Renaissancerathaus der Niederlande. Die Weiße Kirche, die reformierte Kirche des Ortes, stammt aus dem Jahr 1738.

Nach Groet folgt Schoorl, ein historisch alter Ort, der schon 868 in Utrechter Kirchenbüchern vermerkt wird. Das Rathaus stammt aus dem Jahr 1601. Heute ist Schoorl vornehmlich Badeort mit einem Strandzugang (nur für Fußgänger und Radfahrer) durch die breiten Dünen nach **Schoorl aan Zee.** Hier gibt es vom Campingplatz über Pensionen und Hotels bis hin zu Luxusappartements alle Arten von Ferienunterkünften.

Info

- **Tel.-Vorwahl:** 072
- **VVV Schoorl:** 1871 EA, Duinvoetweg 1, Tel. 581 31 00, Fax 509 49 28, www.vvvschoorl.nl.

Strand

- Südlich von Camperduin, breit, feinsandig, nicht überlaufen, qualitativ einwandfrei, behindertengerechte Strandübergänge in Camperduin und Hargen aan Zee, **Strandrollstühle** am *Paviljoen Minkema* bei Camperduin, Tel. 509 14 32, **FKK** bei Pfahl 30, 100 m links vom Strandpavillon.
- **Strandpavillons:** *Hargen aan Zee,* Tel. 509 11 65; Paal 29, Schoorl aan Zee, Tel. 509 15 32.

Unterkunft

- **Jan van Scorel** €€€: 1871 ED Schoorl, Heereweg 89, Tel. 509 44 44, Fax 509 24 41, www.janvanscorel.nl, Appartementhotel mit Hallenbad.
- **Strandhotel Camperduin** €€€: 1871 GL Camperduin, Heereweg 395, Tel. 509 14 36, Fax 509 41 66, www.strandhotel-camperduin.nl, ruhig gelegen an den Dünen, strandnah, Restaurant für Hotelgäste.
- **Carpe Diem:** 1873 GD Groet, Heereweg 210, Tel. 509 13 23, Fax 509 43 15, www.bungalowparkcarpediem.nl, Bungalowpark mit ordentlichem bis gehobenem Standard unmittelbar hinter den Dünen.
- **Bungalowpark Jamarco:** Voorweg 47, Schoorl, Tel. 509 14 92, Fax 509 40 73, www.jamarco.nl, zweckmäßige Einrichtungen.

Museum

- **Getreidemühle:** Ronde Stenen Korenmolen, Schoorl, Molenweg 13, Tel. 509 25 92, www.molendatabase.nl. Besichtigung Sa 10–16 Uhr, Eintritt frei.

Aktivitäten

- **Het Speelbos:** Bezoekerscentrum Schoorl, Oorsprongweg 1, www.staatsbosbeheer.nl, geöffnet 10–17 Uhr, Nov. bis Feb. 11–16 Uhr. Spielen im Sand, Dünenklettern etc.
- **Bouleplatz:** Sportlaan, Schoorl, Tel. 509 23 52.
- **Reiten:** Duinmanege van Poelenburgh, Duinweg 129, Tel. 509 21 49, www.poelenburgh.nl, bietet Dünenreiten, Jugendunterkunft etc.

Küste

Bergen

Bergen ist der attraktivste Ort östlich des großen nordholländischen Dünengürtels, der an dieser Stelle eine Breite von über fünf Kilometern erreicht. Hier erstreckt sich bis Wijk aan Zee das **Noord-Hollands Duinreservaat,** das in diesem Dünengürtel eingerichtete Naturschutzgebiet. Nördlich von Bergen aan Zee bietet das Dünengebiet **De Kerf** ein großartiges Naturschauspiel. Hier hatten Springfluten im vorigen Jahrhundert mehrfach tiefe Breschen in den Strand geschlagen, die man damals schloss, aber 1997 aufgrund eines neuen Naturverständnisses wieder öffnete. So entstand in den Dünen ein Becken, das einige Male im Jahr mit Seewasser aufgefüllt wird, sodass sich darin ein artenreiches **Brackwasserbiotop** – ähnlich wie De Slufter auf Texel – bilden konnte.

• **Noord-Hollands Duinreservaat:** täglich von Sonnenaufgang bis Sonnenuntergang geöffnet, Eintritt 2,25 €, Eintrittskarten bei den VVVs oder an Automaten an den Eingängen zum Gelände.

Sehenswertes

Die Siedlung Bergen ist über 1000 Jahre alt. Ihr Ortskern entwickelte sich rund um die aus dem 15. Jahrhundert stammende **Kirchenruine** – ein Brand im Jahre 1574 mitten im Achtzigjährigen Krieg hatte sie zerstört, nur der Chor wurde wiedererrichtet. Um die Kirche herum stehen einige reizvolle Häuser. Ende des 19. Jahrhunderts begann in Bergen der Badebetrieb, der wegen der Schönheit des Ortes und seiner Dünen vor allem wohlhabende Feriengäste anzog. Die Schönheit des Lichts und der Landschaft zog Künstler in ihren Bann. Zwischen den beiden Weltkriegen entwickelte sich die „Bergener Schule", deren Maler die Kunstgeschichte der Moderne maßgeblich beeinflussten. Ihre Werke sind im **Kranenburgh-Museum** ausgestellt. Noch heute ist Bergen Künstlerkolonie, und die alljährlich im Sommer stattfindenden **Kunstmärkte** sind weit über die Grenzen des Ortes hinaus bekannt. Dazu hat das **Festival Jazz & Sail** inzwischen überregionale Bedeutung erlangt. Zu diesem großen Musik- und Segelfestival werden am ersten Septemberwochenende Segelrennen ausgetragen, und auf vielen Bühnen und in den Straßen von Bergen und Bergen aan Zee treten Musikkapellen auf.

Von architektonischer Bedeutung ist die Siedlung in **Park Meewijk** zwischen der Sturcklaan, dem Meerweg und dem Lijtweg. Hier konnten 1917 viele Architekten der Amsterdamer Schule ihre Vorstellungen vom Villenbau realisieren.

Bergen strahlt heute ein ganz besonderes Flair als Badeort aus. Liebenswert sind die Cafés, Kneipen und Boutiquen. Es gibt keine Campingplätze, dafür um so mehr Hotels, Pensionen und Appartements der gehobenen Kategorie. Von Baumalleen gesäumte Straßen mit hochherrschaftlichen Villen prägen das Bild des Ortes.

Info

- **Tel.-Vorwahl:** 072
- **VVV Bergen:** 1861 JX, Plein 1, Tel. 581 31 00, Fax 581 61 40, www.vvvbergen.com.

Essen & Trinken

- **Parkhotel** €€€: 1861 GC Bergen, Breelaan 19, Tel. 589 78 67, Fax 589 74 35, www.parkhotelbergen.nl, im Zentrum von Bergen mit Garten, das Restaurant bietet klassische holländische Küche und kleine Gerichte, populäre Terrasse.
- **Onder de Linde** €€€: Prinsesselaan 22, Tel. 581 21 08, täglich wechselnde Karte, französisch-europäische Küche, mit Garten, Mo geschlossen, www.restaurant-onderde linde, internationale Weinkarte.
- **De kleine Prins** €€€€: Oude Prinsweg 29, Tel. 589 69 96, www.restaurantdekleineprins.nl, gegenüber der Kirche, französische Küche, nur à la carte, Mo und Di geschl.

Unterkunft

- **Duinpost** €€: 1861 EA Bergen, Kerkelaan, Tel. 581 21 50, Fax 589 96 96, www.duinpost.com, familiäres Hotel, Zimmer z.T. mit Balkon, Terrasse und Garten, kein Restaurant.

Museen

- **Museum Kranenburgh:** Hoflaan 26, Tel. 589 89 27, www.museumkranenburgh.nl, Gemäldemuseum, geöffnet Di–So 11–17 Uhr, 1.1. und 25.12. geschlossen, Eintritt 7 €, Jugendliche 13–18 Jahre und Senioren 5 €.
- **Gemeentemuseum Het Sterkenhuis:** 1860 AD, Oude Prinsweg 21, Tel. 589 70 28, www.museumhetsterken huis.nl, geöffnet Anf. Mai bis Ende Okt. Di bis Sa 13–17 Uhr, Juli/Aug. auch So. Eintritt 2 €, ermäßigt, 1,50 €.

Galerien

- **Kunstenaarscentrum Bergen:** Plein 7, Tel. 589 41 95.
- **Jardin des Arts:** Ruïnelaan 3a, Tel. 581 30 15.
- **Galerie de Garage:** Pr. Hendriklaan 9, Tel. 589 68 41.
- **Bernard van Welsens:** Plein 19, Tel. 581 36 05.
- **The Obsessions of Art:** Molenstraat 3, Tel. 581 84 61.

Aktivitäten

- **Hallenbad:** De Beck, Molenweijdtje 2, Tel. 589 49 33.
- **Minigolf:** De Marelhof, Kerkepad, Tel. 589 69 77.
- **Reiten:** Berger Rijschool, Schapenlaan 15, Tel. 589 42 77.
- **Kindertheater:** Poppentheater Carola Jonker, Doorpstraat 2, Tel. 581 20 30, Vorstellungen Do u. So 15–16 Uhr

Einkaufen

- **Kunstmarkt:** freitags Mitte Juli bis Ende Aug. 17–22 Uhr an der Kirche.
- **Wochenmarkt:** samstags im Zentrum.

Veranstaltungen

- **Jazz & Sail:** Segel- und Musikfestival in Bergen und Bergen aan Zee, 1. September-Wochenende.

Bergen aan Zee

Bergen aan Zee wurde 1906 als Strandbad von Bergen gegründet. Von Bergen führt der Weg durch die prächtige Baumallee der Eeuwige Laan, vorbei am Gelände des 't Oude Hoef, dem Landsitz der ehemaligen Herren von Bergen, in dem heute die Volkshochschule untergebracht ist, und in der Verlängerung über den Zeeweg durch die Dünen zum Strand. Bergen aan Zee bietet alle Einrichtungen eines typischen Seebades der nordholländischen Küste. Eine besondere Attraktion stellt das **Meerwasseraquarium** dar. Hier kann man Fische, Krustentiere, Muscheln und ein riesiges Walskelett bestaunen, das von einem 1997 auf der holländischen Insel Ameland gestrandeten Pottwal stammt.

Info

- **Tel.-Vorwahl:** 072
- **VVV Bergen aan Zee:** 1865 AP, V.d.Wijckplein 8, Tel. 581 31 00, Fax 581 61 41, www.vvvbergenaanzee.nl.

Strand

- Breit, feinsandig, nicht überlaufen, qualitativ einwandfrei, Hundeverbot Mai bis Sept. 9–19 Uhr, Hauptstrandübergang rollstuhlgeeignet, **Strandrollstühle** *Paviljoen Zuid,* **FKK** Pfahl 32, 250 m bis zur Südgrenze Schoorl.
- **Strandpavillons:** Noord: Strandaufgang Zeilerboulevard, Tel. 581 31 75; Zuid: Hauptstrandaufgang, Tel. 589 46 87; Joep: mittlerer Strandaufgang, Tel. 589 79 83; Off-Shore: Strandaufgang Süd.

Unterkunft

- **Nassau-Bergen** €€€: 1865 AP Bergen aan Zee, V.d.Wijckplein 4, Tel. 589 75 41, Fax 589 70 44, www.hotel-nassau.nl, auf den Dünen mit Außenschwimmbad.
- **Hotel Meyer** €€€: 1865 AR Bergen aan Zee, Jacob Kalffweg 8, Tel. 581 24 88, Fax 589 61 92, www.hotelmeyer.nl, unmittelbar am Ortszentrum.
- **Huize Glory:** 1865 BM Bergen aan Zee, Elzenlaan 2-4, Tel. 581 37 41, Fax 589 81 52, www.huizeglory.nl, Appartements in einer ehemaligen Sommerresidenz inmitten der Dünen, gebaut von einem Architekten der Amsterdamer Schule.

Museen

- **Zee Aquarium:** V.d. Wijckplein 16, Tel. 581 29 28, www.zeeaquarium.nl, geöffnet April bis Sept. 10–18 Uhr, sonst 11–17 Uhr, Eintritt 9 €, Senioren 8 €, Kinder 8 €.

Aktivitäten

- **Minigolf:** Parnassia, Parkweg 4, Tel. 589 41 63.

Einkaufen

• **Bauernkäse:** *Kaasboerderij De Franschman,* Herenweg 5, Tel. 581 82 46, Käseherstellung und Verkauf, geöffnet Di–Sa 9–17 Uhr (Juli/Aug.), ansonsten nur Sa.

Veranstaltungen

• **Jazz & Sail:** Segel- und Musikfestival in Bergen und Bergen aan Zee, 1. September-Wochenende.

Hinterland

Hoorn

Ein lohnender Tagesausflug führt nach Hoorn am **Ijsselmeer.** Als Handelsmetropole der *Verenigde Oostindische Compagnie (VOC)* und Hauptstadt Westfrieslands war Hoorn einst die bedeutendste nordholländische Stadt an der früheren Zuiderzee. Von hier fuhren die stolzen Segelschiffe um das Kap der Guten Hoffnung wie auch um Kap Hoorn – die Südspitze Südamerikas verdankt den Seeleuten aus dieser Stadt ihren Namen. Im **Hafen** von Hoorn spürt man diese großartige Vergangenheit auf Schritt und Tritt. Wohlstand und Einfluss strahlen die eindrucksvollen Häuser der Händler und Schiffseigner, die Admiralitätsgebäude, Lagerhäuser, Schleusen und Hafenbecken aus.

Den Mittelpunkt der Stadt bildet der **Rode Steen,** der ehemalige Käsemarkt, mit dem Westfriesischen Museum, untergebracht in dem Gebäude des ehemaligen Staatenkollegs mit großartiger Barockfassade, das 1623 über den Gewölbekellern einer ehemaligen Probstei errichtet wurde. Auf der anderen Seite des Platzes mit dem Standbild von *Jan Pieterszoon Coen,* dem Gründer Batavias, steht die **Stadtwaage** von 1609. Die schönsten Fassaden der Bürgerhäuser aus dem 16. und 17. Jahrhundert findet man an der Grote Oost, der Nieuwstraat und am Hafen an der Veermanskade. Der **Hoofdtoren** schützt als mächtiger Turmbau den Zugang zum Hafen, die **Oostepoort** den Zugang aus Richtung Enkhuizen.

Neben dem **Westfriesischen Museum** mit seinen Exponaten zur Geschichte der Stadt Hoorn,

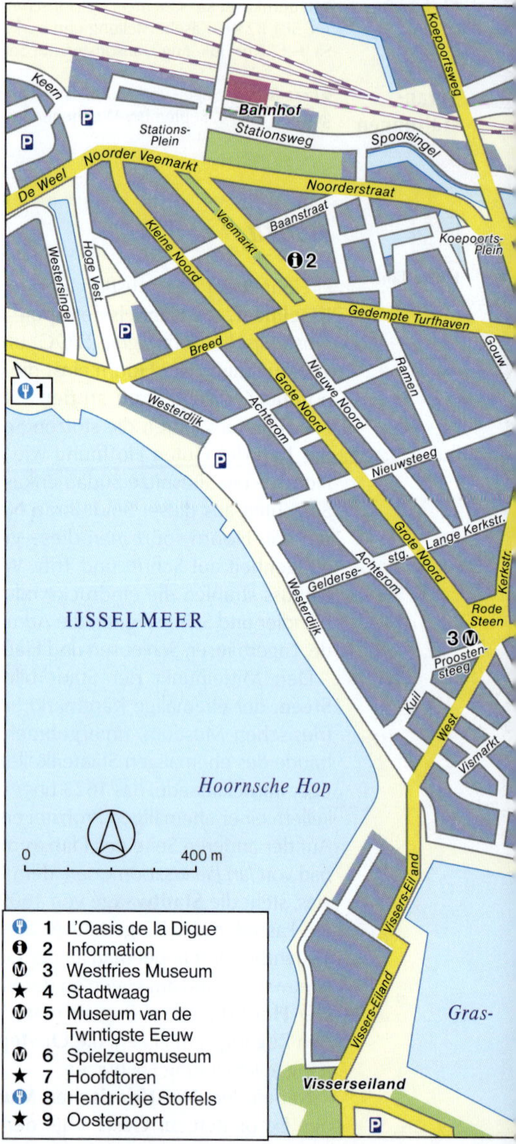
Keern
Bahnhof
Stations-
Plein
Stationsweg
Spoorsingel
Koepoortsweg
Noorder Veemarkt
De Weel
Noorderstraat
Baanstraat
Veemarkt
Kleine Noord
Hoge Vest
Westersingel
Koepoorts-
Plein
2
Gedempte Turfhaven
Gouw
Breed
1
Westerdijk
Achterom
Grote Noord
Nieuwe Noord
Ramen
Nieuwsteeg
Lange Kerkstr.
Kerkstr.
stg.
Gelderse-
Achterom
Westerdijk
Rode
Steen
3
Proosten-
steeg
Kuil
West
Vismarkt
IJSSELMEER
Hoornsche Hop
0
400 m
Vissers-Eiland
Vissers-Eiland
Gras-
Visserseiland
1 L'Oasis de la Digue
2 Information
3 Westfries Museum
4 Stadtwaag
5 Museum van de Twintigste Eeuw
6 Spielzeugmuseum
7 Hoofdtoren
8 Hendrickje Stoffels
9 Oosterpoort

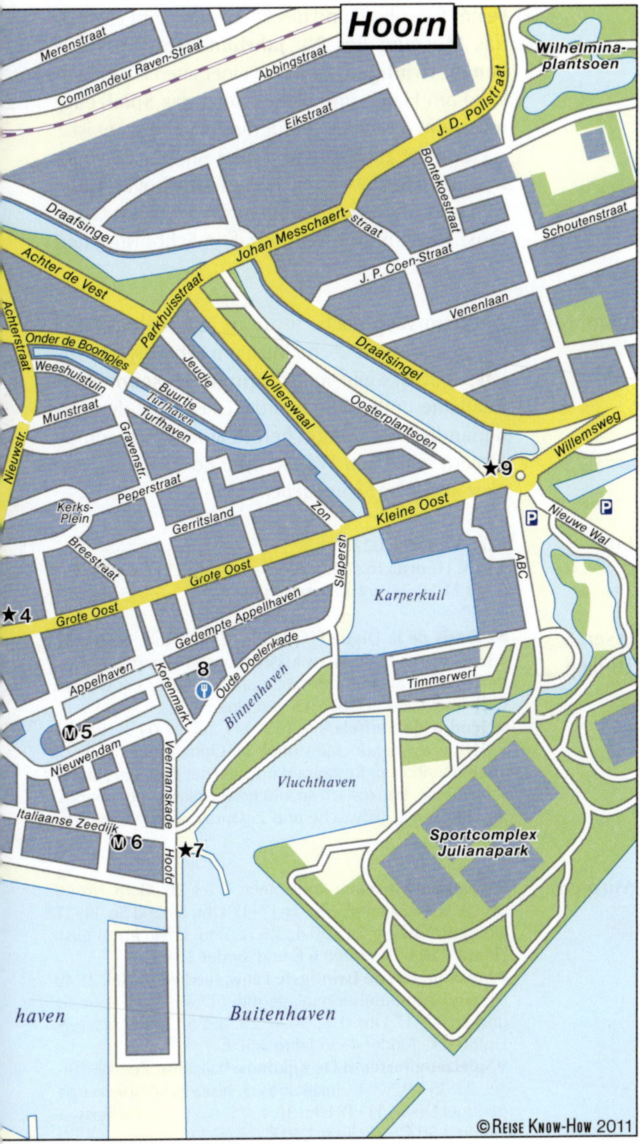

Noord-Holland

seiner Bewohner und des Seehandels gibt es noch das **Museum des 20. Jahrhunderts (Museum van de Twintigste Eeuw)** in einer alten Käselagerhalle am Hafen und nicht zuletzt das **Spielzeugmuseum,** das nicht nur für Kinder interessant ist.

Hoorn ist auch als Kunst- und Antiquitätenstadt bekannt. Hier gibt es ein breites Angebot an **Galerien** und Ausstellungsräumen vor allem am Grote Oost sowie in den Seitenstraßen Schoolsteg und Breestraat.

Spanbroek

Auf dem Weg nach Hoorn ist in Spanbroek bei Opmeer das Friesische Museum sehenswert, welches mittlerweile in **Scheringa Museum voor Realisme** umbenannt wurde. Es ist ganz den niederländischen „Magischen Realisten" gewidmet: Malern wie *Carel Willink, Pyke Koch, Raoul Hynckes* und *Wim Schumacher.*

Info

- **Tel.-Vorwahl:** 0229
- **VVV Hoorn:** 1621 JC, Veemarkt 4, Tel. 511 42 84, Fax 0229 21 50 23, www.vvvhoorn.nl.

Essen & Trinken

- **L'Oasis de la Digue** €€€: 1622 DZ, De Hulk 16, Tel. 55 33 44, Fax 55 31 64, www.loasis.nl, ansprechendes Restaurant in einer alten Pumpstation am Ijsselmeer mit weitem Blick über Land und See, Di geschlossen.
- **Hendrickje Stoffels** €€€: 1621 BH, Tel. 21 04 17, Fax 26 55 10, www.hendrickje-stoffels.nl. Oude Doelenkade 5, am Binnenhaven, Restaurant im Stil einer Brasserie, klassische Küche, französisch-spanische Weinkarte, nur abends, geschlossen 1. Juliwoche und 2. Januarhälfte, Mi und Do Ruhetag.

Museen

- **Westfries Museum:** Rode Steen 1, Tel. 28 00 28, Fax 28 00 29, www. wfm.nl, Mo–Fr 11–17 Uhr, Sa und So 14–17 Uhr, geschlossen 1.1., 30.4., 25.12. und 3. Mo im August, Eintritt 7,50 €, Senioren 6 € und Kinder 2,50 €.
- **Museum van de Twintigste Eeuw,** Bierkade 4, Tel. 21 40 01, www.museumhoorn.nl, geöffnet Di–Fr 10–17 Uhr, Sa und So 12–17 Uhr, 1.1., 30.4., 25. u. 26.12. geschlossen, Eintritt 6 €, Kinder 4–16 Jahre 3,50 €.
- **Spielzeugmuseum De Kijkdoos:** Italiaanse Zeedijk 106, Tel. 21 75 89, www.dekijkdoos.nl, historische Spielzeuge, geöffnet Di–So 11–17 Uhr, 30.4., 25. u. 26.12. geschlossen, Eintritt 2,50 €, ermäßigt 1,50 €.

• **Scheringa Museum voor Realisme:** 1715 GV Spanbroek, Spanbroekerweg 162, Tel. (0226) 35 11 11, www.scheringamuseum.nl, geöffnet Mo–So 10–17 Uhr, Ostersonntag und Neujahr geschlossen, Eintritt 5,50 €, Kinder 4–14 Jahre und Senioren 4 €.

Enkhuizen

Hinterland

Enkhuizen am Ijsselmeer war einst Sitz der westfriesischen Grafen, bis Graf *Floris V. von Holland* ganz Westfriesland unterwarf. Die Altstadt ist ellipsenförmig angelegt und mit Verteidigungsanlagen aus der Mitte des 16. Jahrhunderts umgeben. Wie Hoorn hatte Enkhuizen im „Goldenen 17. Jahrhundert" seine glorreiche Zeit. Ganz am äußersten Zipfel Westfrieslands gelegen, fuhren von hier die Handelsschiffe in die Kolonien, um mit reicher Fracht zurückzukehren. So ist die Hauptachse der Stadt, die Westerstraat, mit schönen **Giebelhäusern** gesäumt. Wie in Hoorn das Hoofdtoren, so schützt in Enkhuizen das **Drommedaris** genannte Torgebäude aus dem Jahr 1540 den Hafen. Sehenswert sind die **Westerkerk,** eine gotische Hallenkirche, mit der gegenüber liegenden **Westfriesischen Münze,** die **Zuiderkerk** mit dem schönen Glockenspiel, das **Rathaus** aus dem Jahre 1686 und das ehemalige **Stadtgefängnis** mit seiner schönen Fassade aus dem frühen 17. Jahrhundert.

Außergewöhnlich ist das **Zuiderzeemuseum** von Enkhuizen. Es besteht aus einem Binnenmuseum, das in ehemaligen Lagerhäusern der Ostindischen Kompanie aus dem 17. Jahrhundert untergebracht ist und sich der holländischen Schifffahrt widmet, sowie einem riesigen Freilichtmuseum, in dem mehr als 130 historische Bauwerke aus über dreißig Ortschaften rund um die Zuiderzee zusammengetragen und wiederaufgebaut wurden. In den Häusern, die fast alle betreten werden können, führen „Schauspieler" in Trachten das Alltagsleben der damaligen Zeit vor. Man kann zuschau-

025ho Foto: ti

en, wie geschmiedet, Wäsche gewaschen und Hering geräuchert wird, „echte" Läden verkaufen allerlei Produkte. Auch im Binnenmuseum erhält man auf sehr anschauliche Weise Einblick in den Alltag der Seeleute. Das Museum allein lohnt den Ausflug ins sehenswerte Enkhuizen und ist auch für Kinder eine große Attraktion.

Im Ort gibt es darüber hinaus ein **Buddelschiffmuseum** *(Flessenscheepjesmuseum)* und am Enkhuizener Zand ein großes Erholungsgebiet mit dem Kinderfreizeitpark **Sprookjeswonderland.**

Info

- **Tel.-Vorwahl:** 0228
- **VVV Enkhuizen:** 1601 EM, Tussen Twee Havens 1, Tel. 31 31 64, Fax 31 55 31, www.vvvenk huizen.nl.

Essen & Trinken

- **Die Drie Haringhe** €€€: 1601 GJ, Dijk 28, Tel. 31 86 10, regionale Küche in einem Lagerhaus aus dem 17. Jahrhundert, mit Blick auf das Drommedaris, geschlossen in der Osterwoche, 1. Woche im Oktober und Mo im Winter.

Drommedaris – der Torturm von 1540 ist heute ein Kulturzentrum

Museen

- **Zuiderzeemuseum:** Wierdijk 12–22, Tel. 35 11 11, www.zuiderzeemuseum.nl, geöffnet April bis Okt. 10–17 Uhr, Eintritt 14 €, Senioren 12 €, Kinder 4–12 Jahre 8,40 €, Kleinkinder frei, Familienkarte 27 €, Ende Okt. bis Ende März wochentags Eintritt zum Park frei, die Geschäfte haben dann geschlossen, die Museumsfähre fährt nicht an Wochenenden, nur das Binnenmuseum ist geöffnet, Eintritt dann 7/4,20 €.
- **Flessenscheepjesmuseum:** Zuiderspui 1, Tel. 31 85 83, flessenscheepjesmuseum@planet.nl, täglich geöffnet 13–17 Uhr, 25./26.12. und 1.1. geschlossen, Eintritt 3 €, Kinder 4–14 Jahre und Senioren 2 €.
- **Sprookjeswonderland:** Kooizandweg 9, Tel. 31 78 53, www.sprookjeswonderland.nl, geöffnet Anfang April–Okt. und in den Winterferien 10–17.30 Uhr, Eintritt 8,50 € ab 2 Jahre, Senioren 7 €.

Küste

Egmond

Drei Orte tragen den Namen Egmond – *De Egmonden* setzen sich aus Egmond aan de Hoef, Egmond-Binnen und Egmond aan Zee zusammen. Den Ursprung von **Egmond aan de Hoef,** ein ganz von Blumenzwiebelfeldern umgebener Ort hinter den Dünen, bildete eine Mitte des 10. Jahrhunderts gebaute Abtei, die zu Beginn des Achtzigjährigen Krieges 1573 genauso zerstört wurde wie das Schloss des Ortes. Die Abtei wurde später neu aufgebaut. Das Schloss hatten die Geusen zerstört, damit es nicht als Kastell den Spaniern in die Hände fiele – es ist bis heute Ruine geblieben. Die Schlosskapelle wurde aber wieder hergerichtet. Reizvoll sind die alten Häuser am Slotweg bei der Schlossruine.

Wenig südlich, ebenfalls am Ostrand der Dünen, erstreckt sich **Egmond-Binnen.** Hier stand schon um das Jahr 700 eine Kirche, die Franken errichteten eine Stellung gegen die Normannen, und Mitte des 10. Jh. gründeten Mönche eine Benediktinerabtei. Die aus dem 12. Jh. datierenden, prächtigen Abteigebäude wurden 1572 durch die Geusen zerstört. Der heutige Gebäudekomplex der Abtei stammt aus dem Jahr 1935.

Egmond-Binnen verfügt über einen Dünenübergang zum Strand, der für Autos nicht zulässig ist.

Egmond aan Zee ist wie viele der holländischen Badeorte aus einer alten Fischersiedlung hervorgegangen. Einige der alten Fischerhäuser stehen noch am Leuchtturm, dem Wahrzeichen der Stadt. Er wurde nach *Jan van Speyk* benannt, einem Kanonenbootskapitän, der sich mitsamt Boot und Besatzung 1831 lieber in die Luft sprengte, als sich den Antwerpener Soldaten im Zuge der Kämpfe um die Loslösung Belgiens von den Niederlanden zu ergeben.

Heute ist Egmond aan Zee ein familienfreundliches Seebad am feinen holländischen Sandstrand, das für Urlauber alle nur erdenklichen Einrichtungen bereithält, von Unterkünften über Geschäfte, Pavillons, Restaurants und Sporteinrichtungen bis hin zu einem subtropischen Schwimmbad. Es gibt zwei kleine Museen, die über die Geschichte des Ortes und die Seefahrt Auskunft geben.

Info

- **Tel.-Vorwahl:** 072
- **VVV Egmond aan Zee:** 1931 AN, Voorstraat 82a, Tel. 581 31 00, Fax 506 50 54, www.vvvegmond.nl.

Strand

- Breit, feinsandig, nicht überlaufen, qualitativ einwandfrei, Hundeverbot Mai bis Sept. 9–19 Uhr, Strandrollstühle für Behinderte *Hotel Golfzang*, **FKK** zwischen Pfahl 35 und 33 (Egmond aan Zee) sowie zwischen Pfahl 42 und 44 (Egmond-Binnen aan Zee).
- **Strandpavillons Egmond aan Zee:** *De Schelp:* Strandaufgang Bad Zuid, Tel. 506 41 95; *De Uitkijk:* Hauptstrandaufgang; *'t Zeepaardje:* Strandaufgang N-Boulevard; *Noordeinde:* Strandaufgang N-Boulevard.

Essen & Trinken

- **La Châtelaine** €€€: Smidstraat 7, Egmond aan Zee, Tel. 506 23 55, www.lachatelaine.nl, rustikale Atmosphäre, Di und Mi geschlossen, Betriebsferien im Januar, drei Appartements zu vermieten.

Unterkunft

- **Hotel Bellevue** €€€: 1931 CJ Egmond aan Zee, Strandboulevard A7, Tel. 506 10 25, Fax 506 11 16, www.bestwestern.nl, Zimmer mit Blick aufs Meer; mit Restaurant, bietet Sonderarrangements.
- **De Golfzang** €€€: 1931 CN Egmond aan Zee, Boulevard Lr. De Vassy 19, Tel. 506 15 16, Fax 506 22 22, www.golfzang.nl, an der Strandpromenade mit Restaurant.
- **De Vassy** €€€: 1931 CN Egmond aan Zee, Boulevard Lr. De Vassy 3, Tel. 506 15 73, Fax 506 53 06, www.vassy.nl, Familien-Frühstückshotel an der Strandpromenade.
- **Appartementhuis de Trintel:** 1931 CJ Egmond aan Zee, Boulevard Noord 3, Tel. 506 50 80, Fax 506 97 32, www.detrintel.nl., behindertengerecht, komfortabel.
- **Camping De Woudhoeve:** 1934 PR Egmond, Driehuizerweg 8, Tel. 506 95 55, Fax 506 95 59, www.woudhoe

ve.nl, Strandbad-Camping an den Dünen mit eigenem Quellwassersee, gehobener Standard.

- **Jugendherberge Klein Rinnegom:** 1935 AJ Egmond, Herenweg 118, Tel. 506 22 69, Fax 506 70 34, www.stay okay.com.

Museen

- **Museum Abdij van Egmond:** St. Adelbertabdij, 1935 BH Egmond-Binnen, Abdijlaan 26, Tel. 506 14 15, www.abdij vanegmond.nl; alte Abtei, die heute Ausstellungszwecken dient. Abteikirche 7–20.45 Uhr geöffnet.
- **Museum van Egmond:** Egmond aan Zee, Zuiderstraat 7, Tel. 506 91 64, www.museumvanegmond.nl, Heimatmuseum, geöffnet Juni–Aug., Di–So 14–16 Uhr, Di–Do auch 19–21 Uhr, Sept. und Okt. 14–16 Uhr, Nov.–Anf. April 14–17 Uhr, Eintritt 2 €, Kinder 1 €.
- **Museum Prins Hendrik Stichting:** Egmond aan Zee, Voorstraat 41, Tel. 506 12 24, Fax 506 70 06, www.abdijvan egmond.nl, traditionelles Handwerks-, Folklore- und Ethnologiemuseum in der Prins Hendrik Stiftung, einem 1875 gegründeten ehemaligen Altersheim für pensionierte Seeleute, gezeigt werden u.a. 80 Miniaturschiffe, die im Laufe der Jahre durch die Bewohner selbst hergestellt wurden, täglich geöffnet Di–So 9–17 Uhr, Eintritt frei.

Der Graf von Egmond

Lamoraal Graf von Egmond (1522–1568) ist durch *Goethes* Tragödie „Egmont“ bis heute in unserem Bewusstsein – wobei Goethe den historischen Stoff um den Grafen idealisiert bearbeitet hat.

Der Graf von Egmond war Statthalter des Herzogs von Alba über Flandern und Artois. Er empörte sich aber zunehmend über die Zentralisierungspolitik der spanischen Verwaltung der Niederlande und war ein Gegner der Inquisition. Seine Versuche, durch Verhandlungen mit den Spaniern eine Verbesserung der Situation herbeizuführen, scheiterten. So schloss er sich der von *Wilhelm von Oranien* angeführten Adelsopposition gegen die spanische Herrschaft über die Niederlande an. Aus den Unruhen gegen die Spanier entwickelte sich offener Widerstand, mit dem 1568 der Achtzigjährige Freiheitskrieg gegen Spanien begann. Der Graf von Egmond hatte sich aber schon aus diesem Aufstand zurückgezogen. Dennoch wurde er von Truppen des Herzogs Alba gefangenen genommen und wegen Hochverrats in Brüssel hingerichtet.

Aktivitäten

- **Reiten:** Manege Groot, Egmond aan de Hoef, Herenweg 154, Tel. 506 19 07, www.manegegroot.nl.
- **Minigolf:** 't Lob, Egmond aan Zee, Dr. W. Beckmannlaan 8, Tel. 506 17 62.
- **Hallenbad:** Zwem-, Sport- en Recreatiecentrum De Watertoren, Egmond aan Zee, Watertorenweg 36, Tel. 506 31 96, mit Freibad.

Einkaufen

- **Kerzen:** Kaarsenmakereij St. Adelbertabdij, Egmond-Binnen, Vennewatersweg 27, Tel. 506 27 86, www.abdijvanegmond.nl, Mai bis Aug. täglich geöffnet.
- **Galerie Art Apart:** Egmond aan Zee, Voorstraat 132, Tel. 506 41 28.
- **Galerie Oom de Noord:** Egmond aan Zee, Pr. Marijkestraat 12, Tel. 507 05 93.
- **Kunstmarkt:** Mitte Juni, Egmond aan de Hoef.
- **Wochenmarkt:** Donnerstagvormittag Egmond aan Zee.

Hinterland

Alkmaar

Nachdem im „Goldenen 17. Jahrhundert" Hoorn die führende Stellung unter den Städten der nordholländischen Halbinsel innehatte, übt heute Alkmaar die Funktion des **wirtschaftlichen Zentrums** dieser Region aus. Erstmals wird *Alcmere* im 9. Jahrhundert erwähnt, die Stadtrechte wurden 1254 verliehen. 1573 hielt Alkmaar den marodierenden spanischen Truppen stand. Das folgende Jahrhundert brachte dem Ort seine Blütezeit. Aus dieser Epoche stammt das weitgehend erhaltene Bauensemble der Altstadt, bestehend aus über **400 denkmalgeschützten Gebäuden.**

Die schönsten Giebelhäuser findet man an der Mient, nahe dem Vismarkt (Fischmarkt) und auch an der Oudegracht. An der Gracht zur Waag steht ein Haus aus dem 16. Jahrhundert, in dessen Holzgiebel eine spanische Kanonenkugel aus der Belagerungszeit des Jahres 1573 prangt. Das Zentrum Alkmaars bildet der **Kaasmarkt,** auf dem bis heute in den Sommermonaten der Käsemarkt mit den berühmten Käseträgern zelebriert wird. Das Wahrzeichen der Stadt ist das **Waaggebouw** am Kaasmarkt, die als amtliche Waage umgebaute ehemalige Kapelle des Heiliggeistspitals mit einem Glockenturm aus dem 17. Jahrhundert und einem prächtigen Renaissancegebäude anstelle des ehemaligen Chors. Alkmaar hat noch viel mehr zu bieten, so die spätgotische **Grote Sint Laurenskerk** mit dem berühmten Chorgemälde des Jüngsten Gerichts von *Cornelis Buys,* dem „Meister von Alkmaar", das **Renaissancestadthaus** an der Langestraat, der Haupteinkaufsstraße, den **Hof van Sanoy,** die Residenz des Gouverneurs des Prinzen von Oranien in einem ehemaligen Mariamagdalenenkloster und viele **Museen.**

Südlich von Alkmaar erstreckt sich das **Alkmaardermeer,** ein ausgedehntes, viel besuchtes Freizeitgelände zum Baden, Surfen und Campen.

Essen & Trinken

- **Bios** €€€: 1811 KT, Gedempte Nieuwesloot 54a, Tel. 5 12 44 22, www.restaurantbios.nl, in einem Gebäude aus dem 17. Jahrhundert, das zwischendurch auch ein Kino beherbergte, großer Speisesaal, internationale Küche, Ende Aug./Anf. Sept. geschlossen.

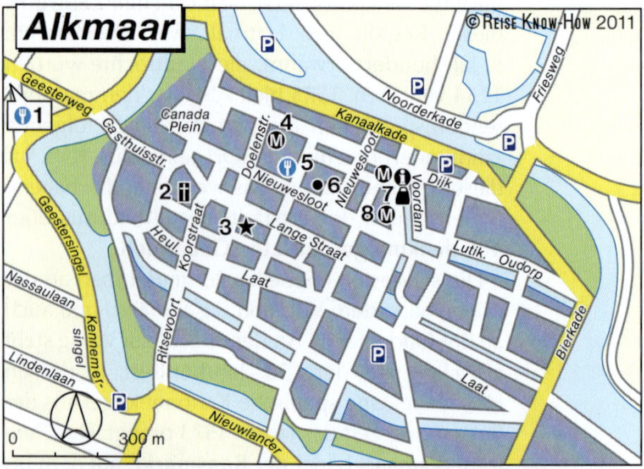

1	Restaurant 't Stockpaardje	
2	Sint Laurenskerk	
3	Stadthaus	
4	Städtisches Museum	
5	Restaurant Bios	
6	Hof van Sanoy	
7	Information mit Käsemuseum, Käsemarkt	
8	Biermuseum	

027ho Foto: ot

Gracht in Alkmaar

Noord-Holland

● **'t Stockpaardje** €€: Vrouwenstraat 1, Tel. 5 12 88 70, www.stockpaardje.nl, Bistro im Zentrum, aktuelle Speisekarte, Di und Mi Ruhetag.

Info

● **Tel.-Vorwahl:** 072
● **VVV Alkmaar:** 1811 JP, Waagplein 2, Tel. 511 42 84, Fax 511 75 13, www.vvvalkmar.nl.

Museen

● **Holländisches Käsemuseum:** im Waaggebouw, Waagplein 2, Tel. 511 42 84, www.kaasmuseum.nl; geöffnet April bis Okt. und Weihnachtsferien Mo–Sa 10–16, Fr ab 9 Uhr, Eintritt 3 €, Kinder 1,50 €, behindertengerecht.
● **Biermuseum:** 1811 JL, Houttil 1, Tel. 511 38 01, www.biermuseum.nl; Exponate zu 5000 Jahren Biergeschichte, geöffnet 13–16 Uhr, an Käsemarkttagen ab 10 Uhr, Eintritt 3,50 €, Kinder von 7–12 Jahren 1,75 €.
● **Städtisches Museum:** Canadaplein 1, Tel. 511 07 37, www.stedelijkmuseumalkmaar.nl, geöffnet Di–Fr 10–17

Uhr, Sa und So 13–17 Uhr, Eintritt 6 €, Senioren 3 €, Kinder frei.

Aktivitäten

- **Grachtenrundfahrt:** 45 Minuten, Abfahrt Mient (Nähe Waaggebouw) an Käsemarkttagen alle 20 Min. ab 9.30 Uhr, Mai bis Aug. täglich zur vollen Stunde ab 11 Uhr, April, Sept., Okt. Mo–Sa jede volle Stunde (abhängig vom Wetter) ab 11 Uhr, Info Tel. 511 77 50, Ticket 5,50 €.
- **Alkmaardermeer:** Informatiecentrum De Blankert, 1911 MT Uitgeest, Langendijk 33, Tel. (0251) 31 14 10.
- **Jazz & Muziekweekend:** 1. Okt.-Wochenende mit nationalen und internationalen Jazzensembles.

Einkaufen

- **Käsemarkt:** 1. Freitag im April bis 1. Freitag im September jeweils freitagmorgens 10–12.30 Uhr.

Küste

Castricum

Die alte, aus dem 12. Jahrhundert stammende **Tuffsteinkirche** weist auf die lange Geschichte von Castricum hin, doch war der Ort, der heute mit dem kleineren **Bakkum** eine Einheit bildet, weitgehend unbekannt, bis der Anschluss an die Bahnlinie Haarlem - Alkmaar erfolgte. Seither hat Castricum an Wohnqualität gewonnen und konnte sich durch die Anlage einer Verbindungsstraße durch die Dünen zum Strand auch zu einem Seebad entwickeln. Das breite **Dünengebiet,** teilweise bewaldet, lädt Spaziergänger und Radfahrer ein. Der Badeplatz **Castricum aan Zee** ist kein eigentlicher Ort, sondern bietet mit Restaurant, Café, Pavillons und Strandeinrichtungen alles, was sich der Tagesbesucher wünscht. An der Straße dorthin liegt das Besucherinformationszentrum **De Hoep,** das einen interessanten Eindruck von der Dünenlandschaft vermittelt.

- **Bezoekerscentrum De Hoep:** 1901 NX, Johannisweg 2, Tel. 66 10 66, Di–So 10–17 Uhr geöffnet, in den Sommerferien auch Mo geöffnet, Eintritt frei.
- **Noord-Hollands Duinreservaat:** täglich von Sonnenaufgang bis Sonnenuntergang geöffnet, Eintritt 2,25 € (Eintrittskarten bei den VVVs oder an Automaten an den Eingängen zum Gelände).

Info

- **Tel.-Vorwahl:** 0251
- **VVV/ANWB Castricum:** 1901 EM, Dorpsstraat 54, Tel. Tel. 65 20 09, Fax 67 23 63, www.cas tricum.nl.

Strand

- Breit, feinsandig, nicht überlaufen, qualitativ einwandfrei, Surfen möglich, **FKK** an Pfahl 47, Hundeverbot von Mai bis Sept. bis 20 Uhr, behindertengerechter Strandaufgang, **Strandrollstühle** am *Strandpaviljoen Albatros,* Tel. 65 35 24.

Essen & Trinken

- **Apicius** €€€€: 1901 KD Bakkum, Van der Mijleweg 16, Tel. 67 67 60, www.restaurantapicius.com, kreative Küche, große Weinkarte, Mo und Di sowie je 14 Tage im Feb. und Okt. geschlossen.
- **Le Moulin** €€€€: 1901 EN Castricum, Dorpsstraat 96, Tel. 65 15 00, klassische, französische Küche, nur abends geöffnet, Mo und Di geschlossen.

Unterkunft

- **Jugendherberge:** Konigsbosch, 1901 ME Bakkum, Heereweg 84, Tel. 65 22 26, Fax 67 00 27, www.njc.org/bakkum.
- **Appartementen De Posthorn:** 1901 KA Castricum, Oldenbarneveldweg 1, Tel. 505 44 20, www.de-posthoorn. com.
- **Camping Bakkum:** 1901 NZ Castricum aan Zee, Zeeweg 31, Tel. 66 10 91, Fax 66 10 89, www.kennemerduin campings.nl, schön in den Dünen gelegen, zweckmäßige Einrichtungen, geöffnet April bis Sept.
- **Camping Geversduin:** 1901 NH Castricum, Beverwijkerstratweg 205, Tel. 0900-384 62 26, Fax 23 26 01, www.kamperenbijdeboswachter.nl/geversduin, an den Dünen gelegen, geöffnet April bis Okt.

Limmen

Im nahe gelegenen Ort Limmen lohnt der Besuch des **Hortus Bulborum.** Hier blühen im Frühjahr über 2500 verschieden Tulpen, Narzissen, Hyazinthen und andere Arten von blühenden Zwiebelgewächsen. Der Garten widmet sich vor allem dem Erhalt alter Arten. So stammen hierher die älteste Tulpenart aus dem Jahre 1595 und die älteste Narzissenart von 1603.

- **Hortus Bulborum:** Limmen, Zuidkerkelaan 23a, Tel. (0251) 23 12 86, www.hortus-bulborum.nl, geöffnet Anf. April–Mitte Mai Mo–Sa 10–17 Uhr, So 12–17 Uhr, Eintritt 3,50 €, Senioren 2,50 €, Kinder unter 12 Jahre frei.

Aktivitäten

- **Kart-Baan:** Limmen, Rijksweg 162a, Tel. (072) 505 39 20, www.kartworldlimmen.nl, Fahrten ab 5 €.

Hinterland

Graft und De Rijp

Die zusammenhängenden Siedlungen Graft und De Rijp liegen auf dem früheren Schermereiland, dem heutigen Eilandspolder, mitten im nordholländischen **Poldergebiet von Beemster und De Schermer.** Gegründet wurde De Rijp zu Beginn des 14. Jahrhunderts. Schiffbau sowie Wal- und Heringsfang machten den Ort reich. Hier wurde 1575 der geniale Architekt und Ingenieur *Jan Adriaenszoon Leeghwater* geboren, der den Beemster als ersten durchgeplanten Polder mit rechteckiger Flächenaufteilung anlegte, die heute noch an den Entwässerungskanälen klar zu erkennen ist.

Graft hat ein kleines, schmuckes Rathaus aus dem Jahr 1613. In **De Rijp** vernichtete ein Brand 1654 viele Häuser, die durch die wohlhabende Einwohnerschaft stileinheitlich wieder aufgebaut wurden. So strahlt De Rijp bis heute das Flair eines reizvollen Renaissancestädtchens aus. Das Giebel-Rathaus von 1630 wurde von Leeghwater entworfen. Über eine Zugbrücke erreicht man die gegenüber liegende spätgotische Kirche mit ihrem mächtigen Viereckturm.

Auch **Schermerhorn** war früher ein Fischerdorf, Ausgangspunkt für Fangfahrten sowohl in der Zuidersee als auch ins Beemstermeer und Schermermeer, als diese beiden Binnenwasserlandschaften noch nicht trockengelegt waren. Die spätgotische Ortskirche mit ihrem schlanken Turm und schönen Bleiglasfenstern wurde 1634 geweiht. Von der Renaissance-Innenausstattung ist insbesondere die geschnitzte Kanzel zu erwähnen.

Von den 54 Mühlen, die einst De Schermer entwässerten, ist ein gutes Dutzend erhalten. Die mittlere der drei noch an der Noordervart stehenden Mühlen ist als **Museumsmühle** eingerichtet. Die Mühlen wurden bewusst am Ostrand des Polders errichtet, denn die vorherrschenden Westwinde drückten das Wasser in diesen Polderteil.

Middenbeemster wurde im Zuge der Trockenlegung des Beemstermeeres gegründet. Die Ortskirche stammt aus den Jahren 1618–23. Im Ort stehen viele schöne Herrenhäuser, die unter anderem von reichen Amsterdamer Kaufleuten als Sommersitz errichtet wurden.

Info

- **VVV Graft – De Rijp:** 1483 BB, Kleine Dam 1, Tel./Fax (0299) 67 19 79, www.graftderijp.nl.
- **VVV Middenbeemster:** 1462 HJ, Middenweg 185, Tel. (0299) 62 18 26, www.beemsterinfo.nl.

Essen & Trinken

- **Het Heerenhuis Beemster** €€€: 1462 MD Middenbeemster, Tel. (0299) 68 20 10, Fax 68 20 20, www.hetheerenhuis.nl, familiäres Restaurant im ehemaligen Gemeindehaus, Essraum im modernem Dekor, saisonale Küche, reichhaltige Weinkarte, geschlossen Ende Juli bis Anf. Aug., 28.12.–7.1., Di Ruhetag.

Museen

- **Museummolen** (Museumsmühle): 1636 VL Schermerhorn, Noordervart 2, Tel. (072) 502 15 19, www.museummolen.nl, Eintritt 4 €, Kinder 2 €, geöffnet April bis Okt. 10–17 Uhr, ansonsten So 10.30–16.30 Uhr, Eintritt 4 €, Kinder 2 €.

Kürbisverkauf in De Rijp

● **Agrarisch Museum Westerhem:** 1462 HJ Middenbeemster, Nebengebäude des VVV (s.o.), Museums-Stolpbauernhof, www.beemsterinfo.nl/musea/agrarisch/index_ag.html, Tel. (0299) 68 13 27, geöffnet Mai–Sept. Di–Fr 11–17 Uhr, Sa u. So 14–17 Uhr, im Winter nur So 14–17 Uhr, an Feiertagen geschlossen, Gruppentermine auf Anfrage.
● **Museum In 't Houten Huis:** 1483 AP, De Rijp, Besucheradresse: Tuingracht 13, Tel. (0299) 67 12 86, www.houtenhuis.nl, Museum des Wal- und Fischfangs in einem alten Lagerhaus aus dem 17. Jh., geöffnet Mitte April–Mitte Okt. Di–So 11–17 Uhr, im Winter So 13–17 Uhr, Mitte Sept. geschlossen, Eintritt 3,50 €, Jugendliche 4–12 Jahre 1,50 €.
● **Galerie De Eilandspolder:** 1484 Graft - De Rijp, Dorpstraat 32, Tel. (0299) 67 19 50, www.ellyhoek.nl, ausdrucksstarke Bildhauerarbeiten von *Elly Hoek de Reus*, Mi–So 10–17 Uhr geöffnet.

Küste

Wijk aan Zee

Das reizvolle Seebad Wijk aan Zee ist um einen großen, historischen Dorfanger gebaut und kann auf eine lange Geschichte zurückblicken, wie die alte Ortskirche zeigt. Sie geht im Kern auf einen spätgotischen Bau aus dem 15. Jahrhundert zurück. Ihr Portal zeigt sogar noch einen romanischen Rundbogenfries. Trotz allen Ferienrummels hat sich das Seebad seinen dörflichen Charakter bewahren können – was auch die Nähe des riesigen, hinter den Dünen liegenden Fabrikkomplexes des Corus-Stahlwerks (besser unter dem früheren Namen „Hoogovens en Staalfabrik" bekannt) mit seinen hohen, Rauch- und Dampfwolken ausstoßenden Schloten fast vergessen lässt. Der Strand dehnt sich südwärts bis zum Pier des **Nordseekanals** aus, wo man surfen und Katamaran fahren kann. Hier reihen sich etliche Strandpavillons aneinander, sodass die Versorgung der Strandurlauber mit Getränken, Speisen und vor allem Pommes Frites gesichert ist. Nördlich erstreckt sich das Nordholländische Dünenreservat.

Dünen und Strand von Wijk aan Zee

Nach dem Vorbild des dänischen Dorfes Tommerup wurde Wijk aan Zee 1999 zum „Cultureel Dorp van Europa" (Europäisches Kulturdorf) erklärt und wartet seither mit einem umfangreichen **Kultur- und Veranstaltungsprogramm** auf. Im gleichen Jahr entstand ein berühmter **Skulpturenpark,** der Beeldenpark „Zee van Staal", in den Dünen vor der Kulisse der Stahlfabrik (Reyndersweg, an der Zufahrt zum Pier). Hier schufen Künstler aus elf Ländern gewaltige Kunstgebilde, die einen eigenwilligen, surrealistischen Kontrast zu dem Fabrikkomplex schaffen.

Info

- **Tel.-Vorwahl:** 0251
- **VVV Wijk aan Zee:** 1949 CL, Verlengde Voorstraat 5, Tel. 37 42 53, Fax 37 54 64, www.wijkaanzee.info.

Strand

- Breit, feinsandig, außerhalb des Ortskerns nicht überlaufen, qualitativ einwandfrei, Strandabschnitt beim Pier zum Surfen und Katamaran Fahren freigegeben, **FKK** Pfahl 50 bis 51, Hundeverbot Mai bis Sept. bis 19 Uhr, behindertengerechter Strandaufgang via Relweg, **Strandrollstühle** *Strandpaviljoen Hoopers.*
- **15 Strandpavillons,** darunter *Strandpaviljoen de Instuif,* Tel. 37 46 65, www.instuif.nl, sonntags Live-Musik.

Noord-Holland

030ho Foto: ot

Essen & Trinken

- **Hotel Sonnenvanck** €: 1949 BD, Rijckert Aertszweg 2, Tel. 37 53 00, www.hotel-sonnenvanck.nl, kleine Mittagskarte, traditionelle Abendküche, Hotelbetrieb.
- **Klein Zwitserland:** Julianaplein 7, Tel. 37 50 90, Brasserie.

Unterkunft

- **Villa de Klughte** €€€€: 1949 BA, Van Ogtropweg 2, Tel. 37 43 04, Fax 37 52 24, www.hoteldeklughte.nl, luxuriös renovierte alte Villa mit Garten am Rand der Dünen, gepflegtes Haus, ohne Restaurant.
- **Residentie Zeeduin** €€€€: 1949 EC, Relweg 59, Tel. 37 61 61, Fax 37 61 00, ww.zeeduin.nl, hoch auf den Dünen gelegen, Strand- und Meerblick, Zimmer mit Kochnische, angeschlossenes Restaurant.
- **Het Hoge Duin** €€€: 1949 BD, R. Aertsweg 50, Tel. 37 42 02, www.hethogeduin.nl, Familienhotel, hoch auf einer Düne gelegen, Strand- und Meerblick, angeschlossenes Restaurant.
- **Camping De Banjaert:** 1494 CC, Burgemeester Rothestraat 53a, Tel. 37 43 18, www.camping-banjaert.nl, Naturplatz im rückwärtigen Ortsteil in den Dünen, geöffnet April bis Sept.

Aktivitäten

- **Minigolf:** 't Paasdal, Julianaweg 17, Tel. 37 45 50.

Küste

Beverwijk und Heemskerk

Jenseits der Dünen von Wijk aan Zee liegt Beverwijk, das heute mit dem nördlich anschließenden Heemskerk eine Einheit bildet. Hier ist schon die Nähe zu Amsterdam zu spüren, deren reiche Bewohner sich in der Gegend Landhäuser errichten ließen. Typische Beispiele dafür bieten Huis Akerendam und Huis Scheybeck aus dem 17. Jh. in Beverwijk. Heute hat die Nähe zu Amsterdam die beiden Orte zur Pendlersiedlung für die in Amsterdam Arbeitenden gemacht, genauso wie das Corus-Stahlwerk für Beschäftigung und Zuzug sorgte. Die große Kaufkraft der Region hat auch einen überdachten Markt mit mehr als 3000 Ständen und Marktgeschäften entstehen lassen. Dieser **Beverwijkse Bazaar** gilt als der größte im ganzen Land.

Sehenswert ist in **Beverwijk** vor allem die große gotische, dreischiffige Ortskirche mit ihrem 65 Meter hohen Turm, der nach einem Brand 1913 eine neue Spitze erhielt. Die äußerlich schlichte Kirche birgt eine reiche Innenausstattung, so die schöne Kanzel aus dem 17. Jahrhundert, die Gitter und auch die Rokokoorgel.

Heemskerk geht auf das 11. Jahrhundert zurück. Seine Ortskirche wurde 1573 von den Spaniern weitgehend zerstört. Das heutige Kirchenschiff ist ein Saalbau aus dem Jahre 1628, der auf einem alten, romanischen Bau errichtet wurde. Der bis in die Spitze aus roten Ziegeln bestehende Turm aus dem 15. Jahrhundert stellt in dieser Form eine Seltenheit in den Niederlanden dar. Die katholische Pfarrkirche, die Laurentiuskerk, ist ein auffälliger historisierender Bau.

Die Assumburg von Heemskerk ist ein Bau aus dem 15. Jahrhundert, der im 17. Jahrhundert modernisiert wurde. Selbst die ältere Anlage war nie Wehrburg, sondern stets Wohnburg. Heute ist hier die Jugendherberge untergebracht.

Am nördlichen Ortsrand von Heemskerk liegt Château Marquette, einst ein Herrensitz, der auf das 15. Jahrhundert zurückgeht und im 18. Jahrhundert seine heutige Gestalt erhielt. Der reizvolle Bau wird vom Tagungshotel Marquette, untergebracht in einem alten, umgebauten, auf dem Schlossparkgelände gelegenen Gutshofgebäude, als Seminarräumlichkeit genutzt.

Der **Strand von Castricum** ist über den Zwarteweg, einen Dünenpfad, der nicht für Autos zulässig ist, zu erreichen. Durch die beschränkte Erreichbarkeit ist dieser Strandabschnitt nie überfüllt.

Info

- **Tel.-Vorwahl:** 0251
- **VVV Beverwijk:** 1940 AL, President Kennedyplein 1, www.beverwijk.nl.
- **VVV Heemskerk:** 1960 AA, Bachstraat 6, Tel. 25 67 77, www.heemskerk.nl.

Strand

- Im Bereich **Hemskerk aan Zee:** breit, feinsandig, nicht überlaufen, qualitativ einwandfrei.
- **Strandpavillons:** *Zeezicht,* Tel. 65 28 55, www.strandpaviljoenzeezicht.nl, direkt am Leuchtturm; Noorderbad, Fam. *Greve,* Tel. 37 46 26; *Kruisenberg, Q.J.J. Nagel,* Tel. 23 72 44 bzw. 53 14 63 47.

Essen & Trinken

- **De Jonge Halewijn** €€€: Duinwijklaan 46, Tel. 22 08 59, www.halewijn.nl, angenehme Atmosphäre, mit Kastanienterrasse, So und Mo geschlossen.
- **De Fortuna** €€€: 1135 AV, Spuistraat 3, Tel. 37 16 71, Fax 37 14 69, www.fortuna-edam.nl; Restaurant im Brasserie-Stil, nur Abendessen, angeschlossener Hotelbetrieb in Maisonnetten am Kanal entlang.
- **De Vergulde Wagen:** 1969 LE, Rijksstraatweg 161, Tel. 23 24 17, Fax 25 35 94, www.deverguldewagen.nl; Restaurant seit 1905, herrliche Sommerterrasse, internationale Küche, angeschlossener Hotelbetrieb.

Unterkunft

- **Jugendherberge:** 1967 NG, Slot Assumburg, Tolweg 9, Tel. 23 22 88, Fax 25 10 24, www.njhc.org/heemskerk.

Museen

- **Museum Kennemerland:** Beverwijk, Westerhoutplein 1, Tel. 21 45 07, www.museumkennemerland.nl; Regionalmuseum, geöffnet Anf. Juni–Anf. Sept. Mi, Sa und So 14–17 Uhr, im Winter Sa und So 14–16.30 Uhr, feiertags geschlossen, Eintritt 2,50 €, ermäßigt 1,50 €.
- **Fort Veldhuis:** Heemskerk, Genieweg 1, Tel. (075) 687 46 78, Luftkriegsmuseum in einem Fort des Amsterdamer Verteidigungsrings (Stelling van Amsterdam) aus dem Jahr 1893, www.arg1940-1945.nl/pages/museum/museum01.htm, Tel. 23 06 70, geöffnet Mai–Sept. So 10–17 Uhr, Eintritt 2,50 €, Kinder 8–12 Jahre 1,50 €.

Aktivitäten

- **Golf:** Heemskerke Golf Club, Communikatieweg 18, Tel. 25 00 88, www.heemskerksegolfclub.nl, 18-Loch-Platz.
- **Hallenbäder:** Sportfondsenbad, Beverwijk, Kuikensweg 84, Tel. 23 43 63; Zwem- en Sportcentrum de Waterakkers, Heemskerk, Kerkweg 217, Tel. 23 29 79.

Einkaufen

- **Beverwijkse Bazaar:** Büro Montageweg 35, Beverwijk, Tel. 26 26 66, www.debazaar.nl, Eintritt zum Zwarte Markt (großer Basar, Computermarkt und China Town) Sa und So 2 €, Kinder bis 12 Jahre frei (nur in Begleitung eines Erwachsenen), Orientalischer Markt Sa und So frei, geöffnet Sa und So 8.30–18 Uhr, China Town Fr–So 10–22 Uhr.

Hinterland

Edam

Edam und die folgenden drei Orte liegen nordöstlich von Amsterdam am **Ijsselmeer.** Durch die Fertigstellung des Abschlussdeiches 1932 war aus der offenen **Zuiderzee** ein Binnensee - das Ijsselmeer - geworden, was dem Seehandel sowie dem Küsten-Hochseefischfang dieser Orte ein endgültiges Ende bereitete. Nicht nur Hoorn und Enkhuizen im Norden der Zuiderzee, sondern auch die kleineren Städte in deren Süden hatten vom direkten, aber geschützten Zugang zur offenen See profitiert.

Im 12. Jahrhundert siedelten Bauern und Fischer am kleinen Fluss Ye und errichteten hier einen Damm. Im 13. Jahrhundert wird die Siedlung am Yedam erstmals als Edam urkundlich erwähnt. 1357 erhielt Edam das Stadtrecht, verbunden mit dem Recht, einen Kanal zwischen dem Purmermeer und der Zuiderzee anzulegen. Die Gezeiten spülten diesen Kanal zu einem idealen Hafenbecken aus. So konnte sich die einstige Bauern- und Fischersiedlung zu einer bedeutenden **Hafenstadt** entwickeln. Bis zu 33 Werften waren hier in Betrieb. Doch für den Kanal wurde eine Schleuse erforderlich, was dazu führte, dass die Werften ihren Standort nach Zaandam verlagerten. Edam verlor an wirtschaftlicher Bedeutung. Aus der Blütezeit des 17. Jahrhunderts hat sich jedoch ein einmaliges Bauensemble von Häusern erhalten.

Am Damplein steht das ehemalige **Rathaus** mit einem Uhrturm aus dem 18. Jahrhundert. Gegenüber befindet sich das **Stadtmuseum** im ältesten Haus Edams von 1540 mit einem spätgotischen Giebel. Die Große oder **St. Nikolauskirche** aus dem 15. Jahrhundert ist eine der größten Kirchen Hollands und hat wunderschöne Bleiglasfenster aus dem 17. Jahrhundert. Im schiefen Turm der vormaligen „Kirche zu Unserer Lieben Frau" ist das Glockenspiel der Stadt eingebaut.

Der Käsehandel hat sich in Edam bis heute erhalten – im Juli und August wird mittwochvormittags am Kaasmarkt vor dem bunt bemalten Gebäude der Käsewaage *(Kaaswag)* der **Käsemarkt** wie einst zelebriert (10.30–12.30 Uhr, www.edamerkaasmarkt.nl).

Info

- **VVV Edam:** 135 BK, Damplein 1, Tel. (0299) 35 51 25, Fax 37 42 36, www.vvv-edam.nl.

Museen

- **Edams Museum:** Damplein 8, Tel. (0299) 37 26 44, www.edamsmuseum.nl, geöffnet Mitte April–Okt. Di–Sa 10–16.30 Uhr, So 13–16.30 Uhr, Himmelfahrtstag, 2. Pfingsttag und 5. Juni geschlossen, Eintritt 4 €, Senioren 3 €, Jugendliche 6–17 Jahre 1,50 €.
- **Kaaswag:** April bis Okt. 10–17 Uhr, Tel. (0299) 37 28 42.

Hinterland

Volendam

Die südwestliche Ausbuchtung der ehemaligen Zuiderzee wird als Gouwzee bezeichnet. Im Osten wurde sie durch die Insel Marken – heute durch einen Damm mit dem Festland verbunden – begrenzt und beschützt. Am Nordende der Gouwzee liegt Volendam, eine im 12. Jahrhundert entstandene Fischersiedlung. Hier legen bis heute Fischkutter an, aber der Ort ist inzwischen völlig vom Tourismus überrollt worden. Verwinkelt ist die kleine Altstadt hinter dem Deich, ihre verklinkerten und mit Holzgiebeln versehenen Häuser wurden auf Pfählen errichtet. Die malerische Häuserfront am Hafen ist längst in eine Kette von Souvenirläden umgewandelt worden. Doch das

031ho Foto: ot

Hauptinteresse der Besucher gilt der **Tracht** der katholisch gebliebenen Bewohner. Das kleine Heimatmuseum zeigt diese Tracht, die von den Volendamern noch gern getragen wird - und sei es nur um des Geschäftes willen.

Info

• **VVV Volendam:** 1131 AA, Zeestraat 37, Tel. (0299) 36 37 47, Fax 36 84 84, www.vvvvolen dam.nl.

Essen & Trinken

• **Van den Hogen** €€: 1131 EV, Haven 106, Tel. (0299) 36 37 75, Fax 36 94 98, www.hogen.nl, familiäres Restaurant, gutbürgerliche Küche mit lokalem Einschlag, angeschlossen kleiner Hotelbetrieb mit 5 Zimmern und Blick auf den Yachthafen.

Museen

• **Volendams Museum:** Zeestraat 41, Tel. (0299) 36 92 58, täglich geöffnet 10–17 Uhr, 1. und 5.9. sowie zur Kirmeszeit geschlossen, Eintritt 3 €.

Einkaufen

• **Trachten:** *Today's*, Souvenirs, Haven 31, Tel. (0299) 36 87 78.
• **Käse:** *Kaasboerderij „Alida Hove"*, Zeddeweg 1, südwestlich der Altstadt, Tel. (0299) 36 58 30, www.henriwil lig.com.

Verkehr

• **Marken-Express:** Personenfährverbindung zwischen Volendam und Marken, www.markenexpress.nl, März bis Sept. alle halbe Stunde, Information: Reederei *Veerman en Co.*, 1131 LB Volendam, Schoklandstraat 111, Tel. (0299) 36 33 31, Fax 36 74 66, Tel. in Marken: (0299) 60 13 27, Hin- und Rückfahrt 8 €, ermäßigt 4,50 €.

Hinterland

Monnickendam

Monnickendam am Südwestende der Gouwzee zählte zu den bedeutenden Hafenstädten der Zuiderzee, bis die größer werdenden Schiffe hier nicht mehr anlegen konnten. Daraufhin konzentrierte sich der Ort auf den Fisch- und vor allem den Aalfang. So blieb der Stadtkern mit seinen schönen Giebelhäusern aus dem 16. und 17. Jahrhundert, wie sie vor allem in der Kerkstraat zu se-

Am Hafen des Ijsselmeer-Städtchens Volendam

hen sind, erhalten. Der Glockenturm aus dem 16. Jahrhundert erhebt sich im Zentrum, daneben findet man das Stadtmuseum. Gegenüber steht das Rathaus aus dem Jahr 1746 mit reich ausgearbeiteter Fassade. Sehenswert sind im Trausaal die Tapisserien und der Rokokokamin. Das Gebäude der Stadtwaage stammt von 1660. Am Südende der Altstadt erhebt sich die Grote Kerk, eine spätgotische, dreischiffige Hallenkirche.

Info

- **Gemeente Waterland:** 1140 BA Monnickendam, Oierebaan 3, Tel. (0299) 65 85 85, www.Monnickendam.net.

Essen & Trinken

- **Aangenaam** €€€: 1141 AW, Havenstraat 1, Tel. (0299) 65 68 10, www.zeeraangenaam.nl, in einer ehemaligen Synagoge aus dem 19. Jahrhundert, die sich im Wasser des Oude Haven spiegelt, saisonale Küche, hervorragender Service, geschlossen Ende Dez. bis Anf. Jan.

Einkaufen

- **Aalräucherei:** Havenstraat 12, Tel. (0299) 65 42 56.
- **Holzschuhe:** *Klompjesmakerij „De Vriendschap"*, Klosterdijk 2, nördlich von Monnickendam, Tel. (0299) 67 56 33, www.henriwillig.com.
- **Keramik:** *De Keramiek Kamer*, Havenstraat 29, Tel. (0299) 65 21 00.

Marken

Hinterland

Im 12. Jahrhundert brach eine Sturmflut in das Hinterland der Zuiderzee ein und hinterließ Marken als Insel, auf der sich zunächst Bauern und dann auch Fischer ansiedelten. Die Bevölkerung ist calvinistisch geprägt. Durch die insulare Abgeschiedenheit hat sich hier ein eigenständiges Brauchtum erhalten und ein eigener Baustil entwickelt, geprägt durch die auf Wurten gebauten, mit grün gestrichenen Giebeln und weiß abgesetzten Fenster- und Türrahmen versehenen Holzhäuser. Berühmt sind die farbenfrohen Trachten der Inselbewohner, die heute wie die aus Volendam die Vorstellung von traditioneller holländischer Bekleidung prägen.

Das Dorf Marken besteht aus den beiden Ortsteilen Havenburt (Hafenviertel) und Kerkburt (Kir-

032ho Foto: ot

chenviertel). Auf kleinen Wegen zwischen den Häusern kann man das pittoreske Bauensemble genießen. Im **Marker Museum,** einer ehemaligen Aal- und Heringsräucherei, findet man alle für diese Häuser so typischen Einrichtungsgegenstände. Mit der Errichtung des Abschlussdeiches des Ijsselmeers hat der Fischfang für Marken an Bedeutung verloren, dafür entwickelte sich der Fremdenverkehr zur Haupteinnahmequelle der Dorfbewohner. Seit 1957 verbindet ein Damm das Festland mit der Insel, sodass nunmehr die Besucher Marken auch mit dem Auto erreichen können, was den Touristenstrom weiter anschwellen lässt.

Typische Häuser auf der Insel Marken

Info

• **Gemeente Waterland** (s. Monnickendam), www.marken.nl.

Museen

• **Marker Museum:** Kerkbuurt 44, Tel. (0299) 60 19 04, www.markermuseum.nl, geöffnet April–Okt. Mo–Sa 10–17 Uhr (Okt. ab 11 Uhr), So 12–16 Uhr, Eintritt 2,50 €, Kinder bis 12 Jahre 1,25 €.

Hinterland

Zaandam und Zaanse Schans

Nördlich von Amsterdam wurde Ende des 16. Jahrhunderts am Zaan-Fluss ein Festungswerk gegen die Spanier errichtet, von dem allerdings keine Spuren geblieben sind. Heute ist das Gebiet in der Gemeinde Zaanstad zusammengefasst, zu der unter anderem der Ortsteil Zaandam mit dem **Freilichtmuseum** Zaanse Schans gehört.

Im holländischen Goldenen 17. Jahrhundert entstand an der Zaanse Schans ein regelrechtes historisches Industriegebiet. Die nötige Energie wurde von mächtigen **Gewerbemühlen** geliefert, von denen heute noch über zehn an der Zaan ein pittoreskes Bild holländischer Betriebsamkeit bieten. Nach dem Zweiten Weltkrieg baute man historische Wohn- und Gewerbehäuser aus der Region hier wieder auf. Diese typischen grünen Holzhäu-

Historische Windmühlen an der Zaanse Schans

ser mit schönen Schnitzereien an den Giebeln sind bewohnt, die Mühlen und Gewerberäume in Betrieb. Besondere Beachtung verdienen die **Sägemühlen,** mit denen das Holz für den an der Zuiderzee florierenden Schiffbau zugeschnitten werden konnte (hier standen einst bis zu 60 Sägemühlen), das **Museum der Zaanse Schans** und nicht zuletzt der **Käsebauernhof.** Zudem werden u.a. eine Holzschuhwerkstatt, ein Bäckereimuseum, eine Senfmühle, eine Zimmerwerkstatt, eine Ölmühle, ein Museumsladen, eine Sandsteinschleifmühle und eine Schiffswerft gezeigt.

Im Ortsteil **Zaandam** traf im Jahre 1697 der spätere russische Zar *Peter der Große* ein, um das Schiffbauerhandwerk zu erlernen. Das Haus, in dem er damals wohnte, wurde schon vor über hundert Jahren renoviert und ist heute als **Czaar Peterhuisje** der Öffentlichkeit zugänglich.

Info

- **Zaanse Schans:** 1509AW Zaandam, Schansend 1, Tel. (075) 616 82 18, www.zaanseschans.nl.
- **VVV Zaandam:** 1506 CJ, Gedempte Gracht 76, Tel. (075) 616 22 21, Fax 670 53 81, www.zaanseschans.nl.

Museen

- **Czaar Peterhuisje:** 1506 AA Zaandam, Krimp 23, Tel. (075) 681 00 00, Dependance des Museums Zaanse Schans, geöffnet Di–So 13–17 Uhr, Ostersonntag und Neujahr geschlossen, Eintritt 2 €, Kinder 4–12 Jahre 1 €.

033ho Foto: ot

- **Zaans Museum:** 1509 AW Zaandam, Schansend 7, Tel. (075) 616 28 62, www.zaansmuseum.nl, täglich geöffnet 9–17 Uhr, Ostersonntag und Neujahr geschlossen, Eintritt 7 €, Kinder von 4 bis 17 Jahren 4 €, Senioren 6 €.
- **Kaasmakerij De Catharina Hoeve:** 1509 BZ Zaandam, Zeilenmakerspad 5, Tel. (075) 621 58 20, www.henriwillig.com.nl, täglich 9–18 Uhr, Eintritt frei.
- **Sägemühle** *(Houtzaagmolen De Gekroonde Poelenburg):* Tel. (075) 621 51 48.
- **Holzschuhwerkstatt** *(Klompenmakerij De Zaanse Schans):* Tel. (075) 617 71 21, täglich 8–18 Uhr, behindertengerecht.
- **Bäckereimuseum** *(Bakkerijmuseum In de Gekroonde Duyvekater):* Tel. (075) 617 35 22, März–Okt. täglich außer Mo 10–17 Uhr, Nov.–Feb. nur So 11–17 Uhr, Eintritt 1 €.
- **Senfmühle** *(Mosterdmolen De Huisman):* Tel. (075) 61688 88.
- **Ölmühle** *(Oliemolen De Bonte Hen):* Tel. (075) 628 79 42, März bis Sept. täglich 9.30–16.30 Uhr, Eintritt 2 €.
- **Museumsladen** *(Museumswinkel Albert Heijn):* Tel. (075) 659 25 71, täglich 10–13 Uhr und 14–17 Uhr, Sa, So und feiertags 11–13 Uhr und 14–16 Uhr, Eintritt frei.
- **Schiffswerft** *(Scheepswerf en Maritieme Winkel De Hut van de Kaptein):* Tel. (075) 670 23 12.

Hinterland

Amsterdam

Amsterdam ist mehr als nur einen Ausflug wert – dennoch sollte man als Besucher der holländischen Küste wenigstens einmal nach Amsterdam fahren.

Dort, wo die Amstel einst in die Zuiderzee mündete (heute in den Ij), haben der Legende nach friesische Fischer den Ort am Deich *(dam)* der Amstel gegründet. Die erste Erwähnung erfolgte 1275 durch den holländischen Grafen *Floris V.*, als er der Ansiedlung Handelsprivilegien einräumte. 1300 erhielt Amsterdam Stadtrechte und kam 1327 auch formell an die holländischen Grafen. Im 16. Jahrhundert begann Amsterdams wirtschaftlicher Aufstieg. 1578 schloss es sich dem Aufstand Hollands gegen die Spanier an, die die Stadt schon geplündert hatten. Aus Antwerpen flohen portugiesische Juden vor den Spaniern nach Amsterdam und brachten die Edelsteinschleiferei mit. Im 17. Jahrhundert hatte sich Amsterdam zur **wichtigsten Handelsstadt Europas** entwickelt. Hier waren 1602 die *Verenigde Compagnie* und 1621 die *Westindische Compagnie* gegründet worden. Ab 1610 verbreiterte man den Singel, die innere Gracht, und dann wurden um den inneren Altstadtkern ringförmig die drei Hauptgrachten Herengracht, Keizersgracht und Prinsengracht ausgehoben, die mit ihren prächtigen Häusern bis heute das Stadtbild prägen. Dieser Grachtengürtel ist 2010 in die Weltkulturerbeliste der UNESCO aufgenommen worden.

Amsterdam ist die bedeutendste **Kulturstadt** der Niederlande. Hier gibt es international berühmte Museen, Theater und Konzertsäle, man findet Diamantschleifereien, Antiquitätengeschäfte und Spitzenrestaurants. Die chinesische Küche steht auf höchstem Niveau. Cafés, Kneipen, Bars und die Hausboote auf den Grachten machen das Flair dieser einmaligen Stadt aus. Einen besonderen Reiz üben die zahlreichen Coffeeshops aus, in denen neben alkoholfreien Getränken Haschisch und Marihuana verkauft werden dürfen.

Allerdings sollen bis Ende 2011 alle Coffeeshops im 250-Meter-Umkreis von Schulen geschlossen werden. Das würde die meisten Coffeeshops in der Innenstadt von Amsterdam betreffen.

Altstadt-Rundgang

Vom Bahnhof, der **Centraal Station,** einem bemerkenswerten Neorenaissancegebäude, gelangt man zum **Dam,** Amsterdams größtem Platz. Hier stehen das **Koninklijk Paleis** mit seinem fünfzig Meter hohen Turm, das frühere Rathaus aus dem Jahre 1648, und seitlich die spätgotische **Nieuwe Kerk,** die Krönungskirche der niederländischen Könige und Königinnen mit der großen Kanzel, dem Chorgitter und dem reich verzierten Orgelprospekt. Etwas abseits findet man Amsterdams älteste Kirche, die dem heiligen *Nikolaus* gewidmete **Oude Kerk** aus dem 14. Jahrhundert mit ei-

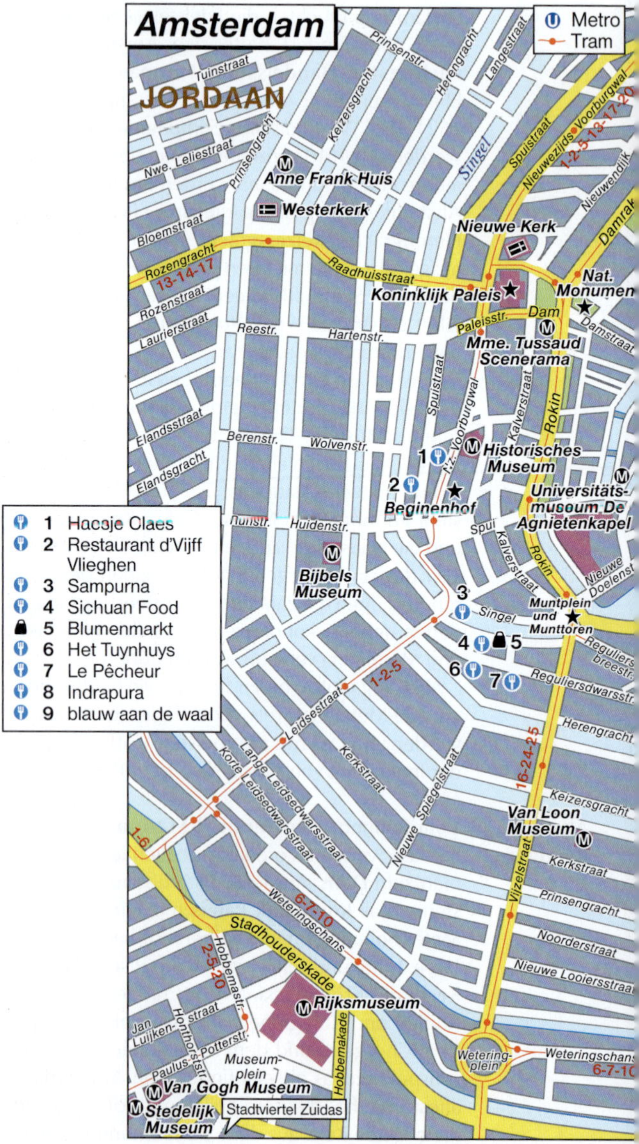
Amsterdam
Metro
Tram
JORDAAN
Tuinstraat
Prinsenstr.
Herengracht
Langestraat
Keizersgracht
Nwe. Leliestraat
Prinsengracht
Anne Frank Huis
Westerkerk
Singel
Spuistraat
Nieuwezijds Voorburgwal
1-2-5-13-17-20
Nieuwendijk
Damrak
Bloemstraat
Rozengracht
13-14-17
Raadhuisstraat
Nieuwe Kerk
Koninklijk Paleis
Nat. Monumen
Rozenstraat
Lauriersstraat
Reestr.
Hartenstr.
Paleisstr.
Dam
Damstraat
Mme. Tussaud Scenerama
Spuistraat
N.Z. Voorburgwal
Kalverstraat
Rokin
Elandsstraat
Elandsgracht
Berenstr.
Wolvenstr.
Historisches Museum
Beginenhof
Universitäts-museum De Agnietenkapel
Runstr.
Huidenstr.
Spui
Bijbels Museum
Kalverstraat
Rokin
Nieuwe Doelenst
Singel
Muntplein und Munttoren
Reguliersbreestr.
Reguliersdwarsstr.
1-2-5
Leidsestraat
Herengracht
Lange Leidsedwarsstraat
Korte Leidsedwarsstraat
Kerkstraat
Nieuwe Spiegelstraat
16-24-25
Keizersgracht
Van Loon Museum
Kerkstraat
Prinsengracht
1-6
6-7-10
Weteringschans
Stadhouderskade
Vijzelstraat
Noorderstraat
Nieuwe Looiersstraat
2-5-20
Hobbemastr.
Rijksmuseum
Jan Luijken-straat
Honthorststr.
Paulus-Potterstr.
Museum-plein
Hobbemakade
Wetering-plein
Weteringschans
6-7-10
Van Gogh Museum
Stedelijk Museum
Stadtviertel Zuidas
1 Hacoje Claes
2 Restaurant d'Vijff Vlieghen
3 Sampurna
4 Sichuan Food
5 Blumenmarkt
6 Het Tuynhuys
7 Le Pêcheur
8 Indrapura
9 blauw aan de waal

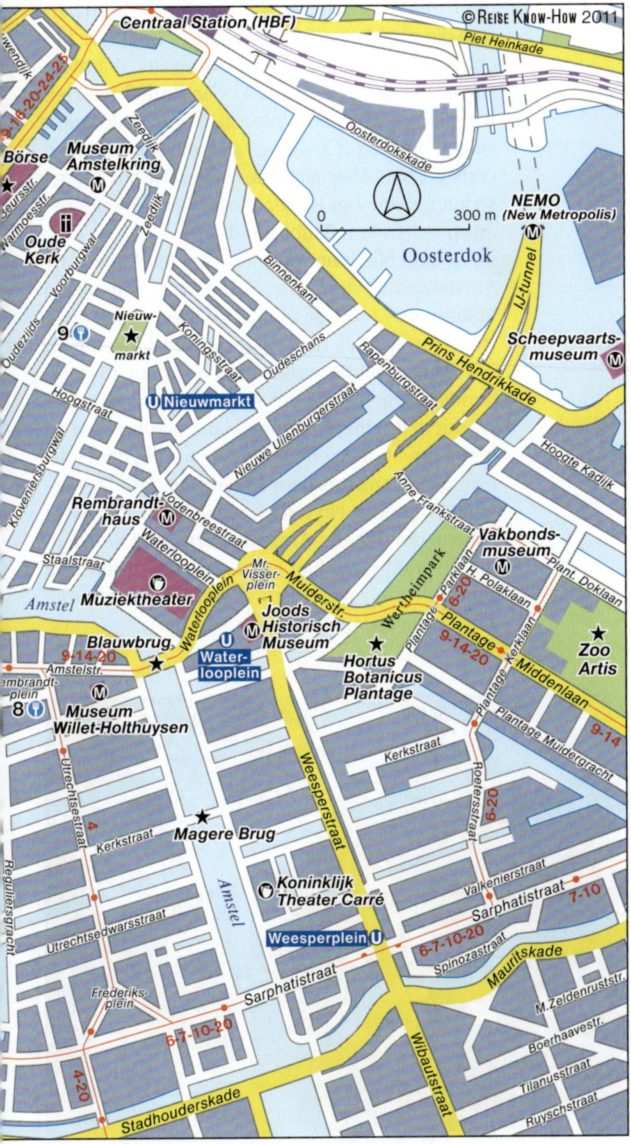
© REISE KNOW-HOW 2011
Centraal Station (HBF)
Piet Heinkade
Oosterdokskade
Börse
Museum Amstelkring
Zeedijk
Beursstr.
Warmoesstr.
Oude Kerk
Voorburgwal
Oudezijds
Nieuw-markt
9
Koningsstraat
Binnenkant
Oosterdok
0
300 m
NEMO (New Metropolis)
IJ-tunnel
Scheepvaarts-museum
Prins Hendrikkade
Rapenburgstraat
Oudeschans
Hoogstraat
U Nieuwmarkt
Nieuwe Uilenburgerstraat
Hoogte Kadijk
Kloveniersburgwal
Rembrandt-haus
Jodenbreestraat
Anne Frankstraat
Vakbonds-museum
Staalstraat
Waterlooplein
Mr. Visser-plein
Muiderstr.
Wertheimpark
Parklaan
H. Polaklaan
Plant. Doklaan
Amstel
Muziektheater
Joods Historisch Museum
Plantage
6-20
Zoo Artis
Blauwbrug
9-14-20
Amstelstr.
U Water-looplein
Hortus Botanicus Plantage
Kerklaan
Middenlaan
Rembrandt-plein
8
Museum Willet-Holthuysen
Plantage Muidergracht
9-14
Kerkstraat
Utrechtsestraat
Weesperstraat
Roetersstraat
4
Magere Brug
Kerkstraat
Reguliersgracht
Koninklijk Theater Carré
Amstel
Valkenierstraat
Sarphatistraat
7-10
Utrechtsedwarsstraat
Weesperplein U
6-7-10-20
Spinozastraat
Mauritskade
Frederiks-plein
Sarphatistraat
M.Zeldenruststr.
6-7-10-20
Boerhaavestr.
4-20
Wibautstraat
Tilanusstraat
Stadhouderskade
Ruyschstraat

nem Turm aus dem 16. Jahrhundert. Sehenswert sind die alten Fenster und die Orgel. Um diese Kirche herum erstreckt sich zwischen der Warmoestraat und dem Nieuwmarkt das **Rotlichtviertel,** wo sich die Damen hinter großen Glasfenstern zeigen und das „Gewerbe“ sich mit allerlei Läden etabliert hat. Aber nicht deswegen ist das Viertel so interessant – es ist der älteste Teil der Stadt mit entsprechendem Baubestand.

Auf dem **Nieuwmarkt,** dem ältesten Marktplatz Amsterdams, steht die Waag, das ehemalige Stadttor von 1488, das später als Stadtwaage diente. Weiter geht es zum **Historischen Museum** im ehemaligen Bürgerwaisenhaus aus dem 15. Jahrhundert. Dann folgt der im 14. Jahrhundert begründete **Beginenhof,** eine Häusergruppe um einen begrünten Innenhof – das Haus mit der Holzfassade stammt aus dem 15. Jahrhundert. Der Beginenorden war ein Orden meist allein stehender Frauen, die sich der Armenfürsorge und Krankenpflege widmeten. Die letzte Beginenordensfrau starb 1971 in Amsterdam. Heute beherbergt die Anlage ein Frauenwohnheim.

315ho Foto: ot

Auf dem Weg zum Muntplein am Ende des Singel kommt man zur **Agnietenkapel,** der kleinen gotischen Kapelle, die als Ursprung der städtischen Universität gilt. Hier befindet sich heute das **Universitätsmuseum.** Ein Stück weiter liegt der **Muntplein,** in dessen Mitte der Munttoren steht. Es handelt sich um ein altes Stadttor, das einen späteren Holzaufbau mit Glockenspiel erhielt. Im Turm wurden früher Münzen geprägt. Auf dem **Singel** bieten Händler Pflanzen, Blumen und Souvenirs an – der farbenprächtigste unter den vielen Märkten der Stadt.

Im östlichen Altstadtviertel um den **Waterlooplein** erstreckt sich das historische Judenviertel. Hier hatte *Rembrandt* in der Jodenbreestraat 4–6 sein Haus, am Meijersplein steht der Synagogenkomplex mit dem **Joods Historisch Museum.** Von den 80.000 Amsterdamer Juden wurden während des Zweiten Weltkriegs die meisten verschleppt und kehrten nicht zurück. Auf dem Waterlooplein findet werktags ein großer **Trödel- und Flohmarkt** statt. Am Platz steht das moderne, architektonisch interessante Gebäude der Staatsoper, **Stopera** genannt. In der Passage zeigt eine Glassäule den Amsterdamer Normalpegel NAP an (s. Exkurs im Kap. „Landschaft und Natur").

An den Grachten stehen die prächtigsten Patrizierhäuser Amsterdams, die schönsten an der **Herengracht.** Nr. 365–370 ist eine Häusergruppe mit barocken Verzierungen. In der Keizersgracht ist vor allem das **Huis met den Hoofden** (mit den Köpfen, Nr. 123) bemerkenswert. In einem schmalen Haus in der Prinsengracht Nr. 263 wurde *Anne Frank* versteckt, deren Tagebuch man später im Haus wiederfand.

Rund um den Museumplein wurden im 19. Jahrhundert drei der bedeutendsten niederländischen Museen errichtet. Das **Rijksmuseum** birgt die vollständigste Sammlung klassischer niederländischer Malerei des 15. bis 19. Jahrhunderts. Das **Van Gogh Museum** weist über zweihundert Werke dieses einst so verkannten Künstlergenies auf. Das **Stedelijk Museum** zeigt Kunst von 1850 bis heute, angefangen bei den Vorläufern des Impressionismus bis zu den neuesten Kunst-, Design-, Foto- und Grafikstilrichtungen.

Moderne Architektur

Auch in Amsterdam hat die moderne niederländische Architektur ihren Niederschlag gefunden. Es begann mit der 1902 fertig gestellten **Börse.** Das Glasdach des Backsteinbaus wird von einer sichtbaren Stahlkonstruktion getragen. Die Arbeiterwohnungen **De Dageraad,** errichtet in den 20er Jahren des vorigen Jahrhunderts, sind ein Musterbeispiel der Amsterdamer Architekturschule. Außergewöhnlich ist der 1997 fertig gestellte **WoonZorgComplex** (Seniorenwohnungen) im Stadtentwicklungsgebiet Van Eesteren, in dem die einzelnen Wohnungen nicht in das Gebäude hinein, sondern aus ihm heraus gebaut wurden. Hypermodern ist das ein Jahr später fertig gestellte **NEMO,** das Wissenschafts- und Technologiezentrum im Hafenbereich, ein Gebäude in Form eines mächtigen Schiffsbugs.

Zu weiteren Höhepunkten moderner niederländischer Architektur in Amsterdam zählen beispielsweise das Wohngebäude **Aquartis** am Entrepotdok, die Gebäude des **Cultuurpark Westergasfabriek,** Haarlemmerweg 8–10, die 2004 fertig gestellte Vision zukünftigen Wohnens **Living Tomorrow** (De Entree 300), das farblich abgesetzte **Hubertushuis** von 1980 in der Plantage Middenlaan 33–35, eingesetzt zwischen zwei Bauten aus dem 19. Jahrhundert, die zur Unterbringung sogenannter „gefallener Frauen" dienten, das 2003 gebaute, verglaste Restaurant **De Twee Cheetas** im Tiergarten im Osten der Stadt mit seinen verschiedenen Geschossniveaus, die außergewöhnliche Glas- und Stahlkonstruktion des **ING House** aus dem Jahr 2000, Amstelveenseweg 500, die neuen Wohnblocks in den einstigen Kaianlagen der östlichen Hafengebiete, die seit den

1980er Jahren nicht mehr als solche genutzt werden, geradezu spektakulär die Bauten im neu geplanten **Stadtviertel Zuidas** am Südbahnhof und nicht zuletzt der Büro-Wohnkomplex **Rembrandttoren** am Omval, der Landzunge in der Amstel südlich des Amstelstadions, zurzeit das höchste Gebäude der Stadt.

Info

- **Tel.-Vorwahl:** 020
- **VVV Amsterdam:** 1012 AB, Stationsplein 10, Tel. (0900) 400 40 40, Fax 625 28 69, www.amsterdamtourist.nl.

Anfahrt

- Die unkomplizierteste Anreise für einen Tagesbesuch in Amsterdam bietet die **Eisenbahn.** Der Hauptbahnhof (Centraal Station) liegt in der Innenstadt, von hier kann man zu Fuß die wichtigsten Sehenswürdigkeiten des Altstadtkerns erreichen.
- Für eine Anreise mit dem Auto bietet sich das **Park& Ride-System** der Stadt an. Von drei großen, stadtnahen P&R-Parkplätzen kann man mit öffentlichen Verkehrsmitteln in die Innenstadt gelangen. Die Fahrscheine erhält man am P&R-Kiosk auf diesen Parkplätzen. Die Tagesgebühr kostet 8 € (inkl. Hin- und Rückfahrtticket für den Fahrer und einen Begleiter, wenn man die benutzten und entwerteten Fahrscheine nach Rückkehr wieder am P&R-Kiosk vorzeigt, ansonsten kostet die Parkgebühr allein 19 €). Das P&R-System kann bis zu vier Tage genutzt werden. Folgende P&R-Parkplätze bieten sich an:

Von Norden und Westen kommend **P&R Sloterdijk:** Anfahrt über die A10, Ausfahrt S102 (Basisweg) zum Piarcoplein hinter der Sloterdijk Station oder vom Haarlemerweg, Ausfahrt Station Sloterdijk (Radarweg). Von hier geht es mit dem Zug oder Bus Nr. 48 ins Zentrum, mit der Straßenbahnlinie 12 zum Van Gogh Museum.

Von Süden **P&R Olympisch Stadion:** Anfahrt A10, Ausfahrt S108, in die Stadt mit den Straßenbahnlinien 16 und 24.

Von Osten **P&R Transferium ArenaA:** Anfahrt über die A10, Ausfahrt A9/A2, dann Ausfahrt Ouderkerk (der Parkplatz befindet sich unter der Arena). Von hier aus geht es mit der U-Bahn 54 oder mit Bus und Bahn von der Bijlmer Station in die Stadt.

Weitere P&R-Stationen sind *P&R Bos en Lommer* an der S104-Ausfahrt der A10, *P&R Gaasperplas,* ebenfalls an der A10, Ausfahrt S113, *P&R World Fashion Center,* an der A10, Ausfahrt S106 sowie das *P&R Zeeburg I and II* am Piet Heintunnel.

- **Schnellboot von Ijmuiden:** Verkehrt halbstündlich ab Velsen, Zuid Pont Plein, nach Amsterdam De Ruijterkade

(Rückseite Hauptbahnhof) und zurück, Tarif einfache Fahrt Erwachsene 4 €, Kinder 4–11 J. 2,50 €, Fahrräder 2 €, Information: *Fast Flying Ferries,* 1951 IL Velsen Noord, 3e Rijksbinnenhaven 1, Tel. (0255) 51 97 28, www.rederijnaco.nl.

Essen & Trinken

Restaurants im Zentrum:

- **Het Tuynhuys** €€€€: Reguliersdwarsstraat 32, Tel. 627 66 03, www.tuynhuys.nl, mit schöner Innenterrasse, täglich wechselnde Karte, Sa und So vormittags geschlossen.
- **Le Pêcheur** €€€€: Reguliersdwarsstraat 28, Tel. 624 31 21, www.diningcity.com/ams/lepecheur, Fischrestaurant mit rückwärtiger Terrasse, So geschlossen.
- **Indrapura** €€€: Rembrandtplein 42, Tel. 623 73 29, www.indrapura.nl, indonesisches Restaurant à la carte, authentische Reistafel, 31.12. geschlossen.
- **Sichuan Food** €€€€: Reguliersdwarsstraat 35, Tel. 626 93 27, www.derestaurantsite.nl/restaurant/sichuanfood, chinesische Spitzenküche, 30.4. und 31.12. geschl.
- **Haesje Claes** €€: Spuistraat 275, Tel. 624 99 98, www.haesjeclaas.nl, mit Terrasse, einheimische Küche, 30.4. sowie 25., 26. und 31.12. geschlossen.
- **Sampurna** €€: beim Blumenmarkt, Tel. 625 32 64, www.sampurna.com, indonesische Küche.
- **blauw aan de waal** €€: Achterburgwal 99, Tel. 330 22 57, eine Oase der Ruhe in den Walletjes (Rotlichtviertel), 25.12. bis 1.1. geschlossen.
- **Restaurant d'Vijff Vlieghen** €€€: Spuistraat 294–302, Tel. 530 40 60, www.thefiveflies.nl, Restaurant mit moderner niederländischer Küche in fünf miteinander verbundenen ehemaligen Pfandleihhäusern aus dem 17. Jahrhundert, täglich ab 17.30 Uhr geöffnet.

Museen

- **Amsterdams Historisch Museum:** Kalverstraat 92, Tel. 523 18 22, www.ahm.nl, geöffnet Mo–Fr 10–17 Uhr, Sa, So und feiertags 11–17 Uhr, 1.1., 30.4., 25.12. geschlossen, 31.12. nur bis 16 Uhr, Eintritt 10 €, Kinder von 5–18 Jahren und Studenten 5 €, Senioren 6 €.
- **Anne Frank Huis:** Prinsengracht 263, Tel. 556 71 00, www.annefrank.org, täglich geöffnet, Mitte März bis Mitte Sept. 9–21 Uhr, Juli/Aug. bis 22 Uhr, ansonsten 9–19 Uhr, geschlossen an Jom Kippur (Großer Versöhnungstag), Eintritt 8,50 €, Jugendliche von 10–17 Jahren 4 €.
- **Koninklijk Paleis:** 1001 AM, Besucheradresse Dam, Tel. 620 40 60, www.paleisamsterdam.nl, zu besichtigen, sofern keine offiziellen Anlässe vorliegen, dazu temporäre Gemäldeausstellungen, geöffnet Juni–Aug. täglich 11–17 Uhr, Sept.-Dez. und Feb.–Mai Di–Do 12.30–17 Uhr, Eintritt 7,50 €, Kinder, Studenten, Senioren 6,50 €.
- **Nederlands Scheepvaartsmuseum:** Kattenburgerplein 1, Tel. 523 22 22, www.hetscheevaartmuseum.nl, mit

Amsterdams Zugang zum Meer – der Noordzee Kanaal

Dort, wo einst der Ur-Ij entlangfloss, plante man in der zweiten Hälfte des 19. Jahrhunderts die Anlage eines großen Kanals, um Amsterdams Hafen mit einer direkten Verbindung zur Nordsee zu versehen, denn der Noord-Hollands Kanaal konnte die immer größer werdenden Seeschiffe nicht mehr aufnehmen. Westlich vom alten Dorf Velsen durchschnitt man hierfür die hohen Dünen und setzte je einen drei Kilometer in die Nordsee hinausragende Pier nördlich und südlich des Kanalaustritts ins Meer. Landeinwärts baute man riesige Schleusen, um den Amsterdamer Hafen vor dem Tidenhub zu schützen. Die doppelte Südschleuse *(Zuidersluizen)* war mit der Fertigstellung des Kanals im Jahre 1867 auch dem Schiffsverkehr übergeben worden. Schon 1896 musste dann die viel größere Mittelschleuse *(Middensluis)* gebaut werden. 1930 entstand die 400 Meter lange Nordschleuse für Schiffe bis 80.000 Tonnen Tragfähigkeit. Die Wasserflächen nördlich und südlich des Kanals wurden eingepoldert. Mehrere Eisenbahn-Autotunnel unterqueren den Kanal, damit er kein Verkehrshindernis darstellt – trotzdem sind die Staus auf den Autobahnen um Amsterdam und den Flughafen Schiphol berüchtigt!

035ho Foto: ot

Nachbau des VOC-Schiffes „Amsterdam" (1749), geöffnet Di–So 10–17 Uhr, im Sommer auch Mo geöffnet, geschlossen Neujahr, 29.4. und Ostersonntag, Eintritt 4 €.

- **Science Center NEMO:** 1011 VX, Oosterdok 2, Tel. 531 32 33, www.e-nemo.nl, geöffnet Di–Do 10–17 Uhr, Mo nur während der Schulferien sowie Ostern und Pfingsten geöffnet, 30.4., 25.12. und 1.1. geschlossen, Eintritt ab 4 Jahre 11,50 €, Senioren und Studenten 6,50 €, Kombi-Karte mit VOC-Schiff 15,50 €.
- **Rijksmuseum:** Jan Luykenstraat, Tel. 674 70 47, www.rijksmuseum.nl, täglich 9–18 Uhr, Fr bis 22 Uhr, 1.1. geschlossen, Eintritt 12,50 €, Kinder unter 18 Jahren frei. 2013 nach Umbau wieder komplett geöffnet.
- **Tropenmuseum:** 1092 CK, Linnaeusstraat 2, Tel. 568 82 00, www.tropenmuseum.nl, Exponate zur Kultur der Tropen der Dritten Welt mit Schwerpunkt Niederländisch Indien/Indonesien. Sonderausstellungen, Bibliothek, Museumsladen, Café, geöffnet 10–17 Uhr, 5., 24. und 31.12. bis 15 Uhr, 1.1., 30.4., 5.5. und 25.12. geschlossen, Eintritt 9 €, Kinder von 6–17 Jahre 5 €.
- **Van Gogh Museum:** Paulus Potterstraat 7, Tel. 570 52 00, www.vangoghmuseum.nl, täglich 10–18 Uhr, Fr bis 22 Uhr, 1.1. geschlossen, Eintritt 14 €, Kinder bis 17 Jahre frei.
- **Stedelijk Museum voor Moderne Kunst:** Oosterdokskade 5, Tel. 573 29 11, www.stedelijk.nl, täglich geöffnet 10–18 Uhr, 1.1. geschlossen, 5., 24. und 31.12. ab 17 Uhr geschlossen, Eintritt 10 €, Schüler, Studenten, Senioren 5 €, Kinder bis 12 Jahre frei, wegen Umbauarbeiten derzeit nur teilweise geöffnet.

Einkaufen

- **Bloemenmarkt:** Singel zwischen Muntplein und Koningsplein, Mo–Sa 9.30–17 Uhr.
- **Boekenmarkt:** Oudemannhuisport, Mo–Sa 12–17 Uhr.
- **Antiquitätenmarkt:** Nieuwmarkt, Mai bis September So 9–17 Uhr.
- **Rommelmarkt:** Looirersgracht 38, Sa und So 11–17 Uhr.

Stadtrundfahrten

- Einstündige **Grachtenfahrten,** in der Saison Abfahrt alle halbe Stunde, Ableger: Rokin, Centraal Station, Leidseplein, Amstel/Munt, Damrak; Fahrpreis 6,50 €, Kinder von 4 bis 12 Jahren 3,75 €.

Küste

Ijmuiden

Ijmuiden ist eine **Hafen- und Industriesiedlung,** die im Zuge des Baus des **Noordzee Kanaal** entstand. Geprägt von Schleusen und Schloten, weist der Ort keine touristischen Sehenswürdigkeiten

034ho Foto: ot

auf. Nördlich des Kanals entstand der Hüttenkomplex Hoogovens. Ijmuiden ist einer der großen Fischereihäfen der Niederlande. Zum Vorhafen zählen das gro-ße Fischerei- und das Heringsbecken. Während der Besetzung im Zweiten Weltkrieg haben die Deutschen am Kanalausgang umfangreiche Betonbefestigungsanlagen errichtet und Wohngebiete abgerissen, um freies Schussfeld auf das Meer zu haben.

Angesichts der industriellen Umstrukturierung möchte sich Ijmuiden als **Seebad** profilieren. Am Südpier des Kanals hat sich der Strand durch Anwehungen auf über einen Kilometer Breite ausgeweitet - eine ideale Voraussetzung für Strandaktivitäten. In diesem Bereich wurde der große Yachthafen **Seaport Marina** mit Appartementgebäuden, Hotels und Restaurants angelegt, eine weitere Maßnahme, um aus Ijmuiden einen modernen und mondänen Strandort zu machen.

Hinter dem feinsandigen Strand breitet sich das **Dünengebiet** der Zuid-Kennemerduinen in einer Breite von fünf Kilometern als Nationalpark bis über Bloemendaal aan Zee hinaus aus. Das Ge-

Der Hafen von Ijmuiden an der Mündung des Noordzee Kanaal

biet ist von Rad- und Wanderwegen durchzogen, kleine Seen bieten Wasservögeln Lebensraum.

- **Nationalpark Zuid-Kennemerland (Kennemerduinen):** Tel. (023) 541 11 11, http://home.planet.nl/~marcel.tettero/ZuidKennemerland.html, geöffnet von Sonnenaufgang bis Sonnenuntergang, Eintritt 1 €, Kinder 0,30 €, Hunde nicht erlaubt.

Festung Brederode

Im angrenzenden Ort **Santpoort** sind von der einstigen Festung Brederode im Dünenrandgebiet nur noch Reste erhalten. Die Ende des 13. Jahrhunderts gebaute Anlage einer Vor- und Hauptburg wurde bereits 1462 zerstört, aber bis mindestens 1480 bewohnt. Danach verfiel sie zusehends, der Sand deckte sie zu, bis nur noch Mauerreste hervorragten. Erst in der zweiten Hälfte des 19. Jahrhunderts machte man sich daran, die Ruine auszugraben. Noch heute kann man ihre einstige Wehrhaftigkeit erahnen.

- **Ruïne van Brederode:** Santpoort, Velserenderlaan 2, Tel. (023) 537 87 63, www.kastelenhollandzeeland.nl.

Info

- **Tel.-Vorwahl:** 0255
- **VVV Zuid-Kennemerland:** 1971 HB Ijmuiden, Zeeweg 189/191, Tel. 51 56 11, Fax 52 42 26, www. vvvzk.nl.

Strand

- **Ijmuiden aan Zee:** breit, an der Südmole des Noordzee Kanaal über 1 km, feinsandig.
- **Strandpavillons:** Acht Pavillons, darunter Paviljoen Zuidpier: Tel. 51 42 22, www.zuidpier.nl, für Familienfeiern geeignet, ganzjährig geöffnet, im Winter Mi und Do geschlossen, Zugang für Behinderte geeignet.

Essen & Trinken

- **Imko's** €€: Halkalde 9c, Tel. 51 75 26, Fischrestaurant im Fischereihafen mit Terrasse, samstagmittags und Mo geschlossen.

Unterkunft

- **Holiday Inn Seaport Beach** €€€€: 1976 EG, Kennemerboulevard 250, Tel. 56 69 99, Fax 56 69 00, www.holidayinn.com/Ijmuiden, am Strand mit Garten, Hallenbad, Restaurant €€€€, Konferenzräumen etc., Zimmer mit Balkon und Sicht auf Meer und Yachthafen.
- **Augusta** €€€: 1975 DD, Oranjestraat 98, Tel. 51 42 17, Fax 53 47 03, www.augusta.nl, in einem Art-Déco-Haus.
- **Camping De Duindoorn:** 1976 BZ Ijmuiden, Badweg 40, Tel. 51 50 52, www.duindoorn.nl, geöffnet April–Sept.

Museen

● **Besucherzentrum Noordzee Kanaal in Zicht:** 1975 AM, Noordersluisweg 20, Tel. 51 91 12, geöffnet Di–Fr 11–16 Uhr, 1. Sonntag im Feb., April, Juni, Aug., Okt. und an speziellen „Themen-Sonntagen" 11–16 Uhr, Dez. und 1. Hälfte Jan. geschlossen. Exponate und Wissenswertes zum Nordseekanal und zu seinen gewaltigen Schleusen.

● **Zee- en Havenmuseum:** 1973 AK, Havenkade 55, Tel. 53 80 07, www.zeehavenmuseum.nl, Exponate und Informationen zur Geschichte der Seefahrt am Nordseekanal, geöffnet Mi, Sa, So 13–17 Uhr, Eintritt 6 €, Kinder bis 12 3 € Jahre und Senioren 4 €.

● **Pieter Vermeulenmuseum:** 1985 EL, Moerbergplantsoen 20, Tel. 53 67 26, www.pieter-vermeulen-museum.nl, Zentrum für Natur und Umwelt, Naturwissenschaftliche Sammlung, besonders für Kinder interessant, geöffnet Mi, Fr und So 13–17 Uhr, in den Schulferien Di–Fr und So 13–17 Uhr, Eintritt 2,50 €, Kinder 2 €.

Aktivitäten

● **Seaport Marina Ijmuiden:** 1976 EM Ijmuiden, Kennemerboulevard 540, Tel. 56 03 00, Fax 56 03 01, www.marinaseaport.nl.

● **Freizeitpark Spaarnwoude:** 2750 Hektar Natur und Aktivitätsraum für Wassersport, Angeln, Klettern, Veranstaltungen, Golf, Camping und sogar Skifahren am Nordsee-Kanal, Information: Recreatieschap Spaarnwoude, 2002 RB Haarlem, Postbus 2571, Tel. (023) 520 28 20, www.spaarnwoude.nl.

● **Sportfischerei Ijmond:** Fischereihafen Ijmuiden, Tel. 53 78 38, Fax 51 62 72, www.bootduiken.nl, mit MS Dolfin.

● **Hafenrundfahrt:** Ijmuidense Rondvaartmaatschappij, Sluisplein, Tel. 51 16 76, www.ijmuidenserondvaart.nl, Mai bis Sept. täglich, März, April, Okt. und Nov. nur an Wochenenden.

Verkehr

● **Schnellboot nach Amsterdam:** Verkehrt halbstündlich ab Velsen, Zuid Pont Plein, nach Amsterdam De Ruijterkade (Rückseite Hauptbahnhof) und zurück, Tarif einfache Fahrt Erwachsene 5,15 €, Kinder von 4 bis 11 Jahren 3,20 €, Fahrräder 2 €, Information: Fast Flying Ferries, 1951 IL Velsen Noord, 3e Rijksbinnenhaven 1, Tel. 51 97 28, www.rederijnaco.nl.

Velsen

Der Ursprung der heutigen Gemeinde Ijmuiden ist im Dorf Velsen im Hinterland des Dünengürtels zu suchen, der an dieser Stelle durch den Noordzee Kanaal unterbrochen wird. Hier bewegt man sich auf historischem Boden. Um das Jahr 700 errichtete der Missionar *Willibrordus* in Velsen eine erste Kapelle, die als eine der fünf Mutterkirchen der Grafschaft Holland gilt. Diese Kapelle wurde später dem heiligen *Engelmundus,* dem Nachfolger Willibrordus', gewidmet. Die Holzkapelle ersetzte man im 11. Jahrhundert durch ein steinernes Gebäude, von dem Mauerteile in das Kirchengebäude aus dem 12. Jahrhundert übernommen wurden. Der Tuffsteinturm dieser Kirche steht heute noch. Der Ostteil des Kirchenschiffes der heute reformierten **Engelmunduskirche** stammt aus dem 18. Jahrhundert, der spätgotische Südgiebel noch von 1600. Ein Sarkophagdeckel aus dem 12. Jahrhundert wurde in das Tympanon des 14. Jahrhunderts eingebaut.

Im Ortskern von Velsen sieht man noch eine Reihe historischer Häuser mit schönen Giebeln. Das Dünengebiet von Velsen war für die reichen Amsterdamer Kaufleute ein bevorzugter sommerlicher Wohnplatz. Insofern findet man hier eine Reihe von Landhäusern *(Buitenplaatsen)* aus dem 17. und 18. Jahrhundert in frei zugänglichen, wunderschönen Parks, so die Landhäuser **Velserbeek** und **Beeckesteijn.** Haus Beeckestijn war bis Ende 2006 ein Museum, dessen schöner Park auch besichtigt werden konnte. Die Gemeinde Velsen musste das Landgut aus finanziellen Gründen verkaufen.

Bloemendaal

Küste

Der Dünengürtel, der sich südlich von Ijmuiden ausbreitet, setzt sich in gleicher Breite über Zandvoort hinaus fort. Unmittelbar bei Bloemendaal erhebt sich als höchste Düne der **Kopje van Bloemendaal** 45 Meter hoch. Auf seiner Kuppe hatten die Deutschen im Zweiten Weltkrieg einen Beobachtungsposten eingerichtet.

Hinter den Dünen stellen die Orte Bloemendaal und Overveen **Haarlemer Vororte** mit hoher

Wohnqualität inmitten einer prächtigen Garten- und Landschaftsarchitektur dar, denn Bloemendaal war schon im 17. Jahrhundert ein Villenort, den Kaufleute aus Amsterdam genauso schätzten wie das etwas weiter nördlich gelegene Velsen. Das reizvollste dieser Landhäuser ist das **Herrenhaus Vogelenzang** im gleichnamigen Ortsteil von Bloemendaal, inmitten von Weiden und alten Baumgruppen gelegen. Die Beliebtheit hielt über Jahrhunderte an, besonders berühmt ist der Anfang des 20. Jahrhunderts entstandene Wohnpark Duin en Daal.

In **Overveen** findet man das neue Besucherzentrum des **Nationalparks Zuid-Kennemerland.** Hier kann man stundenlang durch die Dünen laufen. Das ursprüngliche Landschaftsbild und die Flora und Fauna dieser Dünenregion ist am besten im Botanischen Garten des **Thijsse's Hof** im Wald von Bloemendaal zu sehen. Gleichermaßen sehenswert ist der Garten des Landgutes **Elswout** in Overveen, der Ende des 18. Jahrhunderts dort angelegt wurde, wo man vorher über Jahrhunderte Sand für die Bauindustrie abgegraben hatte.

- **Nationalpark Zuid-Kennemerland (Kennemerduinen):** Tel. (023) 541 11 11, www.npzk.nl, geöffnet von Sonnenaufgang bis Sonnenuntergang, Eintritt 1 €, Kinder 0,30 €, Hunde nicht erlaubt.
- **De Zandwaaier:** Informationszentrum des Nationalparks Zuid-Kennemerland, Overveen, Eingang Tetterodeweg, www.pwn.nl, geöffnet Di–So 10–17 Uhr.
- **Thijsse's Hof:** Bloemendaal, Mollaan 4, Tel. (023) 526 27 00, www.thijsseshof.nl. Botanischer Garten im Wald von Bloemendaal, Eintritt frei.
- **Landgoed Elswout:** Overveen, Elswoutlaan, Tel. (023) 524 03 60, Garten geöffnet von Sonnenaufgang bis Sonnenuntergang, So 12–18 Uhr High Tea in der Orangerie, www.orangerie-elswout.nl, Eintritt 0,50 €, Kinder 0,30 €.

Bloemendaal aan Zee

Durch die Dünen gelangt man nach Bloemendaal aan Zee, einem Badeort, der voll im Trend liegt und vor allem jüngere Besucher anzieht. Von diesem *Zeeweg* genannten Strandzugang gibt es mehrere Zugänge zum Nationalpark Zuid-Kennemerland. Der Badestrand ist relativ breit, viele Pavillons bieten den Badegästen Erfrischungen und Mahlzeiten, dahinter dem Strand gibt es mehrere Restaurants. Von Blomendaal aan Zee führt eine Fahrstraße südwärts am Strand entlang bis Zandvoort. Der komplette Straßenverlauf ist inzwischen seeseitig mit Parkplätzen versehen, die einen direkten Zugang zum breiten Strand ermöglichen.

Info

- **Tel.-Vorwahl:** 023
- **VVV Zuid-Kennemerland:** www.vvvzk.nl.

Strand

Relativ breit, feinsandig, **FKK** nördlich von Parnassia ab Strandpfahl 59.5, Hunde ganzjährig ab Parnassia bis zum FKK-Strand zugelassen, an den anderen Abschnitten von Mitte Mai bis Mitte Sept. verboten, **Pferde** 9–18 Uhr am gesamten Strand verboten, **Drachensteigen** zwischen Pfahl 53 und Pfahl 61.75 zugelassen.

Essen & Trinken

- **Chapeau!** €€: 2061 HB Bloemendaal, Hartenlustlaan 2, Tel. 525 29 25, www.restaurantchapeau.nl, Ende Aug./Anfang Sept. und Mo geschlossen, Spezialität Matjes-Tartar.
- **Terra Cotta** €: 2061 JB Bloemendaal, Kerkplein 16a, Tel. 527 79 11, Mi geschlossen, Mittelmeerküche.
- **Café-Restaurant de Zonnehoek:** 2051 EC Overveen, Zeeweg 98, Tel. 573 21 58, www.bloemendaalaanzee.com, direkt am Strand, ganzjährig geöffnet.
- **Orbit:** 2051 EC Overveen-Bloemendaal, Tel. 57 38 010, www.restaurantorbit.nl; Restaurant und Lounge, bietet raffinierte asiatische Küche für den europäischen Geschmack, im Sommer täglich 12–22.30 Uhr geöffnet.

Unterkunft

- **Camping Bloemendaal:** 2051 EC Bloemendaal aan Zee, Zeeweg 72, Tel. 573 21 78, campingbloemendaal@planet.nl, in den Dünen an der Zufahrt nach Bloemendaal aan Zee, geöffnet Ende März bis Sept.
- **Camping de Lakens:** 2051 EC Bloemendaal aan Zee, Tel. (0900) 38 46 226, Fax (0251) 75 64 72 393, www.kennemerduincampings.nl, inmitten der Dünen mit direktem Zugang zum Strand, geöffnet April bis Okt.

Aktivitäten

- **Reiten:** Manege de Bokkedoorns, 2051 EB Overveen, Zeeweg 56, Tel. 527 09 02, Reitbahn, Ausritte.

Küste

Zandvoort

Zandvoort zählt zu den **großen Badeorten** an der holländischen Küste. Ein großzügig angelegter **Boulevard** kennzeichnet seine Seefront mit ihrem feinsandigen Strand. Hinter dem Ort erstreckt sich der breite Dünengürtel, der zum Wandern oder Reiten einlädt. Der Ort selbst verfügt über alles, was sich der Badegast wünscht – bis hin zum **Nachtleben,** das es in den nördlicher gelegenen Nordseebädern eigentlich weniger oder gar nicht gibt. So strahlt Zandvoort eine geradezu ansteckende Dynamik aus. Hier gibt es mondäne Hotels, Pensionen, Appartements und Ferienhäuser, Boutiquen, Restaurants, Lokale und Bars, auch ein Kasino. Markant zeigt sich der **Circus Zandvoort** in seiner modernen Architektur, ein Vergnügungszentrum mit Kino und Theater, dessen Name sich an den berühmten, nördlich des Ortes in den Dünen gelegenen **Circuit Park Zandvoort** anlehnt. Diese Autorennstrecke, auf der bis 1985 noch Formel-1-Rennen ausgetragen wurden, hat Zandvoort bekannt gemacht.

Zandvoort geht auf das um 1100 am Rand der Dünen entstandene Dorf Sandevoerde zurück. Seine Einwohner lebten hauptsächlich vom Fischfang und hatten sich kleine Äcker und Weiden in den Dünentälern angelegt. Durch die damals noch morastigen Binnendünen war der Ort, der zum Amtsbereich der Herren von Brederode zählte (s. Ijmuiden), nur schwer zu erreichen. Nur auf dem Fischerpfad *(Visserspad),* der nach Overveen führte, konnten die Bewohner landeinwärts gelangen, um ihre Produkte zu verkaufen. Die Situation änderte sich mit der Anlage des Zandvoortseweges 1824, der Zandvoort auch zum Ziel von Tagesbesuchern aus Haarlem machte.

Vier Jahre später wurde ein erstes Badehaus eröffnet. Der Durchbruch kam mit dem Bau der Eisenbahn von Haarlem nach Zandvoort im Jahre 1881, der nunmehr den Strand auch für Amsterdamer leicht erreichbar machte. Einen tiefen Einschnitt brachte der Zweite Weltkrieg, die deutsche Besatzung ließ einen großen Teil des Ortes abreißen. Der Wiederaufbau nach dem Krieg bescherte den Zandvoortern den prächtigen Boulevard, der sich über eine Länge von fünf Kilometern entlang des Strandes erstreckt. Dahinter entstanden die neuen Hotels, Wohnungen und Geschäfte, darunter der 70 Meter hohe Hotelturm.

Das Wahrzeichen von Zandvoort ist allerdings sein **Leuchtturm** geblieben. Es sind auch noch einige Straßenzüge des alten Fischerdorfes im Zentrum erhalten. Die **reformierte Kirche** aus dem 19. Jahrhundert hat noch den anmutigen, schlanken Turm des Vorgängerbaus aus dem 15. Jahrhundert. Im Inneren gelangt man durch ein Marmorportal von 1728 in die Grabkapelle von *Paulus Loot,* eines Amtmanns von Zandvoort. Die Kanzel stammt aus dem 17. Jahrhundert, die Säulen des Orgelprospektes wurden dem vor der Küste untergegangenen Schiff „Alba" entnommen.

In der Rotonde am Strandzentrum beim *Holland Casino* ist ein **Strandgutmuseum (Mu-Zee-um)** untergebracht, das zeigt, was das Meer so alles an den Strand spült.

Das **Zandvoorter Museum** hat seinen Sitz im ehemaligen Kommunalaltersheim und zeigt Exponate zur Geschichte des Ortes und zum Wohnstil des beginnenden 20. Jahrhunderts.

Zandvoort ist übrigens nicht nur über die zwei Zufahrtsstraßen von Bloemendaal aan Zee und Hemstede aus zu erreichen, sondern auch mit der Eisenbahn. Angesichts knapper Parkplätze im Ort bietet die Anreise per Zug eine echte Alternative, zumal der Bahnhof nahe am Strand liegt.

Info

- **Tel.-Vorwahl:** 023
- **VVV Zandvoort:** Bakkerstraat 2/B, Tel. 579 41 47, www.vvvzandvoort.nl.
- **Amsterdamse Waterleidingsduinen:** Dünengebiet südlich von Zandvoort, Tel. 523 35 84, www.waternet.nl/themas/amsterdamse-waterleidingduinen, geöffnet von Son-

nenaufgang bis Sonnenuntergang, Hunde nicht zugelassen, Eintritt 1 €, Kinder gratis.

Strand

●Langgestreckt, feinsandig, ausreichend breit, qualitativ einwandfrei (blaue Flagge für Textilstrand), **FKK** 500 m südlich vom Boulevard Paulus über eine Länge von 3 km; Hunde im Winter erlaubt, Mitte Mai bis Mitte Sept. verboten, Ausnahme: Segelverein *Zandvoort* südlich vom Wasserturm am Boulevard bis zum FKK-Strand; **Pferde** März bis Sept. verboten, Ausnahme: Sondergenehmigungen für Reitschulen; **lenkbare Drachen** nur von Okt. bis Feb. zugelassen, **Strandrollstühle** am *Strandpaviljoen The Strand* (Nr. 5), Boulevard Paulus Loot, Tel. 571 61 19, und im *CenterPark,* Vondellaan 60, Tel. 572 00 00.

Es gibt in Zandfoort 25 Strandpavillons, darunter:
●**Skyline 13:** Boulev. Barnaart 12a, Tel. 57 14 25, www.skyline13.nl, in der Hochsaison am Wochenende Livemusik.
●**Sandy Hill 25:** Boulev. Barnaart 25, Tel. 571 20 47, www.sandyhill.nl, acht Barbecues, geöffnet Mitte März bis Mitte Sept., abschließbare Boxen für Surfbretter.
●**Zout:** Boulev. P. Loot 3, Tel./Fax 571 52 87, www.strandzout.nl, Strandrestaurant, geöffnet 9.30–22 Uhr.
●**Take Five Aan Zee:** Boulev. P. Loot 5, Tel. 571 61 19, www.locatjes.nl, ganzjährig geöffnet.
●**Riche Beachclub:** Boulev. Barnaart 67, Tel. 573 05 16, www.riche-strandpaviljoen.nl, Restaurant und Strandzelt, beliebt für Hochzeitsfeiern, im Winter Sa und So 10–22 Uhr geöffnet.
●**Club Nautique:** Boulev. Barnaart 23, Tel. 571 57 07, www.clubnautique, Feste und Partys, Barbecue, Mitte März bis Mitte Sept. bis Mitternacht geöffnet.
●**Que Pasa Playa 6:** Boulevard P. Loot, Tel. 571 52 86, www.quepasaplaya, bietet Tapas.
●**Maritime Club Strandpaviljoen 9,** Boulev. P. Loot, Tel. 06 55 78 85 36, Kinderprogramme, veranstaltet Beach-Volleyball-Turniere.

Essen & Trinken

●**Beaulieu** €€: 2116 EN Bentveld (3 km in Richtung Heemstede), Zandvoortselaan 263, Tel. 524 00 29, www.restaurant-beaulieu.nl, geöffnet Di–Sa, 2011 wieder eröffnet, bekannte Adresse für gutes Essen, bei schönem Wetter wird im Garten serviert.
●**Riche Beachclub:** Boulevard Banaart 67, Tel. 573 99 11, www.beachclub-riche.nl, elegantes Restaurant in winterfestem Pavillon, edel eingerichtet, beliebt für Hochzeitsfeiern, im Winter 10–22 Uhr geöffnet.

Unterkunft

●**Palace Hotel** €€€: 2042 TA, Burg van Fenemaplein 2, Tel. 571 29 11, Fax 572 01 31, www. bestwestern.nl, Hotel im Hotelturm mit Restaurant, Bar und Terrasse am Meer.

- **NH Zandvoort** €€: 2041 KG, Burg van Alphenstraat 63, Tel. 576 07 60, 571 90 94, www.nh-hotels.com, großes Hotel mit schönem Ausblick, mit Restaurant und Terrasse.
- **Hoogland** €: 2042 AV, Westerparkstraat 5, Tel. 571 55 41, Fax 571 42 00, www.hotelhoogland.nl, Familienbetrieb im Schatten des Leuchtturms.
- **Zuiderbad** €: 2042 AD, Tel. 571 26 13, Fax 571 31 90, www.hotelzuiderbad.nl, Zimmer im 2. Stock mit Balkon und Meerblick, Restaurant mit Terrasse, geschlossen Anfang Jan. bis Ende Feb. sowie Mitte Nov. bis Ende Dez.
- **Amare** €: 2042 GJ, Hogeweg 70, Tel. 571 22 02, Fax 571 43 74, www.hotelamare.nl, einfaches Hotel im Zentrum, einige Zimmer mit Balkon.
- **CenterPark:** 2041 JB, Trompstraat 2, Tel. 574 11 00, Fax 574 11 03, www.centerparcs.com, Bungalowpark mit tropischer Schwimmhalle.
- **Camping de Branding:** Boulevard Barnaart 30, Tel. 571 30 35, Fax 571 92 83, www.campingdebranding.nl, an der Strandstraße nach Bloemendaal aan Zee, geöffn. Apr.–Okt.
- **Camping de Duinrand:** Boulevard Barnaart 68, Tel. 571 24 12, Fax 573 45 29, www.campingdeduinrand.nl, www.centerparcs.de/Zandvoort, an der Strandstraße nach Bloemendaal aan Zee, geöffnet März bis Okt.

Discos

- **Chin-Chin:** Halterstraat 29, Tel. 571 40 95.
- **Feestcafé Shooters:** Halterstraat 56a, Tel. 551 38 55.
- **Seasons Zandvoort:** Dorpsplein 2, Tel. 571 43 47.

Museen

- **Mu-Zee-um:** De Rotonde, Tel. 571 22 21, www.juttermuseum.nl, geöffnet Mi 13.30–16 Uhr, Sa und So 12–16 Uhr, Eintritt frei.
- **Zandvoorts Museum:** Zwaluëstraat 1, Tel. 574 02 80, geöffnet Mi–So 13–17 Uhr, www.zandvoortsmuseum.nl, geschlossen 1.1., 30.4., 25., 26. und 31.12., Eintritt 2,25 €, Kinder frei.

Aktivitäten

- **Holland Casino Zandvoort:** Badhuisplein 7, Tel. 574 05 74, www.hollandcasino.nl, Roulette, Black Jack, Spielautomaten, geöffnet 12–3 Uhr, Eintritt 3,50 €.
- **Circus Zandvoort:** Gasthuisplein 5, Tel. 571 86 86, www.circuszandvoort.nl, Unterhaltung für die ganze Familie, mit Casino.
- **Golf:** Kennemer Golf- und Countryclub, Kennemerweg 78, Tel. 571 28 36, www.kennemergolf.nl, 27-Loch-Platz, für Gäste offen; Open Golf Zaandvoort BV, Duintjesweg 3, Tel. 571 57 43, 18-Loch-Platz, täglich geöffnet 9–21 Uhr.
- **Minigolf:** im *CenterParc* (siehe oben).
- **Reiten:** *Manege Rückert,* Heimansstraat 25, Tel. 571 28 85, www.maneгeruckert.nl; Manege, Reitkurse, Ausritte; *Manege en Pensionstal Sandevoerde,* Keesomstraat 15, Tel. 571 58 94, begleitete Ausritte.

- **Hallenbad:** *Subtropisch Zwembad,* Hallenbad des CenterParc, ganzjährig 10–21 Uhr geöffnet (siehe oben).
- **Bootsvermietung:** *Watersportcentrum The Spot,* Noorderstrand 23a, Tel. 571 76 00, Vermietung von Katamaranen, Surfbrettern und Wasserski.
- **Circuit Park Zandvoort:** Burg v. Alphenstraat, Tel. 574 07 40, www.circuit-zandvoort.nl. Autorennstrecke mit verschiedenen Rennveranstaltungen, kann auch privat befahren werden.

Hinterland

Haarlem

Östlich der Dünen des Nationalparks Zuid-Kennemerland erstreckt sich Haarlem, eine der alten und geschichtsträchtigen **Kulturstädte** Hollands. Außerdem ist Haarlem das Zentrum der holländischen **Blumenzwiebelzucht.** Im 16. Jahrhundert waren bereits die ersten Tulpenzwiebeln aus der Türkei nach Europa gelangt. Auf den kalkig-sandigen Böden der Strandwälle um Haarlem setzte im 17. Jahrhundert der Blumenzwiebelanbau so richtig ein. Zahlreiche Dünen trug man ab, um mehr Platz für die Zwiebelproduktion zu schaffen. Schon vor hundert Jahren war die Haarlemer Blumenschau „Flora" weit über die Stadtgrenze hinaus bekannt, die bis heute unter der Bezeichnung **Floriade** im Frühjahr abgehalten wird.

Haarlem wurde bereits im 10. Jahrhundert gegründet. Die Grafen von Holland bauten sich den Ort zu ihrer Residenz aus und gaben ihm 1245 die Stadtrechte. Schnell wuchs die Stadt über ihre Befestigungsanlagen hinaus, von denen noch das Stadttor Amsterdamse Port vom Ende des 15. Jahrhunderts östlich des Flusses Spaarne erhalten ist. Zu Beginn des großen niederländischen Befreiungskrieges belagerten spanische Truppen im Winter 1572/73 die Stadt, die sich schließlich nach sieben Monaten ergeben musste. Erst 1577 gelang es den Niederländern, Haarlem wieder zu befreien. Dann brachte das Goldene Zeitalter die Blütezeit: Die Stadt konnte sich wirtschaftlich in

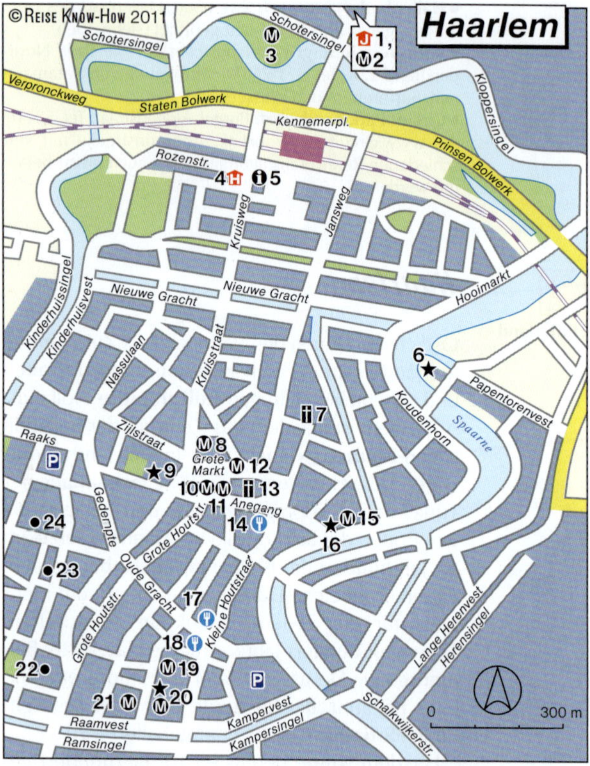

1 Jugendherberge "Stayokay"
2 Natur- en Milieucentrum Huis ter Kleef
3 Het Dolhyus
4 Lion d'Or
5 Information
6 De Adrian
7 Waalse Kerk
8 Corrie ten Boomhuis
9 Rathaus
10 Archäologisches Museum
11 Fleischhalle
12 Fischhalle
13 St. Bavokerk
14 Haarlem aan Zee
15 Teylers Museum
16 Stadtwaage
17 In den Gevulde Broodmand
18 Peter Cuyper
19 Historisches Museum Haarlem
20 Sint-Elisabeths Gasthuis und
ABC Architektur Museum
21 Frans Hals Museum
22 Provenierhofje
23 Brouwershofje
24 Hofje van Loo

außerordentlicher Weise entwickeln und wurde zu einem **Zentrum holländischer Malerei** – in Haarlem war *Frans Hals* als berühmtester Maler der Stadt tätig.

Das Goldene Zeitalter verschaffte Haarlem auch einen Bauboom ohnegleichen. Die vom Stadtbaumeister *Lieven de Key* errichteten Bauten wie das Rathaus oder die Fleischhalle stellen architektonische Meisterwerke dar. Bis heute konnte sich Haarlem seinen städtischen Charme mit den vielen Grachten erhalten. Eine große Zahl denkmalgeschützter Bürgerhäuser säumen mit ihren hübschen Giebeln und Fassaden die Kanäle und Straßen. Wohnhöfe sind ein besonderes Merkmal der Stadt. Weit reicht der Blick von der Dachterrasse der **Verweyhal** (so benannt nach dem impressionistischen Maler *Kees Verwey*) über die Dünen einerseits und zum Haarlemermeer andererseits, das nach über 200-jährigen Bemühungen 1852 endlich eingedeicht und trockengelegt werden konnte – damit war die Überschwemmungsgefahr bei Sturmfluten für Amsterdam und für Haarlem selbst gebannt.

Sehenswertes

Das Zentrum Haarlems bildet der **Grote Markt.** Hier steht die als Grote Kerk bezeichnete **St.-Bavokerk** aus dem 15. Jahrhundert mit hohem Vierungsturm. Eindrucksvoll ist das Sterngewölbe aus Zedernholz über dem kurzen Mittelschiff und dem langen Chor. Zur wertvollen Innenausstattung zählen das geschnitzte Chorgestühl, das Chorgitter aus Messing, die Kanzel mit dem gotischen Deckel und die große Orgel aus dem 18. Jahrhundert mit ihren 5000 Pfeifen.

Die **Fischhalle** *(Vishal)* aus dem 18. Jahrhundert steht an der Nordfassade der Grote Kerk, die wie die **Fleischhalle** *(Vleeshal)* am Grote Markt aus dem Jahr 1604 als Zweigstelle des **Frans-Hals-Museums** dient. Dessen Hauptsitz befindet sich in dem umfunktionierten, ebenfalls vom Stadtbaumeister Lieven de Key Anfang des 17. Jahrhunderts errichteten ehemaligen Altmännerhaus *(Ou-*

demannenhuis). Das **Rathaus** *(Stadhuis)* ist in dem ehemaligen Jagdschloss der Grafen von Holland aus dem 14. Jahrhundert mit dem im 20. Jahrhundert restaurierten Turm untergebracht. Die Um- und Erweiterungsbauten mit Schweifgiebel und einer Loggia über der Freitreppe tragen ebenfalls die Handschrift von Stadtbaumeister Lieven.

Zu den vielfältigen weiteren Sehenswürdigkeiten von Haarlem zählen die von Lieven de Key an der Spaarne errichtete **Waag** (Stadtwaage), die **Waalse Kerk** als älteste Kirche der Stadt nördlich des Grote Markt, das ehemalige **Sint-Elisabeths Gasthuis,** ein einstiges Hospital gegenüber dem Altmännerhaus mit dem Zuid-Kennemerland-Museum, dem ABC Architekturmuseum und einem Fotoarchiv, weiterhin die **Hoofdwacht,** ein Patrizierhaus aus dem 13. Jahrhundert am Grote Markt, sowie nicht zuletzt die Kathedrale **Basiliek St.-Bavo,** eine um die Wende zum 20. Jahrhundert außerhalb des Stadtkerns erbaute, riesige, neugotische Kirche mit reicher Schatzkammer. Zu den wichtigsten Wohnhöfen zählen der **Provenierhofje** aus dem Jahr 1952, der **Brouwershofje** aus dem Jahr 1472 und der **Hofje van Loo** aus dem Jahr 1489.

Info

- **Tel.-Vorwahl:** 023
- **VVV Haarlem:** Stationsplein 1, Tel. (0900) 616 16 00, Fax 534 05 37, www.haarlemmarketing.nl.

Essen & Trinken

- **Peter Cuyper** €€: 2011 DR, Tel. 532 08 85, www.petercuyper.nl, modernes Restaurant in einem alten Pfandleihhaus aus dem 17. Jh., Gartenterrasse , geschlossen Ende Juli/Anf. Aug., 27.12.–4.1., So und Mo Ruhetag.
- **Haarlem aan Zee** €: 2011 HL, Tel. 531 48 84, Fischrestaurant mit Garten, geschlossen 24.12., 31.12. und 1.1.
- **In den Gevulde Broodmand** €: Kleine Houtstraat 66, Tel. 53 23 46 11, www.indegevuldebroodmand.nl, reizvoller Tee-Salon mit Geschenkladen.

Unterkunft

- **Lion d'Or** €€: 2011 LC, Tel. 532 17 50, Fax 532 95 43, www.hotelliondor.nl, moderne Zimmer in einem 150 Jahre alten Gebäude nahe dem Bahnhof, mit Restaurant.
- **Haarlem Zuid** €€: 2035 LC, Toekanweg 2, Tel. 536 75 00, Fax 536 79 80, www.hotelhaarlemzuid.nl, außerhalb gelegen, ein Hotel der Valk-Gruppe, mit Restaurant.

Haarlems berühmter Sohn: Frans Hals

Frans Hals wurde um 1580–85 in Antwerpen geboren. Einige Jahre später ließ sich die Familie in Haarlem nieder. Er erhielt seine künstlerische Ausbildung von dem Spätmanieristen *Karel van Mander.* 1610 wurde Hals in die Malergilde Haarlems aufgenommen, er entwickelte sich zum berühmtesten Porträtmaler seiner Zeit. *Rubens* und *van Dyck* zählten zu seinen Freunden.

Lebensecht sind *Hals'* Gruppenbilder der Stände, wie zum Beispiel das 1616 gemalte „Festmahl der Offiziere der Sankt-Georgs-Schützengilde". Nicht minder berühmt sind seine Einzelporträts und Darstellungen aus dem Volksleben. Gern porträtierte er Bauern, Soldaten, Fischer oder Dirnen als robuste Gestalten voller Lebenskraft. Seine Bilder strahlen heitere Beweglichkeit und leuchtende Farbigkeit aus, die im Laufe seiner Schaffenszeit von helleren nach insgesamt dunkleren Tönen wechselten.

Frans Hals' Spätwerk wird ab 1640 datiert. In seiner letzten Schaffensphase gelingt es ihm, sich vom vormals repräsentativen Porträtstil zu lösen und einen weiterentwickelten Stil der individuellen Charakterisierung der porträtierten Personen zu schaffen. Dieser künstlerische Ansatz wurde später von den holländischen Realisten des 19. Jahrhunderts und den Impressionisten wieder aufgegriffen.

Als Vorsteher der Malergilde und als Mitglied der Rhetorikgesellschaft genoss *Frans Hals* hohes Ansehen weit über die Stadt hinaus. Doch übertriebener Lebensgenuss führte ihn in die Alkoholabhängigkeit. Er starb verarmt am 26. August 1666 in einem Altmännerheim, dessen Vorsteherinnen er noch 1664 porträtiert hatte – eines seiner Meisterwerke. In jenem Altmännerhaus ist heute das **Frans Hals Museum** von Haarlem (siehe dort) untergebracht, das einige der wenigen erhaltenen Bildern aus dem reichen Schaffen des Malers zeigt.

037ho Foto: ot

Auf der linken Seite: das Frans Hals Museum

Noord-Holland

- **Jugendherberge:** *Stayokay Haarlem,* 2024 CL, Jan Gijzenpad 3, Tel. 537 37 93, Fax 537 11 76, www.stayokay.com/haarlem.
- **Camping De Liede:** 2015 KA, Lie Oever 68, Tel. 535 86 66, Fax 540 46 13, www.campingdeliede.nl, östlich der Stadt, ganzjährig geöffnet.

Museen

- **Frans Hals Museum:** Hauptmuseum Groot Heiligland 62, Tel. 51 57 75, www.franshalsmuseum.nl, mit den Außenstellen in der alten Vleeshal und der Verweyhal am Grote Markt, geöffnet Di–Sa 11–17 Uhr, So 12–17 Uhr, Eintritt 10 €, Kinder unter 18 Jahren frei, 13–18 Jahre 2,50 €, 19–24 Jahre 4,50 €.
- **Archäologisches Museum:** Grote Markt 18k, Tel. 542 08 88, www.xs4all.nl/~kammdijk/nl/, geöffnet Mi–So 13–17 Uhr, Eintritt frei.
- **ABC Architekturmuseum:** Groot Heiligland 47, Tel. 534 05 84, www.architektuurhaarlem.nl, städtebauliche Exponate zu Haarlem, geöffnet Di–Sa 12–17 Uhr, So und an Feiertagen 13–17 Uhr, Eintritt frei.
- **Corrie ten Boomhuis:** Barteljorsstraat 19, Tel. 531 08 23, www.corrietenboom.com, jüdisches Versteck während der deutschen Besetzung, Führungen April bis Okt. Di–Sa ab 10 Uhr, letzte Führung 15.30 Uhr, ansonsten 11 bzw. 15 Uhr, So und Mo geschlossen, Eintritt frei.
- **Historisches Museum Haarlem:** Groot Heiligland 47, Tel. 542 24 27, www.historischmuseumhaarlem.nl, Exponate zur Geschichte von Haarlem und seiner Umgebung, Regionalmuseum, geöffnet Di–Sa 12–17 Uhr, So 13–17 Uhr, Eintritt 4 €, Senioren 2 €, Kinder frei.
- **Teylers Museum:** Spaarne 16, Tel. 531 90 10, www.teylersmuseum.nl, Gemäldesammlung, ältestes Museum Haarlems vom Ende des 18. Jahrhunderts, benannt nach dem Stifter, dem Textilfabrikanten *Teyler,* geöffnet Di–Sa 10–17 Uhr, So 12–17 Uhr, Eintritt 7 €, Kinder 6–18 J. 2 €.
- **Het Dolhyus:** Schotersingel 2, Tel. 541 06 70, Fax 541 06 81, www.hetdohuys.nl, Museum der Psychiatrie, geöffnet Di–Sa 12–17 Uhr, So ab 13 Uhr. Eintritt 8,50 €, Jugendliche bis 18 Jahre und Senioren 6 €, Kinder unter 12 Jahre frei.
- **Museum De Cruquius:** 2142 ER Cruquius, Cruquiusdijk 27, Tel. 528 57 04, www.cruquiusmuseum.nl, südöstlich von Haarlem, Museum in einem der drei Dampfpumpenwerke, mit denen Mitte des 20. Jahrhunderts das Haarlemermeer trockengelegt wurde, geöffnet März bis Okt. Mo–Fr 10–17 Uhr, Sa, So und feiertags 11–17 Uhr, Eintritt 6 €, Senioren 4,50 €, Kinder bis 18 Jahre 3 €.
- **De Adrian** (Mühle): Papentorenvest 1a, Tel. 545 02 59, www.molenadrian.nl, geöffnet März bis 1.1. Mo, Mi–Fr 13–16 Uhr, Sa und So 10–16 Uhr, ansonsten Mo und Fr 13–16 Uhr, Sa und So 10–16 Uhr.

• **Natuur- en Milieucentrum Huis ter Kleef:** Kleverlaan 9, Tel. 511 46 40, Gartenanlage, trop. Gewächshaus, Tierweide und Spielwiese, Wechselausstellungen zu Naturthemen, geöffnet täglich 11–16 Uhr, Eintritt frei.

Aktivitäten

• **Linnaeushof:** *Bennebroek* (südlich von Harlem), Rijksstraatweg 4, Tel. 584 76 24, www.linnaeushof.nl, Freizeitpark, der sich selbst als größten Spielplatz Europas bezeichnet, geöffnet Ende März bis Ende Sept. 10–18 Uhr, Eintritt 11 €, Senioren 9 €, Kinder bis 2 Jahre frei.

• **Bootsfahrten:** *Woltheus Cruises,* Spaarne 11a, Tel. 535 77 23, www.woltheuscruises.nl, Grachtenrundfahrten von April bis Okt. täglich 10.30, 12, 13.30, 15 und 16.30 Uhr.

• **Golf:** *Haarlemermeerse Golfclub,* Spierngweg 745, Tel. 558 90 00, www.hmeergolf.nl, halböffentlicher 27-Loch-Platz mit 9-Loch-Übungsbahn.

• **Schwimmen:** *Boerhaavebad,* Boerhaavebad 1, Tel. 538 81 00, www.boerhaavebad.nl, ganzjährig geöffnet Mo–Fr 12–17.30 Uhr, Sa/So 10–15.45 Uhr, Sa 19–21.45 Uhr Disco.

Veranstaltungen

• **Blumenkorso:** Samstag Ende April von Noordwijk nach Haarlem über Sassenheim, Lisse (Keukenhof), Hillegom und Heemstede; Information: *Bloemencorso van de Bollenstreek,* 2160 AC Lisse, Tel. (0252) 42 82 37, Fax 42 47 96, www.bloemencorso.info.

Spaarndam

Wenige Kilometer nordöstlich von Haarlem kommt man nach Spaarndam, einem malerischen Ort, dessen Häuser mit ihren alten Giebeln dicht gedrängt zu beiden Seiten des Deiches stehen. Die reformierte Ortskirche stammt aus dem 17. Jh. Schleusen stellen die Verbindung zwischen Spaarne und Ij her. Der **Hafen** erinnert an dessen Vergangenheit als Fischersiedlung mit Zugang zum **Haarlemermeer.**

Auf einer Schleuse steht ein Denkmal für *Hans Brinker,* einen Jungen, der einer Legende nach seinen Finger eine ganze Nacht lang in ein Leck des Deiches steckte und damit dessen Durchbruch verhinderte – und so Haarlem vor einer Überschwemmung bewahrte.

Essen & Trinken

• **Het Stille Water** €€: 2063 JV Spaarndam, Oostkolk 19, Tel. (023) 537 13 94, www.stillewater.nl, in einem Haus aus dem 18. Jh. an einer Schleuse, mit Garten, geschlossen Mi, Mo von Okt. bis März und Ende Dez.

DE PIER · CASINO

Zuid-Holland

Überblick

Der breite Dünengürtel an der niederländischen Nordsee setzt sich in der Provinz Zuid-Holland bis Hoek van Holland fort, nur unterbrochen vom Hafen von Scheveningen – der Dünengürtel wird hier aber zunehmend schmaler. Dieser zur Küste

liegende Teil der Provinz Zuid-Holland wird auch als **Holland Rijnland** bezeichnet, weil hier der Ur-Rhein in die Nordsee mündete.

Küste

Noordwijkerhout

Im Dünenhinterland zwischen Haarlem und Leiden breitet sich das Zentrum des holländischen Blumenzwiebelanbaus aus. Inmitten dieser Region liegt der reizvolle Badeort Noordwijkerhout unmittelbar am inneren Dünenrand, weithin bekannt für seine malerische Witte Kerkje aus dem 13. Jahrhundert. Das Rathaus von Noordwijkerhout steht unter Denkmalschutz. Das Gebäude wurde 1930 nach dem Entwurf von Architekt *Kropholler* aus Wassenaar gebaut. Die späteren Anbauten wurden im gleichen Stil gehalten. Der innere Dünenrand ist bewaldet, wurde aber durch den Abbau des kalkhaltigen Dünensandes arg in Mitleidenschaft gezogen. Doch man hat aus der Not eine Tugend gemacht und hier ein großes Erholungsgebiet mit dem **Oosterduinse Meer** geschaffen. Eine Vielzahl von Campingplätzen und Bungalowparks zieht die Besucher an. Es gibt zwei Dünenübergänge zum Meer, einmal den zentralen Duindamseslag für Fußgänger und Fahrradfahrer und zum Zweiten die nördlicher führende Fahrstraße, den Langervelderslag, mit einem großen Parkplatz und Snackbars.

Info

- **Tel.-Vorwahl:** 0252
- **VVV Winkel Noordwijkerhout:** 2211 GC, Herenweg 4, Tel. 34 37 37, Fax 37 30 44, www.nordwijkerhout.nl.

Strand

- Breit, feinsandig, qualitativ einwandfrei (blaue Flagge).
- **Strandpavillons:** De Zeespiegel, Duindamseslag; Het Ruime Sop, Langervelderslag.

Essen & Trinken

- **'t Wapen van Noordwijkerhout** €: 2211 CG, Dorpsstraat 14, Tel. 37 23 89, wapenvannoordwijkerhout.nl; Altholländisches Restaurant mit Hotel/Pension im Zentrum, mit Kinderspielplatz.

Unterkunft

- **Hotel & Restaurant de Witte Raaf** €€€: 2204 AR, Duindamseweg 7, Tel. 36 11 00, Fax 36 11 11, www.duinparkwitteraaf.nl, ansprechendes Hotel mit Restaurant **In de Tuin** €€€ am Dünenrand mit großer Gartenterrasse, dazu großer Bungalowpark (s.u.).
- **Bungalowpark Sollasi:** 2211 ZC, Duinschooten 12, Tel. 37 44 60, Fax 37 77 28, www.sollasi.nl, an den Dünen, mittelgroßer Park.
- **Bungalow- en Caravanpark de Wijde Blick:** 2211 XM, Schulpweg 60, Tel. 37 22 46, Fax 37 07 72, www.bungalowparkdewijdeblick.nl, Dünennähe.
- **Duinpark de Witte Raaf:** 2204 AT, Duindamseweg 7, Tel. 36 11 00, Fax 36 11 11, 78, www.duinparkwitteraaf.nl; Bungalowanlage mit gehobenem Komfort am Weg zum Dünenübergang.
- **Camping „de Wulp“:** 2204 AN, Kraaierslaan 25, Tel. 37 28 26, Fax 34 18 07, www.dewulp.nl, am Dünenrand.
- **Jugendherberge:** *Stayaway Noordwijk,* 2204 BC, Langevelderlaan 45 (Noordwijkerhout), Tel. 37 29 20, Fax 37 70 61, www.stayokay.com/noordwijk.

Aktivitäten

- **Reiten:** *Bakker,* Schulpweg 62, Tel. 37 26 68; Smit, Schulpweg 129, Tel. 37 27 63.

Küste

Noordwijk

Noordwijk hat zwei Ortskerne: Nordwijk Binnen und Noordwijk aan Zee. **Noordwijk aan Zee** war früher ein Fischerdorf, seine reformierte Kirche stammt aus dem Jahr 1647. Im Jahre 1883 bekam der Ort seine ersten beiden Hotels. Der Leuchtturm am Koningin Wilhelmina Boulevard wurde 1922 errichtet. Doch ist aus der früheren Zeit nicht viel geblieben, weil die Deutschen im Zweiten Weltkrieg einen großen Teil der Bebauung abrissen, um die Küste besser verteidigen zu können. Das Seebad Noordwijk aan Zee konnte sich dann

Am Strand von Noordwijk aan Zee

Seite 216/217: Der Pier von Scheveningen – in den „Satelliten“ gibt es Restaurants, Geschäfte und ein Casino

039ho Foto: ot

aber nach dem Krieg dynamisch entwickeln. Der inzwischen beidseitig verlängerte Boulevard säumt als Strandpromenade die Dünen. Nach Norden ist dies der mondäne Koningin Wilhelmina Boulevard, nach Süden der eher familiäre Koningin Astrid Boulevard. In der Mitte steht in kaltem Prunk das klotzige Huis ter Duin, das Grand Hotel des Ortes. Ansonsten reihen sich an den Boulevards Hotels, Appartementhäuser und Restaurants aneinander. Darüber hinaus verfügt Noordwijk aan Zee über eine große Kapazität an Kongresseinrichtungen, vor allem an entsprechend ausgestatteten Kongresshotels. Dennoch hat der Ort seinen Charakter als familiäres Seebad nie ganz verloren.

Noordwijk Binnen strahlt noch etwas von seinem alten Dorfcharme aus. Die alten Straßen werden von kleinen Häusern gesäumt, die teilweise noch Renaissance-Giebel aufweisen. Das Heimatmuseum des Ortes ist in einem Bauernhaus aus dem Jahre 1625 untergebracht. Der Turm der reformierten Ortskirche, ein dreischiffiger, gotischer Kreuzbau, stammt aus dem 13. Jh., das Schiff wurde wahrscheinlich nach dem großen Brand von 1450 gebaut. Der Taufstein ist eine Arbeit des 15. Jh., das geschnitzte Gestühl entstand 1636.

Wenn die Badesaison noch nicht angefangen hat, erstrahlt die gesamte Umgebung von Noordwijk in einem farbenprächtigen Blütenmeer. Inmitten des Blumenzwiebelanbaugebietes sind die Felder voll von **Krokus, Hyazinthen und Tulpen.**

Südlich des alten Dorfkerns von Noordwijk hat die Raumfahrt einen ihrer zentralen Stützpunkte. Hier steht das **Europäische Zentrum für Weltraumforschung und -technologie (ESTEC),** das mit seinen tausend Beschäftigten für die Projekte der europäischen Raumfahrt verantwortlich ist, so vor allem für Satellitenprojekte. Sein Informationszentrum **Space-Expo** steht Besuchern offen. Hier hat die Europäische Weltraumorganisation (ESA) ihren Sitz.

- **Space Expo:** Keplerlaan 3, Tel. (0900) 87654321, www.space-expo.nl, Raumfahrtinformationen, Di–So 10–17 Uhr, in den Schulferien auch Mo, Eintritt 9 €, Kinder 6 €.

Info

- **Tel.-Vorwahl:** 071
- **Visitor Center Noordwijk:** 2202 EK, De Grent 8, Tel. 361 93 21, www.noordwijk.nl.

Strand

- 13 Kilometer lang (blaue Flagge), viel besucht in der Saison, nach außen hin mehr Platz; Hundeverbot von Mai bis Aug. vor den Boulevards von Aufgang 1 bis Pfahl 80.5, ansonsten Leinenzwang ab Pfahl 75 nordwärts 500 m und ab Pfahl 78 nordwärts 500 m, vollständiges Pferdeverbot; **Strandrollstühle** in der Saison Juni–Aug. an den Strandaufgängen 1, 10, 21, am Duindamse Slag (24) und Langevelderslag (27), das ganze Jahr über am *Strandpavillon De Koele Costa,* Tel. 20 43 11 18; **FKK** südlich vom Duindamse Slag zwischen Pfahl 78 und 79 sowie nördlich vom Langevelderslag zwischen Pfahl 73 und 74. **Drachensteigen** nur ab Pfahl 83.25 südwärts.

- **Strandpavillons:** *Beach End,* Kon. Astrid Boulevard am südlichsten Strandübergang; *De Zeemeeuw,* Kon. Wilhelmina Boulevard 35, am Leuchtturm, bietet Barbecue-Feste und „tropische Nächte"; *Zuiderbad,* Strandrestaurant am Kon. Astrid Boulevard mit dem historischen Zuiderbad, einem windgeschützten Kabinenviereck, Liegefläche und privatem Strandübergang, Tel. 362 05 51, www.zuiderbad.nl; *De Zester,* Kon. Astrid Boulevard, Tel./Fax 362 05 67, gilt als geselliger Pavillon, vermietet auch Strandliegestühle und Sonnenschirme; *Koele Costa,* Fluitekruid 16, Tel. (06) 20 43 11 18, Barbecues für bis zu 100 Personen.

Essen & Trinken

- **Bij Raggers** €€€: Koningin Wilhelmina Boulevard 16a, Tel./Fax 361 48 75, www.bijraggers.nl, mit Terrasse, französische Küche, modern eingerichtet.
- **Tong AH** €€: De Grent 36, Tel. 361 29 82, gehobenes chinesisch-indonesisches Restaurant im Zentrum.
- **Villa de Duinen:** 2202 CE, Oude Zeeweg 74, Tel. 364 89 32, Fax 364 71 49, www.villadeduinen.nl, moderne Brasserie in einer Villa im Stil des Bäderjugendstils hinter den hinteren Dünen, mit Hotel €€€.

Unterkunft

- **Huis ter Duin** €€€€€: 2202 BK, Tel. 361 92 20, Fax 361 94 01, www.huisterduin.com, Grand Hotel des Ortes mit allen erdenklichen Einrichtungen, unmittelbar am Strand gelegen, dominiert die Strandkulisse, mit **Restaurant Latour** €€€€, Café und Terrassenrestaurant, Zimmer verschiedener Kategorien, seeseitig mit Meerblick, bietet Veranstaltungen wie Jazzkonzerte, klassische Musik, Spezialitätenwochen.
- **Hotels van Oranje** €€€€€: 2202 GV, Koningin Wilhelmina Boulevard 20–31, Tel. 367 68 69, Fax 367 68 00, www.hotelsvanoranje.nl, neoklassizistischer Bau unmittelbar an der Strandpromenade, Luxushotel mit allen erdenklichen Einrichtungen, mit den Restaurants **Romanoff** €€€€ (klassische Küche) und **De Harmonie** €€€ (Grillrestaurant).
- **Het Hogerhuys** €€€: Emmaweg 25, Tel. 361 73 00, www.hogerhuys.nl, einige Straßen zurückversetzt vom Strand, praktisch eingerichtete Zimmer großenteils mit Balkon, mit Restaurant, Café, Terrasse.
- **Camping Club Soleil:** 2204 AN, Kraaierslaan 7, Tel. (0252) 37 42 25, Fax 37 64 50, www.clubsoleil.nl, gehobener Familienplatz mit Hallenschwimmbad (Rutschbahn), Sonnenbank und beheiztem Kinderbad, Erholungsraum, Terrasse und Restaurant, Sonnen- und Spielwiese, Streichelzoo, Babyraum, Laden etc., April bis Sept. geöffnet.
- **Camping Jan de Wit:** 2204 AK, Kapelleboslaan 10, Tel. (0252) 37 2485, www.campingjandewit.nl, geöffnet Mitte März bis Sept.

Nachtleben

- **Bar-Disco The Champ:** De Grent 20, Tel. 361 76 80.

Museen

- **Museum Noordwijk:** 2202 JC, Jan Kroonsplein 4, Tel. 361 78 84, www.museumnoordwijk.nl; Heimatmuseum mit Schiffsmodellen, Exponate über das Fischerdorf aus der Zeit um 1900, geöffnet Di–Sa 11–17 Uhr, So 14–17 Uhr, Eintritt 3 €, Kinder bis 12 Jahre 2 €.
- **Streekmuseum Veldzicht:** 2201 AL, Herenweg 114, Tel. 361 78 84, www.streekmuseumveldzicht.nl; Museumsbauernhof mit Exponaten zur Kräuter- und Zwiebelzucht, dazu Exemplare der vom Aussterben bedrohten historischen Rinderrasse „Blaarkoppen", geöffnet Sa/So 14–17 Uhr, Eintritt 2,50 €, Kinder bis 12 Jahre 1 €.
- **Atlantikwallmuseum:** 2202 VH, Bosweg 15, Tel. 361 57 85, www.atlantikwall.nl, Ausstellung mit Exponaten über die deutsche Besatzungszeit in einem Bunker aus dem Zweiten Weltkrieg, geöffnet Mai bis Aug. So 10–17 Uhr, Eintritt 5 €, Kinder 3 €.

Aktivitäten

- **Golf:** Noordwijkse Golfclub, Randweg 25, Caddiemaster Tel. 373 37 63, www.noordwijksegolfclub.nl; Golf Centrum Noordwijk, Van Berckelweg 38, Tel. 364 65 43, 9-Loch-Platz.
- **Segeln:** Jachthaven Noordwijk, 2203 LB, van Berckelweg 46, Tel. 361 63 87.
- **Reiten:** Barnhoeve, Schoolstraat 71, Tel. 361 21 95; Manege Het Langeveld, Langevelderlaan 39, Tel. 37 54 29; Meeuwenoord, Northgodreef 200, Tel. 361 26 08.
- **Turmbesteigung Oude Jeroenskerk:** 2201 HW, Voorstraat 44, gotische Ortspfarrkirche von Noordwijk aus dem 13. Jahrhundert, der 40 Meter hohe Turm bietet einen weiten Überblick über den Bollenstreek und über die Dünen zur Nordsee, Besteigung mit Kirchenführung April bis Okt. Sa 12–16 Uhr 3 €.
- **Bootsrundfahrt:** Ins „Grüne Herz" *(Groene Hart), Rederij Van Hulst,* Ableger Noordwijk Binnen, Schiestraat, Tel. 301 01 33, www.rederijvanhulst.nl.

Einkaufen

- **Gewürze:** Noordwijks Kruidenwinkeltje, Pickéstraat 46, Tel. 361 28 39, Di und Fr 13.30–17.30 Uhr, Sa 9–13 Uhr, bietet 300 verschiedene Kräuter.
- **Dahlien:** Dahliakwekerij Lindhout Omata, Herenweg 105, Tel. 361 55 67, 150 verschiedene Sorten, täglich nur im Sept. geöffnet.

Hinterland

Lisse

Lisse liegt im Bereich der Randstadt, der halbrunden Aneinanderreihung von Städten zwischen Amsterdam und Rotterdam, inmitten von **Blumenfeldern,** deren üppige Blüten im Frühjahr Heerscharen von Besuchern anziehen. Der Name der Stadt leitet sich von der Güterliste *(lijst)* des Utrechter Domstifts vom Ende des 8. Jahrhunderts ab. Um 1250 stiftete Graf *Wilhelm II. von Holland* hier eine Kapelle, Ausgangspunkt einer sich Ende des 15. Jahrhunderts entwickelnden Gemeinde. Aus dieser Zeit stammt auch die einschiffige reformierte Kirche mit dem Tuffsteinturm. Die Bevölkerung lebte ursprünglich von der Torfstecherei, später vom Gemüseanbau und seit dem 20. Jahrhundert überwiegend von der Blumenzwiebelzucht.

Das örtliche **Museum de Zwarte Tulp** (Museum der schwarzen Tulpe), das über die Geschichte der Blumenzwiebelzucht informiert, ist in einem alten Haus im Zentrum untergebracht. Einen besonderen Eindruck hinterlässt die dargestellte Behausung einer Arbeiterfamilie aus der Anfangszeit des Zwiebelbooms.

Südlich von Lisse an der Nationalstraße nach Sassenheim steht das Landhaus **'t Huys Dever,** als Wohnturm erbaut im 13. Jahrhundert vom Ritter *Reinier Dever,* einem Gefolgsmann des holländischen Grafen *Albrecht van Baieren,* das heute besichtigt werden kann.

Keukenhof

Auf dem bei Lisse gelegenen Keukenhof findet alljährlich im Frühjahr die größte und schönste **Blumenschau** der Welt statt. Im beginnenden 15. Jahrhundert war das Gelände bevorzugtes Jagdgebiet der Gräfin *Jacoba van Baieren* und ihres Gefolges, das hier das Wild für die Küche des Hofs von Schloss Teylingen beim nahe gelegenen Sassenheim erlegte – deswegen „Keukenhof" (Küchenhof). Im 17. Jahrhundert stand hier ein Landhaus, das im 19. Jahrhundert in ein neugotisches Kastell verwandelt wurde. Das heutige Gelände wurde unter Einbeziehung seiner alten Bäume im **Stil englischer Landschaftsgärten** gestaltet und hebt sich somit von den umgebenden rechteckigen Blumenfeldern ab. 1949 richtete man die „Nationale Bloemententoonstelling Keuken-

Die Tulpe – ein Import aus dem Orient

Wenn eine Blume zu einem Symbol für ein Land werden kann, dann ist es die Tulpe für die Niederlande. Dabei ist das aus dem Vorderen Orient stammende Zwiebelgewächs keineswegs als Erstes in die Niederlande gelangt. Die Tulpe war längst schon in Wien und auch in Frankfurt angekommen, wo der berühmte Botaniker *Clusius*, mit bürgerlichem Namen *Charles d'Écluse*, Ende des 16. Jahrhunderts wirkte. Im Jahre 1593 ging er nach Leiden an die Universität – mit Tulpenzwiebeln im Gepäck.

Es waren dann die Niederländer, die auf den geeigneten Böden der küstennahen Strandwälle die Pflanzen zu höchster Farbenpracht züchteten. Schnell wurden für besonders prächtig blühende Tulpen Höchstpreise bezahlt, mancher Züchter konnte mit Zwiebeln das Vielfache eines Handwerkers verdienen. Allerdings brach der Markt schon bald zusammen – zu phantastisch waren die Preise in die Höhe gegangen, die „Tulpomanie" endete 1637 im Marktkollaps.

Doch die Niederländer sind zu geschäftstüchtig, als dass sie nicht wüssten, dass auf Dauer eben doch Geld mit Blüten zu verdienen ist. Längst hat sich der Markt ausgeweitet, neben Tulpen sind es Krokus, Narzissen, Gladiolen und viele andere Zwiebelblütenpflanzen, die in den Niederlanden gezüchtet und in großem Stil produziert werden. Die Krokusblüte beginnt schon im März, es folgen Narzissen und dann Tulpen – die bunten Felder erstrecken sich von Den Helder südwärts entlang der gesamten Küste. Wahre Meister der Pflanzenzucht sind die Holländer auch bei Lilien und Dahlien geworden.

Am besten ist die Farbenpracht im **Keukenhof bei Lisse** zu bewundern. Um das ganze Jahr über Gewächse anbie-

hof" ein, die inzwischen von annähernd einer Million Besuchern jährlich aufgesucht wird, um die Blütenpracht von über sieben Millionen Blumen zu bewundern. Darüber hinaus stehen den Besuchern vier Pavillons für Sonderschauen zur Verfügung. Im Koningin-Beatrix-Paviljoen wird eine permanente **Orchideenschau** gezeigt. Im Herbst wird ein großer **Blumenzwiebelmarkt** abgehal-

041ho Foto: ot

ten zu können, werden auch alle anderen Blütenpflanzen hier gezüchtet. Überall auf den Wochenmärkten werden vom Frühjahr bis in den Herbst hinein die farbenprächtigen Blumen und ihre Zwiebeln zum Verkauf angeboten.

ten. **Schloss Keukenhof** ist ein 1642 von einem ehemaligen Kommandeur der Vereenigde Oostindische Compagnie (VOC) errichtetes großzügiges Wohnhaus, das er aus den Gewinnen des Gewürzhandels mit den Molukken finanzierte. Heute kann das Gebäude besichtigt werden.

● **Keukenhof:** 2161 AM Lisse, Stationsweg 166 a, Tel. (0252) 46 55 55, Fax 46 55 65, www.keukenhof.nl, behindertengerecht, geöffnet Ende März bis Anfang Mai 8–19.30 Uhr, Eintritt 14,50 €, Kinder 4–11 Jahre 7 €, Parken 6 €.

Info

- **Tel.-Vorwahl:** 0252
- **VVV ANWB Lisse:** 2161 HM, Grachtweg 53, Tel. 41 42 62, www.vvvlisse.nl.

Essen & Trinken

- **De Vier Seizoenen** €€€: Heereweg 224, Tel. 41 80 23, www.restaurantdevierseizoenen.nl, am Hauptplatz, mit Garten.
- **Het Lisser Spijshuis** €: Heereweg 234, Tel. 41 16 65, www.spijshuis.nl, in einem kleinen Haus in der Altstadt, das an eine englische Boutique erinnert, mit Weinladen.

Unterkunft

- **Golden Tulip** €€€: 2161 AG Lisse, Heereweg 10, Tel. 43 30 30, Fax 43 30 10, www.goldentuliplisse.nl, modernisiert und komfortabel, großer Garten mit Swimmingpool.

Museen

- **Museum De Zwarte Tulp:** Grachtenweg 2a, www.museumdezwartetulp.nl, geöffnet Di–So 13–17 Uhr, behindertengerecht, Eintritt 5 €, Kinder/Senioren 2,50 €, deutsche Führungen, Erdgeschoss behindertengerecht, 25. und 26.12., 31.12. und 1.1., Pfingstsonntag und -montag, letzter Do im Sept. geschlossen.
- **'t Huys Dever:** Heereweg 349 a, Tel. 41 14 30, www.kasteeldever.nl, geöffnet Di–So 14–17 Uhr.
- **Kasteel Keukenhof:** 2161 AN Lise, Keukenhof 1, www.kasteelkeukenhof.nl, Führungen Mo 14 und 15.30 Uhr, Reservierungen unter Tel. 75 06 93, Mitte Dez. Weihnachtsmarkt.

Aktivitäten

- **Wassermühlenfahrten:** Abfahrt Kanaalstraat, März bis Mai spezielle Blumenfahrten, Information: *Rederij van Hulst,* 2361 AE Warmond, Burg. Ketelaarstraat 42 a, Tel. (071) 301 01 33, Fax 301 35 45, www.rederijvanhulst.nl.

Veranstaltungen

- **Blumenkorso** (siehe Haarlem): am Donnerstag und Freitag vor dem Blumenkorso kann man den Helfern beim Schmücken der Prunkwagen in der Klinkenberghalle in Sassenheim *(De Leeuw Flowerbulb Group)* zusehen, geöffnet Do 12–22 Uhr, Fr 10–22 Uhr, Eintritt 4 €.

Küste

Katwijk

Wie viele andere Orte an der holländischen Küste ist Katwijk im Ursprung ein Fischerdorf. In römischer Zeit befand sich hier die **Ur-Mündung des Rheins.** Längst ist sie versandet, aber ein Entwässerungskanal führt noch durchs alte Flussbett.

Katwijk aan Zee

Von der Fischereivergangenheit ist in Katwijk aan Zee außer einigen alten, weiß gestrichenen Fischerkaten direkt hinter der Kirche kaum noch etwas zu bemerken. Als die Fischerboote noch klein waren, wurden sie nach dem Fang auf den Strand gezogen. Die modernen Fangschiffe haben nun ihren Heimathafen in Ijmuiden. Reiche Reeder und Kapitäne bauten sich ihre Häuser in der Voorstraat, die einst die Hauptstraße des Ortes war. In einem dieser Häuser ist heute das **Heimatmuseum** von Katwijk untergebracht.

In der Saison spielt sich das Leben in Katwijk aan Zee auf dem Strandboulevard ab. Hier liegen die Hotels, Pensionen, Appartementhäuser, Restaurants und Eisstände. Die meisten der Häuser wurden nach dem Zweiten Weltkrieg errichtet, denn auch hier hatten die Deutschen während der Besatzungszeit aus Angst vor einer Alliierten Invasion die Häuser geschliffen. Einzig zwei Villen, der Leuchtturm und die Kirche blieben stehen. Der **Leuchtturm** aus dem Jahr 1605 stand einst allein auf einer Düne, heute ist er von Häusern umgeben.

Der Standort der Kirche ist bemerkenswert – nirgendwo sonst steht ein Gotteshaus in Holland so nahe an der Wasserlinie. Die dem Schutzpatron der Fischer geweihte **Sint Andreaskerk** wurde zu Beginn der zweiten Hälfte des 15. Jahrhunderts errichtet. 1572 ging sie beim Einmarsch der Spanier zusammen mit dem gesamten Ort in Flammen auf, danach baute man sie wieder auf. Sie erhielt einen neuen Turm, wurde aber später auch zweckentfremdet genutzt. Die Turmspitze brachen die Deutschen während der Besatzungs-

042ho Foto: ot

zeit ab. Doch 1953 richtete man die Kirche in ihrem ursprünglichen Zustand wieder her – seitdem bietet sie das beliebteste Fotomotiv von Katwijk aan Zee. Der weiße Anstrich der auch „Witte Kerk" genannten Kirche musste 2010/11 vorübergehend wegen Versalzung entfernt werden.

Der **Katwijks Kanaal** nördlich des Ortes stellt – mit zwei Schleusen – die Verbindung zum Oude Rijn her. Der in das Ortszentrum mit seinen Geschäften hineinreichende Seitenarm dieses Kanals, der Prins-Hendrik-Kanaal, dient heute als **Jachthafen.** Der stadtnahe Teil ist zu einem modernen Wohnkomplex umgewandelt worden, der stadtferne Teil bedarf noch der Renovierung.

Nah am Wasser: die Sint Andreaskerk von Katwijk

Katwijk aan de Rijn Katwijk aan Zee hat sich längst nördlich über den Kanal hinaus ausgedehnt und erstreckt sich weit in die Dünen hinein. Es bildet inzwischen eine fast geschlossene Ortschaft mit dem landeinwärts gelegenen Katwijk aan de Rijn. Der Turm der **Ortskirche** und ihr Chor wurden um 1300 errichtet, das Schiff um 1460. Ihre Taufkapelle hat ein schönes Sterngewölbe. Im nördlichen Seitenchor steht ein *Rombout Verhulst* zugeschriebenes Grabmal aus dem 17. Jahrhundert. Die großartige Rokoko-Orgel kam 1765 in die Kirche.

Rijnsburg An Katwijk aan de Rijn schließt sich östlich Rijnsburg an, ein Ort mit romanischer und merowingisch-karolingischer Vergangenheit, der heute inmitten des Blumenzwiebelanbaugebietes liegt. Die reformierte Ortskirche wurde im späten 16. Jahrhundert gebaut. Ihr **Tuffsteinturm,** der noch aus dem 12. Jahrhundert stammt, war Teil einer einstigen Abteikirche, die 1573 von den Spaniern zerstört wurde. Im Turm ist ein römisches Trachitkapitell eingearbeitet, in der Kirche findet man noch Fragmente römischer Säulen. An der Chorwand sieht man Überreste von Grabsteinen, so diejenigen von Graf *Wilhelm I.* (gest. 1223) und seiner Gemahlin *Aleida*. Im Chor der ausgegrabenen Abteikirche fand man Grabreste der holländischen Grafen *Floris IV., Wilhelm I.* und *Jan I.*

Im Ort steht das **Spinoza-Haus,** ein Bau aus dem 17. Jahrhundert. Hier hat *Spinoza* von 1661 bis 1663 gewohnt und gewirkt. Schöne Wohnhäuser stehen entlang der Vliet-Gracht.

Valkenburg Auf dem Flugfeld des nahe gelegenen Ortes Valkenburg gingen im Mai 1940 deutsche Luftlandetruppen nieder. Doch die eigentliche Bedeutung dieses auf einer Wurt gebauten Ortes liegt in seiner antiken Vergangenheit. Schon die Römer hatten am alten Rheinverlauf mehrere **Kastelle** errichtet, deren Überreste man inzwischen ausgegraben hat – hier am Rhein lag die **Grenze des Römi-**

schen Reichs! Exponate aus der Römerzeit sind im Turm der Reformierten Kirche ausgestellt.

Info

- **Tel.-Vorwahl:** 071
- **VVV Katwijk:** 2225 LB, Vuurbaakplein 11, Tel. (0900) 528 99 58 (0,45 €/Min.), Reservierungen 407 54 44, Fax 407 63 42, www.hollandrijnland.nl.

Strand

- 4,5 Kilometer lang, qualitativ einwandfrei (blaue Flagge für Katwijk Noord und Katwijk Zuid), Hundeverbot April bis Sept. 9–19 Uhr, Pferdeverbot zwischen Pfahl 74.5 und 75, **Strandrollstühle** am *Zeepaviljoen* beim Leuchtturm, kein FKK-Strandabschnitt.
- **Strandpavillons:** *Het Wantveld,* Strandabschnitt 17, Tel. 408 23 80, www.hetwantveld.nl, bietet sich für Feste und Barbecues an, vermietet Strandkabinen; *Zeepaviljoen,* Strandweg 2, Tel. 407 41 98, www.zeepaviljoen.nl, ganzjährig geöffnet, vermietet Sonnenschirme, Strandstühle und Strandkabinen; *Zee end Zon Strandpaviljoen,* Strandabschnitt 10, Abgang Voorstraat, Tel. 407 15 09, kleines Restaurant mit großer Sonnenterrasse, Fisch- und Fleischspezialitäten; *Benny's Beach Inn,* Boulevard Zuid, Strandabschnitt 1, Tel. 407 22 78, www.bennysbeachinn.nl, ganzjährig geöffnet, große Fischkarte; *Het Strand,* Strandabschnitt 8, Tel. 401 20 48, www.het-strand.nl, bis Ende Okt. täglich geöffnet, vermietet Schirme, Strandkabinen, Strandstühle etc.

Essen & Trinken

- **Brittenburg** €€€: Boulevard 70, Tel. 407 76 24, www.restaurantbrittenburg.nl, Restaurant im Stil einer Brasserie, mit Terrasse, Mitte Dez. bis Mitte Jan. und So geschlossen.
- **De Zwan** €€: Boulevard 111, Tel. 401 20 64, www.restaurantdezwan.nl, schöne Aussicht, mit Terrasse, holländische und französische Küche, Fischspezialitäten.

Unterkunft

- **Noordzee** €€€€: 2225 JB, Boulevard 72, Tel. 401 57 42, www.hotelnoordzee.nl, Hotelkomplex mit Innenhof, traditionelle Zimmer mit direktem Blick über den Boulevard auf das Meer, neuerer Flügel mit modernen Zimmern und seitlichem Meerblick, **Restaurant** €€€ mit italienischer Küche, im Sommer Bistro-Pizzeria mit Terrasse vor dem Haus; Mitte Dez. bis Mitte Jan. geschlossen.
- **Savoy** €€€: 2225 AA, Boulevard 1, Tel. 401 56 45, Fax 407 71 65, Hotel und Restaurant in exponierter Lage am Ende des Boulevards gelegen, schöne Aussicht, günstige Menüs.
- **Zeezicht** €€: 2225 AD, Boulevard 50, Tel. 401 40 55, Fax 407 58 52, www.hotel-zeezicht.nl, kleine Zimmer, praktisch eingerichtet, ohne Restaurant, Anfang Nov. bis Mitte März geschlossen.
- **Camping Zuidduinen:** 2225 AN, Zuidduinseweg 1, Tel. 401 47 50, Fax 407 70 97, www.zuidduinen.nl, Familien-

platz 300 Meter vom Strand in den Dünen, geöffnet April bis Sept.

- **Camping De Nordduinen:** 2221 EW, Campingweg 1, Tel. 402 52 95, Fax 403 39 77, www.nordduinen.nl, unmittelbar hinter den Dünen, auch Wohnwagenvermietung.
- **Recreatiecentrum Koningshof:** 2231 NW Rijnsburg, Elstgeesterweg 8, Tel. 40 26 051, Fax 402 13 36, www.koningshofholland.nl, mit Hallenbad und 25 Chalets, ganzjährig geöffnet.

Museen

- **Katwijks Museum:** Voorstraat 46, Tel. 401 30 47, www.katwijksmuseum.nl, Exponate zum Leben der Fischer und Kapitäne, Schiffsmodelle, Trachten, geöffnet Di–Sa 10–17 Uhr, feiertags geschlossen, Eintritt 5 €, Kinder und Senioren 1,80 €.
- **Torenmuseum Valkenburg:** 2235 CN Valkenburg, Castellumplein 1a, Tel. 401 27 42, www.oudvalkenburgzh.nl; Turmbesichtigung über 7 Etagen mit weiten Ausblick von der Aussichtsplattform, Ausstellung römischer Funde, Lift bis 5. Etage, geöffnet Sa 10–12.30 Uhr, Eintritt 1,20 €, Kinder 0,75 €.
- **Museum Oud Rijnsburg:** 2231 CN Rijnsburg, Oude Vlietweg 6, Tel. 402 29 61, www.genootschapoudrijnsburg.nl, archäologische Funde aus der 1000-jährigen Geschichte in einem restaurierten Wohnhaus aus dem 18. Jahrhundert, geöffnet Fr 19–21 Uhr, Sa 10–16 Uhr, Eintritt 1,25 €, reduziert 1 €.

Aktivitäten

- **Rundfahrten:** 3 bzw. 4,5 Std. auf dem Oude Rijn bis Leiden und Alphen, Abfahrt Hafen Katwijk, Information: *Rederij Triton,* Prins Hendrikkade 11d, Tel. 401 32 28, www.rederijtriton.nl.
- **Museumseisenbahn:** *Stoomtrein Valkenburgse Meer,* 2235 SP Valkenburg, J. Pellenbargweg 1, Tel. 572 42 75, www.smalspoormuseum.nl, Schmalspurbahn mit Dampflok von Valkenburg Richtung Wassenaar, verkehrt Mai bis Sept. Sa/So sowie Di/Do in den Schulferien 10.30–16.30 Uhr, Fahrt mit Besuch des Lokschuppens 7 €, Kinder und Senioren 5 €.
- **Schwimmen:** *Subtropisch Zwembad Aquamar,* 2224 SW Katwijk, Piet Heinlaan 5, Tel. 401 59 47, www.zwembadaquamar.nl; Hallen- und Freibad, große Rutsche, Whirlpool, Dampfbad etc., Eintritt 4 €, div. Ermäßigungen.

Einkaufen

- **Wochenmarkt:** Katwijk Zentrum, freitags Admiral de Ruyterlaan.
- **Touristenmarkt:** Katwijk aan Zee, Juli/Aug. Di 13–21 Uhr Fußgängerzone.

Hinterland

Leiden

Bis 1512 stand der über hundert Meter hohe Turm der Leidener Pieterskerk noch und diente den Fischern von Katwijk als Orientierungspunkt für ihre Heimfahrten – so dicht liegt Leiden an der Küste. Leiden ist die **älteste Universitätsstadt der Niederlande.** Hier bestand schon die römische Grenzsiedlung *Lugdunum Batavorum.* Die Anfänge der heutigen Stadt gehen auf eine Burg am Oude Rijn zu Zeiten *Karls des Großen* zurück. Der Fluss spielte eine große Rolle für die wirtschaftliche Entwick-

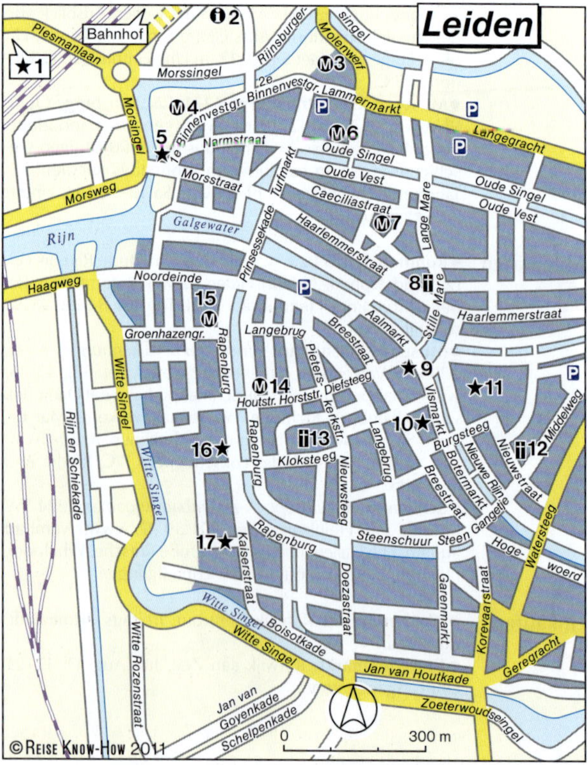

★	1	Naturalis	★	9	Alte Waage
ℹ	2	Information	★	10	Stadthaus
Ⓜ	3	Rijksmuseum voor Volkenkunde	★	11	Burcht
Ⓜ	4	Mühlenmuseum de Valk	⛪	12	Hooglands Kerk
★	5	Morspoort	⛪	13	Pieterskerk
Ⓜ	6	De Lakenhal	Ⓜ	14	Rijksmuseum van Oudheden
Ⓜ	7	Museum Boerhaave	★	15	Sieboldhuis
⛪	8	Hartebrugkerk	★	16	Academiegebouw
			★	17	Hortus Botanicus

lung, doch mit der Verlagerung der Rheinmündung nach Süden ging es bergab, hätten nicht Weber aus Brabant im 14. Jahrhundert die Textilindustrie nach Leiden gebracht. Zu Beginn des Achtzigjährigen Krieges musste die Stadt 1573 und 1574 zwei schreckliche Belagerungen durch spanische Truppen bestehen. In Anerkennung der Tapferkeit ihrer Bürger gründete *Wilhelm von Oranien* in Leiden die Universität. Studenten prägen bis heute das Erscheinungsbild dieser Stadt mit ihren schönen Grachten und *Hofjes* – von diesen Wohnhöfen mit ihrem idyllischen Flair sind über dreißig vorhanden.

Die Universität von Leiden genoss von Anfang an den Ruf einer toleranten Hochschule. Sie zog Gelehrte aus vielen Ländern an, aber auch aus religiösen Gründen verfolgte flämische, englische und französische Protestanten. In dieser freiheitlichen Atmosphäre konnten sich auch die Künste entwickeln, in Leiden vor allem die Malerei. Die **Leidener Schule** hat von der Spätgotik bis in die Renaissance viele berühmte Maler hervorgebracht, so *Jan Davidszoon de Heem, Jan van Goyen* und vor allem *Willem van de Velde* (Vater und Sohn), die später in London wirkten. Für das 18. Jahrhundert sind noch *Gerard Dou, Frans van Mierls* und *Gabriel Metsu* zu nennen. *Rembrandt* wurde 1606 in Leiden geboren.

Rundgang Ein Rundgang durch die Stadt beginnt an der **Morspoort,** einem der beiden verbliebenen Stadttore. Über die Morsstraat gelangt man zum Beestemarkt, dem ehemaligen Viehmarkt, um den es – wie früher auch – eine Vielzahl von Kneipen gibt. Nahe bei der Oude Singel steht noch das alte Gewandhaus, die **Lakenhal,** Sitz der Herren der Tuchindustrie. In Richtung Aalmarkt kommt man an der **Hartebrugkerk** vorbei, einem klassizistischen Sakralbau aus dem Jahre 1825. Überquert man die Brücke am Aalmarkt, geht man direkt auf die **Alte Waage** von 1659 zu, deren Fassade bildhauerisch von *Rombout Verhulst* gestaltet wurde. Von der Fischbrücke über die Nieuwe-Rijn-Gracht fällt der Blick auf die 1443 errichtete Korenburg, den einstigen Kornhandelsplatz der Stadt. Die Brücke erhielt 1834 ihre Bedachung. Im Häuserviertel dahinter steht die **Burcht,** die auf einer Wurt errichtete alte Festung. Sie war schon im Goldenen Jahrhundert von den Häusern der sich ausbreitenden Altstadt umringt und daher ihrer Funktion beraubt worden – daher diente ihr Gelände schon im 17. Jahrhundert als Stadtpark.

Über die **Hooglands Kerk** aus dem 14. Jahrhundert mit den bemerkenswerten Seitenportalen im Flamboyant-Stil der Spätgotik gelangt man über die Korenburg über den Nieuwe Rijn zum **Stadthaus.** Nach einem Brand im Jahre 1929 blieb von dem Gebäude nur die prächtige Fassade aus dem 17. Jahrhundert erhalten. Nun führt der Weg zur **Pieterskerk,** der ersten, dem Apostel *Petrus* gewidmeten Kirche der Stadt. Mit dem Bau der imposanten, fünfschiffigen Pietersbasilika wurde im 14. Jahrhundert begonnen. An der Stelle des 1512 eingestürzten Turms befindet sich nun der Kirchplatz.

Der Rückweg zum Ausgangspunkt führt über den von Patrizierhäusern gesäumten **Rapenburg-Stadtgraben,** der sich im 17. Jahrhundert zur vornehmsten Gracht der Stadt entwickelte. An dieser Gracht steht auch das **Academiegebouw,** die frühere Kapelle eines ehemaligen Dominikanerinnenklosters, heute Sitz der Universität. Nicht weit von der Rapenburg liegt der reizvolle Botanische Garten **Hortus Botanicus.** Seit 1593 befindet er sich am heutigen Standort. Im gleichen Jahr wurde der zur damaligen Zeit international bekannte Botaniker und Händler exotischer Pflanzen, *Carolus Clusius,* zum Direktor des Universitätsgartens ernannt. Schon im nächsten Jahr pflanzte *Clusius* hier die ersten Tulpen an, die er vom kaiserlichen Gesandten am osmanischen Hof in Istanbul erhalten hatte.

- **Pieterskerk:** Pieterskerkhof 1a, Tel. 512 43 19, www.pieterskerk.com, täglich geöffnet 13.30–16 Uhr, bei starkem Frost und bei Vermietung geschlossen.
- **Hortus Botanicus Leiden:** 2300 VL, Rapenburg 73, Tel. 527 72 49, www.hortusleiden.nl, mit Orangerie, tropischen Gewächshäusern, verschiedenen Themengärten und dem rekonstruierten Clusius-Garten, ein Goldregen aus dem Jahr 1601 ist der älteste Baum im Garten, geöffnet April bis Okt. 10–18 Uhr, ansonsten bis Di–So bis 16 Uhr, 3.10. und 25.12.–1.1. geschlossen, Eintritt 6 €, Kinder von 4 bis 12 Jahre 3 €.

Museen

Groß ist das Angebot an Museen in Leiden. Das **Stadtmuseum** ist im Gewandhaus untergebracht. Die Exponate des weltweit berühmten **Völkerkundemuseums** gehen im Ursprung auf eine Schenkung König *Wilhelm I.* zurück. Das **Medizinmuseum,** nach dem Arzt *Boerhaave* benannt, der zu Beginn des 18. Jahrhunderts lehrte, ist in dem ehemaligen Caeciliengasthaus untergebracht. Das **Archäologische Museum** (Rijksmueum van Oudheden) an der Rapenburg zeigt Exponate aus dem Vorderen Orient sowie aus der Geschichte der Niederlande. Wertvollstes Ausstellungsstück ist der Isis-Tempel von Taffeeh in Nubien, ein Geschenk Ägyptens an die Niederlande. Außergewöhnlich ist **Naturalis** – hier kann man die Natur hautnah anhand von lebensechten Tiermodellen, Pflanzen, Mineralien etc. entdecken. Das 2005 eröffnete, dem europäisch- japanischen Wissenschafts- und Kulturaustausch gewidmete **Siebold-Haus** am Rapenburg ist in einem zeitlebens von dem deutschen Arzt und Naturwissenschaftler *Philipp Franz von Siebold* gemieteten Grachtenhaus beheimatet.

- **Stedelijk Museum De Lakenhal:** Oude Singel 32, Tel. 516 53 60, www.lakenhal.nl, geöffnet Di–Fr 10–17 Uhr, Sa, So und an Feiertagen 12–17 Uhr. Eintritt 7,50 €, Senioren 4,50 €, Kinder und Jugendliche unter 18 Jahren 2,50 €.
- **Rijksmuseum van Volkenkunde:** Steenstraat 1, Tel. 516 88 00, www.rmv.nl, geöffnet Di–So und feiertags 10–17 Uhr, 1.1., 3.10., 25.12. geschlossen, Eintritt 5,50 €, Senioren und Kinder von 4 bis 12 Jahren 2 €, Mi frei.
- **Museum Boerhaave:** Lange St. Agnietenstraat 10, Tel. 521 42 24, www.museumboerhaave.nl, geöffnet Di–Sa 10–17 Uhr, So und feiertags 12–17 Uhr, 1.1. geschlossen, Eintritt 7,50 €, Senioren/Jugendliche bis 19 Jahre 3,50 €.
- **Rijksmuseum van Oudheden:** Rapenburg 28, Tel. 516 31 63, www.rmo.nl, geöffnet Di–Fr 10–17 Uhr, Sa, So, 1.1., 3.10. und 25.12. geschlossen, Eintritt 9 €, Kinder/Jugendliche von 13 bis 17 Jahren 5,50 €, Kinder frei.
- **Naturalis:** Darwinweg, Tel. 568 76 00, Fax 568 76 66, www.naturalis.nl, geöffnet täglich 10–17 Uhr, 30.4., 25.12. und 1.1. geschlossen, Eintritt Senioren 10 €, Jugendliche von 13 bis 17 Jahren 9 €, Kinder von 4 bis 12 Jahren 7 €.
- **Stedelijk Molenmuseum „De Valk“:** 2312 BZ, Binnengracht 1, Tel. 516 53 53, Fax 513 48 05, www.molenmuseumdevalk.nl; 1743 gebauter Galerieholländer, die letzte der auf den Stadtmauern aufgesetzten Mühlen, in der bis 1925 Korn gemahlen wurde, geöffnet Di–Sa 10–17 Uhr, feiertags 13–17 Uhr, 1.1. und 25.12. geschlossen, Gruppenführungen auf Anfrage, Eintritt 4 €, Senioren und Kinder 6–16 Jahren2,50 €, nicht behindertengerecht.
- **Sieboldhuis:** 2311 GE, Rapenburg 19, Tel. 512 55 39, Fax 512 80 63, www.sieboldhuis.org, geöffnet Di bis So 10–17 Uhr, 1.1., 3.10. und 25.12. geschlossen, Eintritt 7,50 €, Kinder, Studenten, Senioren 5 €.

Info

- **Tel.-Vorwahl:** 071
- **VVV Winkel Leiden:** 2312 AV, Stationsweg 41, Tel. 516 60 00, www.leiden.nl.
- **Stadtführungen:** Veranstaltet die „Gilde Leiden“, auch Themenführungen, Tel. 523 29 33, www.gildeleiden.nl, Teilnahme ab 3 €.

Hinterland

Gouda

Weiter landeinwärts, südöstlich von Leiden, liegt die - neben Edam - zweite große holländische **Käsestadt:** Gouda. Die Geschichte dieser reizvollen, von Grachten durchzogenen Stadt am Zusammenfluss der Holländischen Ijssel mit der Gouwe reicht bis ins Mittelalter zurück. Die frühe Ansiedlung entwickelte sich um eine Burg, die schon 1577 abgerissen wurde. Wirtschaftlichen Aufschwung brachten Brauereien und Handel. Der Käsehandel kam im 17. Jahrhundert auf. 1688 wurde das klassizistische Gebäude der **Stadtwaage** am Markt errichtet, um faire Geschäfte zu gewährleisten. Heute ist hier das **Käsemuseum** untergebracht.

Der Markt ist nach wie vor das Zentrum der Stadt. In seiner Mitte steht das märchenhaft wirkende **Rathaus,** ein gotischer Bau, dessen Fassade mit Ecktürmen verziert und mit Fialen bekrönt ist. Die elegante Freitreppe wurde in der Renaissancezeit vorgesetzt.

Bemerkenswert sind die Bauten an der Jeruzalemstraat, so die **Jeruzalemkapel** an der Ecke zum Petersteg aus dem 15. Jahrhundert sowie das gegenüber stehende **Waisenhaus** aus dem Jahr 1642. Dessen Portalrelief stellt Waisen dar. Nicht auslassen sollte man einen Besuch im **Catharina Gasthuis,** dem ehemaligen Krankenhaus von Gouda. Darin ist heute das Stadtmuseum untergebracht, zu dem man durch die Lazaruspoortje von Norden Zugang hat. Reizvoll ist auch das Pfeifen- und Töpfermuseum **De Moorian** in einem alten Tabakgeschäft am Westhaven, einer der schönsten Grachten der Stadt.

- **Rathaus:** Markt 1, Tel. (0182) 58 84 82, www.vvvgouda.nl, geöffnet Mo–Fr 10–12 u. 14–16 Uhr, Sa 11–15 Uhr.

Sint Janskerk

Prominentestes Gebäude von Gouda ist die Sint Janskerk mit ihren *Goudse Glazen,* den weithin berühmten **Glasmalereien.** Der Bau entstand im

13. Jahrhundert und erhielt nach dem Brand von 1552 seine heutige Form als Kreuzbasilika. Die Kirche hat hölzerne Tonnengewölbe. Eine doppelte Reihe von Querdachstühlen steht rechtwinklig zum Langhaus, wehalb der Baumeister die Fenster fast bis zum Dach hochführen und so den Kirchenraum in prächtige Lichtfülle tauchen konnte. Die Kirche ist *Johannes dem Täufer,* dem Schutzpatron der Stadt, geweiht, dessen ihm zugeordnete symbolische Farben Weiß (für Reinheit und Liebe) sowie Rot (für das Leiden) sich in den Glasmalereien widerspiegeln. Vierzig der siebzig Fenster mit ihren biblischen Motiven aus dem 16. Jahrhundert sind erhalten. Sie werden auch als „katholische Fenster" bezeichnet, weil sie gestiftet und gefertigt wurden, bevor die Kirche den Reformierten übertragen wur-de. Die Glasmalereien in der Kapelle am Chor stammen aus einem benachbarten Kloster. Der Boden der Sint Janskerk ist mit Grabplatten bedeckt. Hier wurden die wohlhabenden Bürger der Stadt beerdigt.

- **Sint Janskerk:** Achter de Kerk 2, Führungs-Info Tel. 126 84, geöffnet Mo–Sa 9–17 Uhr, im Winter 10–16 Uhr, Eintritt 2,50 €, Kinder 1,75 €.

Info

- **Tel.-Vorwahl:** 0182
- **VVV Gouda:** 2801 JJ, Markt 27, Tel. (0900) 4683 2888, Fax 58 32 10, www.vvvgouda.nl.

Essen & Trinken

- **Rôtisserie l'Etoile** €€€: 2806 AA, Biekerssingel 1, Tel. 51 22 53, www.letoile.nl, Restaurant in einer Rotunde, gekonnte Küche, mit Sommerdachterrasse, geschlossen 1. Januarwoche, So und Mo Ruhetag.
- **Jean Marie** €€€€: 2808 NP, Oudebrugweg 4, Tel. 51 62 62, www.jean-marie.nl, intimes kleines Restaurant in einem alten Giebelhaus, exklusive Atmosphäre, bietet klassiche Küche, geöffnet Di–Sa ab 18 Uhr.

Museen

- **Museum Het Catharina Gasthuis:** Oosthaven 10, Tel. 58 84 40, geöffnet Mi–So 10–17 Uhr, 1.1. und 25.12. geschl., Eintritt ab 18 Jahre 4 €, nicht behindertengerecht.
- **Museum De Moorian:** Westhaven 29, Tel. 58 86 71, geöffnet Mi–So 10–17 Uhr, 1.1. und 25.12. und Ostersonntag geschlossen, 2007 eröffnetes Nationales Pharmazeutisches Museum, Eintritt 7 €, Kinder bis 18 Jahre frei.

- **Kaas – en Ambachtenmuseum:** Markt 35–36, in der alten Käsewaage, Tel. 52 99 96, geöffnet April–Okt., Mi–Fr, So und feiertags, 13–17 Uhr, 1.1., 25./26.12. und 31.12. geschlossen, Eintritt 2,50 €, Kinder und Senioren 1,50 €.

Veranstaltungen

- **Käse- und Handwerkermarkt:** Donnerstagvormittags im Juli/Aug. auf dem Markt (Info: VVV).
- **Goudaer Vieh- und Käseausstellung:** letzter Mittwoch im August auf dem Markt (Info: VVV).

Einkaufen

- **Wochenmarkt:** Samstagvormittags auf dem Markt
- **Kaaswinkeltje:** Lange Tiendeweg 30, Tel. 51 42 69, www.kaaswinkeltje.nl, Spezialgeschäft für Bauernkäse.

Wassenaar

Küste

Von Katwijk führt die Straße südwärts an den Dünen entlang, auf der Ostseite erstreckt sich das Militärflugfeld von Valkenburg. Nach fünf Kilometern erreicht man Wassenaar, den gediegenen **Wohnvorort von Den Haag.** Seine schmucken Häuser und prächtigen Villen sind parkartig angelegt. Von hier pendeln die Regierungsangestellten täglich zu den Ministerien im Zentrum von Den Haag.

Seeseitig erstreckt sich das breite **Dünengelände der Berkheide** und von **Meijendel.** Dazwischen führt der Wassenaarse Slag vorbei am Hotel Duinoord durch eine ursprüngliche, von kleinen Wäldern durchsetzte Dünenlandschaft zum fünf Kilometer langen Strand von Wassenaar. Die beiden Parkplätze dort sind in der Saison schon früh besetzt. Weiter südlich gibt es noch den Meijendelse Slag, dessen Parkplätze auf halbem Weg zum Meer liegen. Von da geht es nur noch zu Fuß oder mit dem Fahrrad weiter.

Am Innenrand der Dünen erstreckt sich auf dem Gelände des ehemaligen Landgutes Duinrell, dessen Landwirtschaftsflächen in dem Maße austrockneten wie die Dünenlandschaft zur Wassergewinnung für Den Haag genutzt wurde, der **Vergnügungs- und Ferienpark Duinrell,** die größte touristische Attraktion Wassenaars. Zwischen Wassenaar und Den Haag liegt die **Pferderennbahn Duindigt.** Hier finden von März bis in den Dezember hinein Galopp- und Trabrennen statt.

Info

- **Tel.-Vorwahl:** 070
- **VVV:** siehe Den Haag
- **Besucherzentrum Meijendel:** 2243 GN, Meijendelweg, Tel. 511 72 76.

Strand

- Breit, feinsandig, nicht überlaufen, **FKK** zwischen Pfahl 96.5 und Pfahl 88.1 mit direktem Anschluss an den FKK-Strand von Scheveningen, von Mitte Mai bis Aug. Hundeverbot zwischen 7 und 19 Uhr, Mitte Mai bis Mitte Juni sowie Mitte Aug. bis Mitte Sept. Sa und So Reitverbot, Mitte Juni bis Mitte Aug. Reitverbot täglich 10–18 Uhr.
- **Strandpavillons:** St. Moritz, Wassenaarseslag 15, Tel. 511 40 13; De Zeeste, Wassenaarseslag 13, Tel. 517 62 50; Sport, Wassenaarseslag 29, Tel. 511 40 76; De Gouden Bal, Wassenaarseslag 1, Tel. 11 00 70; de Duinen, Wassenaarseslag 2, Tel. 511 70 29.

Essen & Trinken

- **De Markiezen van Wassenaar** €€€: Langstraat 10, Tel. 514 34 18, www.demarkiezen.nl, bietet saisonale Küche, mit Garten.

Unterkunft

- **Hotel Duinoord** €€€: 2242 PJ, Wassenaarseslag 26, Tel. 511 93 32, www.hotelduinoord.nl, freundliches Haus, alleinstehend in den Dünen mit rustikalem Restaurant.
- **Camping Duinhorst:** 2244 BH, Buurtweg 135, Tel. 324 22 70, Fax 324 60 53, www.duinhorst.nl, geöffnet April bis Sept., komfortabler Platz bei der Pferderennbahn.
- **Duinrell:** 2242 JP, Duinrell 1, Tel. 515 52 56, Reservierungen Tel. 515 52 55, Fax 515 53 71, www.duinrell.nl. Erlebnispark, tropisches Hallenbad, Rutschpartie, Animation, Bungalowpark, Campingplatz, Stellfläche für Wohnmobile, Gruppenunterkünfte. Attraktionspark geöffnet Mitte April bis Okt. 10–17 Uhr (Hochsaison bis 18 Uhr), Hallenbad Tikibad geöffnet 10–22 Uhr, Eintritt 19 €, Senioren 15 € (1 € Hochsaisonaufschlag), Kinder bis 3 Jahre frei, zusätzlich 2 Std. Tikibad 3,50 €, je zusätzliche Std. 1 €.
- **Duinrell:** 2242 JP, Duinrell 1, Tel. 515 52 56, Reservierungen Tel. 515

Museum

- **Brandweermuseum:** 2242 PC, Raadhuislaan 22, www.brandweermuseum.nl, Feuerwehrzubehör aus eine 1920 zusammengestellten Sammlung im Keller des Rathauses, geöffnet Di–Fr 10–17 Uhr, Sa 13–17 Uhr, Eintritt 4,40 €, Kinder 3 €, Senioren 3,50 €.

Aktivitäten

- **Pferderennbahn Duindigt:** Waalsdorperlaan 29, Tel. 314 87 40, www.renbaanduindigt.nl.
- **Golfclub Rozenstein:** Dr. Mansfeldkade 15, Tel. 517 88 99, www.rozenstein.nl, 18-Loch-Platz.
- **Fledermauswanderung:** Durch die Bunker des Atlantikwalls, Start: 19 Uhr, Dauer 1 Std., Teilnahmegebühr 3,50 €, Kinder bis 12 J. 2,50 €, Termin-Info u. Anmeldung: Tel. (030) 602 86 02. Startpunkt: Rotonde am Ende vom Wassenaarseslag, allgemeine Info bei der Landesforstverwaltung *Staatsbosbeheer Beheerseenheid Hollands Duin,* Duinweg 81, 2204 AT Noordwijk, Tel. (071) 361 38 09.

Voorburg

Hinterland

Etwas abseits des Weges von Wassenaar nach Den Haag liegt Voorburg, ein weiterer **Wohnvorort** des niederländischen Regierungssitzes. Hier hatten bereits die Römer ein Kastell angelegt, dessen Überreste zu Begin des 20. Jahrhunderts freigelegt wurden. Der Tuffsteinturm der spätgotischen reformierten Kirche stammt noch aus dem 13. Jahrhundert. Heute durch die Eisenbahnlinie und die umgebende Bebauung etwas eingezwängt liegt das 1641–43 errichtete **Landhaus Hofwijck** mit seinem schönen Garten, der Wohnsitz der Familie *Huygens.* Der berühmteste Spross der Familie war der Physiker *Christian Huygens* (1629–95), Sohn des Staatsmanns und Dichters *Christian Huygens.* Dem Physiker verdankt die Nachwelt die Theorie des Pendels, die Entdeckung des ersten Saturnmondes und nicht zuletzt die Wellentheorie des Lichts. Das Landhaus ist heute als Museum zugänglich.

Essen & Trinken

- **Savelberg** €€€€: 2271 EH Voorburg, Oosteinde 14, Tel. (070) 387 20 81, Fax 387 77 15, www.restaurantsavelberg.nl, Hotel und Restaurant in altem Haus aus dem 17. Jh., angeschlossene **Brasserie Savelberg** €€€ in einer Rotonde mit schöner Kuppel, Spezialität: Hummersalat der Saison.

Museen

- **Huygensmuseum Hofwijck:** 2275 AD Voorburg, Westeinde 2a, Tel. (070) 387 23 11, Fax 386 72 57, www.hofwijck.nl, 2005 komplett renovierte Anlage, geöffnet Di, Mi, Sa und So 13–17 Uhr, Eintritt 4 €, Kinder 6–18 Jahre 1 €, Führungen nach Absprache.

Den Haag – Goeree
0 10 km
Zoetermeer
Scheveningen
Voorburg
A12
Den Haag
('s Gravenhage)
Nootdorp
Pijnacker
Berkel en Rodenrijs
Delft
N211
Wateringen
A13
Monster
Honselersdijk
Schipluiden
Naaldwijk
N223
A4
s Gravenzande
De Lier
Gaag
Rotterdam
Hoek van Holland
Massland
Maassluis
A20
Sturmflutwehr
Nieuwe Waterweg
Calandkanaal
Vlaardg.
Nieuwe Maas
Oude Maas
Beerkanaal
Rozenburg
MAASVLAKTE
A15
N15
Oostvoornse Meer
N218
Brielle
Oostvoorne
Geervliet
Tinte
Vierpolders
Spijkenisse
WESTVOORNE
Abbenbroek
VOORNE
Kanaal door Voorne
Stuifakker
N57
Zuidland
Rockanje
Oudenhoorn
Hellevoetsluis
Spui
Haringvliet-dam
Haringvliet
Havenhoofd
Middelharnis
Stad aan t Haringvliet
Goedereede
Stellendam
Sommelsdijk
Oude Nieuwland
OVERFLAKKEE
N215
Ouddorp
GOEREE
OOST-FLAKKEE
West Nieuwland
Dirksland
Nieuwe-Tonge
Oudeland
N57
Hompelvoet
Grevelingen-meer
De Punt
Veermansplaat
Herkingen
Brouwers-dam
Grevelingen-dam
Port Zélande
Brouwershaven
©REISE KNOW-HOW 2011

Den Haag ('s Gravenhage)

Den Haag heißt amtlich 's Gravenhage, ist **königliche Residenz und Regierungssitz** der Niederlande. Außerdem hat hier der Internationale Gerichtshof seinen Sitz. Mit den vielen Botschaften und Vertretungen, ruhigen Villenvierteln, zahlreichen Parks und Grachten ist Den Haag zweifelsohne die vornehmste Stadt der Niederlande, die gleichzeitig mit ihrer modernen Architektur den Weg in die Zukunft weist.

Der „Grafenhaag" war im Mittelalter bevorzugtes Jagdgebiet der holländischen Grafen. Im Jahr 1248 baute hier Graf *Wilhelm II.* das von seinem Vater *Floris IV.* errichtete Jagdschloss zu einer Burg aus, in deren Innenhof *Floris V.* den heute noch dort befindlichen Rittersaal errichten ließ. Die ganze Anlage war von einem Weiher umgeben, von dem noch der Hofvijver besteht. Um die Burg entwickelte sich eine Siedlung, die ab dem 15. Jahrhundert vor allem durch die Tuchindustrie wuchs und zu Reichtum gelangte. Inzwischen hatten die Burgunderherzöge weitgehenden Besitz von den Niederlanden erlangt. Herzog *Philipp der Gute* ließ hier sogar die Versammlungen des von ihm gestifteten Ordens vom Goldenen Vlies abhalten. Verheerend wirkte sich im 16. Jahrhundert die Tatsache aus, dass die Stadt keine Verteidigungsanlagen hatte.

Vom Goldenen Jahrhundert profitierte Den Haag noch mehr als andere Städte des Landes. Am Rittersaal wurde 1581 die Proklamation zur Unabhängigkeit von der spanischen Oberherrschaft angeschlagen. Daran zeigt sich, welche internationale Bedeutung die Stadt inzwischen erlangt hatte. Ab Mitte des 17. und im 18. Jahrhundert entstanden die vielen **Stadtpaläste,** die noch heute das Flair der Stadt ausmachen – und nun großteils als Dienstsitz diplomatischer Vertretungen dienen. In dieser Zeit ließ *Moritz von Oranien-Nassau* den **Grachtengürtel** der Stadt anlegen.

Als *Napoleon* in den Niederlanden einmarschierte, machte er Amsterdam zur Hauptstadt. Unter seiner Herrschaft erhielt Den Haag - erst - 1811 Stadtrechte.

Im 19. Jahrhundert ließen sich viele Kolonialbeamte und durch die Kolonien reich gewordene Niederländer in Den Haag und seinen Vororten nieder. Eine Vielzahl von **Gründerzeitvillen** verdankt sich diesem Umstand. Aber auch der Jugendstil hat seine Spuren im Stadtbild hinterlassen. Der 1913 fertig gestellte Friedenspalast, ein historisierender Prachtbau, in dem heute der **Internationale Gerichtshof** tagt, zeugt von dem großen Renommee niederländischer Neutralität, die ihre Wurzeln bereits in der Staats- und Völkerrechtslehre des im 17. Jahrhundert an der Delfter Universität lehrenden *Hugo de Groot* (*Grotius* genannt) hat. Heute bietet Den Haag nicht nur das Bild eines Regierungszentrums, sondern einer lebendigen Stadt mit quirligem Einkaufszentrum.

Binnenhof

Unter den Sehenswürdigkeiten ist in erster Linie der Binnenhof zu nennen. Seit Jahrhunderten bildet dieser Haager Hof den Mittelpunkt des staatlichen Lebens der Niederlande. Mehrere Zugänge führen in den Binnenhof, in dessen Gebäudekomplex die beiden Kammern des niederländischen **Parlaments** sowie **Ministerien** untergebracht sind - die erste Kammer hat ihren Sitz in dem sich zum Hofvijver erstreckenden Nordflügel, die zweite im Südflügel. Im **Bezoerkerscentrum** steht ein Modell des Binnenhofs, das einen Überblick über die Baugeschichte des Komplexes vermittelt.

In der Mitte des Binnenhofs liegt der **Rittersaal** vom Ende des 13. Jahrhunderts. Die Gebäudefront vermittelt einen sakralen Eindruck mit ihrem von zwei Türmen flankierten Giebel. Die einzel-

Im Binnenhof, dem Sitz des Parlaments

nen Säle des Gebäudekomplexes sind reich ausgestattet. Die Front des Nordflügels zeigt zum **Hofvijver**, dem Hofsee, über den man einen schönen Blick bis hin zu den modernen Hochhäusern der Innenstadt hat. Im See spiegeln sich die Fenster des Trêvesaals des Nordflügels, in dem 1608 der zwölfjährige Waffenstillstand mit den Spaniern ausgehandelt wurde, sowie linker Hand das **Mauritshuis** und das achteckige Torentje, Arbeitssitz des Ministerpräsidenten. Das Mauritshuis, ein architektonisch meisterhaft gelungener klassizistischer Bau, wurde unmittelbar neben dem Binnenhof am Hofvijver für Prinz *Moritz von Oranien-Nassau* als Wohngebäude errichtet. Seit 1822 beherbergt das Haus die Kunstsammlung des niederländischen Königshauses. Hier sind Bilder der großen Meister der flämischen und niederländischen Schule zu sehen. Zwei Säle sind *Rubens* gewidmet. Im ersten Stock hängt das berühmte, 1660 von *Johannes Vermeer van Delft* gemalte Bild „Mädchen mit der Perle".

Auf dem **Buitenhof** (Außenhof) steht das Standbild des niederländischen Königs *Wilhelm II.* Zum

045ho Foto: ot

Gebäudekomplex zählt auch die **Gevangenenpoort,** das alte Kerkertor der gräflichen Burg aus dem 14. Jahrhundert. Es diente bis ins 19. Jahrhundert als Gefängnis. Hier war unter anderem auch *Cornelis de Witt* eingekerkert. 1773 ließ Prinz *Wilhelm V.,* Statthalter der Vereinigten Niederlande, im benachbarten Gebäude eine Gemäldega-

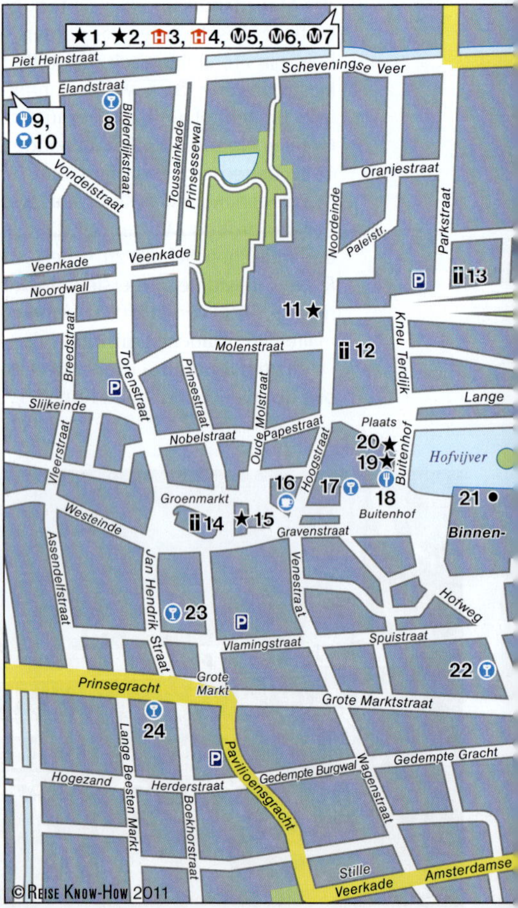

lerie einrichten, in der er seine private Bildersammlung ausstellte – das erste Museum der Niederlande! Noch heute ist dieser Gebäudetrakt im Stil des 18. Jahrhunderts eingerichtet, die Bilder hängen bis zur Decke an den Wänden. Die eigentliche Sammlung wurde aber längst ins Mauritshuis überführt.

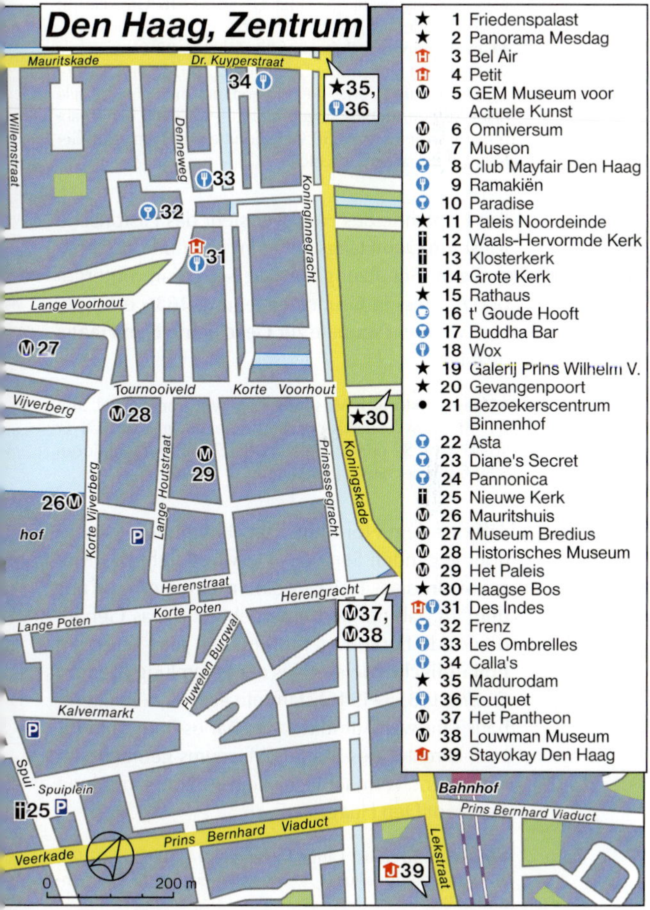

• **Bezoekerscentrum Binnenhof:** Binnenhof 8a, Tel. 364 46 44, www.binnenhofbezoek.nl, geöffnet Mo–Sa 10–16 Uhr, So und feiertags geschlossen, Eintritt Rittersaal: 6 €, Film, Rittersaal und Zweite Kammer 6 €, 1 € Nachlass für Kinder und Senioren.
• **Mauritshuis:** Korte Vijverberg 8, Tel. 302 34 35, www.mauritshuis.nl, geöffnet Di–Sa 10–17 Uhr (April bis Aug. auch Mo), So und feiertags 11–17 Uhr, Eintritt 12,50 €, Kinder bis 18 Jahre frei.
• **Galerij Prins Wilhelm V.:** Buitenhof 35, Tel. 362 44 44, www.mauritshuis.nl, geöffnet Di–So 11–16 Uhr, Eintritt 1,50 €, Kinder bis 18 Jahren 0,75 €.
• **Gevangenpoort:** Buitenhof 33, Tel. 346 08 61, www.gevangenpoort.nl, geöffnet Di–Fr 10–17 Uhr, Sa und So 12–17 Uhr, 1.1. und 25.12. geschlossen, nur mit Führung (alle halbe Stunde) zu besichtigen, Eintritt 4 €, Kinder bis 12 Jahren sowie Senioren 3,50 €. Exponate und Film zum Gefängnis und seiner Geschichte.

Historisches Museum

Am Kopfende des Hofvijver steht das Historische Museum Den Haags. Es ist im Gebäude der ehemaligen Schützengilde St. Sebastian untergebracht, dessen Grundsteinlegung 1636 erfolgte. Hier werden Exponate zur **Geschichte Den Haags** gezeigt.

• **Haags Historisch Museum:** Korte Vijverberg 7, Tel. 364 69 40, www.haagshistorischmuseum.nl, geöffnet Di–Fr 10–17 Uhr, Sa und So 12–17 Uhr, Eintritt 4 €, Senioren 3,50 €, Kinder bis 18 Jahren frei.

Museum Bredius

Auf der dem Nordflügel des Binnenhofs gegenüber liegenden Seite des Hofvijver steht das Museum Bredius. Es ist in einem Patrizierhaus aus dem 18. Jahrhundert untergebracht. Das Gebäude wurde hervorragend renoviert und zeigt alte **holländische Meister** aus der Sammlung Bredius. *Bredius* (1855–1946) stammte aus reichem Elternhaus und war Autodidakt, er hat es immerhin bis zum Direktor des Maurits-Museums gebracht. Im Testament vermachte er seine Bildersammlung der Stadt Den Haag.

• **Museum Bredius:** Lange Vijverberg 14, Tel. 362 07 29, www.museumbredius.nl, geöffnet Di–So 12–17 Uhr, Eintritt 4,50 €.

Am Groenmarkt

Zwischen dem Buitenhof und dem Groenmarkt mit der Grote Kerk und dem Rathaus erstreckt sich Den Haags Fußgängerzone. Die spätgotische **Grote Kerk** entstammt der ersten Hälfte des 15. Jahrhunderts. Kunstvoll ist die Kanzel aus dem Jahre 1550, die stark an die Kanzel in der Oude Kerk in Delft erinnert. Sehenswert sind einige Grabmäler in der Kirche sowie zwei Fenster im Chorumgang, eines davon Kaiser *Karl V.* darstellend. Das **Rathaus** *(Oude Raadhuis)* ist das erste, das in Holland im Stil der Renaissance errichtet wurde. Die Hauptfassade ziert ein Treppengiebel, die Seitenfassade ist reich ausgestaltet.

● **Grote Kerk:** Tel. 302 86 3, Besichtigung im Juli/Aug. wochentags 11–16 Uhr, ansonsten auf Anfrage.

Weitere Kirchen

Zu den Kirchen der Innenstadt zählen noch die **Kloosterkerk** an der Prachtstraße Lange Voorhout, eine ehemalige Dominikanerklosterkapelle aus dem 15. bzw. 16. Jahrhundert, die heute als Konzertsaal dient, die **Nieuwe Kerk** an der Spui, ein langgezogener, achteckiger Bau mit Apsiden, und die **Waals-Hervormde Kerk,** eine wallonisch-reformierte Kirche, die an der Hoogstraat während der napoleonischen Besatzungszeit für die frankophonen Protestanten aus dem südlichen Teil der Niederlande (heute Belgien) erbaut wurde.

Paleis Noordeinde

Die Verlängerung der Hoogstraat bildet das Noordeinde. Hier steht das Paleis Noordeinde mit dem anschließenden Paleistuin, Wohnsitz der Witwe *Wilhelms von Oranien,* genannt „Der Schweiger". Mit dem Bau des in einem schönen **Park** gelegenen ehemaligen Landhauses wurde im 16. Jahrhundert begonnen. Der Ausbau mit den beiden vorstehenden Seitenflügeln erfolgte ab 1640.

Museum Het Paleis

Quer zum Noordeinde erstreckt sich die breite Allee Lange Voorhout. Hier stehen viele der alten Herrenhäuser Den Haags, von denen einige heute als Botschaften genutzt werden. Am Kopfende steht das Museum Het Paleis, der ehemalige Palast von Königin *Emma,* der Ehefrau *Wilhelm III.,* mit seiner eleganten klassizistischen Fassade. Dieses Museum ist dem Werk des bedeutenden niederländischen Grafikers **Maurits Cornelis Escher** (1898–1972) gewidmet.

• **Museum Het Paleis:** Lange Voorhout 74, Tel. 427 77 30, www.escherinhetpaleis.nl, geöffnet Di–So 11–17 Uhr, 1.1. und 25.12. geschlossen, Eintritt 7,50 €, Kinder 7–15 Jahre 5 €, darunter frei, Familienkarte 20 €, behindertengerecht.

Weitere Museen

Außerhalb der eigentlichen Innenstadt von Den Haag ist unter den Museen vor allem das **Gemeindemuseum** zu erwähnen. Es zählt weltweit zu den grandiosen Museumsbauten, ein 1935 von dem Architekten *H.P. Berlage* errichteter, verklinkerter Betonbau. Zu den Schätzen des Museums zählt eine umfangreiche Bildsammlung von *Piet Mondrian* (1872–1944), so „Victory Boogie Woogie" als eines seiner Hauptwerke. Im Gebäudekomplex des Gemeentemuseum befindet sich auch das populärwissenschaftliche **Museon,** ein Museum zu verschiedenen naturwissenschaftlichen Themen. An den Gebäudekomplex des Gemeentemuseum schließt sich das **Omniversum** an, ein IMEX-Kino, in dem auf eine riesige, kuppelförmige Leinwand die Meere und Kontinente mit ihrer faszinierenden Natur projiziert werden. Außergewöhnlich ist **Het Pantheon,** das Museum, das über 1000 Jahre Literaturgeschichte informiert. Und wer sich für Oldtimer interessiert, sollte das **Louwman Museum** nicht versäumen.

Im **Museum für Aktuelle Kunst** sieht man Exponate aus den Bereichen Bildhauerei, Multimedia, Performance, Film, Fotografie, Design und Digitale Kunst. Angeschlossen ist das **Fotomuseum Den Haag.**

• **Gemeentemuseum:** Stadhouderslaan 41, Tel. 338 11 11, www.gemeentemuseum.nl, geöffnet Di–So 11–17 Uhr, 1.1.

und 25.12. geschlossen, Eintritt 9 €, Senioren 7 €, Kinder bis 18 Jahre frei.

- **Museon:** Stadhouderslaan 37, Tel. 338 13 38, www.museon.nl, geöffnet Di–So 11–17 Uhr, in den Schulferien auch Mo, 1.1. und 25.12. geschlossen, Eintritt 7,50 €, Studenten 6 €, Kinder bis 14 Jahre 4 €, unter 4 Jahren frei, behindertengerecht.
- **Omniversum:** Pres. Kennedylaan 5, Reservierungen Tel. (0900) 666 48 37 (0,35 €/Min.), www.omniversum.nl, Eintritt 9 €, Kinder 4–11 Jahre 7,50 €.
- **GEM Museum voor Actuele Kunst:** Stadhouderslaan 43, Tel. 338 11 33 (GEM), 338 11 44 (Fotomuseum), www.gem-online.nl, geöffnet Di–So 12–18 Uhr, Eintritt 5 €, Studenten 3 €, bis 18 Jahre frei, Führungen Tel. 338 11 20, behindertengerecht.
- **Het Pantheon:** 2595 BE, Prins Wilhelmalexanderhof 5, Tel. 333 96 66, www.letterkundigmuseum.nl, untergebracht in der Königlichen Bibliothek *(Koninklijke Bibliotheek),* geöffnet Do/Fr 10–17 Uhr, Sa, So und feiertags 12–17 Uhr, Eintritt 7,50 €, Kinder von 4 bis 18 Jahren 4,50 €, Studenten 6 €.
- **Louwman Museum:** 2594 BB, Leidsestraatweg 57, Tel. 30 47 37 3, www.louwmanmuseum.nl; Nationales Automobilmuseum, entstanden aus der ältesten privaten Oldtimersammlung der Welt, geöffnet Di–So 10–17 Uhr, Eintritt 13,50 €, Kinder von 6 bis 12 Jahren 7,50 €, Parken 5 €.

Madurodam

Zu den weiteren Attraktionen Den Haags zählt Madurodam, jene weltberühmte **Miniaturstadt,** in der holländische Gebäude, Plätze und Grachten im Maßstab 1: 25 aufgebaut sind. Hier drehen Windmühlen ihre Räder, Ziehbrücken werden hochgezogen, Flugzeuge bewegen sich auf dem Amsterdamer Flughafen Schiphol und Boote fahren in den Kanälen – insgesamt der größte Miniaturpark der Welt!

- **Madurodam:** George Maduroplein 1, Tel. 416 24 00, Fax 351 21 85, www.madurodam.nl, geöffnet Jan.–Mitte März 9–18 Uhr, Ende April–Juni 9–20 Uhr, Juli/Aug. 9–22 Uhr, Sept.–Dez. 9–18 Uhr, Eintritt 14,50 €, Kinder 3–11 Jahre 10,50 €, Senioren 9,75 €.

Friedenspalast

Weiterhin von Interesse ist der Friedenspalast, jenes 1913 fertig gestellte Monumentalgebäude des **Internationalen Gerichtshofs,** dessen Bau der amerikanische Multimillionär *Andrew Carnegie* stiftete. Bereits 1899 hatte in Den Haag auf Initiative des russischen Zaren *Nikolaus II.* eine erste Friedenskonferenz stattgefunden. Die zweite Friedenskonferenz tagte 1907 im Rittersaal des Binnenhofs. Nach dem Zweiten Weltkrieg wurde der Friedenspalast dann Sitz des Ständigen Gerichtshofs, 1949 in „Internationaler Gerichtshof" umbenannt.

• **Vredespaleis:** Carnegieplein 2, Tel. 302 41 37, www.vredespaleis.nl, geöffnet Mo–Fr 10–16 Uhr (im Winter bis 15 Uhr), Führungen 10, 11, 14, 15 und 16 Uhr, Eintritt 5 €, Kinder bis 12 Jahren 3 €, vorherige Anmeldung erforderlich.

Panorama Mesdag

Anschaulich ist das Panorama Mesdag, ein zylindrisches Abbild der Stadt **Scheveningen** gegen Ende des 19. Jahrhunderts mit einem Umfang von 120 Metern, gemalt von dem Hauptvertreter der Haager Schule *Hendrik Wilhelm Mesdag.*

• **Panorama Mesdag:** Zeestraat 65, Tel. 364 45 44, www.panorama-mesdag.nl, geöffnet Mo–Sa 10–17 Uhr, So und feiertags 12–17 Uhr, Eintritt 6,50 €, Kinder 4–13 Jahre sowie Senioren 3 €.

Huis ten Bosch

Im Osten schließt sich an die Haager Innenstadt der **Haagse Bos** an, der ausgedehnte Stadtwald von Den Haag, in dem das Huis ten Bosch steht. Hierbei handelt es sich um den **Wohnsitz des niederländischen Königshauses,** durch einen hohen Zaun von der Außenwelt abgeschirmt. Das Schloss wurde ab 1645 für *Amalia von Solms* errichtet, später immer wieder umgebaut und erweitert. Berühmtester Saal ist der Oranjesaal, den Amalia in Gedenken an ihren verstorbenen Mann ausmalen ließ. Obwohl *Louis Bonaparte* nur kurz auf Schloss Huis ten Bosch wohnte, hatte er großen Einfluss auf dessen Inneneinrichtung und Äußeres. Mit den von ihm in Auftrag gegebenen Erweiterungen und Verzierungen hielt der Empirestil Einzug in den Niederlanden. Viele seiner Empiremöbel befinden sich noch heute im Schloss. Seit der Ausrufung *Wilhelms I.* zum König der Niederlande im Jahre 1815 wohnen Mitglieder der königlichen Familie in dem Schloss – heute Königin *Beatrix.*

Kasteel Duivenvoorde

Etwas außerhalb von Den Haag steht in einem kleinen Wald zwischen Voorschoten und Leidschendam das Kasteel Duivenvoorde. Im Kern stammt die Burg aus dem 13. Jahrhundert. Der Bau erhielt ab 1625 seine heutige Gestalt. Die museale Einrichtung stammt noch aus dieser Zeit.

- **Kasteel Duivenvoorde:** 2252 AK Voorschoten, Laan van Duivenvoord, Tel. 561 37 52, www.kasteelduivenvoorde.nl, Führungen Mai–Okt. Di–Sa 14 und 15.30 Uhr, Eintritt 6 €, Kinder bis 16 Jahren 3 €, Park tägl. ab 9 Uhr geöffnet.

Info

- **Tel.-Vorwahl:** 070
- **VVV Den Haag:** 2512 AW, Kon. Juliaplein 30 (im Einkaufszentrum Babylon), Tourist-Info Tel. (0900) 340 35 05 (0,45 €/Min.), Hotelreservierungen Tel. 338 58 15, info@denhaag.com, www.denhaag.com.
- **VVV City Mondial:** 2512 AW, Wagestraat 193 (nahe am Bahnhof Hollands Spoor).

Anfahrt

- Mit dem Fahrzeug – aus allen Richtungen kommend –, gelangt der Besucher in Den Haag zunächst auf den als „CentrumRing" gut ausgeschilderten **Innenstadtring.** Zum Abstellen des Fahrzeugs werden auf vielen Plätzen und Straßen in der Stadt **Parkplätze** angeboten. Der überwiegen-de Teil davon ist werktags 10–22 Uhr und sonntags 12–22 Uhr gebührenpflichtig – und trotzdem meist belegt. Die Geldbuße für einen nicht (ausreichend) bezahlten Parkplatz beträgt 45 €! Außerdem kann das Auto mit einer Radkralle versehen werden.

Günstiger und praktischer ist es, das Fahrzeug für einen Besuch der Stadt in einem der vielen **Parkhäuser** unterzustellen. Die Beschilderung ist klar erkenntlich. Vom CentrumRing weist die ebenfalls ausgeschilderte „Parkeerroute" mit P-Symbolen den Weg zu den öffentlichen Parkhäusern.

Essen & Trinken

- **Calla's** €€€: Tel. 345 58 66, www.restaurantcallas.nl, Spezialitätenrestaurant in einem modern umgebauten alten Packhaus, Ende Juli–Mitte Aug. und 21.12.–1.1. geschlossen.
- **Les Ombrelles** €€€: Hooistraat 4a, Tel. 365 87 89, www.lesombrelles.nl, Fischrestaurant mit Gartenterrasse, Weihnachten bis Anfang Jan. geschlossen.
- **Wox** €€€: Buitenhof 36, Tel. 365 37 54, www.wox.nl, aktuelle Küche auf hohem Niveau, für seine Weinkarte ausgezeichnet, So und Mo geschlossen.
- **Fouquet** €€: Javastraat 31a, Tel. 360 62 73, www.fouquet.nl, mit Brasserie und Gartenterrasse, nur abends geöffnet.
- **Ramakiën** €€: Laan van Meerdervoort 542c, Tel. 356 23 52, www.ramakien.nl, thailändische Küche.

047ho Foto: ot

●'t Goude Hooft €: Dagelijkse Groenmarkt 13, Tel. 346 97 13, www.tgoudehooft.nl, großes, gefälliges Café im Zentrum mit Außenterrasse.

Unterkunft

●**Des Indes** €€€€€: 2514 EG, Lange Voorhout 54, Tel. 361 23 45, Fax 361 23 50, www.desindes.com, erstes Haus am Platz im Regierungsviertel in einem Stadtpalais aus dem 19. Jahrhundert, angeschlossenes **Restaurant** €€€€€, luxuriös eingerichteter Speisesaal, Restaurant So geschlossen.

Moderne Architektur in Den Haag

• **Bel Air** €€€€: 2517 JR, Johann de Wittlaan 30, Tel. 352 53 54, Fax 352 53 53, www.belairhotel.nl, großer Hotelkomplex mit allen erdenklichen Einrichtungen, mit **Restaurant.**
• **Petit** €€€: 2517 EH, Groot Hertoginnelaan 42, Tel. 346 55 00, Fax 346 32 57, www.hotelpetit.nl, Familienhotel etwas außerhalb des Zentrums, ohne Restaurant.
• **Stayokay Den Haag** (Jugendherberge): 2515 VA, Scheepmakersstraat 27, Tel. 315 78 88, Fax 315 78 77, www.stayokay.com/denhaag.

Nachtleben

• **Buddha Bar:** Dagelijkse Groenmarkt 6, Tel. 302 30 63.
• **Asta:** Tanzbar, Spui 27, Tel. 364 42 22.
• **Cocoon:** Tanzbar, Spui 6, Tel. 364 55 89.
• **Frenz:** Gaybar, Kazernenstraat 106, Tel. 363 66 57.
• **Rockcafé De Franse Bulldog:** Dr. Lelykade 38a, Tel. 306 32 92. Außerhalb des Zentrums, Richtung Scheveningen.
• **Pannonica:** Jazz-Club, Prinsegracht 14, Tel. 360 00 69.
• **Diane's Secret:** Relaxbar, Laan van N.O. Indië 200a, Tel. 347 63 18.
• **Club Mayfair Den Haag:** Relaxbar, Elandstraat 26, Tel. 360 79 96.
• **Paradise:** Relaxbar, Thomsonlaan 107, Tel. 360 26 42.

Aktivitäten

• **Stadtführungen:** Den Haag Marketing & Events, Tel. 338 58 16, www.denhaag.com, Tagestouren, Royal Tour (Führung durch das königliche Den Haag, pro Peson 27 €).
• **Hallenbad:** Zwembad Zuiderpark, Mr. P. Droogleever Fortuijnweg 59, Tel. 367 94 63, www.zuiderparkinfo.nl, Eintritt 2,80 €, Kinder bis 15 Jahre und Senioren 2,30 €.

Veranstaltungen

• **North Sea Jazz Festival:** Drei Tage Mitte Juli, Auftritt von Jazz-Größen aus aller Welt, größtes Jazz-Festival Europas, Wochen vorher eine zunehmende Zahl von Einstimmungskonzerten, Tageseintritt 50 €, 3-Tages-Karte 125 €, Information: *North Sea Jazz Festival,* 2611 KE Delft, Noordeinde 21, Tel. (015) 215 77 56, Fax (015) 214 83 93, www.northseajazz.nl.
• **Holland Dance Festival:** Okt./Nov. in ungeraden Jahren (2-Jahres-Rhythmus), Musik und Tanz in Hollands berühmtester Ballett-Stadt, Information: *Holland Dance Festival,* 2513 BC, Nobelstraat 21, Tel. 427 73 69, Fax 365 05 09, www.hollanddancefestival.nl.
• **Prinsjedag:** 3. Dienstag im September, Tag der Thronrede der Königin zur Eröffnung des Parlamentarischen Jahres. Prunkvolle Fahrt der Königin in goldener Kutsche, begleitet von Garderegimentern, über die Lange Voorhout zum Rittersaal im Binnenhof. Informationen: www.koninklijkhuis.nl.
• **De Haagse Markt:** Herman Costerstraat, Offener Multi-Kulti-Markt, www.dehaagsemarkt.nl, Mo, Mi, Fr 8–17 Uhr.

Küste

Scheveningen

Scheveningen hat wie viele der anderen holländischen Badeorte seinen Ursprung in einer **Fischersiedlung.** Von hier aus wurde ab dem 16. Jahrhundert Heringsfang in kleinen Booten mit flachem Boden, die man an den Strand ziehen konnte, getrieben. Doch schon im 18. Jahrhundert wurde mit dem Fortschritt im Schiffbau immer deutlicher, dass Scheveningens Zukunft vom Bau eines Hafens abhing, in dem mit einem Kiel ausgerüstete und deswegen seetüchtigere, größere Fangschiffe anlegen konnten. Pläne für den Bau eines Hafens wurden dann Mitte des 19. Jahrhunderts konkret, doch erst als 1894 ein Sturm großen Schaden an den 150 auf den Strand gezogenen Fischerbooten anrichtete, begann man, die Pläne in die Tat umzusetzen. 1904 nahm dann der mit zwei Einfahrtsmolen geschützte Hafen seinen Betrieb auf.

Doch heute sind Sonne, Meer und Strand die Haupteinnahmequelle von Scheveningen, dem **beliebtesten Badeort** an der niederländischen Küste. Das erste Badehaus wurde 1818 errichtet. Es bestand aus vier Badekammern, einem Wartezimmer und zwei Badewagen, mit denen die Gäste in die See gezogen wurden. Durch den Erfolg ermutigt, gab es bald ein zweites Badehaus, eine Promenade wurde angelegt und erste Hotelbauten entstanden. Wichtig für die weitere Entwicklung von Scheveningen war die Verlegung eines Schienenstrangs aus Den Haag – bis heute können die Badegäste bis vor das Kurhaus mit der Straßenbahn fahren. Waren es bis vor hundert Jahren vor allem gesundheitliche Gründe wie Rheuma oder Blutarmut, die die Menschen an die See zogen, so stehen heute Erholung und Vergnügen im Vordergrund. Früher wurde streng darauf geachtet, dass keine sittenlosen Zustände am Strand herrschten. So badeten zunächst Frauen getrennt von Männern im Meer – bekleidet. Erst um 1880 kamen einteilige Badeanzüge auf. Diese bestanden aus einem Oberteil mit angenähtem langem Beinkleid, dezent dunkelgrau, schwarz oder gestreift. Zweiteilige Badeanzüge gibt es erst seit der Zeit nach dem Zweiten Weltkrieg.

Heute stellt sich Scheveningen als Ort mit zwei Gesichtern dar. Im Süden liegt der **Hafen** mit dem alten Ortskern. Von hier führt der Strandweg an der Küste entlang zum Seebad und geht dort in eine **elegante Strandpromenade** über.

Hafen

Vom Hafen gibt es eine Fährverbindung nach England, sein Erscheinungsbild wird jedoch durch den Fischfang geprägt. Die Becken sind von Fischereilagerhallen gesäumt. Jährlich findet zur Eröffnung der Heringssaison Anfang Juni der Flottentag statt. Das letzte hölzerne Kriegsschiff der niederländischen Marine, ein ausgedienter Minensucher, ist als **Museumsschiff** zu besichtigen. Wenig nördlich der Hafenzufahrt erhebt sich der 49 Meter hohe **Leuchtturm** auf den Dünen.

● **Leuchtturm:** Tel. 350 08 30, www.museumscheveningen.nl/vuurtoren1.html, Führungen Mi und Sa 14 Uhr, Reservierungen über das *Muzee Scheveningen* (siehe unten).

Pier

Zentrum des Seebades ist das **Kurhaus** an der Promenade, schräg gegenüber dem Pier. Rundum liegen die mächtigen Geschäfts-, Hotel- und Appartementbauten in der ersten und zweiten Zeile am Strand. Auch wenn das Kurhaus inzwischen von höheren Bauten umringt ist, glänzt es immer noch als das Wahrzeichen des Seebades. Der Jugendstilpalast wurde 1885 mit einem Casino eröffnet. Das wunderschön restaurierte Gebäude beherbergt heute das mondänste Hotel des Ortes. Der vierhundert Meter lange Pier entstand 1901. Im zweiten Weltkrieg wurde er stark beschädigt, danach erneuert. Inzwischen ist er um „Satelliten" erweitert, die wie der Pier selbst auf Pfählen gebaut sind. Hier gibt es Geschäfte, Restaurants, ein Familienspielparadies und ein Casino. Ein 45 Me-

ter hoher **Aussichtsturm** ragt von dem Pier auf. Von einem Kran auf dem Turm ist **Bungeespringen** möglich.

- **Information:** www.pier.nl; Eintritt 1 € (wird im Restaurant beim Verzehr gutgeschrieben).
- **Casino** (über dem Restaurant): Roulette, Bingo, Automaten etc., Zugang ab 18 Jahre, geöffnet 10–24 Uhr.
- **Van der Valk Restaurant De Pier:** geöffnet ab 10 Uhr, herrliche Aussicht.
- **Bungee Jump:** April Sa und So 12–18 Uhr, Mai/Juni Di–So 12–20 Uhr, Juli/Aug. Mi–So 12–24 Uhr, Sept./Okt. Sa und So 12–20 Uhr, bei schlechtem Wetter geschlossen, 1. Sprung 55 €, 2. Sprung 45 €, Sondertarife.
- **Familienspielparadies Schateiland:** geöffnet Mo–Fr ab 12 Uhr, Sa und So ab 11 Uhr.

Promenade Landseitig der breiten Strandpromenade findet man Geschäfte, Boutiquen und Restaurants, seeseitig **Strandpavillons** aneinandergereiht. Kein anderes Seebad an der niederländischen Küste verfügt über eine so große Zahl von Pavillons wie Scheveningen. Manche haben sich schon zu „Kult"-Etablissements entwickelt, andere bieten gehobene Gastronomie – ansonsten ist hier Geselligkeit angesagt. Besondere Anziehungskraft übt das jährlich im Frühjahr stattfindende **Skulpturenfestival** am Strand aus. So schön feinsandig und gepflegt der Strand auch ist, in der Hochsaison wird es hier doch eng.

Museen

Scheveningen hat außerdem mehrere hochinteressante Museen zu bieten. Das Museum **Beelden aan Zee** geht auf das Jahr 1826 zurück, als hier König *Wilhelm I.* für seine Frau einen Wohnpavillon errichten ließ. Heute ist dieser Pavillon von einem Skulpturenmuseum umgeben. Seit dem Jahr 2004 zieren Arbeiten des amerikanischen Bildhauers *Tom Otterness* die Boulevardseite des Pavillons. Das Aquarium **Sea Life Scheveningen** zeigt die ganze Lebenswelt nördlicher Meere in 35 großen Becken. Spektakulär ist der Unterwassertunnel durch ein Becken mit 180.000 Litern Nordseewasser - hier kann man unter Haien hindurchlaufen! Das Muzee Scheveningen ist aus der Zusammenlegung des Zeemuseums und des Museums Scheveningen entstanden. Es zeigt die Geschichte des Ortes, des Strandlebens und organisiert auch Besteigungen des Leuchtturms.

- **Museum Beelden aan Zee:** Harteveltstraat 1, Tel. 358 58 57, www.beeldenaanzee.nl, geöffnet Di–So 11–17 Uhr, Eintritt 9,50 €, Jugendliche von 13–18 Jahre 4,75 €, Kinder frei, 25.12. und 1.1. geschlossen.
- **Sea Life Scheveningen:** Strandweg 13 (Boulevard), Tel. 354 21 00, www.sealifeeurope.com, täglich geöffnet 10–19 Uhr, Juli/Aug. bis 20 Uhr, Dez./Jan. bis 18 Uhr, Eintritt 14,50 €, Kinder von 3–11 Jahren 9,50 €, Senioren 12,50 €.
- **Muzee Scheveningen:** 2586 GT, Neptunusstraat 90–92, Tel. 350 08 30, www.zeemuseum.nl, geöffnet Di–Sa 10–17 Uhr, So 12–17 Uhr, 25.12. und 1.1. geschlossen, Eintritt frei.

Info

- **Tel.-Vorwahl:** 070
- **VVV Scheveningen:** 2586 BX, Gevers Deynootweg 1134, im Einkaufszentrum *Palace* (Promenade), Tourist-Info Tel. (0900) 3403505 (0,45 €/Min.), Hotelreservierungen Tel. 338 58 15, www.denhaag.com.

Strand

- Breit, feinsandig, gepflegt, im Sommer sehr voll, **FKK** zwischen Strandpfahl 104 und 105 (Eingang Laan van Poot) sowie zwischen Strandpfahl 96.5 und 98 (zwischen dem Zwarte Pad und dem Meyendelse Slag); im Sommer sind Hunde am Strand nicht zugelassen, von Mitte Mai bis Sept.

Das mondäne Kurhaus an der Strandpromenade,
heute ein Luxushotel

können Hunde nördlich des *Carlton Beach Hotel* bzw. südlich vom Hafen bis zur Höhe des Westduinpark angeleint mitgenommen werden; Grillen ist am Strand verboten; **Strandrollstühle** beim *Carlton Beach Hotel,* Tel. 394 22 11.

Strandpavillons:
- **The Twins:** Strandweg 23–24, Tel. 350 28 36, www.twins.nl, Frühstücksbuffet, Tapas-Bar.
- **Blue Lagoon:** Strandweg 25–27, Tel. 350 12 25, www.luelagoon.nl, Restaurant-Charakter, bis Okt. bis 0 Uhr geöffnet.
- **Copacabana:** Strandweg 12, Tel. 354 55 45, www.beachclub-copacabana.nl, bequem bestuhltes Café-Restaurant.
- **Peukie Steakhouse:** Strandweg 36–37, Tel. 354 18 77, www.peukie.nl, bekannt für seine Fleisch-Marinade, geöffnet Ende März bis Ende Okt., dazu: *Brasserie Peukie,* Tel. 355 89 59.
- **De Ark Van Noach:** Strandweg 6, Tel. 354 10 55, www.dearkvannoach.nl, gemütliches Restaurant.
- **17 Escubelle:** Strandweg 17, Tel. 352 14 49, www.escubelle.nl, à la carte, mit Strandterrasse, vermietet Strandrollstühle, Wind- und Sonnenschirme.
- **Boonoonoonoos:** Strandweg 15, Tel. 352 48 48, www.boonoonoonoos.nl, bis 1 Uhr geöffnet (an Wochenenden bis 1.30 Uhr), vermietet Strandliegen.
- **El Nino:** Strandweg 31, Tel. 322 91 07, www.elnino.nl, gegenüber dem Casino, Barbecue, kaltes Buffet.
- **Noordzee Paviljoen:** Strandweg 55, Tel. 350 25 86, www.restaurant-noordzee.nl, Restaurant am Nordende des Boulevards.

Zuid-Holland

049ho Foto: ot

- **Beach Company Scheveningen:** Strandweg 53, Tel. 354 01 11, www.beachcompany.nl, Mitte März bis Mitte Okt. täglich geöffnet.
- **De Karavan:** Strandweg 64, Tel. (06) 26 19 21 41, www.club karavan.nl, familiäre Atmosphäre, Live-Musik, Tanzabende, DJ-Café.
- **Buiten:** Strandweg 67, Tel. 358 64 67, www.ganaarbuiten.nl, Live-Musik.
- **La Cantina:** Zuiderstrand 1, Tel. 352 22 28, www.lacantina.nl, direkt südlich der Hafeneinfahrt, spanisch-mexikanisches Ambiente, verwendet Bio-Fleisch.

Essen & Trinken

- Restaurant **Kandinsky** €€€€: Im Kurhaus (s.u., bietet klassische Küche unter der Jugendstil-Kuppel (vormals Musiksaal), Spezialitäten: Austern und Fisch, Di (Juli/Aug. nur Abendessen) sowie Sa und nachmittags geschlossen.
- **Cap Ouest** €€€: Schokkerweg 37, Tel. 306 09 35, www.capouest.com, Fischrestaurant am Scheveninger Hafen, Terrasse.
- **China Delight** €€: Dr. Lelykade 116, Tel. 355 54 50, in einem alten Packhaus am Hafen, umfangreiche chinesische Karte.
- **Le Bon Mangeur** €€€: Wassenaarsestraat 119, Tel. 355 92 13, www.lebonmangeur.nl, familiäres Restaurant mit saisonaler französischer Küche.

Unterkunft

- **Kurhaus** €€€€€: 2586 CK, Gevers Dijnootplein 30, Tel. 416 26 36, Fax 416 26 46, www.kurhaus.nl, luxuriös, stilvolle Zimmer mit modernem Komfort, bietet auch günstige 2-Tages-Arrangements an.
- **Boulevard Hotel Scheveningen** €€€: 2586 EA, Seinpostduin 1, Tel. 354 00 67, Fax 355 25 74, www.boulevardhotel.nl, Jugendstilvilla am Strandboulevard.
- **Badhotel Scheveningen:** €€€: 2586 BB, 15, Gevers Dynoodweg, Tel. 351 22 21, Fax 355 58 70, www.badhotelscheveningen.nl, in der Parallelstraße zum Boulevard.
- **Strandhotel** €€: 2586 JJ, Zeekant 111/Deynootweg 1344, Tel. 354 01 93, Fax 354 35 58, www.strandhotel.demon.nl, gemütliches Haus in Strandnähe am Noordboulevard.

Nachtleben

- **Het Brouwcafé:** Bar, Dr. Lelykade 28, Tel. 354 09 97.
- **Club Fly:** Tanzcafé, Westduinweg 232, Tel. 354 33 56.
- **Club Live:** Tanzcafé, Badhuisweg 3, Tel. 393 38 10.
- **Tahiti Club:** Tanzcafé, Strandweg 43, Tel. 350 20 68.
- **Jazzclub Pannonica:** Musikcafé, Prinsegracht 14, Tel. 360 00 69, liegt in Den Haag.
- **Crazy Piano:** Strandweg 21–29, Tel. 322 75 25, www.crazypianos.com, Rock 'n Roll auf mehreren Klavieren, täglich ab 19 Uhr.

Aktivitäten

- **Holland Casino Scheveningen:** Kurhausweg 1, Tel. 306 77 77, www.hollandcasino.nl, Spielen, Aktivitäten, Unterhaltung, Spitzenrestaurant, geöffnet tägl. 13.30–3 Uhr, 1.1. 16–3 Uhr, „Low Limit Area" tägl. ab 10 Uhr, 4.5. und 31.12. geschlossen, Eintritt (Mindestalter 18 Jahre) 3,50 €.
- **Hochseeangeln:** Rederij Groen, Dr. Lelykade 1d, Tel. 355 35 88, www.rederijgroen.nl; Redrij Trip, Dr. Lelykade 3, Tel. 354 11 22; Rederij Vrolijk, Dr. Lelykade 22a, Tel. 351 40 21, www.rederijvrolijk.nl.
- **Go-Kart:** Coronel Entertainment De Uithof In- & Outdoor Sport Center, Jaap Edenweg 10, Tel. 359 85 64.
- **Hallenbad:** De Blinkerd, Seinpoststraat 150, Tel. 352 12 22, Eintritt 3,10 €, Kinder 2,50 €.

Veranstaltungen

- **Skulpturenfestival:** Im Frühjahr errichten Künstler Sandskulpturen am Strand von Scheveningen: Burgen, Tiere, Fabelwesen etc., der Sand wird dazu so verdichtet, dass die Figuren lange halten. Im Mai wird die schönste Skulptur prämiiert. Information: INAXI Holland, 2518 AH, Bazaarstraat 41, Tel. 302 40 00, Fax 302 40 04, www.inaxi.com.
- **Vlaggetjesdag** (Flottentag): Anfang Juni rund um den Hafen von Scheveningen zur Eröffnung der neuen Heringssaison, mit Flottenbesuch, Matjes-Stände überall. Informationen unter: www.vlaggetjesdag.com.
- **Neujahrsschwimmen:** Große Anziehungskraft hat das Neujahrsschwimmen, das seit 1951 durchgeführt wird und an dem über 10.000 überwiegend junge Menschen teilnehmen.

Delft

Hinterland

Delft (= altholländisch: „Wassergraben") ist mit seinen schönen Bauwerken, den schattigen Grachten, verträumten Gassen und berühmten blauen Fayencen die vielleicht reizvollste holländische Stadt. Delft wurde im 11. Jahrhundert gegründet und erhielt 1246 von Graf *Wilhelm II.* die Stadtrechte. Reich wurde Delft im 14. Jahrhundert durch die Tuchindustrie. Ein Kanal zur Maas sorgte für den Warentransport. Seit dem 16. Jahrhundert entwickelte sich hier die **Keramikherstellung** – Delfts Blauw ist bis heute das Aushängeschild der Stadt.

Ein Großbrand im 17. Jh. und die Explosion des Pulverturms zerstörten am 12. Oktober 1654 die als „Delfter Donnerschlag (Delftse Donderslag) in die Geschichte einging, große Teile der Stadt, die wieder aufgebaut wurde und ihren Baubestand aus dieser Zeit weitgehend geschlossen erhalten konnte. Besonders elegant sind die Häuser an der Oude Delft, einer mit Lindenbäumen gesäumten Gracht mit gewölbten Brücken, und an der Voldersgracht mit ihren malerischen Erkern. Heute ist Delft neben Leiden die bedeutendste **Universitätsstadt** der Niederlande. Zu den großen Persönlichkeiten, die die Stadt hervorgebracht hat, zählen *Hugo de Groot* (1583–1645), genannt *Grotius,* Begründer der modernen Staatsrechtslehre, und *Jan Vermeer van Delft* (1632–75), der für seine Genreszenen berühmte Maler.

Sehenswertes

Ein Bummel durch die Altstadt ist sonnabends besonders reizvoll, wenn die Blumenhändler an der Hippolytusbuurt beiderseits der Gracht ihre Stände aufgebaut haben. Von hier geht es zur **Oude Kerk** mit ihrem schiefen Turm und dem Grabmal von *Piet Hein,* dem berühmten niederländischen Seeräuber. Gegenüber steht an der Oude Delft der **Prinsenhof,** der Gebäudekomplex des ehemaligen Sint-Agathaklooster, das sich *Wilhelm von Oranien* zu Beginn des Achtzigjährigen Kriegs als Residenz ausgewählt hatte und in dem er am 10. Juli 1584 ermordet wurde. Im Prinsenhof ist heute das **Stadtmuseum** untergebracht, das vor allem Exponate im Zusammenhang mit dem 80-jährigen Krieg zeigt.

Am Markt, dem Hauptplatz von Delft, steht als bedeutendstes Gebäude der Stadt die **Nieuwe Kerk** aus dem Jahre 1381. Sie birgt die Gruft der Mitglieder des Hauses Oranien, beeindruckend ist vor allem das Prunkgrab *Wilhelms von Oranien.* In dieser Kirche wurde im März 2004 die Königinmutter *Juliana* begraben. Gegenüber erhebt sich das **Stadthaus,** 1620 nach dem großen Brand im Renaissance-Stil prunkvoll neu errichtet. Hinter dem Stadthaus steht die **Stadtwaage** von 1770, von wo man auf die über hundert Jahre ältere

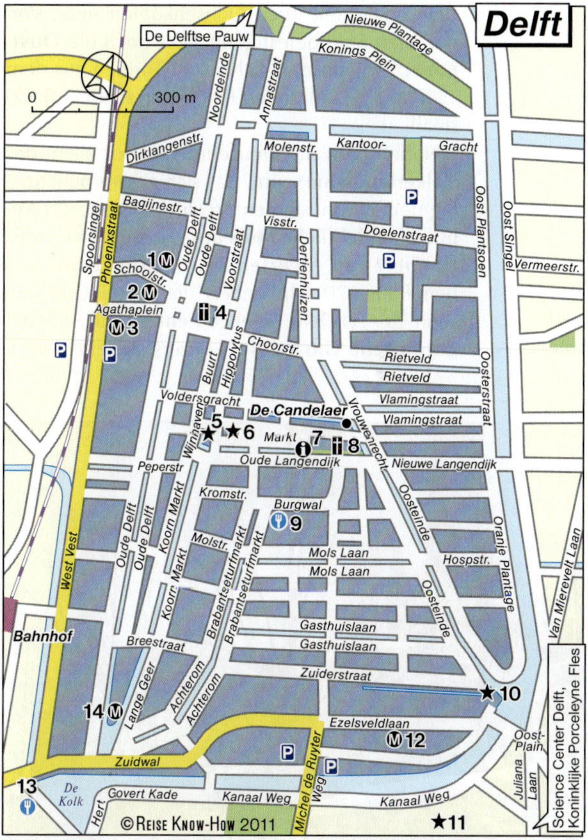

Ⓜ 1 Museum Lambert van Meerten	8 Nieuwe Kerk
Ⓜ 2 Prinsenhof	9 De kleine Uitspanning
Ⓜ 3 Völkerkundemuseum	★ 10 Oostport
4 Oude Kerk	★ 11 Botanischer Garten
★ 5 Stadtwaage	Ⓜ 12 Technikmuseum
★ 6 Rathaus	13 De Zwethheul
7 Information	Ⓜ 14 Legermuseum

Fleischhalle mit ihren Ochsenköpfen sieht. Von der alten Stadtbefestigung steht noch die **Oostpoort,** ein von zwei schlanken Türmen aus dem 15. und 16. Jahrhundert flankierter, schöner Backsteinbau.

Neben dem Stadtmuseum sind vor allem das **Völkerkundemuseum,** das sich schwerpunktmäßig dem indonesischen Archipel widmet, das **Militärgeschichtliche Museum,** die Industriellenvilla **Lambert van Meerten** mit ihrem Interieur aus dem frühen 20. Jahrhundert, das neue Technikmuseum der TU Delft, **Science Center Delft,** und der **Botanische Garten** der Universität sehenswert,

Foto: ot 050ho

ein 1917 angelegter, wissenschaftlicher Nutzpflanzengarten.

- **Oude Kerk:** 2611 HP, Heilige Geestkerkhof 25, Tel. 212 30 15, www.oudekerk-delft.nl, geöffnet April bis Okt. 9–18 Uhr, ansonsten Mo–Fr 11–16 Uhr, Sa 10–17 Uhr, Eintritt 3,50 €, Schüler, Studenten 2 €, Kinder frei.
- **Nieuwe Kerk:** T2611 GW, Markt 80, Tel. 212 30 25, www.nieuwekerk-delft.nl, geöffnet April bis Okt. 9–18 Uhr, ansonsten Mo–Fr 11–16 Uhr, Sa 10–17 Uhr, Eintritt 3,50 €, Schüler, Studenten 2 €, Kinder frei.

Info

- **Tel.-Vorwahl:** 015
- **Stadt Delft:** Hippolytusbuurt 4, Tel. 215 40 51, www.delft.nl.
- **Stadtführung:** Gidsenservice Delft, Tel. (0652) 31 11 74, www.guidsenservice.nl, pro Std. 55 € für Gruppen bis 25 Personen.

Essen & Trinken

- **De kleine Uitspanning:** 2611 GE, Burgwall 1, Tel. 21 21 108, täglich geöffnet, kleines rustikales Restaurant mit Terrasse im Zentrum, gute Küche zu gemäßigten Preisen.
- **De Zwethheul** €€€€: 2629 HJ, Rotterdamse Weg 480, im südlichen Vorort Schipluiden, 6 km südöstlich am Kanal, Tel. 470 41 66, www.zwethheul.nl, hervorragendes Restaurant mit einfallsreicher Küche, wechselnde Spezialitäten, herrlicher Blick auf die Schiffe im Kanal, 25.12.–5.1. geschlossen, Mo Ruhetag.

Museen

- **Stedelijk Museum Het Prinsenhof** (Städtisches Museum): Sint Agathaplein 1, Tel. 260 23 58, www.prinsenhof-delft.nl, geöffnet Di–Sa 10–17 Uhr, So und feiertags 13–17 Uhr, 1.1. und 25.12. geschlossen, Eintritt 7,50 €, Studenten, Senioren, Führungen 1 €, Kinder 12–16 Jahren 4 €.
- **Nusantara Volkenkundig Museum** (Völkerkundemuseum): Sint Agathaplein 4, Tel. 260 23 58, www.nusantara-delft.nl, geöffnet Di–Sa 10–17 Uhr, So und feiertags 13–17 Uhr, 1.1. und 25.12. geschlossen; Eintritt 3,50 €, Senioren und Kinder 12–16 Jahren 1,50 €.
- **Legermuseum** (Heeres- und Waffenmuseum): Korte Geer 1, Tel. 215 05 00, www.legermuseum.nl, geöffnet Di–Fr 10–17 Uhr, Sa, So und feiertags (auch Mo) 12–17 Uhr, 1.1. und Ostersonntag geschlossen, Eintritt 7,50 €, Kinder 4–17 Jahre und Senioren 3 €, niederländische Veteranen frei, behindertengerecht.

Auf dem Blumenmarkt in Delft

- **Museum Lambert van Meerten:** Oude Delft 199, Tel. 260 23 58, www.lambertvanmeerten-delft.nl, geöffnet Di–Sa 10–17 Uhr, So und feiertags 13–17 Uhr, 1.1. und 25.12. geschlossen, Eintritt 3,50 €, Senioren und Kinder 12–16 Jahren 1 €.
- **Botanische Tuin TU Delft:** Julianalaan 67, Tel. 278 23 56, www.botanischetuin.tudelft.nl, Botanischer Garten der TU Delft, geöffnet Mo–Fr 8.30–17 Uhr, Sa 10–16 Uhr, So (Mai–Sept.) 10–16 Uhr, Eintritt 2 €, Kinder 5–14 Jahre und Senioren 1 €, rollstuhlgerecht.
- **Science Center Delft:** 2628 RX, Mijnbouwstraat 120, Tel. 278 52 00, www.tudelft.nl. Exponate zur Bedeutung von Technik und Wissenschaft für die Gesellschaft, geöffnet Di–Fr 10–17 Uhr, Sa/So 11–17 Uhr, Eintritt 6,50 €, Jugendliche von 9 bis 17 Jahren und Senioren 4 €.

Einkaufen

- **Koninklijke Porceleyne Fles** (Königliche Porzellanmanufaktur): Rotterdamseweg 196, Tel. 251 20 30, www.royaldelft.com, mit Demonstration der Fayence-Bemalung, geöffnet Ende März–Okt. tägl. 9–17 Uhr, Nov.–Ende März Mo–Sa 9–17 Uhr, zwischen Weihnachten und Neujahr geschlossen, Eintritt Erwachsene 8 €, Kinder bis 12 Jahre frei, dazu Geschäft **Royal Delftware:** Markt 45, Tel. 212 37 24, ganzjährig 9–17.30 Uhr geöffnet.
- **De Delftse Pauw:** Delftweg 133, Tel. 212 49 20, www.delftsepauw.nl, Porzellanfabrik mit Demonstration von Fayence-Bemalung, geöffnet April bis Okt. tägl. 9–16.30 Uhr, Nov. bis März Mo–Fr 9–16.30 Uhr, Sa und So 11–13 Uhr, Eintritt frei.
- **De Candelaer:** Kerkstraat 14, Tel. 213 18 48, www.candelaer.nl, Ausstellungsraum mit Demonstration von Fayence-Bemalung, geöffnet Mo–Fr 9–18 Uhr, Sa 9–17 Uhr, im Sommer auch So 9–18 Uhr.

Küste

Kijkduin

Während der Dünenabschnitt von Scheveningen vollkommen zugebaut ist, wird das Landschaftsbild **südlich des Scheveninger Hafens** wieder natürlicher. Das nächste Seebad ist Kijkduin, noch zu Den Haag gehörig, aber im Charakter völlig anders als Scheveningen. So mondän Scheveningen ist, so familiär ist Kijkduin. Attraktiv ist die Restaurant- und Ladenpassage auf den Dünen. Die Promenade ist kurz, an einem Ende befindet sich ein Spielboot für Kinder, am anderen ein kleiner

Aussichtsturm. Das Leuchtfeuer ist auf einem Gitterturm aufgesetzt. Nahebei stehen die Hotels und gibt es Geschäfte.

Vom „Vulkan", der höchsten Düne im Westduinpark, der sich nördlich bis Scheveningen erstreckt, hat man eine wunderbare Aussicht auf das Meer, die Dünen und das Hinterland. Vogelfreunde nutzen diesen Aussichtspunkt, um **Zugvögel** zu beobachten. Sowohl von Scheveningen als auch von Kijkduin aus werden Vogelexkursionen angeboten. Über 400 Vogelarten wurden hier im Laufe der Jahre gezählt, darunter so exotische wie die Nilgans. Zu Tausenden überfliegen Gänse, Enten, Kiebitze, Ammern und Tauben das Land, zu Zehntausenden Schwalben, zu Hunderttausenden Graspieper, Stare oder auch Finken.

Info

- **Tel.-Vorwahl:** 070
- **VVV Den Haag** (siehe dort)

Strand

- Breit, feinsandig, weniger überfüllt als in Scheveningen, flach und daher besonders kinderfreundlich, Hundeverbot von Mitte Mai bis Sept., FKK beim Strandaufgang Kijkduin, Pfahl 108 Richtung Ter Heijde, Grillverbot, Strandrollstühle bei der Fa. Biesieklette am Deltaplein, Tel. 394 22 11.

Strandpavillons:

- **De Kwartel Strandpaviljoen:** Strandweg 7, Tel. 355 56 15, www.dekwartel.nl, ganzjährig geöffnet, kostenlos parken, mediterrane Küche, wechselnde Kunstausstellungen.
- **Beachclub Friends:** Strandweg 9, Tel. 323 38 64, www.beachclubfriends.nl, dienstags Jam Sessions, mit Spielplatz.
- **Flamengo's Strandpaviljoen:** Strandweg 21, Tel. (06) 247 236 04, www.flamengos.nl, Restaurant, Disco.
- **Parkers Beachclub:** Strandweg 19, Tel. 368 75 06, www.parkersbeachclub.nl, kostenlose Parkmöglichkeit, dazu gehört **Parkers Steakhouse,** Scheveningen, Rusthoekstraat 39-41, mit originellem Holzkohlengrill.
- **Klein Ockenburgh:** Zuiderstrand 22, Tel. 368 74, 61, www.kleinockenburgh.nl, Pavillon und Diskothek.
- **Moby Dick:** Zuiderstrand, Tel. 323 79 79, www.mobydick.nl, FKK-Pavillon.

Essen & Trinken

- **Klein Seinpost** €: Deltaplein 600, Tel. 368 13 88, www.kleinseinpost.nl, Pfannkuchenhaus.

Unterkunft

- **NH Atlantic Den Haag** €€€€: 2554 EJ, Deltaplein 200, Tel. 448 24 82, Fax 368 67 21, www.nh-hotels.nl, dominierendes Hotel am Strand mit Garten, Hallenbad, Restaurant etc.
- **Kijkduin Park:** 2555 NW, Machiel Vrijenhoeklaan 450, Tel. 448 21 00, Fax 323 24 57, www.kijkduinpark.nl, Roompot-Ferienzentrum im Süden von Kijkduin mit Bungalowpark, Campingplatz, Restaurant, Supermarkt, Sport und Spiel, Kinderbetreuung, Hallenbad etc.

Monster

Küste

Ter Heijde, ein Ortsteil von Monster, ist der nächste Badeort südlich von Kijkduin. Hier gibt es eine Reihe von Strandübergängen, einige Strandpavillons im Sommer, landeinwärts einen Campingplatz, ein Hotel und Restaurants. Dieser Strandabschnitt liegt besonders exponiert zur See. Die Küste verlagerte sich landeinwärts, sodass das Dorf Ter Heijde mehrmals zurückgenommen werden musste. Der letzte Neubau erfolgte nach dem Zweiten Weltkrieg, nachdem die Deutschen zuvor den alten Ort aus Verteidigungszwecken abgerissen hatten. Einzig die alte Kirche ließen sie stehen.

Der Strand von Ter Heijde ist noch ursprünglich geblieben. Hier findet naturnaher Badebetrieb statt. Im Norden ist er breiter, im Süden schmaler. Hier besteht die Möglichkeit, mit dem Katamaran zu segeln.

Info

- **Tel.-Vorwahl:** 0174
- **Gemeinde Monster:** Tel. 28 58 23
- **VVV/ANWB Westland:** siehe Naaldwijk

Strand

- Feinsandig, schmal, nicht überlaufen, Hundeverbot von Mitte Mai bis Mitte Sept. 10–18 Uhr zwischen den Strandübergängen Strandweg und Molenslag, dahinter frei für angeleinte Hunde, Surfen zwischen Buhne 10a und 11, FKK zwischen Schelpenpad und Watertoren.

Unterkunft

- **Elzenduin** €€€: 2684 VT Ter Heijde, Strandweg 18, Tel. 21 42 00, Fax 21 42 04, www.elzenduin.nl, unmittelbar hinter den Dünen gelegen, mit Garten und Restaurant.

Aktivitäten

- **Hallen- und Erholungsbad:** *De Boetzelaer,* Madeweg 36, Tel. 28 66 10, www.deboetzelaer.nl.
- **Katamaran-Vermietung:** *Kustzeilvereniging Monster,* Clubadresse: *Strand Ter Heijde,* Sekretariat: 2595 SM Den Haag, 2e Louise de Colignystraat 87, www.kzvm.nl.
- **Kornmühle:** *De Vier Winden,* 1882 gebaut, Ecke Hoek Molenweg/Haagweg, Auskunft: *A. Raaphorst,* Tel. 368 89 26, www.westlandsemolens.nl. Besichtigung nach Anmeldung 14–17.30 Uhr, Kinder unter 12 Jahren nur in Begleitung.

Hinterland

Naaldwijk

Das **Westland** genannte Geländedreieck zwischen Den Haag, Hoek van Holland und Maassluis ist das Gartenbauzentrum Hollands. Hier glitzert die Sonne über den **Gewächshäusern,** die sich über die gesamte Landschaft erstrecken. Der Standort für die gläsernen Gewächshäuser ist besonders günstig – Westland ist der **wärmste Teil Hollands,** auch reißen hier die Wolken immer wieder auf, sodass dieses Gebiet die höchste Sonnenscheindauer der Niederlande aufweist.

Im Zentrum von Westland liegt Naaldwijk. Der Ort ist möglicherweise normannischen Ursprungs, jedenfalls lag er zu dieser Zeit am Maasufer und bot so geschützten Zugang zur Nordsee. Die Oude Kerk ist ein spätmittelalterliches Bauwerk, ihr Turm stammt noch aus dem 13. Jahrhundert. Das Rathaus wurde in der zweiten Hälfte des 16. Jahrhunderts errichtet, den Vorgiebel erhielt es 1688. Das Heilig-Geist-Hospital aus dem Jahr 1627 wurde von *Hendrik IV. van Naaldwijk* gestiftet.

Im nördlich gelegenen **Honselersdijk** informiert ein Gartenbaumuseum über die Geschichte der Unter-Glas-Gemüseerzeugung in Westland. Die Versteigerung kann besichtigt werden.

Info

- **Tel.-Vorwahl:** 0174
- **VVV/ANWB Naaldwijk:** 2671 GR, Wilhelminaplein 10, Tel. 61 00 31, Fax 61 00 35, www.vvv.westland.nl.

Unterkunft

- **Carlton** €€€€: 2671 SB, Tiendweg 20, Tel. 27 26 25, Fax 27 26 26, www.highlandcarltonhotel.nl, mit großzügigen Zimmern, Restaurant €€€ mit Gartenterrasse.

Museen

- **Westlands Museum** (Gartenbaumuseum): 2675 KL Honselersdijk, Middel Broekweg 154, Tel. 621084, www.westlandsmuseum.nl, geöffnet Di–Sa 14–17 Uhr, 1. So im Juni bis Sept. 13–17 Uhr, Eintritt 3 €, Senioren 2,50 €, Kinder bis 17 Jahren 1,50 €, Führungen auf Anfrage.
- **Holland Flora:** *Gartenbaubetrieb Honselersdijk,* Middel Broekweg 29, Tel. 63 46 41, www.floraholland.com, geöffnet Mo–Mi, Fr 7.30–9 Uhr, Eintritt 2 €.

Küste

's Gravenzande

Südlich von Monster liegt 's Gravenzande hinter den Dünen. Der Ort verdankt seine Entstehung der Dünenbildung in dieser Gegend vor tausend Jahren – die **angewehten Sande** machten eine Besiedlung möglich. Im 13. Jahrhundert begannen die Grafen von Holland mit der Eindeichung des Hinterlandes, wobei es vor allem darum ging, das damalige, südlich des Ortes verlaufende Flussbett der Maas einzudämmen. Den gesamten Küstenabschnitt hinter den Küstensanden machten die holländischen Grafen zu ihrem bevorzugten Jagdgebiet. Graf *Floris IV.* und seine Gemahlin *Mechthild von Brabant* hielten sich oft an ihrem Hof im „Grafensand" auf. Reste dieses Hofs aus dem Jahre 1242 wurden an der Nieuwe Vaart gefunden.

Heute lebt 's Gravenzande vom intensiven Unter-Glas-Gemüsebau. Gleichzeitig möchte der Ort sich als Seebad profilieren. Jenseits der Dünen, über die ein Zugang führt, erstreckt sich der Strand über eine Länge von drei Kilometern.

Info

- **Tel.-Vorwahl:** 0174
- **VVV/ANWB Westland:** siehe Naaldwijk

Strand

- Feinsandig, nicht sehr breit, Hundeverbot Mitte Mai bis Mitte Sept. zwischen Strandaufgang Beukel und Vlugtenburg; 10–19 Uhr angeleinte Hunde erlaubt zwischen Strandaufgang Vlugtenburg und der Grenze zu Hoek van

Holland, in dieser Periode Reitverbot 10–19 Uhr zwischen Strandaufgang Beukel und der Grenze zu Monster sowie zwischen Vlugtenburg und der Grenze zu Hoek van Holland.

• **Strandpavillon:** Zeerust, Nieuwslandsedk (Strand), Tel. 42 03 14, www.zee-rust.nl, kleiner Pavillon in Richtung Hoek van Holland, im Winter an Wochenenden geöffnet, Parkplatz 3 € pro Tag, ab 18 Uhr und im Winter kostenlos.

Essen & Trinken

• **De Spaansche Vloot:** Langestraat 137, Tel. 41 24 95, www.despaanschevloot.nl, holländische Küche, in einer ursprünglichen Dorfherberge aus dem Jahre 1540, freundliches Restaurant mit Garten.

Unterkunft

• **Duynparc De Heeren van 's Gravenzande:** Tel. (0800) 081 77 77, www.hogenboomvakantieparken.nl, neuer Hogenboom-Ferienpark in Strandnähe mit Ferienwohnungen, Bungalows, Hallenbad, Restaurants etc.

Museum

• **De 's Gravenzandse Korenmolen:** Naaldwijkseweg 117, Tel. 42 01 44, www.westlandsemolens.nl. Die 1908 errichtete Kornmühle wurde mit älteren Teilen einer Windmühle aus Alphen aan de Rijn errichtet, geöffnet: letzter Samstag im Monat 10–15 Uhr.

Küste

Hoek van Holland

Der Ort Hoek van Holland entstand als Arbeitersiedlung im Zusammenhang mit dem Bau des **Nieuwe Waterweg,** der neuen Zufahrt zum Rotterdamer Hafen, mit dem im Jahre 1863 begonnen wurde. Eisenbahnanschluss und Bau des Fähr- und Fischereihafens ließen die Siedlung anwachsen. 1887 wurde das Kastell an der Landspitze von Hoek van Holland zur Verteidigung der neuen Wasserstraße fertig gestellt. Heute ist in diesem **Fort aan den Hoek van Holland** ein Verteidigungsmuseum untergebracht.

Als mit dem Ausbau des Rotterdamer Außenhafens die Dünenfläche und der Strand von Hoek van Holland verbreitert wurden, entwickelte sich der Ort auch zum Seebad. Wenn es nach den Entwicklungsplanern geht, soll zum Strand hin ein schickes Urlaubszentrum mit großen Hotels, Casinos, Restaurants und Vergnügungsstätten entstehen.

Doch Hoek van Holland hat weit mehr zu bieten als andere Seebäder an der holländischen Küste. Am Koningin Emmaweg, dem Boulevard am Nieuwe Waterweg, findet man einen futuristischen **Informationspavillon** mit Exponaten zur Geschichte des Ortes. In einem **deutschen Bunker** aus dem Jahre 1943 am Badweg, der vom Koningin Emmaweg abzweigt, sind zwei Museen untergebracht: das **Rettungsmuseum,** das dem Besucher ein eindrucksvolles Bild von der Entwicklung und Geschichte des an diesem Küstenabschnitt nicht ungefährlichen Rettungswesens vermittelt, und das **Fährmuseum,** in dem die Geschichte der in Hoek van Holland ansässigen Fährdienste dargestellt wird. Im 22 Meter hohen, gusseisernen Leuchtturm aus dem Jahre 1893, der bis 1974 in Betrieb war, ist ein **Leuchtfeuer-Museum** untergebracht. Von oben hat man einen wunderbaren Überblick über den gesamten südholländischen Küstenabschnitt. Das **Gewächshausmuseum** bietet Informationen über diese spezielle Art, Gurken, Tomaten und anderes Gemüse anzupflanzen. Neu ist das **Pop- und Rockmuseum,** das zweifelsohne nicht nur die junge Generation anspricht.

1997 wurde das riesige **Sturmflutwehr De Maeslandkering** östlich von Hoek van Holland eingeweiht, das den Nieuwe Waterweg bei Extremhochwasser schützt. Dieses gigantische Bauwerk stellt den Abschluss der Arbeiten des Delta-Plans dar, der die südlichen Niederlande vor Überschwemmungen bewahren soll (siehe auch Exkurs „Der Delta-Plan" im Kap. „Landschaft und Natur").

Der Hafen von Hoek van Holland,
im Hintergrund der Rotterdamer Hafen Maasvlakte
auf der anderen Seite des Nieuwe Waterweg

312ho Foto: ti

Info

- **Tel.-Vorwahl:** 0174
- **Stichting Promotie Hoek van Holland:** 3151 AK, Pr. Hendrikstraat 265, Tel. 51 95 70, www.gethoekt.nl.

Strand

- Nach Süden immer breiter, feinsandig; Hunde von Mai bis Sept. 9–19 Uhr nicht zugelassen, ausgenommen im Bereich zwischen Radarmast und dem Waterweg, in den dahinter liegenden Dünen müssen Hunde angeleint sein; Grillen und Campen verboten; Surfen, Katamarane und Boote sind nur im Strandabschnitt an der Rechtestraat erlaubt; Reitverbot zwischen Mai und Sept. 9–21 Uhr; Strandrollstühle bei E.H.B.O., Posten 31; FKK im Strandabschnitt 50 m nördlich des Strandübergangs Stuifkensand, FKK in den Dünen nicht zugelassen.

Essen & Trinken

- **Het Jagershuis** €€: 3151 HA, Badweg 1, Tel. 38 22 51, http://restauranthetjagershuis.jouwweb.nl; Bungalow in Strandnähe, der sich landeinwärts öffnet, große Innenterrasse, Fischspezialitäten, geschlossen 7.12.–10.1., Mo Ruhetag.
- **Sand** €€€: 3151 HW, Zeekant 125, Tel. 38 25 03, www.waterlandestate.com, an den Dünen mit Ausblick auf die Küste und den Schiffsverkehr, mediterran inspirierte Küche, geöffnet bis Mitternacht.

Unterkunft

- **Hotel America** €€: 3151 GK, Rietdijkstraat 96, Tel. 38 22 90, www.hotelamerica.nl, nahe am Fährhafen, mit gemütlichem Restaurant €€, Tanzveranstaltungen.

Der Nieuwe Waterweg und sein gigantisches Sturmflutwehr

Als im Jahre 1830 Belgien von den Niederlanden abgetrennt wurde, gewann Rotterdam als Hafenstadt zunehmend an Bedeutung. Der Wasserstand der Brielse Maas war jedoch zu schwankend für die größer werdenden Schiffe, sodass zunächst ein Zufahrtskanal durch die Insel Voorne *(Voornsekanaal)* angelegt wurde. Doch auch dieser war bald den Anforderungen des Schiffsverkehrs nicht mehr gewachsen. Ab 1863 wurde dann ein direkter **Stichkanal im Bett der Nieuwe Maas** zur Nordsee gegraben, der bei Ebbe elf Meter tief ist – denn dieser „Nieuwe Waterweg" ist im Gegensatz zum Amsterdamer Noordzee Kanaal nicht mit Schleusen versehen. Für den Personenverkehr wurde ein eigener Fährhafen in Hoek van Holland angelegt.

Modell und Realität: Im Notfall können die Tore den Kanal komplett abriegeln

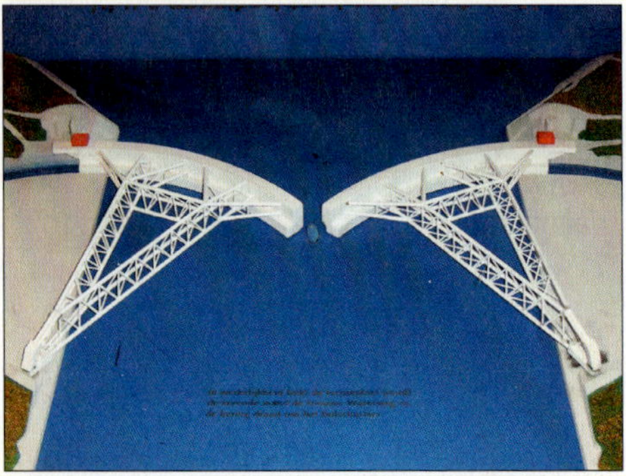

313ho Foto: ti

Kurz vor dem östlichen Ortseingang von **Hoek van Holland** wird der Nieuwe Waterweg durch das Sturmflutwehr **De Maeslandkering** geschützt, das 1997 nach sechsjähriger Bauzeit als letztes großes Projekt des Delta-Plans fertig gestellt wurde. Es besteht aus zwei 15.000 Tonnen schweren Stahltoren, die an den Seiten des Kanals angebracht sind und auf Zahnrädern aus ihren Parkpositionen in den Kanal gefahren werden können, um diesen bei Orkan vor der hereinbrechenden Flut zu bewahren. Mit dieser **Verriegelung des Kanals** werden der Rotterdamer Binnenhafen geschützt und verheerende Überschwemmungen des unter dem Meeresspiegel liegenden Hinterlandes verhindert. Das am Sturmflutwehr gelegene Informationszentrum erläutert anhand von Modellen dessen Entstehungsgeschichte und Funktionsweise und zeigt eine sehenswerte Ausstellung zum Küstenschutz.

• **De Maaslandkering:** Nieuw Oranjekanaal 139, Tel. (0174) 51 12 22, Fax 54 03 24, www.keringhuis.nl, geöffnet Mo–Fr 10–16 Uhr (Mitte Juni bis Mitte September 10–17 Uhr), am Wochenende 11–17 Uhr, 1.1. und 25.12. geschlossen, Eintritt frei. Führungen im Außenbereich für Gruppen nach Absprache, Restaurant Het Keringhuis.

314ho Foto: ti

Museen

- **Küstenverteidigungs-Museum** *Fort aan den Hoek van Holland,* 1889 fertig gestelltes Panzerfort: Stationsweg 82, Tel. 38 28 98, www.forthvh.nl, geöffnet jedes erste Wochenende in den Monaten Mai bis Nov. Sa 13–16 Uhr, So 12–16 Uhr, 1.1., Ostersonntag, 30.4., Himmelfahrtstag, Pfingstsonntag, Weihnachten und am 31.12. geschlossen, Führungen 6 €, Kinder bis 12 Jahre 4 €.
- **Reddingsmuseum Jan Lels** und **National Veerdienstmusuem** (Fährdienste): Badweg 2a, Tel. 38 38 02, www.reddingmuseum.nl, geöffnet April bis Oktober 10–17 Uhr, jeden Mittag von 13 bis 16 Uhr gibt es Rundfahrten mit dem historischen Rettungsboot *Johan de Witt* (nicht im Winter), ansonsten nur So, Eintritt 6 €, Kinder von 4–17 Jahre 5 €.
- **Kustverlichtingsmuseum** (Leuchtfeuer-Museum): Willem van Houtenstraat 102, Tel. 38 35 71, www.kustverlichtingsmuseum.nl, geöffnet Mai bis Sept. Sa und So 13–16 Uhr, Führung 1 €.
- **Kassenmuseum** (privates Gewächshausmuseum): 3151 XL, Nieuw Oranjekanaal 89, Tel. 51 35 26, geöffnet nach Vereinbarung Mo, Mi und Sa 13–16 Uhr, Eintritt 1,50 € mit einer Tasse Kaffee.
- **EXPO-INFO Pavillon Waterwegcentrum:** Koningin Emma Boulevard 5, Tel. 38 74 94, www.waterwegcentrum.nl, Eintritt frei.
- **Museum Rock Art:** 3151 XP, Zekkenstraat 42, Tel. 38 41 03, www.rockart.nl; Exponate zur Geschichte der Popmusik, geöffnet Do–Sa 13–17 Uhr, 1. So im Monat 13–17 Uhr, Eintritt 5 €, Kinder unter 7 Jahren frei.

Aktivitäten

- **Rundfahrten:** durch den Europort (Hafen) mit dem Rundfahrtboot Watergeus, Tel. 591 77 05, Abfahrt Mai bis Sept. So 12, 14 und 16 Uhr vom Bootssteg am Koningin Emma Boulevard, Fahrpreis 6,80 €, Kinder 4,50 €.
- **Naturwanderungen:** Strand- und Pierroute (rollstuhlgeeignet), kostenlose Wegbeschreibungen der Wanderungen sind beim Restaurant *De Lachende Zeerover,* Hoekse Brink, erhältlich.
- **Strandwanderung:** Strand6Daagse, Sechs-Tage-Strandwanderung von Hoek van Holland bis Den Helder, jährlich Ende Juni/Anfang Juli, Unterkunft in mitgebrachten Zelten auf vorbereiteten Zeltplätzen, Privatgepäck wird vom Veranstalter von Lager zu Lager gefahren, Information und Anmeldung: www.strand6daagse.nl.
- **Reiten:** Manege de Caepruiter, Dirk van de Burgweg 15, Tel. 38 47 15; Manege Hoek van Holland, Dirk van de Burgweg 45, Tel. 38 44 11; Manege de Nieuwe Oranjehoeve, Schekeldijk 50, Tel. 51 88 88.
- **Schwimmbad:** De Cordesstraat 160, Tel. 38 34 44, geöffnet Mai bis Sept. tägl. 9–17 Uhr, Eintritt 3,50 €, ermäßigt 2,50 €.

Einkaufen

- **Markt:** Dienstagmorgens im Stadtzentrum von Hoek van Holland 8–12 Uhr.

Verkehr

- **Fähren:** Von Hoek van Holland bestehen zwei Fährverbindungen **nach England,** *Stena Line* nach Harwich (Personenverkehr) und eine Lastwagenfähre nach Killingholme.

Hinterland

Maassluis

Jahrhundertelang verschaffte die See den Bewohnern von Maassluis ihren Lebensunterhalt – zunächst durch die Fischerei und später auch zusätzlich durch die Schleppfahrt. Die Stadt Maassluis ist heute noch Heimathafen des Museumsschleppers „Furie".

Seit dem 19. Jahrhundert am damals gebauten Nieuwe Waterweg gelegen, hat sich Maassluis trotz seiner Nähe zur Industriestadt Rotterdam und zum großen Rotterdamer Hafen einen pittoresken Charakter erhalten können – die Altstadt ist durch schöne Grachten sowie viele sehenswerte Gebäude und kleine Geschäfte gekennzeichnet. Die schönsten Häuser stehen an der Verstraat, herausragend ist das **Patriciëhuis,** ein für den Kaufmann *Jan Valk* im Rokokostil errichtetes Herrenhaus. Am Kerkplein steht die **Groote Kerk** mit ihrem weithin sichtbaren Turm, nach dem Vorbild der Amsterdamer Norderkerk auf dem Schanseiland zu Beginn des 17. Jahrhunderts errichtet. Diese Schanze war von den Spaniern im Achtzigjährigen Krieg errichtet worden und wechselte mehrfach den Besitzer. Das 1676 errichtet **Rathaus** trägt schon klassizistische Züge.

Maassluis ist die Geburtsstadt des niederländischen Schriftstellers *Maarten t'Hart,* der durch seine „Netzflickerin" berühmt geworden ist. Viele Schauplätze dieses Buches und anderer seiner Werke spielen sich im und nach dem Zweiten Weltkrieg in Maassluis ab.

Info

- **Tel.-Vorwahl:** 010
- **VVV Regio Nieuwe Waterweg/Westland:** 3142 CA, Goudsteen 4, Tel. 590 33 54, Fax 590 33 56, www.maassluis.de.

Essen & Trinken

- **De Ridderhof** €€€: 3141 XN, Spoortlaan 2, Tel. 591 12 11, www.restaurantderidderhof.nl, Restaurant in einem rustikalen Bauernhof aus der Zeit Rembrandts, mit Gartenterrasse, klassische Küche, international bestückter Weinkeller, in dem auch alte Whiskeys lagern, Mitte Juli geschlossen, Mo Ruhetag.

Museen

- **Schlepper-Museum (National Sleepvaart Museum):** Tel. 591 24 74, www.nationaalsleepvaartmuseum.nl, Hoogstraat 1–3, geöffnet Di–So 14–17 Uhr, 1.1., Oster- und Pfingstsonntag, 25.12. geschlossen, Eintritt 3 €, Kinder 4–12 Jahre und Senioren 1,50 €, dazu kann der 1916 gebaute **Museums-Dampfschlepper „Furie"** besichtigt werden (Mo–Fr 14–17 Uhr, Sa 10–17 Uhr). Dazu das alljährliche **Hafenfest „Furiade"**, letztes Wochenende im September bzw. erstes Wochenende im Oktober mit viel Programm, Kirmes, Musik etc.
- **Gemeentemuseum:** Zuiddijk 16, Tel. 591 38 13, www.maassluismuseum.nl, Di–So 14–17 Uhr, feiertags geschlossen (außer 26.12., 2. Ostertag, 2. Pfingsttag), Eintritt 3 €, Kinder bis 12 Jahren und Senioren 2 €. Heimatmuseum mit Kunstsammlung.

Hinterland

Rotterdam

Rotterdam, die Geburtsstadt des größten Humanisten *Geert Geertsz* (1469–1536), genannt *Erasmus von Rotterdam*, ist die **zweitgrößte Stadt der Niederlande** und besitzt den **größten Hafen Europas,** der inzwischen durch seinen Ausbau bis in die Nordsee vorgedrungen ist.

Ursprünglich war Rotterdam eine Fischersiedlung an der Mündung der Rotte in die Nieuwe Maas. Es erhielt 1299 Stadtrechte. Die Anbindung durch einen Kanal an Delft wirkte sich belebend auf die Stadt aus. Nach der Plünderung Rotterdams durch spanische Truppen zu Beginn des Achtzigjährigen Kriegs schloss sich die Stadt dem niederländischen Widerstand gegen die Spanier an. Nunmehr wurden Hafenbecken angelegt, und die Entwicklung Rotterdams zum Seehafen an der Nieuwe Maas begann. Doch die nicht ausreichend tiefe Fahrrinne der Brielse Maas als Zufahrt in die offene Nordsee bremste die weitere Entwicklung, bis 1872 der Nieuwe Waterweg mit seiner damals schon elf Meter tiefen Rinne fertig gestellt wurde. Ende des 19. Jahrhunderts entstanden mit dem Rijnhaven und dem Maashaven immer größere Hafenbecken, die sich westlich der Stadt ausdehnten. Der schon im 14. Jahrhundert angelegte Delfshaven wurde jetzt auch in den Rotterdamer Hafenbezirk mit einbezogen. Zu Beginn des 20. Jahrhunderts folgten der Waalhaven und der Mervehaven. Einen großen Einschnitt brachte der Zweite Weltkrieg – deutsche Bomber legten am 14. Mai 1940 die Stadt in Schutt und Asche. Den Rest besorgten die Engländer 1943 durch weitere **Bombenangriffe** und dann die deutsche Besatzung bei ihrem Abzug 1945.

Nach dem Zweiten Weltkrieg wurde Rotterdam völlig neu angelegt. Heute bestimmt **moderne Architektur** das Stadtbild. Der **Montevideo Tower** ist das höchste Wohngebäude, das Verwaltungsgebäude der Nationale-Nederlanden-Versicherungsgesellschaft das höchste Bürogebäude der Niederlande. Der **Kop van Zuid** ist ein ganz neuer Stadtteil südlich der Maas, dessen extravagante Gebäude einen außergewöhnlichen Eindruck hinterlassen. Die Hauptgeschäftsstraße Lijnbaan wurde als erste Fußgängerzone überhaupt konzipiert. Der Hafen breitete sich immer weiter in Richtung Nordsee aus, so zunächst auf der Insel Rozenburg der Botlekhaven und dann der **Europoort.** Als auch dieser nicht mehr für die Großtanker ausreichte, baute man als modernsten Hafen **Maasvlakte** in die Nordsee hinein. Die Erweiterung (Maasvlakte II) soll 2013 in Betrieb genommen werden.

Im Stadtteil Feijenoord entstand in den Jahren 2003–2010 die **Essalam Moschee** als größte Moschee der Niederlande und ganz Westeuropas.

051ho Foto: ot

Die Minarette sind 50 Meter hoch, die Kuppel hat einen Durchmesser von 25 Metern.

Im Zentrum

Der Bereich um den Stationsplein mit dem 1957 erbauten **Hauptbahnhof** ist heute durch Bürohochhäuser gekennzeichnet, so vor allem durch die Türme der **Delfse Poort.** Unmittelbar südlich erhebt sich der **Millenium Toren** (Milleniumturm). Daneben steht **De Doelen,** ein gigantisches Kongress- und Konzertgebäude mit 2000 Plätzen am Schouwburgplein - dieser Platz ist städtebaulich interessant, er wurde wie ein Podium angelegt.

Das **Stadthaus** und das Börsengebäude an der Coolsingel blieben einzig von den Bomben verschont. Das ellipsenförmige Hochhaus des **World Trade Center** ist in das Börsengebäude integriert. Die nicht weit entfernte, durch Kriegsschäden arg

in Mitleidenschaft gezogene **St.-Laurenskerk,** ein im 17. Jahrhundert vollendeter spätgotischer Bau, wurde stilgerecht wieder aufgebaut.

● **St.-Laurenskerk:** Tel. 413 19 89, geöffnet im Sommer Di–Sa 10–16 Uhr, im Winter Do 12–14 Uhr.

Oude Haven

Von hier führt der Weg zum Oude Haven, dem ersten, 1325 angelegten Hafen Rotterdams. Es steht noch das **Witte Huis,** ein Ende des 19. Jahrhunderts im Stil seiner Zeit errichtetes, zehnstöckiges Hochhaus. Vom Kopfende des Oude Haven ziehen sich die **Kubuswohnungen,** auf der Spitze stehende „Wohnwürfel", deren Dachkonstruktion bemerkenswert ist, bis hin zur U-Bahnstation Blaak.

● **Kijk-Kubus:** Overblaak 70, Tel. 414 22 85, www.kubuswoning.nl; zu besichtigende Kubuswohnung am Oude Haven, täglich 1–17 Uhr (Jan./Feb. nur Fr–So), Eintritt 2,50 €, ermäßigt 1,50–2 €.

Rotterdam
1 Information
2 Delfse Poort
4 Millenium Toren
5 De Doelen
6 Zeezout
7 Stadthaus
8 Börse mit World Trade Center
9 St.-Laurenskerk
10 Kaat Mossel
11 Kubuswohnungen
12 Witte Huis
13 Historisch Museum
14 Maritiem Museum
15 La Vilette
16 De Engel
17 Hotel Breitner
18 Nederlands Architectuur Instituut
19 Museum Boijmans van Beuningen
20 Museumswerft De Delft
21 Het Zakkendragershuisje
22 Museum de Dubbelde Palmboom
23 Bierhaus Pelgrim
24 Euromast
25 Wereldmuseum
26 Cruiseterminal mit Café Rotterdam
27 Hotel New York
28 Montevideo Tower
29 Essalam Moschee
Metro-Stationen
Bahnhof
Centraal Station
Stations-plein
Schiekade
Hofplein
Weena
Coolsingel
Stadt huis-plein
Kruisplein
Karel Doormanstraat
West Kruiskade
Aert van Nesstraat
Gouvernestraat
Eendrachtsplein
Westblaak
Nieuwe Binnenweg
Witte de Withstraat
Museumparkn
Schiedamse Vest
Museum-park
Dijkzigt
Wytemaweg
Rochussenstraat
Vasteland
20, 21, 22, 23
's-Gravendijkwal
Westzeedijk
G. J. de Jonghweg
Droogleever Fortuynplein
Het Park
Westerlaan
Parklaan
Westplein
Verhaven
Westerkade
24

Zuid-Holland

Kop van Zuid

Südlich der Nieuwe Maas entsteht am Kop van Zuid ein hochmodernes neues Stadtviertel mit Wohnungen, Büros und Betrieben. Die 1996 gebaute **Erasmusbrücke** führt auf dieses ehemalige Hafengelände zu. Der Blick fällt genau auf den **Wilhelminahof,** ein eigenwillig konzipiertes Gerichtsgebäude mit hohem, oval zugespitztem Turm und großem Sichtdurchlass. Rechts steht der **Toren op Zuid,** daneben das neue Rotterdam-Gebäude, der **Cruiseterminal** (die ehemalige Ankunftshalle der Holland-Amerika-Linie) und das **World Port Center.** Dahinter liegt das Gebäude der **Ichthus Hogeschool,** der Pädagogischen Hochschule.

Museumspark

Rotterdam hat einen reichen Schatz an Museen zu bieten, sie konzentrieren sich im Bereich des **Museumsparks.** Zur Nieuwe Maas schließt sich das

052ho Foto: ot

Gelände **Het Park** an, wo die Stadtautobahn in den Maastunnel untertaucht und wo auch der **Euromast** steht, jener 185 Meter hohe Turm, von dessen Aussichtsplattform man einen weiten Blick über die Stadt und ihren Hafen bis zur Nordsee hat.

• **Euromast:** Parkhaven 20, Tel. 436 48 11, www.euromast.nl, geöffnet April bis Sept. 9.30–23.30 Uhr, ansonsten 10–23 Uhr, letzter Lift 21.45 Uhr, mit Brasserie, behindertengerecht, Eintritt 8,80 €, Kinder 4–11 Jahre 5,70 €.

Delfshaven

Westlich der Kernstadt Rotterdam besteht am eingemeindeten Delfshaven noch alte Bausubstanz. Hier wurden *Piet Hein,* der berühmteste unter holländischer Flagge segelnde Pirat, und der 1983 verstorbene Maler *Kees van Dongen* geboren. Die **Pelgrimvaderskerk** am Delfshaven, eine ehemalige Antoniuskirche aus dem 15. Jahrhundert, war Treffpunkt unter anderem aus England geflüchteter Protestanten. An die Kirche grenzt das traditionelle **Bierhaus Pelgrim** an, das sechs Spezialbiere anbietet. Die Pilgerväter wanderten 1620 aus dem Delfshaven über Plymouth, dann als *Pilgrim Fathers,* auf der „Mayflower" nach Amerika aus. Neben der Schleuse befindet sich heute in dem alten Sackträgerhaus aus dem Jahr 1653 eine **historische Zinngießerei.** Die alten Speicher am Hafen sind inzwischen längst renoviert und in Luxuswohnungen umgewandelt worden.

• **Het Zakkendragershuisje:** Tel. 477 70 77, www.zakkendragershuisje.nl; Voorstrat 13, historische Zinngießerei im alten Sackträgerhaus im Delfshaven, Di–So 10–17 Uhr.
• **Pelgrim:** Aelbrechtskolk 12, Tel. 477 11 89, www.pelgrimbier.nl, traditionelle Brauereigaststätte neben der Pelgrimvaderskerk, ab 12 Uhr geöffnet, Mo geschlossen.

Historische Schiffe und moderne Kubusbauten am Oude Haven

Info

- **Tel.-Vorwahl:** 010
- **VVV Rotterdam:** 3012 AC, Stationsplein 1, Tel. (0900) 403 40 65, Fax 413 01 24, www.rotterdam.nl.
- **Amphibienbus-Rundfahrt:** Splashtours, 3016 GM, Parkhaven 11, Tel. 436 94 91, www.splashtours.nl, einmalig – mit dem Amphibienbus durch Rotterdam, vom Startpunkt der Splashtour am VVV Rotterdam Store, Coolsingel 5, zum Leuvehaven und über die Erasmus-Brücke Richtung Katendrecht, dann weiter in der Maas bis an das Noordereiland, zur Willems-Brücke, zum Laurensturm, zu den Kubuswoningen und dem Witte Huis zurück zum Ausgangspunkt. Abfahrt April, Mai, Juni, Sept. und Okt. Mi–So, Juli und Aug. Di–So, März, Nov. und Dez. Sa u. So 11, 12.30, 14, 15.30, 17, 18.30, und 20 Uhr, zusätzliche Abfahrten in den Monaten Juli und Aug. Fahrpreis 19,50 €, Kinder bis 12 Jahre 14,50 €.

Anfahrt

- Die Parksituation ist wie in allen anderen Großstädten der Niederlande auch in Rotterdam nicht einfach. So empfiehlt es sich, bei der Ankunft das Fahrzeug auf einem der gut ausgeschilderten, kostenlosen **P&R-Parkplätze** am Stadtrand abzustellen und für den Weg in die Innenstadt die U-Bahn zu benutzen. Dazu nimmt man von der A20 die Abfahrt 16 und parkt das Auto am *P&R Alexander* oder *P&R Schenkel* und nimmt die **U-Bahn Calandijn** Richtung Marconiplein bis zur **Station Beurs** (Börse). Von der A16 nimmt man die Abfahrt 26 und parkt am *P&R Schenkel* (s.o.). Von der A16 kann man auch die Abfahrt 25 nehmen und am *P&R Capelsebrug* parken. Auch hier fährt man mit der U-Bahn *Calandijn.*

Zum Parken in der Innenstadt empfehlen sich die ausgeschilderten **Parkhäuser** Schouwburgplein oder Weena/Karel Doorman (bis 24 Uhr), Oudehaven/Burg, van Walsumweg (9–2 Uhr) sowie Kiphof und Erasmus (9–19 Uhr). Bei einzelnen Parkhäusern bezahlt man allerdings schon mit einer „chipcart", die man vorher in einem Tabakladen oder an anderen Stellen beziehen musste.

Das **Bußgeld** für nicht (ausreichend) entrichtete Parkgebühren beträgt 45 €. Außerdem muss der Fahrzeugbesitzer damit rechnen, dass eine Kralle an seinem Fahrzeug befestigt wird. Bei besonders schweren Parkvergehen wird das Fahrzeug sogar abgeschleppt. Das Bußgeld beträgt dann 125 € zuzüglich Abschleppkosten.

Essen & Trinken

- **La Vilette** €€€: Westblaak 160, Tel. 414 86 92, www.lavilette.nl, im Stil einer Brasserie, Ende Juli bis Mitte Aug. sowie Ende Dez. bis Anfang Jan. und So geschlossen.
- **Zeezout** €€: Westerkade 11b, Tel. 436 50 49, www.restaurantzeezout.nl; Fischrestaurant mit Terrasse, 25., 26. und 31.12., 1.1. sowie So und Mo geschlossen.

- **De Engel** €€€: Eendrachtsweg 19, Tel. 413 82 65, www.engelgroep.com, en vogue, nur abends geöffnet, So, 25., 26. und 31.12. geschl.
- **Kaat Mossel** €€€: Admiraliteitskade 85, Tel./Fax 411 71 07, www.kaatmossel.nl, beliebtes Fischlokal, Ende Juli/Anf. Aug. sowie Mi geschlossen.
- **Café Rotterdam:** Wilhelminakade 699, im ehemaligen Hauptkontor der Holland-Amerika-Linie, Tel. 290 84 42.

Unterkunft

- **Hotel New York** €€€: Koninginnehoofd 1, Tel. 439 05 00, www.hotelnewyork.nl, exponiert auf dem Wilhelminapier gelegenes Hotel im historischen Hauptkontor der Holland-Amerika-Linie, fabelhafte Aussicht auf das Hafengeschehen, mit Café Rotterdam (s.o.).
- **Breitner** €€: 3015 XA, Breitnerstraat 23, Tel. 436 02 62, Fax 436 40 91, www.hotelbreitner.nl, drei Wohnhäuser in ruhiger Seitenstraße, zusammengefasst zu einem Hotel mit praktischen Zimmern, Restaurant für Hotelgäste.

Museen

- **Museum Boijmans van Beuningen:** Museumspark 18–20, Tel. 441 94 75, www.boijmans.nl, einzigartige Sammlung von Gemälden, Skulpturen und Kunstgegenständen, geöffnet Di–So 11–17 Uhr, am Königinnentag, 1.1. und 25.12. geschlossen, Eintritt 10 €, Studenten 5 €, Mi freier Eintritt.
- **Maritiem Museum:** Leuvehaven 50–72, Tel. 413 26 80, www.maritiemmuseum.nl, Geschichte der Seefahrt und des Rotterdamer Hafens; im nahen Hafenbecken liegt das Museums-Rammpanzerschiff „Buffel" aus dem Jahr 1868, geöffnet Di–Sa 10–17 Uhr, So und feiertags 11–17 Uhr, Königinnentag, 1.1. und 25.12. geschlossen, Juli/Aug. auch Mo geöffnet 10–17 Uhr, Eintritt 7,50 €, Kinder bis 15 Jahre 4 €.
- **Museum de Dubbelde Palmboom:** Voorhaven 12, Tel. 476 13 33, www.hmr.rotterdam.nl, Exponate zum Leben und Arbeiten in einem alten Lagerhaus am Delfshaven, geöffnet Di–Fr 10–17 Uhr, Sa, So und feiertags 11–17 Uhr, Königinnentag, 1.1. und 25.12. geschlossen, Eintritt 5 €, Kinder bis 15 Jahren frei.
- **Historisch Museum:** Korte Hoogstraat 31, Tel. 217 67 67, www.hmr.rotterdam.nl, im Schielandhuis, einem erhaltenen Haus vom Ende des 17. Jahrhunderts mit klassizistischer Fassade, Museum zur Stadtgeschichte, geöffnet Di–Fr 10–17 Uhr, Sa, So und feiertags 11–17 Uhr, 1.1., 30.4. und 25.12. geschlossen, Eintritt 5 €, Kinder bis 17 Jahre frei.
- **Nederlands Architectuur Instituut:** Tel. 440 12 00, www.nai.nl, Archiv und Ausstellungsgebäude zur Architekturgeschichte, sehenswertes modernes Gebäude mit Glaskubus, geöffnet Di–Sa 10–17 Uhr, So 11–17 Uhr, Eintritt 8 €, Kinder 4–12 Jahre und Senioren 5 €.

- **Wereldmuseum:** Willemskade 25, Tel. 270 71 72, www.wereldmuseum.rotterdam.nl, das in „Weltmuseum" umgetaufte Völkerkundemuseum bietet vor allem auch Sonderausstellungen, geöffnet Di–So 10–17 Uhr, geschlossen 5.12., 25.12., 1.1. und Königinnentag, Eintritt 8 €, Kinder 3 €, zum Museum gehört **„Het Reispaleis"**, wo speziell Kinder fremde Völker erleben können, geöffnet Mi 13–17 Uhr, am Wochenenden 10–17 Uhr.
- **Museumswerft De Delft:** Schiehaven 15, Tel. 276 01 15, www.dedelft.nl, originalgetreuer Nachbau des in der Seeschlacht gegen die Engländer am 15. September 1795 untergegangenen niederländischen Kriegsschiffs „De Delft" im Schiehaven nahe dem Delfshaven, geöffnet Di–Fr 10–16 Uhr, Sa, So und feiertags 11–17 Uhr, Eintritt 6 €, Senioren 4 €, Kinder von 4 bis 12 Jahren 3 €.

Aktivitäten

- **Tiergarten:** Diergaarde Blijdorp, Tel. 443 14 95, www.rotterdamzoo.nl, großzügig angelegter Tierpark mit Aquarium, Riesenbecken mit Besuchertunnel, täglich geöffnet 9–17 Uhr, So/feiertags, Sommer und Schulferien bis 18 Uhr, Eintritt 19,50 €, Kinder 3–9 Jahre 16,50 €. Parken 3,50 €, behindertengerecht, Begleiter von Behinderten 8 €.
- **Bootsfahrten:** Pannekokenboot, vom Anleger Parkhaven am Euromast Mo–Fr 16.30 Uhr und 18 Uhr, Sa und So 13.30, 15, 16.30 und 18 Uhr, Fahrpreis 12 €, Kinder 3–12 Jahre 7 €, Pfannkuchen satt! Information: *De Pannekokenboot,* Tel. 436 72 95, www.pannenkokenboot.nl.

  Nach Kinderdijk: Abfahrt vom Anleger Boompjeskade April bis Sept. täglich 10.45 Uhr und 14.14 Uhr, Fahrpreis 12,50 €, Kinder bis 12 Jahre 10 €, Information: *Rebus Varende Evenementen,* Tel. 218 31 31, www.rebus-info.nl.

  Abend-Hafenrundfahrt: Abfahrt vom Anleger Boompjeskade April bis Sept. täglich 18.30 Uhr, Fahrpreis 13,50 €, Information: *Rebus Varende Evenementen,* s.o.

  Spido-Hafenrundfahrt: 75-Minuten-Rundfahrten ab Willemsplein, ca. stündlich in der Saison zwischen 11 und 17 Uhr, Fahrpreis 8,20 €, Kinder 4–11 Jahre 5,10 €, behindertengerecht, Information: Spido, Willemsplein 85, Tel. 275 99 88, www.spido.nl.
- **Stadtrundfahrt:** mit der Oldtimer-Straßenbahnlinie 10, Tel. (06) 53 51 36 30, www.lijn10.nl, Dauer 75 Minuten, Miete für einen ganzen Tag 475–575 €.
- **Sommerkarneval:** letztes Juliwochenende mit kilometerlangem Umzug auf Prunkwagen mit karibischen, brasilianischen, surinamischen etc. Gruppen durch die Rotterdamer Straßen.

Insel Voorne

Südlich des Nieuwe Waterweg erstreckt sich das Delta-Gebiet, dessen nördlichste Insel Voorne ist. Sie entstand vor tausend Jahren im Mündungsgebiet von Maas und Waal. Durch Verlagerung der Flussläufe wurden Sandbänke angeschwemmt und Sandverwehungen aufgehäuft, deren Besiedlung im 12. Jahrhundert begann. Ab 1140 sind die *Herren van Voorne* beurkundet, die in Oostvoorne ihren Herrensitz errichteten. Sie betrieben in Zusammenarbeit mit Klöstern Eindeichungen, sodass sich bis zum 16. Jahrhundert ein geschlossenes Poldergebiet hinter den Dünen herausbildete: die heutigen Inseln Voorne und Putten. Ein völlig neues Erscheinungsgebiet erhielt der Nordwestteil der Insel Voorne durch die Anlage des Rotterdamer Außenhafens Maasvlakte in den Jahren 1968–74.

Küste

Maasvlakte

Das **Hafengelände** Maasvlakte wird seeseitig durch den zwölf Meter hohen Zuiderdam vor den Sturmfluten der Nordsee geschützt. Südlich schließt sich der Slufterdam an. In einem Bogen nach Osten wird durch den Brielse Gatdam die Verbindung zum nördlichen Teil der Küste von Voorne hergestellt. Im Inneren besteht Maasvlakte aus riesigen Hafenbecken, allen voran die Petroleumhäfen, in denen auch die allergrößten Schiffe anlegen können, sowie Raffinerien und anderen Industrieanlagen. Am Südwestende des über 1600 Hektar großen Hafengeländes ist der Slufter ausgegraben worden, ein Becken, das die verunreinigten Hafenwässer aufnimmt. Der abgesetzte Grund wird zum Auffüllen von Deichen und als Bausand verwendet. Doch die Zukunft verlangt nach einer nochmaligen Ausweitung des Rotterdamer Hafens. Im Jahre 2004 wurden die nicht nur bei Umweltschützern stark umstrittenen Pläne für die **Ausbaustufe Maasvlakte II** genehmigt. Dadurch wird der Hafen mit einem neuen Industriegebiet noch weiter in die Nordsee hinausreichen und wächst um eine Fläche von 2000 Hektar. Baubeginn war 2008, die Fertigstellung erfolgt 2013.

Insgesamt bietet Maasvlakte keine traditionellen touristischen Anziehungspunkte, es sei denn, man ist am Anblick der vorbeiziehenden großen Schiffe und der Industrieanlagen interessiert. Dennoch gibt es hier im Zusammenhang mit dem Bau der Maasvlakte neu geschaffene **Strandabschnitte,** die zwar außer einigen Imbissbuden keine Infrastruktur bieten, aber gerade wegen ihrer Ungezwungenheit gern aufgesucht werden. Für Surfer sind diese Strandabschnitte wegen ihrer für die niederländische Küste hohen Wellen besonders reizvoll. Diese Strände sind alle über die N15, die die gesamten Hafenanlagen umrundet, zu erreichen. Hier gibt es genügend Parkplätze. Auch der Slufter-Strand, zu dem man über den von der N15 abzweigenden Noordzeeboulevard gelangt, zieht wegen seiner hohen Brandung viele Surfer an.

Info

- **Tel.-Vorwahl:** 010
- **Rotterdam Marketing:** 3011 AA Rotterdam, Beursplein 37; Postbus 30235, 3001 DE Rotterdam, Tel. 205 15 00, Fax 205 15 99, www.rotterdam-marketing.nl.
- **Internet-Information:** www.portofrotterdam.com

Strand

- Aufgehäuft, Surf- und Seekajakrevier am Slufter-Strand, dort auch Drachensteigen, Paragliding (mit Startpunkten auf der Spitze der Dünenreihe), am Slag Maasmond Startplatz für Kleinflugzeuge; Geländewagen können sich in den Dünen am Nordwestrand der Maasvlakte austoben; FKK zwischen Strandübergang Dobbelsteen auf Höhe der Energiezentrale und Strandübergang Hinderplaat am Ende des Slufter-Strandes.

Aktivitäten

Hafenrundfahrten: Spido BV, Willemsplein 85, Abfahrt: Anleger Willemsplein 85, am Fuß der Erasmusbrücke (Zentrumseite), Informationen: Tel. 275 99 88, www.spido.nl; spezielle Tagesfahrten im Juli/Aug. zum Europort, mit Exkursion und Lunchbuffet, Dauer: ca. 6½ Std.

Küste

Oostvoorne

Hauptort hinter den zur Maasvlakte gelegenen Dünen ist Oostvoorne. Der erstmals um 1100 genannte Ort bestand zunächst nur aus der Burg, einer Kapelle und wenigen Häusern. Ab 1350 entwickelte sich hier ein richtiges Dorf, das schon um 1500 im Kern seine heutige Größe erreichte. Um diese Zeit wurden vor allem Ackerbau und Viehzucht auf den inzwischen eingedeichten Poldern betrieben. Ab 1900 begann die Umstellung auf Gartenbau und Zwiebelzucht. Der Fremdenverkehr gewann nach dem Zweiten Weltkrieg an Bedeutung. Der große Urlaubspark *Recreatiepark Kruininger* am Brielse Meer beispielsweise, besteht schon über 50 Jahre.

Die **Burg** von Oostvoorne, deren Reste freigelegt sind, wurde in der zweiten Hälfte des 12. Jh. von den holländischen Grafen zur Verteidigung der damaligen Maasmündung als Motte (Turmhügelburg) errichtet. Der Bergfried stellt den Kern der runden, von einem Wassergraben umgebenen Anlage dar. Eine Kapelle wurde im Jahr 1277 errichtet, eine Vorburg diente als Wohnstätte. Hier hielt sich *Jacoba van Baieren* als letzte Vertreterin des holländischen Grafengeschlechts häufig auf, sodass die Anlage auch als *Jacobaburcht* bezeichnet wird. Die Kapelle erhielt um 1400 ihren Turm. Das Kapellenschiff brannte 1612 ab und wurde später in der heutigen Form wieder errichtet. Der Zugang zur Ruine ist frei (Schlüssel beim VVV).

Interessant ist noch der steinerne **Leuchtturm Stenen Baken** am Brielse Meer, zu erreichen über den Fußweg vom Ende Heindijk über den Katteweg. 1674 anstelle eines hölzernen Vorgängerbaus errichtet, ist er der älteste in Holland noch erhaltene Leuchtturm, der mit einem Kohlefeuer betrieben wurde. Gleichzeitig diente der Turm zur Beobachtung, um Angriffe der englischen Flotte frühzeitig zu erkennen. Er war von einer Verteidigungsmauer umgeben, in die ein Kugelofen *(kogelgloeioven)* eingebaut war, der erhalten ist. Darin erhitzte man Kanonenkugeln, die man auf feindliche Schiffe abfeuerte, um sie in Brand zu stecken.

Besonders sehenswert ist auch das **Oldtimermuseum** in Oostvoorne, in dem über 200 alte Fahrzeuge ausgestellt sind.

Dünen-gebiete und Seen

Nördlich von Oostvoorne erstreckt sich zum **Oostvoornse Meer** der sogenannte **Grüne Strand,** ein vogelreiches Dünengebiet, in dem sich auch Rehe aufhalten. Im Erscheinungsbild ähnelt diese Fläche dem Slufter auf Texel. Durch den Brielse Gatdam wurde das Oostvoornse Meer von der See abgetrennt. Den Sand im Untergrund brauchte man für den Bau der Hafenbecken der Maasvlakte – so ist dieser Brackwassersee teilweise vierzig Meter tief und zum Surfen und Tauchen bestens geeignet.

Westlich von Oostvorne erstreckt sich das Gebiet der **Kaapduin,** ein offenes Dünengebiet mit reicher Tier- und Pflanzenwelt. Inmitten dieser Dünen findet man das **Breede Water,** einen der großen Dünenseen der niederländischen Küste, der sich als Rest der längst versandeten Mündung des kleinen Flusses Strijpe bildete. Dieser See ist ein wahres Vogelparadies, unter anderem mit vielen Kormoranen. Einige Aussichtspunkte ermöglichen die Vogelbeobachtung. Auch die Strandeidechse ist in diesem Dünengebiet häufig anzutreffen. Das **Informationszentrum Tenellaplas** im Süden informiert über alles Wissenswerte dieser Landschaft. Hinter dem Besucherzentrum findet man einen botanischen Garten mit typischen Pflanzen.

Südlich des Brielse Gatdam hat sich das Schlick- und Sandbankgebiet **Slikken van Voorne** im Zuge der Anlage der Maasvlakte gebildet, wo gerade neue Dünen entstehen. Hier blüht die Seeaster, man sieht Schnepfen, Brachvögel, Löffelreiher und Austernfischer. Auf den Sandbänken tummeln sich **Seehunde** in der Sonne.

- **Dünen-Informationszentrum Tenellaplas:** Bezoekerscentrum, 3235 NK Rockanje, Duinstraat 12a, Tel. (0181) 48 39 09, www.zuidhollandslandschap.nl, geöffnet in den Schulferien Di–So 10–16.30 Uhr, ansonsten Sa und So 10–16.30 Uhr, Mi 13–16.30 Uhr, Eintritt frei.

Info

- **Tel.-Vorwahl:** 0181
- **VVV Kantoor Oostvoorne:** 3233 AN Oostvoorne, Hoflaan 6, Tel. 48 27 49, Fax 48 35 34, www.zuid-hollandse eilanden.nl.

Strand

- Unterschiedlich breit mit sehr schönen Abschnitten, qualitativ einwandfrei (blaue Flagge für beide Badestrände); Juni bis Sept. Hundeverbot zwischen 1. und 2. Strandaufgang, ansonsten Leinenzwang; Reitverbot von April bis Okt. 10–18 Uhr; mehrere behindertengerechte Strandaufgänge für Strandrollstühle; **Surfen** und **Tauchen** im Oostvoornse Meer, im Brielse Meer und auf offener See, **Hanggleiten** von den hohen Dünen.
- **Strandpavillons:** *Strandpaviljoen de Duinrand,* Strandweg 4, Tel./Fax 48 25 40, www.paviljoendeduinrand.nl; *Strandpaviljoen de Stormvogel,* N. Oever Oostvoornsemeer 1, Tel. 26 39 59.

Essen & Trinken

- **Parkzicht** €€€: 3233 CS, Stationsweg 61, Tel. 48 22 84, www.restaurantparkzicht.nl, klassische Küche, große Menükarte, Februar geschlossen, So und Mo Ruhetag.

Unterkunft

- **'T Wappen van Marion** €€€: 3233 CV, Zeeweg 60, Tel. 48 93 99, Fax 48 47 15, www.wappenvanmarion.nl, großes Haus am Mildenburg-Wald mit unmittelbarem Zugang zum Surf-Strand von Oostvoorne.

Museen

- **Oldtimermuseum De Rijke:** Industriegebiet, De Pinnepot 23, Tel. 48 38 76, www.derijke.com/museum, geöffnet April bis Juni Sa/So/feiertags 12–17 Uhr, Juli bis Okt. auch Mi, Eintritt 7 €, Senioren 6 €, Kinder 7 bis 12 Jahre 4 €.
- **Steenen Baak:** Am Brielse Meer, ältester gemauerter Leuchtturm der Niederlande, geöffnet April–Okt. Di–Fr 10–17 Uhr, Sa 10–16 Uhr, So 12–16 Uhr, im Winter Di–Sa 10–16 Uhr, Eintritt 2 €, Kinder 1 €, Informationen über das *Historisch Museum Den Briel,* Tel. 47 54 75.

Aktivitäten

- **Schwimmbad:** *'t Leemerbad,* Rialaan 51, Tel. 48 28 35, www.oostvoorne.org/leemerbad.html, Juli/August geschlossen. Eintritt 1,50 €, Kinder 0,75 €.
- **Kinderbauernhof:** *Kinderboerderij Agathahoeve,* Duinoordseweg 36, Tel. 48 80 45, www.agathahoeve.nl, Streichelzoo vor allem für behinderte Kinder, geöffnet Di–So 10–17 Uhr, Spenden erwünscht.

Küste

Rockanje

Der sogenannte **Gruene Punt** am Südende des Strandes von Oostvoorne bildet den westlichen Kopf der Insel Voorne. Ab hier verläuft der Strand südostwärts, ist also stärker auf die Sonne ausgerichtet als die meisten anderen Nordseestrände.

ROCKANJE

Hinter den Dünen liegt Rockanje, das zweite Seebad der Insel Voorne. Zwei gut ausgebaute Übergänge führen über eine fünf bis zehn Meter hohe, teils bewaldete Dünenreihe zum Strandabschnitt, der hier etwas schmaler ist und im Bereich der Strandpavillons im Sommer für Besucher eng werden kann. Aber in Richtung Haringvlietdam verbreitert sich der Strand wieder. Da sich vor der Küste Sandbänke erstrecken, ist das Meer ruhiger, wodurch sich dieser Strand gerade für Kinder gut eignet. Am Südende vor dem Haringvlietdam findet sich mit dem **Quackjeswater** ein weiterer vogelreicher Dünensee.

Rockanje wird erstmals in einer am 12. Juni 1220 ausgestellten Bedeichungsurkunde erwähnt, einem Vertrag zwischen den *Herren van Voorne* und Mönchen eines belgischen Klosters. Der Standort war offensichtlich aber schon 3000 Jahre vorher besiedelt. Später gab es wohl auch eine römische Ansiedlung. Lange hatte das Meer hier freies Spiel, viele Polder wurden durch die Elisabethflut des Jahres 1421 überschwemmt. Ein kleines **Freilichtmuseum** zeigt das Leben der Menschen vor hundert Jahren anhand von drei wieder aufgerichteten traditionellen Dünenhäuschen. In der Nähe kann man den **Blommenhof** besichtigen, einen 4000 m^2 großen Park mit Rosengarten.

- **De Blommenhof:** 3235 LR Rockanje, Zwartedijk 10, Tel. 31 77 92, Eintritt 3 €.

Info

- **Tel.-Vorwahl:** 0181
- **VVV Kantoor:** 3235 AA, Berberislaan 2a, Tel. 40 16 00, Fax 40 16 00, www.westvoorne.nl.

Strand

- Teilweise schmal (blaue Flagge für Strandaufgang 1 und 2), Juni bis Sept. Hundeverbot zwischen 1. und 2. Strandaufgang, ansonsten Leinenzwang; Reitverbot von April bis Okt. 10–18 Uhr; mehrere behindertengerechte Strandaufgänge für Strandrollstühle; **Hanggleiten** von den hohen Dünen; **FKK** am „Grünen Punkt“ im Nordwesten von Rockanje zwischen Strandpfahl 10.6 und 11.4.
- **Strandpavillons:** *Havanna,* 1. Strandübergang links, Tel. 40 22 76, besonders bei jüngeren Besuchern beliebt; *Bad-*

lust, 1. Strandübergang rechts, Tel. 40 13 44; *Papagayo,* 2. Strandübergang links, Tel. 40 21 32, modern aufgemacht; *Salsa,* 2. Strandübergang rechts, Tel. 40 18 09, „piratenhaft" aufgemacht.

Unterkunft

- **Badhotel** €€: 3235 CR, Tweede Slag 1 (West), Tel. 40 17 55, Fax 40 39 33, www.badhotel.nl, Strandnähe, am inneren Dünenrand, mit Pool, praktisch eingerichtete Zimmer, dazu Brasserie Lodgers, ab 7 Uhr geöffnet.
- **Waterbos:** 3235 CC, Duinrand 11, Tel. 40 19 00, Fax 40 42 33, www.waterboscamping.nl, ein Camping- und Caravanplatz der Molecaten-Ferienparks direkt an den Dünen.
- **Van Iterson:** 3235 AB, C.G. van Kleijburgweg 3, Tel. 40 12 00, Fax 40 42 33, www.itersoncamping.nl, ein Caravan- und Sommerhäuschenplatz der Molecaten-Ferienparks.
- **Rondeweibos:** 3235 LA, Schapengorsedijk 19, Tel. 40 19 44, Fax 40 23 80, www.rondeweibos.nl, komfortabler Molecaten-Ferienpark mit Mietcaravans, Campingplatz, geheiztem Pool, Restaurant, wenige Gehminuten hinter dem Strand.

Museen

- **Openluchtmuseum De Duinhuisjes:** Duinstraat 18, an der Ortsgrenze zu Oostvoorne, Tel. 40 21 98, www.westelijk-voorne.nl, Museum zum Kleinbauernleben in den Dünen, geöffnet April–Okt. Sa, So und feiertags 13.30–16.30 Uhr, Juni–Aug. auch an Wochentagen, Eintritt 2 €.

Aktivitäten

- **Kitesurf-Schule:** Kitesurf-Events, Noordzeestrand Brouwersdam, Strandtent de Kous, Tel. (06) 12 33 56 67, www.kitesurf-events.nl.

Einkaufen

- **Töpferwaren:** Pottenbakkers, Zeeweg 11–13, Tel. 40 34 27.
- **Bioprodukte:** De Doornhof, Tel. 40 70 18, www.dedoornhof.nl, geöffnet Mi, Fr und Sa 10–17 Uhr, Bio-Produkt-Abonnement, angeschlossener Campingplatz.
- **Antik-Kuriosa:** Koeiesteyn, Molendijk 10, Tel. 40 31 59, www.koeiesteyn.nl, reichhaltiges Angebot an Trödel, geöffnet Di–Fr 10–17 Uhr (Sa bis 16 Uhr), im Winter Di geschlossen.

Hinterland

Brielle

Brielle ist einer der für die niederländische Geschichte wichtigsten Orte. Am 1. April 1572 gelang es den aufständischen Geusen, die Stadt von den Spaniern zu befreien. Dies war der Anfang der eigentlichen Kampfhandlungen des Achtzigjährigen Krieges der Niederländer gegen die Spanier.

Brielle – einst Den Briel genannt – war lange wegen seiner Lage an der einstigen Maasmündung von großer strategischer Bedeutung. Der Ort wird 1280 erstmals urkundlich erwähnt und erhielt bereits 1330 die Stadtrechte vom holländischen Grafen *Floris V.* Aus dieser Zeit stammt auch die Stadtbefestigung, die noch heute den Altstadtkern mit seiner historischen Bausubstanz umschließt. Seinen wirtschaftlichen Höhepunkt erlebte Brielle im 15. Jahrhundert als Hafen- und Handelsplatz, doch als die Maas später versandete, verfiel die Stadt in weitgehende Bedeutungslosigkeit – mit der Folge, dass ihr pittoresker Altstadtkern erhalten blieb. Heute dient Brielle als einer der vielen Wohnorte für die im Rotterdamer Hafen Beschäftigten.

Die **Wälle der Stadtbefestigung** sind heute als Spazierwege begehbar. Von einzelnen Punkten hat man schöne Blicke auf die historischen Bauten des Altstadtkerns. Besonders an der Hauptstraße und am Wellerondom stehen hübsche **Giebelhäuser.** Das **Rathaus** am Markt stammt aus dem 14. Jahrhundert. Es hat einen im späten 18. Jahrhundert vorgesetzten Giebel mit dem Stadtwappen, dessen Inschrift „Libertatis Primitiae“ darauf verweist, dass Brielle als erste Stadt der Niederlande von den Spaniern befreit wurde. Das **Historische Museum** ist in der alten Stadtwaage aus dem 17. Jahrhundert hinter dem Rathaus untergebracht, das auch als Gefängnis diente. Viele Exponate beziehen sich auf *Maarten Harpertszoon Tromp,* den niederländischen Admiral aus der Spätzeit des Achtzigjährigen Krieges, der die spanische Flotte so vernichtend schlagen konnte.

Überragendes Gebäude in der Altstadt ist die Grote oder **Sint Catharijnekerk,** eine Kreuzbasilika des 15. Jahrhunderts im Stil der Brabanter Gotik mit einem wuchtigen, unvollendeten Turm. Darin schlägt – zusammen mit einem Glockenspiel – die drei Tonnen schwere Katharinenglocke. Das einschließlich der Orgel ganz in Weiß gehaltene Innere der Kirche birgt viele Kunstschätze.

Westlich von Brielle erstreckt sich das **Brielse Meer,** ein einstiger Mündungsarm der Maas, der durch Eindeichung zum Binnensee wurde und heute ein viel besuchtes und frei zugängliches Areal für Segler, Naturisten und Camper ist.

Info

- **Tel.-Vorwahl:** 0181
- **VVV Brielle:** 3231 AH, Markt 1, Tel. 47 54 75, Fax 47 54 70, www.zuid-hollandse-eilanden.nl.

Essen & Trinken

- **Pablo** €€: Voorstraat 89, Tel. 41 29 60, www.restaurantpablo.nl, lange bestehendes Restaurant mit indonesischer Küche, museale Inneneinrichtung.

Schönes altes Städtchen auf Voorne: Brielle

Unterkunft

- **De Zalm** €€€: 3231 BJ, Voorstraat 6–8, Tel. 41 33 88, Fax 41 77 12, www.hoteldezalm.nl, zentral gelegenes Hotel, vornehmlich für Geschäftsleute, Restaurant €€ mit bürgerlich-traditioneller Küche.
- **Bastion** €€: 3232 HA, Amer 1, Tel. 41 65 88, Fax 41 01 15, www.bastionhotel.nl, außerhalb gelegenes Hotel mit funktionalen Zimmern, mit Restaurant €.
- **Recreatiepark Kruiniger Gors:** 3233 XC, Gorsplein 2, Tel. 48 27 11, Fax 48 59 57, www.kruiningergors.nl, traditioneller Camping- und Caravanplatz der Molecaten-Ferienparks in den Dünen des Brielse Meer.
- **Camping De Meeuw:** 3231 CS, Battereijweg 1, Tel. 41 27 77, Fax 41 81 27, www.demeeuw.nl, von der Innenstadt von Brielle zu Fuß zu erreichender Platz am Brielse Meer.

Museen

- **Historisch Museum Den Briel:** Markt 1, Tel. 47 54 75, www.historischmuseumdenbriel.nl, Exponate zur Geschichte von Brielle und Voorne-Putten, geöffnet April bis Okt. Di–Fr 10–17 Uhr, Sa 10–16 Uhr, So 12–16 Uhr, ansonsten Di–Fr 12–16 Uhr, Sa 10–16 Uhr, 1.1., 30.4., Ostern, 1. Pfingsttag sowie 25., 26. und 31.12. geschlossen, Eintritt 2 €, Kinder 1 €.

Aktivitäten

- **Golf:** *Golfclub Kleiburg,* Krabbeweg 9, Tel. 41 73 36, www.golfclub-kleiburg.nl, 18-Loch-Platz.

Veranstaltungen

- **Befreiungstag (Bevrijdingsdag):** Großes Fest in der Nacht zum 1. April im Andenken an die Eroberung der Stadt durch die Geuzen.

Küste

Hellevoetsluis

In strategisch günstiger Lage am **Haringvliet** wurde ab Ende des 16. Jahrhunderts ein neuer Hafen für die holländische Kriegsmarine an der Schleuse zum Nieuwe Helvoet Polder angelegt. Mitte des 17. Jahrhunderts erweiterte man den Kriegshafen. Im 17. und 18. Jahrhundert erhielt die Stadt, die inzwischen um den Hafen herum angewachsen war, **Befestigungsanlagen,** die bis heute das alte Hafenviertel charakterisieren.

Das **Trockendock** im Hafen ist das erste gemauerte Dock dieser Art in den Niederlanden. Es besteht aus zwei hintereinander liegenden Becken für Schiffsreparaturen und -neubauten, die durch ein Schleusentor vom Hafenbecken abgetrennt sind. Aquädukte sind um den Rand des Docks angebracht, die dem Auspumpen des Beckens dienen und deren Wasserreservoir gleichzeitig zum Löschen von Bränden bei den Zimmermannsarbeiten benutzt werden kann.

Der 1830 nach Rotterdam gegrabene Voorns Kanaal brachte der Stadt zusätzlichen Aufschwung. Doch bald war dieser Kanal für die immer größer werdenden Seeschiffe zu klein geworden und Hellevoetsluis geriet ins wirtschaftliche Abseits. Als dann zwischen den beiden Weltkriegen die niederländische Flotte Den Helder endgültig zu ihrem primären Stützpunkt erhob, drohte der vom Hafen abhängige Ort, dessen Fischereiflotte inzwischen auch weitgehend abgezogen worden war, in Bedeutungslosigkeit zu versinken. Doch die Nähe zu Rotterdam, Europort und Maasvlakte ließ die Stadt nach dem Zweiten Weltkrieg wieder erwachen. So ist Hellevoetsluis heute nicht nur für Pendler zum Industrie- und Hafengebiet von Rotterdam attraktiv, sondern auch für Investoren, die im Umfeld des boomenden Nieuwe Waterweg neue Gewerbebetriebe errichteten.

Das **Trockendock** ist inzwischen renoviert worden und als Museum für Besucher zugänglich. Interessant ist auch das **Feuerwehrmuseum,** das in einem ehemaligen Marinemagazin untergebracht ist. Das **Heimatmuseum** zeigt Exponate aus dem Leben der Stadtbewohner als Fischer, Seeleute und Bauern zu „Omas Zeiten".

Vom Haringvlietdam in Richtung Hellevoetsluis setzt sich der **Strand** noch ein Stück fort, ein viel besuchter Abschnitt, der vor den Wellen und den Gezeiten der Nordsee geschützt ist. Große Parkplätze erleichtern den Zugang zum Wasser, das Surfer, Segler, Paddler und andere Wassersportler anzieht – auch, weil es hier Süßwasser ist.

Zuid-Holland

- **Droogdok Jan Blanken:** Industriehaven 50, Tel. 31 01 97, www.droogdok.nl, Führungen 1 Std., geöffnet Mo–Fr 9–17

Uhr, So 13–16.30 Uhr, April–Sept. auch Sa 13–16.30 Uhr, Eintritt 3 €, Kinder bis 12 Jahre 1 €; das Dock ist für Sportboote wieder funktionsfähig, Tagesgebühr für Boote bis 15 m Länge 16 €, bis 45 m Länge 47 €, darüber auf Anfrage.

Info

- **Tel.-Vorwahl:** 0181
- **VVV Hellevoetsluis:** Oostzanddijk 12, Tel. 31 23 18, Fax 31 51 84, www.zuid-hollandse-eilanden.nl.

Strand

- Quackstrand, Süßwasserstrand jenseits des Haringvlietdam; drei Strandpavillons, u.a. *Disco de Quack,* beliebtes Ausgehlokal der Jugend der Umgebung.

Essen & Trinken

- **Hazelbalg** €€: Rijksstraatweg 151, Tel. 31 22 10, www.hazelbalg.nl, im Stil antiker Architektur eingerichtetes Restaurant mit Gartenterrasse, chinesisch-indische Küche, Feb., Mo und Di geschlossen.

Unterkunft

- **Resort Città Romana:** Parkweg 1, 3221 LV, Tel. 33 44 44 Fax 33 44 33, www.cittaromana.nl, um Haringvliet hinter dem Damm gelegener luxuriöser Ferienpark mit großzügigen Häusern, Bungalows etc., Hallenschwimmbad, Minimarkt, Bar, Terrassenrestaurant, Wassersport etc.
- **Camping-Caravanpark 't Weergors:** 3221 LJ, Zuiddijk 2, Tel. 31 24 30, Fax 31 10 10, www.weergors.nl, großer, komfortabler Platz nahe dem Yachthaven, Wohnmobile zu mieten, geöffnet April bis Okt.

Museen

- **Leuchtschiff Noord Hinder:** www.noordhinder.nl, 1963 gebautes Leuchtschiff, das bis 1994 Dienst tat, nun Museumsschiff im Hafen von Hellevoetsluis ist, geöffnet Juni–Aug. Di/Do 10–17 Uhr, Mi, Do–Sa 13–17 Uhr, sonst Di/Do 10–15 Uhr, für Gruppen auf Anfrage, Eintritt 1 €, Kinder bis 12 Jahre frei.
- **Feuerwehrmuseum** (Brandweermuseum): Eingang Industriehaven 8, Tel. 31 44 79, www.nationaalbrandweermuseum.nl, geöffnet April bis Okt. Mo–Sa 10–16 Uhr, So 11–16 Uhr, ansonsten nach Absprache, Eintritt 3 €, Kinder und Senioren 2 €.
- **Heimatmuseum** (Oudheitkamer Hellevoetsluis): Industriehaven 8a, Tel. 39 03 26, www.oudheidkamer-hellevoetsluis.nl, geöffnet Mai–Okt. Mi–So 13–16 Uhr, Eintritt 1,50, Kinder bis 13 Jahre und Senioren 1 €.
- **Mühlenbesichtigung** (De Hoop): Molenstraat 23, Tel. 31 32 40; 1801 gebaute Kornmühle, geöffnet in der Sommersaison Sa 10–16 Uhr, So 12–16 Uhr, sonst nach Absprache.

Aktivitäten

- **Schwimmbad:** De Eendraght, Sportlaan 2, Tel. 34 14 55, www.eendraght.nl, geöffnet Mo–Fr 7–22.30 Uhr, Sa und So für Sportgruppen, Eintritt 2 €, Kinder bis 16 Jahre und Senioren 1,50 €.

Veranstaltungen

- **Festungstage Hellevoetsluis:** Alles dreht sich am 3. Augustwochenende um Dampf, Vorführung alter Dampfschlepper und -traktoren, Kirmes, Feuerwerk, Schiffsparade etc.

Insel Goeree

Über den **Haringvlietdam** gelangt man von der Insel Voorne südwärts auf die Insel Goeree. Am Südende des Dammes ist die Expo Haringvliet zu besichtigen (siehe Stellendam). Goeree gehört zwar noch zur Provinz Zuid-Holland, zeigt aber im Erscheinungsbild schon einen sehr zeeländischen Charakter. Erst im Jahre 1751 wurde die bis dahin dem Festland weit vorgelagerte Insel durch den Statendam mit dem ebenfalls noch vor dem Festland liegenden Bauerneiland **Overflakkee** verbunden. Erst durch Einpolderungen entlang des Stellendam erhielt die Doppelinsel Goeree-Overflakkee im Laufe der folgenden Jahrzehnte ihre heutige Form.

Bis zum ausgehenden 18. Jahrhundert war die isolierte Lage der Insel kennzeichnend für die Lebensumstände der Bewohner. Unnötige Wege aufs Festland mussten vermieden werden, insofern war man auf Selbstversorgung angewiesen. So konnten sich bis heute kleinstrukturierte Landwirtschaftsbetriebe erhalten. Ihre Wirtschaftsweise lässt sich noch an der Agrarstruktur der Insel ablesen. Innerhalb des inneren Dünengürtels bestimmen kleine, tief liegende, von Sandwällen umgebene Äcker das Erscheinungsbild, das hier als *Schurvevelingenlandschap* bezeichnet wird. Die Bauern legten die Äcker tiefer, damit das Wurzelwerk der Ackerfrüchte besser an das süße Grundwasser gelangen konnte. Dazu trugen sie den Mutterboden ab, gruben den darunter liegenden Sand ab, türmten ihn am Rand zu Wällen auf und trugen dann den Mutterboden wieder auf. Die Wälle wurden mit Strauchwerk bepflanzt, sodass sich ein perfekter Windschutz für die Äcker ergab.

Stellendam

Hinterland

Der erste Ort auf Goeree, den man nach dem Überqueren des Haringvlietdam und des Zuiderdiep erreicht, ist Stellendam. Am Ende des Dammes findet der Besucher mit der **Expo Haringvliet** ein großes **Informationszentrum** vor, das mit seinen Exponaten Auskunft über die Lebensbedingungen des Haringvliet auch unter den veränderten Voraussetzungen seit seiner Abtrennung von der Nordsee gibt.

- **Expo Haringvliet** (Deltawerken): Haringvlietplein 3, Tel. (0187) 49 99 13, www.expoharingvliet.nl, mit Fischerei- und Schiffsmotorenmuseum, Kinderspielplatz, Restaurant; Museum täglich 10–17 Uhr, April–Sept. ab 9 Uhr, geöffnet (Restaurant 9–24 Uhr), Museumseintritt 5 €, Kinder bis 12 Jahren 3,85 €, Senioren 4,30 €; von der Anlegestelle Rundfahrten über den Haringvliet mit dem Motorsegler „Saartje", Schiffseigner *J. Grinwis,* Tel. (0187) 49 99 13.
- **Korenlust:** alte Kornmühle, wird in der Saison samstags zur Besichtigung in Betrieb genommen, Molenkade, Tel. (0187) 48 79 60.
- **'t Wapen van Stellendamm** €€: Vorstraat 2, Tel. (0187) 49 13 76, www.wapenvanstellendamm.nl, Fisch- und Fleischspezialisierten Mo geschlossen.
- **Wochenmarkt:** Di 12.30–14.30 Uhr, Raadhuisplein.
- **Fischversteigerung (Visafslag):** Besichtigung Mai bis Oktober Freitag morgens 6 Uhr, Information und Reservierung über den VVV Ouddorp (siehe unten).

Küste

Goedereede

Der weitere Weg durch die Insel Goeree führt über Goedereede – der Ursprung des Namens *Goede Reede* zeigt, dass der Ort einst ein wichtiger Handelsplatz war. Schifffahrt und Handel blühten hier im 14. und 15. Jahrhundert. Doch der Ort litt sehr unter den Sturmfluten der Folgezeit. Dann versandete der Hafen, sodass Goedereede an Bedeutung verlor – aber deshalb blieb das pittoreske ursprüngliche Ortsbild erhalten. Der **Turmstumpf** der alten Pfarrkirche, deren Schiff um 1710 neu errichtet wurde, beherrscht weithin das Ortsbild. Ein kleines Museum im Turm zeigt Exponate aus der Geschichte des Ortes, seiner Landwirtschaft und Fischerei. Am pittoresken halbrunden Markt stammen die vorbildlich restaurierten Häuser aus dem 17. Jahrhundert, einzelne sogar aus dem 15. Jahrhundert.

Am Marktplatz von Goedereede

Unmittelbar nördlich von Goedereede breitet sich das **Naturschutzgebiet De Kwade Hoek** vor der Inselküste aus. Es erhielt seinen Namen von den Fischern, denen die sich hier immer wieder verändernden Strömungen des Prielsystems große Probleme bereiteten - weswegen sie diesen Küstenabschnitt als *de kwaaien hok* („die böse Ecke") bezeichneten.

- **Naturreservaat De Kwade Hoek:** Zugänglich 15. Juli bis 1. April nur für Mitglieder der Natuurmonumenten-Vereniging oder durch Kauf einer Tageskarte bei den Zugängen zum Kwade Hoek (2 € p.P.), Führungen werden angeboten, Information VVV Kantoor Ouddorp (siehe dort), www.natuurmonumenten.nl.

Info

- **Tel.-Vorwahl:** 0187
- **VVV Kantoor Ouddorp:** siehe dort
- **Gemeindebüro:** 3252 BR, Tramlijnweg 2, Tel. 49 15 00, Fax 49 29 24, www.goede reede.nl.

Strand

- Mehr oder weniger breit, feinsandig, qualitativ gut (blaue Flagge für Badestrand Westerduinpad), Hundeverbot von Mai bis Sept. 9–19 Uhr zwischen den Strandpfählen 9.5–13, ansonsten müssen Hunde angeleint sein; Reitverbot in der Badesaison 9–19 Uhr; kein FKK-Strand; Surfen zwischen den Strandpfählen 9.5–11.5 zugelassen, Kitesurfen, Buggykiting, Strandsegeln, Drachenfliegen von Mitte Mai bis Mitte Sept. verboten zwischen den Pfählen 9.50 u. 23.

Zuid-Holland

056ho Foto: ot

Essen & Trinken

- **De Gouden Leeuw** €€: Markt 11, Tel. 49 13 71, www.hoteldegoudenleeuw.com, in einem alten Haus am Markt, mit Terrassencafé, Hotel angeschlossen.
- **Café Goeree:** NZ Haven 1, Tel. 49 13 27, Billard-Café, geöffnet bis 2 Uhr.

Unterkunft

- **De Toekomst:** 3253 TA, Dijkstelweg 59, Tel. 68 41 58, Fax 68 47 49, www.bungalowparkdetoekomst.nl, großzügige Bungalows in einem schön begrünten Park.

Museen

- **Torenmuseum Goedereede:** Domtoren, Kerkpad 9, Tel. 49 37 96, www.museumland.nl, geöffnet April–Herbst Do–Sa 14–17 Uhr, Eintritt 2 €, für Gruppen auch nach Absprache, Eintritt 1,50 €, Kinder bis 12 Jahren 1 €.
- **Getreidemühle De Windvang:** Goereeseweg 5, Tel. 49 27 76, gebaut 1791. Sa geöffnet 13–17 Uhr.

Einkaufen

- **Wochenmarkt:** Do 9–13 Uhr, im Zentrum.

Küste

Ouddorp

Ouddorp ist heute das touristische Zentrum auf Goeree mit einem reizvollen Ortskern. Es ist das älteste Dorf der Insel, die früher den Namen Westvoorne trug. Erste Hinweise auf den Ort stammen aus dem Jahr 1100, als ein Grundherr, der *Heer van de Klepperstee,* einen Geldbetrag für Kirche und Kirchturm stiftete.

Im alten **Raads- en Polderhuis** ist heute das Heimatmuseum untergebracht. Der Ort kann darüber hinaus mit einer Reihe schöner, alter Bauernhäuser aus dem 16. und 17. Jahrhundert aufwarten. In einem dieser Häuser ist das Fremdenverkehrsamt untergebracht. Am Westhoofd steht der 52 Meter hohe, im Jahre 1948 nach Kriegszerstörung neu errichtete **Leuchtturm** der Insel. Südlich von Ouddorp findet man am Rand des Grevelingmeers noch Reste des alten **Forts De Schans,** das zur Zeit der England-Kriege in der zweiten Hälfte des 17. Jahrhunderts errichtet wurde. Ein paar alte Kanonen stehen noch aus dieser Zeit. Heute spielt neben dem Tourismus die Blumenzwiebel- und Blumensamenzucht für Ouddorp eine große wirtschaftliche Rolle. Im Frühjahr und Sommer erstrahlt die Umgebung in einem Blütenmeer.

Info

- **Tel.-Vorwahl:** 0187
- **VVV-Kantoor Ouddorp:** Bosweg 2, Tel. 68 17 89, Fax 68 37 83, www.vvv-ouddorp.nl.

Strand

- Siehe Abschnitt „De Punt van Goeree“.

Essen & Trinken

- **Restaurant Hameeteman** €€: Hoge Pad 7, Tel. 68 12 63, Fischrestaurant, große Weinkarte, Di–So abends, auch im Winter geöffnet.

Unterkunft

- **RCN Toppershoedje:** 3253 LR, Strandweg 2–4, Tel. 68 26 00, Fax 68 36 59, www.toppershoedje.nl, 16 ha großer Camping- und Bungalowpark.
- **De Klepperstee:** Vrijheidsweg 2, 3253 ZG Ouddorp, Tel. 68 15 11, Fax 68 30 60, www.klepperstee.nl, Familiencamping auf großem Gelände, große Standplätze, mit Supermarkt, Restaurant, Tennisplätzen, behindertengerechten Sanitärräumen, geöffnet April–Okt.

Museen

- **Raads- en Polderhuis:** Raadhuisstraat 4, Tel. 68 17 89 (oder VVV), Heimat- und Geschichtsmuseum, geöffnet Mai/Juni/Sept. Do–Sa 14–17 Uhr, Juli/Aug. Mo–Sa 14–17 Uhr (Di geschlossen), Eintritt 1,80 €.
- **Getreidemühle De Zwan:** Dorpsweg 31, Tel. 68 36 72, geöffnet Sa 13.30–17 Uhr und nach Vereinbarung (und wenn die Mühle in Betrieb ist) beim VVV Ouddorp, darin **Holzschuhmuseum:** gleiche Öffnungszeiten wie die Mühle De Zwan.
- **Mühle De Hoop:** Molenweg, gelegentlich Sa geöffnet.

Aktivitäten

- **Reiten:** Manege De Goede Reede Ouddorp, Hofdijksweg 48, Tel. 68 91 56, www.tamerus.nl, Ausritte, Strandritte, Pferdepension, Reithalle und Außenreitplatz.
- **Planwagenfahrten:** Stalhouderij Westhil, Oudelandseweg 46, Tel. 68 46 06, bzw. (06) 27 22 17 30.

Disco

- **Swingcafé De Kreek:** Boompjes 7, Tel. 68 14 01, www.kreek.nl, Swingdisco im Sommer geöffnet 20–2.30 Uhr (ansonsten Fr u. Sa), dazu **Café 't Praethuus** (ab 11 Uhr).

Einkaufen

- **Ziegenkäse:** Ziegenbauernhof *De Mekkerstee,* Tel. 68 40 50, www.demekkerstee.nl, eine Einrichtung der Behindertenförderung, geöffnet Di–Sa 9–17 Uhr.
- **Wochenmarkt:** Di 9–14 Uhr (im Sommer bis 15 Uhr), im Zentrum.

Küste

De Punt van Goeree

Ganz im Süden der Insel Goeree hat sich das Landschaftsbild seit dem Bau des **Brouwersdam** weiter verändert. Hier wurden große Sandflächen angeschwemmt und angeweht, die heute unter anderem Platz für Strandsegler bieten. An der Landseite des Brouwersdam beginnt das Grevelingenmeer, das durch die Eindeichung zu einem großen Binnensee, einem Paradies für Wassersportler wurde. Ein großer **Jachthafen** bietet Platz für viele Segelboote. Hier an De Punt van Goeree entstand in dem sich vergrößernden Sand- und Dünengelände ein vielseitiges Freizeitgebiet. Das **Besucherzentrum De Grevelingen** am Nordende des Brouwersdam bietet einen Einblick in die Entstehungsgeschichte des ehemaligen Meeresarms, der heute vom Grevelingenmeer eingenommen wird, mit seiner jungen Naturlandschaft, seiner Tier- und Pflanzenwelt.

Die Strände werden wegen guter Parkmöglichkeiten von Sonnenanbetern, Surfern und anderen Wassersportlern gern aufgesucht. Von einem Pier aus starten im Sommer Rundfahrtboote. Die größte Attraktion ist aber die **Museumseisenbahn,** deren verschiedene Dampf-, Elektro- und Dieselzüge in einem Schuppen gewartet werden. Von hier kann man eine kurze Fahrt entlang des Brouwersdam bis Port Zélande machen.

- **Besucherzentrum De Grevelingen:** De Punt 4, Tel. (0187) 68 23 46, www.grevelingen.nl, Ausstellung zur Eindeichung des Grevelingenmeeres, 10–17 Uhr, Eintritt frei.
- **St. RTM (Museumseisenbahn):** G.C. Schellingerweg 2, De Punt West, Tel. 68 99 11, www.rtm-ouddorp.nl, Öffnungszeiten Museum Mi und Sa 13–16.30 Uhr, Fahrtzeiten siehe Fahrplan im Internet, Eintritt Museum 1 €, Fahrpreis Eisenbahn (Hin- und Rückfahrt) 7 €, einfach 4,50 €, Kinderermäßigung.

Strand

- Teilweise sehr breit, feinsandig, qualitativ gut (blaue Flagge für Strand am Brouwersdam), Hundeverbot von Mai bis Sept. 9–19 Uhr zwischen den Strandpfählen 9.5 und 13 sowie 21,2 und 23, ansonsten müssen Hunde angeleint sein;

Reitverbot in der Badesaison 9–19 Uhr; kein FKK-Strand; Surfen zwischen den Pfählen 9.5 und 13.75 verboten, **Kitesurfen, Buggykiting, Strandsegeln, Drachenfliegen** zwischen den Strandpfählen 13 und 13.75 und an der äußeren Seite des Brouwersdam erlaubt.

- **Strandpavillons:** *C Side,* Oude Nieuwlandsewg 20, Tel. (0187) 68 19 84; Paal 10, *Westerduinpad,* Tel. (0187) 68 14 29; *De Vuurtoren,* Groenedijk 1, Tel. (0187) 68 27 25, www.vuurtoren.nl; *De Zeester,* Koolweg 26, Tel./Fax (0187) 68 14 19; *Duin en Strand,* Am Brouwersdam, Tel. (0187) 67 17 23.

Essen & Trinken

- **Beach Point:** De Punt 3, Tel. (0187) 68 35 50, www.beach-point.nl, Café und chinesisches Restaurant am Besucherzentrum, reichhaltige Speisekarte.

Aktivitäten

- **Surfen:** Kite-Surfschule Natural High, Noordzeestrand Brouwersdam, Tel. (06) 12 33 56 67, www.natural-high.nl.
- **Bootsrundfahrten:** Rederij Zeeland, www.rederijzeeland.nl, Rundfahrt durch das Grevelingenmeer, Abfahrt: De Punt, Abfahrtzeiten: April bis Mitte Juni und Nov. So und Mi 14.15 Uhr (in den Maiferien täglich), Mitte Juni bis Mitte Sept. täglich 14.15 Uhr, Mitte Sept. bis Ende Okt. So und Mi 14.15 Uhr, Tel. (0187) 64 14 80, behindertengerechte Einschiffung und WC, Fahrpreis 9,50 €, Kinder 3–12 Jahre 5,50 €.

Grevelingenmeer

Der 1971 fertig gestellte Brouwersdam machte aus dem einstigen Meeresarm De Grevelingen das Grevelingenmeer, einen großen **Süßwassersee,** der inzwischen aus ökologischen Gründen immer wieder mit Nordseewasser aufgefrischt wird. Als Folge der Absperrung durch den Brouwersdam sind die Gezeiten aus dem Grevelingenmeer verschwunden. Heute liegt der Wasserpegel fest bei 0,20 Meter unter dem Meeresspiegel. Flachwasserbereiche, die vorher nur bei Niedrigwasser trockenfielen, bleiben seitdem trocken. Von der 11.000 Hektar umfassenden Wasserfläche sind 4000 Hektar mehr als 1,50 Meter tief. Entlang der beiden Deiche wurden etwa 300 Hektar Landfläche als Naherholungsgebiet eingerichtet. Heute ist das Grevelingenmeer eines der größten Wassersportgebiete der Niederlande. An den Schlickküsten und den Inseln wurden frei zugängliche **Anlegeplätze für Segler** gebaut, deren Ge-

De Punt van Goeree

057ho Foto: ot

brauch gebührenpflichtig ist. Von diesen Gebühren werden unter anderem Maßnahmen des Naturschutzes finanziert. Kein Segler darf länger als drei Tage an einer Stelle bleiben, damit die Anleger nicht als feste Liegeplätze missbraucht werden. Geschwindigkeiten von mehr als 15 km/h sind auf dem Grevelingenmeer verboten.

- **Natuur- en Recreatieschap de Grevelingen:** 4316 PC Zonnemaire, Haven van Bommende 1, Tel. (0111) 69 15 53, www.grevelingen.nl.
- **Bezoekerscentrum de Grevelingen:** 3253 MC Ouddorp, De Punt 4.
- **Bootsanleger:** Karten erhältlich in den Jachthäfen, bei den VVV-Kontoren und bei einzelnen Gastronomiebetrieben, Drei-Tage-Tarif 1 €, Saisonkarte 43,50 €.

Im bis zu 40 Meter tiefen Grevelingenmeer kann man tauchen

Küste

Port Zélande

Mitten durch den **Brouwersdam** verläuft die Grenze zwischen den niederländischen Provinzen Zuid-Holland und Zeeland. Der Damm verbindet die Inseln Goeree und Schouwen miteinander. In seiner Mitte wurde die Kabbelaarsbank als Bauplattform für seine Errichtung verwendet. Nach Abschluss der Arbeiten im Jahre 1972 trocknete die Kabbelaarsbank aus. Die Insel wurde nunmehr zu einem großen **Freizeitgelände** ausgebaut. Hier entstand neben einer großen, mediterran anmutenden **Bungalowanlage** der große **Jachthafen** Port Zélande mit allen Einrichtungen, die dafür nötig sind: Hafenamt, Versorgungs- und Tankmöglichkeit, sanitäre Einrichtungen. Über eine Fußgängerbrücke überquert man die über den Brouwersdam führende Straße und gelangt meerseitig zum Strand der Kabbelaarsbank, deren feiner Sand Urlaubsfreuden verspricht.

Essen & Trinken

- **Brasserie Le Bateau:** Kabbelaarsbank 2, Tel. (0111) 67 15 54, www.lebateau.biz, maritim eingerichtetes Lokal am Eingang zu Port Zélande, auch vegetarische Gerichte.

Unterkunft

- **Center Parc Port Zélande:** Ferienpark mit „Adventure Factory" (Indoor-Minigolf, virtuelles Bowling, Unterhaltung), Fahrradverleih, Reitstall, Sportmöglichkeiten, subtropisches Schwimmbad, Einkaufsmöglichkeit, Buchung über Tel. (0111) 67 40 00, www.centerparcs.de/portzelande.
- **Camping Port Zélande:** 3253 MG Ouddorp, Port Zélande 3, Tel. (0111) 67 20 83, Fax 67 16 16, www.camping-portzelande.nl, an den Center Parc angeschlossen.

Aktivitäten

- **Subtropisch Zwemparadijs Port Zélande Centerparcs:** Port Zélande, Tel. (0111) 67 47 92.
- **Zeil- en Surfcentrum Brouwersdam:** Ossenhoek 1, Tel. (0111) 67 14 80, www.brouwersdam.nl, mit Bootsverleih, Surfshop, Restaurant und Gruppenunterkünften.
- **Kitesurfschule:** Nordseestrand Brouwersdam, Tel. (06) 21 52 44 47, www.kitesurf-events.nl; Unterricht im 2-Tages-Kurs (10 Std.) 200 €, dazu Kinderkurse, Aufbaukurse, Coaching etc.

058ho Foto: ti

Zeeland

Überblick

Die Provinz Zeeland, die südliche Küstenprovinz der Niederlande, war am stärksten von den Auswirkungen der Sturmflutkatastrophe des Jahres 1953 betroffen. Große Teile des Delta-Gebietes, das den Charakter dieser Provinz prägt, wurden überschwemmt, Menschen starben oder wurden obdachlos, Tiere ertranken in den Fluten, Arbeitsplätze gingen verloren. Glücklicherweise erinnert heute nichts mehr an diese schrecklichen Ereignisse, die inzwischen auch schon über ein halbes Jahrhundert zurückliegen. Deiche und Flutwehre sichern nunmehr das Hinterland. Weiterhin bezaubern die langen Sandstrände an der Küstenfront die Urlauber. Reizvolle Orte liegen im Hinterland, die die Geschichte dieser so ereignisreichen Provinz widerspiegeln. Vielseitige Ferienangebote machen dieses Gebiet attraktiv, das ab-

seits von den Großstädten des Landes liegt und dessen Strände daher auch in der Saison weniger überfüllt sind als die in Zuid-Holland.

Insel Schouwen-Duiveland

Der Brouwersdam verbindet die Insel Goeree mit der heutigen Doppelinsel Schouwen-Duiveland. Die Siedlungsgeschichte der westlich gelegenen Insel Schouwen ist durch sogenannte **Kirchringdörfer** geprägt. Als im ausgehenden Mittelalter auch die tiefer liegenden Landflächen eingepoldert waren, errichtete man die Ansiedlungen auf kleinen Anhöhungen. In der Mitte solcher Erhebungen baute man die Kirche, die Häuser entstanden im Kreis darum herum. Das bekannteste Kirchringdorf ist **Renesse,** die ursprünglichsten Dörfer dieser Art sind die kleinen Orte **Noordwelle** und **Serooskerke** weiter landeinwärts auf der Insel.

Küste

Scharendijke

Nach der beeindruckenden Fahrt über den Brouwersdam von der Insel Goeree gelangt man auf die Insel Schouwen-Duiveland. Der erste Ort unmittelbar nach Erreichen des festen Landes ist Scharendijke. Die kleine Hafenstadt hat einen hübschen Ortskern, einen Jachthafen und vielfältige Urlaubsangebote – jenseits des Brouwersdam beginnt der schöne Strand von Schouwen. In dem durch den Damm abgetrennten **Grevelingenmeer** wird vor allem Tauchsport betrieben, denn die Tauchreviere in diesem teilweise an die 40 Meter tiefen Gewässer gehören zu den besten der Niederlande (siehe voriges Kapitel).

Zeeland

Info

- **Tel.-Vorwahl:** 0111
- **VVV:** 4322 AB, Dijkstraat 28, Fax 67 26 33, www.zeelandnet.nl/vvv.

Essen & Trinken

- **Grand Café Westenwind** €€: Haven Kloosternol 5, Tel. 67 19 81, Pavillon am Hafen, große Menükarte, viele Fischgerichte, im Winter Mo und Di geschlossen.
- **De Zondebok:** Dorpstraat 19, Tel. 67 13 80, Brasserie, Café und Restaurant im Zentrum.

Unterkunft

- **De Pepermolen** €€: 4322 ND, Kloosterweg 2/4, Tel. 67 19 36, www.hoteldepepermolen.nl, Hotel und Restaurant.
- **Camping Duin en Strand:** 4322 NL, Kuyerdamseweg 35, Tel. 67 12 16, Fax 67 60 10, www.duinenstrand.nl, nah am Grevelingenmeer und am Nordseestrand gelegener Platz, ideal für Wassersportler.

Aktivitäten

- **Segelbootsvermietung:** *Jan Hardenbol,* Baken 1 (gegenüber 44), Tel. 67 15 13, geöffnet Mai bis Okt. 9.30–18 Uhr.
- **Tauchen:** *Duikcentrum De Grevelingen,* Elkeerzeeweg 34, Tel. 67 15 00, Fax 67 12 25, www.de-grevelingen.nl; Tauchschule *The Scuba Experience,* Tel. (06) 53 33 73 34, Einführungskurs 45 €, Anfänger und Fortgeschrittenenkurse, Duikcentrum De Kabbelaar, Jachthaven Klostermol 3, Tel. 67 19 13, Fax 67 26 86, duiken@de-kabbelaar.nl, Tauchschule mit angeschlossenem Restaurant und Unterkunft, Einführungskurs 45 €, Open-Water-Kurs mit Theorie, Anlernen im Pool und 4 Open-Water-Tauchgängen 399 €.

Küste

Brouwershaven

Auf dem Weg vom Brouwersdam nach Brouwershaven passiert man **Den Osse,** einen Ferienort unmittelbar unterhalb des ehemaligen hohen Seedeichs zum Grevelingenmeer. Hier wurden ein Jachthafen und ein Wassersportzentrum eingerichtet, Unterkunft bieten mehrere Bungalowparks.

Brouwershaven blickt auf eine reiche maritime Geschichte zurück. Einerseits war der Ort Umschlaghafen für Waren und andererseits Heimathafen für die Fischfangflotte. In der Zeit von 1838 bis 1870 übernahm Brouwershaven infolge der Versandung der Maasmündungen sogar die Hafenfunktion für den nicht mehr erreichbaren Hafen von Rotterdam. Heute ist der Hafenkanal in einen **Jachthafen** umfunktioniert, an dessen Ende sich das imposante ehemalige **Renaissance-Rathaus** erhebt. Kleine Häuser säumen den Hafenkai

Seite 314/315: Mehr Inseln, weniger Bebauung, mehr Strand – Zeeland ist der schönste Teil der niederländischen Festlandküste. Hier: Dünen im äußersten Westen von Zeeuws Vlaanderen

und geben dem Ort sein gemütliches Gepräge. Das **Brouws Museum** zeigt Exponate zur Seefahrtsgeschichte des Ortes anhand von authentischen Schiffsmodellen, eindrucksvollen maritimen Gemälden, topografischen Karten und auch Wasserkarten.

Südöstlich von Brouwershaven kann man in **Dreischor,** dem schönsten der Kirchringdörfer, ein Heimatmuseum besuchen, untergebracht in einem um 1700 gebauten Bauernhof namens Goemanszorg.

Info

- **Tel.-Vorwahl:** 0111
- **VVV Servicepunt Brouwershaven:** Markt 5, Tel. 20 20 23, Fax 69 20 58, www.vvvzeeland.nl.

Strand

- Künstlich angelegter, kleiner Strandabschnitt am Grevelingenmeer östlich vom Jachthafen Den Osse, abgetrennt gegen das offene Wasser, das für alle Wassersportarten frei ist.
- **Strandpavillon:** *Nell's Place,* Zaete 1, Tel. 69 50 89.

Essen & Trinken

- **De Brouwerie** €€: Molenstraat 31, Tel. 69 18 10, www.debrouwerie.nl, in einem alten Fischerwohnhaus zwischen Zentrum und Jachthafen, lokale Küche, geschlossen im Nov., Mo im Winter und Mi (außer Juli/Aug.).
- **'t Swarte Schaep** €: Haven Zuidzijde 16, Tel. 69 19 03, www.swarte-schaep.nl, urige Kneipe mit Außenterrasse am Hafen, Spezialität in der Saison: Miesmuscheln „zum Abwinken" in leckerem Sud zum Tagespreis.
- **De Chinese Lange Muur** €: Markt 15, Tel. 69 12 50, chinesisch-indonesisches Restaurant.

Unterkunft

- **Port Greve:** *Landal-Bungalowpark,* 4318 ZH, Heernisweg 1, Tel. 69 18 55, Fax 69 20 63, www.landal.de, großzügig angelegter Bungalowpark mit großem Hallen-Erlebnisbad, Supermarkt, Restaurants, Sportangeboten, unmittelbar am Jachthafen und am kleinen, aufgeschütteten Sandstrand von Den Osse.

Museen

- **Brouws Museum:** Haven Zuidzijde 14-15, Tel. 69 13 42, www.brouwsmuseum.nl, geöffnet Mo–Fr 11–17 Uhr, Eintritt 3,25 €, Kinder frei, Senioren 3 €.
- **Streek- en Landbouwmuseum Goemanszorg:** 4315 CE, Dreischor, Molenweg 3, Tel. 40 23 03, www.goemanszorg.nl; Zeeländisches Heimatmuseum, geöffnet Ostern bis Nov. Di bis Fr 10–17 Uhr, Sa, So, Mo 12–17 Uhr, April bis Okt. 12–17 Uhr, Eintritt 5 €, Kinder 2,50 €.

059ho Foto: ot

Einkaufen

• **Bauernkäse:** Kaasboerderij De Stolpe, 4306 PK Nieuwerkerk, Tel. 64 71 50, www.kaasboerderij-destolpe.nl, geöffnet Mo, Di, Do–Sa 9–17 Uhr, südwestlich von Dreischor, reichhaltiges Sortiment an Kräuterkäsen.

Aktivitäten

• **Boots-Rundfahrten:** *Rederij Zeeland,* www.dezeeuwscheherberghe.nl; Rundfahrt durch das Grevelingenmeer, Abfahrt: Den Osse, Abfahrtszeiten: April bis Mitte Juni und Nov. So und Mi 13.30 Uhr (in den Maiferien täglich), Mitte Juni bis Mitte Sept. täglich 14.15 Uhr, Mitte Sept. bis Ende Okt. So und Mi 13.30 Uhr, Tel. 64 14 80, behindertengerechte Einschiffung und WC, Fahrpreis 10,50 €, Kinder 3–12 Jahre 6,50 €.

• **Bootsvermietung:** *Den Boer Service,* Blankersweg 4a, Tel. 69 25 00, www.denboersenserv.nl, täglich 8–18 Uhr.

• **Tauchen:** Taucher-Parkplatz am westlichen Ortseingang von Den Osse, mit Snack-Bude (in der Saison geöffnet), Deichübergang mit Tauchereinstieg ins Grevelingenmeer.

Verkehr

• **Fahrradfähre:** „MS Leja", vom Hafen Den Osse nach Slikken van Flakkee, verkehrt Juli bis Sept. Mo–Sa 3x täglich, Tarif (einfach mit Fahrrad) 6,50 €, Kinder 4 €, Information Tel. 69 14 55.

Das Kirchringdorf Noordwelle auf Schouwen-Duiveland

Zugbrücke am Zuidhavenpoort in Zierikzee

060ho Foto: ot

Hinterland

Zierikzee

Zweifelsohne zählt Zierikzee zu den sehenswertesten kleineren Städten der Niederlande. Seine Gründung geht auf das 9. Jahrhundert zurück, den Reichtum verdankt es dem Meer, vor allem dem Heringsfang. Das pittoreske Stadtbild, das sich über mehrere Jahrhunderte entwickelte, ist weitgehend erhalten geblieben und vermittelt noch heute einen Eindruck vom früheren Wohlstand der Bürger.

Drei Türme der Stadtbefestigung stehen noch. Das älteste Stadttor ist der **Nobelpoort** aus dem 14. Jahrhundert. Seine beiden flankierenden Rundtürme mit ihren spitzen Kegeldächern erhielt er erst später. Der Innenplatz des aus dem 16. Jahrhundert stammenden **Noordhavenpoort** als jüngstem Stadttor wird von Gebäuden in Hufeisenform umgeben. Stadtseitig zeigt der Bau eine schöne Renaissancefassade. Über eine Zugbrücke gelangt man zum **Zuidhavenpoort** mit quadratischem Torturm, dem vier kleine Ecktürme aufgesetzt sind.

Das **Stadhuis,** die ehemalige Markthalle, trägt einen markanten, hohen Holzturm aus dem 14. Jahrhundert mit aufgesetzter Zwiebelhaube, in dem ein Glockenspiel untergebracht ist. Das Gebäude beherbergt heute das Stadt- und Regionalmuseum. Gegenüber steht das gotische **Tempeliershuis,** das älteste Wohnhaus der Stadt. Das als Stadtgefängnis zu Beginn des 15. Jahrhunderts gebaute Haus **Gravensteen** weist eine schöne Treppengiebelfassade mit schmiedeeisernen Gittern an den Fenstern im ersten Stock auf, wo früher auch der Henker seinen Dienst tat. Die Zellen waren noch bis 1923 in Betrieb. Heute beherbergt das Haus das Seefahrtsmuseum.

Von der alten gotischen **Kathedrale St.-Lievenmonster** steht nur noch der mächtige Turm, der bestiegen werden kann. Das Kirchenschiff brannte 1832 ab, wenig später richtete man den heutigen klassizistischen Bau mit seiner imposanten Fassade auf. Im Jahre 2004 sollte die Kirche, die kaum mehr ihrer eigentlichen Bestimmung diente, einer profanen Nutzung – wie inzwischen viele andere Kirchen in den Niederlanden – zugeführt werden. Ein Bürgerverein konnte diese Umwidmung verhindern.

Besonders schön ist die lange Häuserzeile am **Nieuwe Haven.** Der **Oude Haven,** die zwischen Noord- und Zuidhavenpoort in die Stadt hineinführende Gracht, wird von herrschaftlichen Patrizierhäusern gesäumt. Am Kopfende des sich als Havenpark fortsetzenden Oude Haven steht **De Witte Swan** (Der Weiße Schwan), ein prächtiges Gebäude mit Barockfassade. Seitlich davon befindet sich die ehemalige **Getreidebörse** *(Beurs)* mit der von Säulen getragenen Markthalle neben der **Gasthuiskerk,** der ehemaligen Kapelle des alten Elisabeth-Krankenhauses aus dem 14. Jahrhundert.

Von Zierikzee aus führt die **Zeelandbrug** über die Oosterschelde. Lange galt diese Brücke mit ihren 54 Pfeilern als die längste Europas. Sie wur-

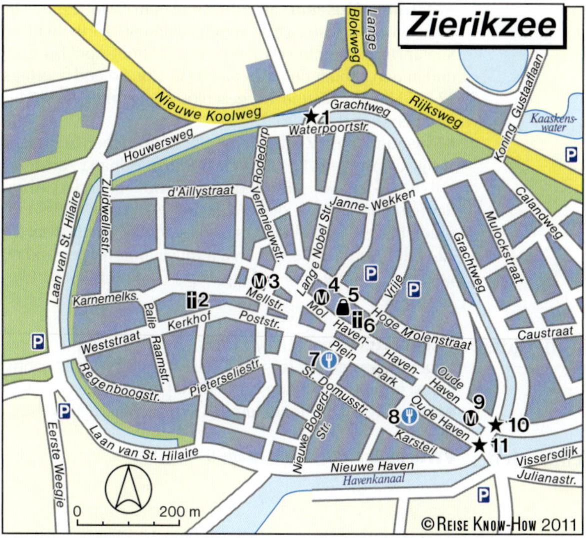

★	1	Nobelpoort	
⛪	2	St.-Lievenmonster	
Ⓜ	3	Stadhuis mit Stadtmuseum	
Ⓜ	4	Haus Gravensteen mit Seefahrtsmuseum	
🔒	5	Börse mit Markthalle	
⛪	6	Gasthuiskerk	
🍴	7	De Zeenwiche Herberghe	
🍴	8	De Drie Morianen	
★	9	Museumhaven Zeeland	
★	10	Noordhavenpoort	
★	11	Zuidhavenpoort	

de 1962 fertig gestellt – lange vor der Errichtung des Oosterscheldedam.

Info

- **Tel.-Vorwahl:** 0111
- **VVV Kantoor:** 4301 DJ, Nieuwe Haven 7, Tel. 0900 20 20 233, Fax 45 05 25, www.schouwenduiveland.nl.

Essen & Trinken

- **De Drie Morianen** €€: Kraanplein 14, Tel. 41 29 31, www.ibw.nl/dedriemorianen, einfallsreiche Küche, besonderer Anziehungspunkt in der Muschelsaison, mit Terrasse, Anfang Januar und Di außerhalb der Saison geschlossen.
- **De Zeeuwsche Herberghe** €€: Havenpark 2, Tel. 41 41 18, www.dezeeuwscheherberghe.nl, Fischrestaurant.

Museen

- **Stadhuismuseum:** Meelstraat 6–8, Tel. 45 44 64, www.museaschouwenduiveland.nl/stadhuis.html, Stadtmuseum im alten Rathaus aus dem 14. Jahrhundert mit Hochzeits- und Gerichtssaal, Mai bis Okt. Mo–Sa 10–17 Uhr, So 12–17 Uhr, Eintritt 2 €, Kinder und Senioren 1 €.

- **Maritiem Museum (Seefahrtsmuseum):** Mol 25, Tel. 45 44 64, www.museaschouwenduiveland.nl/maritiem.html, Seefahrtsgeschichte von Zierikzee, geöffnet April bis Okt. und in den Schulferien Mo–Sa 10–17 Uhr, So und feiertags 12–17 Uhr, 25.12. und 1.1. geschlossen, Eintritt 2 €, Kinder und Senioren 1 €.
- **Museumhaven Zeeland:** mit den historischen Schonern „Mijn Genoegen“ (1899), „De Vrouwe Adriana ARM-17“ (1878), „Meeuw“ (1895), dem Peilboot „Leendert Abraham-Polder“ (1953), dem Fährschiff „Zuidvliet“ (1913) im Oude Haven, Kontaktadresse Sekretariat, Oude Haven 10-12, Tel. (06) 52 16 66 21, www.museumhavenzeeland.nl, geöffnet Anfang Juli–Anfang Sept. Di–Fr 13–16.30 Uhr, Eintritt frei.

Aktivitäten

- **Rundflüge:** *Prince Helicopters,* Gooikensweg 1, www.prince-helicopter.nl, Tel. 41 57 03, Fax 42 02 01, ganzjährig Hubschrauberrundflüge 8.30–17.30 Uhr.
- **Hafentage:** Drei Tage Rummel in der Altstadt Ende Aug.

Einkaufen

- **Wochenmarkt:** donnerstags 9–16 Uhr.

Küste

Renesse

Bedeutendster Urlaubsort auf Schouwen-Duiveland ist Renesse. Hier fühlen sich vor allem junge Leute wohl, die den Ort und seine Strände in der Saison und an den Wochenenden vor und nach den Sommerferien bevölkern. Das Leben spielt sich dann bis in die Nacht hinein in den Bars, Restaurants, Snackbuden und Diskotheken ab - aber auch hier werden diese um 2 Uhr nachts geschlossen!

Historisch gesehen gehört Renesse zu den für Schouwen so typischen Kirchringdörfern. Der Ort wurde kreisförmig um seine Kirche gebaut. Von diesem Ring zweigen die Straßen in alle Richtungen ab, so auch zu den Dünen, wo einst der im 19. Jahrhundert gebaute eiserne Leuchtturm des Ortes stand. Dort hatte der Leuchtturmwärter seinen Dienstsitz im Haus Zeerust.

Viel älter ist **Schloss Moermond,** das Herrenhaus des Ortes. Es steht in einem 45 Hektar großen Gelände mit Wald und Park. Der erste Bau geht auf *Costijn van Zierikzee* Anfang des 13. Jahrhunderts zurück. Danach wurde es von *Jan van Renesse* bewohnt, der im Umfeld des holländischen Grafen *Floris V.* lebte. Durch kriegerische Einwirkungen wurde das Schlossgebäude zweimal zerstört. Zwei Jahre nach der großen Sturmflutkatastrophe renovierte man das Schloss 1955 gründlich. Heute dient es mit seinen großen und kleinen Sälen, mit Restaurant, Bar und Hotelbetrieb als Kongresszentrum.

Die sehenswerte **Jakobuskirche** im Zentrum ist ein spätgotischer Bau aus dem Jahr 1458. Das mit hölzerner Spitztonne eingewölbte Kirchenschiff wurde im 16. Jahrhundert erneuert. In dem Gebäude finden heute Ausstellungen statt.

Die große Attraktion von Renesse ist sein Strand, der am **Brouwersdam** beginnt und nach Westen zu in Richtung auf die Verklikkerduinen immer breiter wird. Im Nordosten von Renesse trennt ein schmaler Dünengürtel die dahinter liegende Weidefläche **Zouten en Zoeten Haard** – insgesamt eine Schwachstelle in der Abschirmung von Schouwen gegen die Nordsee. Nach der Flutkatastrophe von 1953 wurde hier ein Sanddeich aufgeworfen. Südlich davon hatte man schon im 16. Jahrhundert einen Deich zwischen Renesse und Scharendijke angelegt, sodass die Weidefläche auch der Nordsee ausgesetzt war – daher ihre Bezeichnung als „salzig" und „süß". Bis heute zeigt sich an der Flora des schmalen Küstenstreifens diese Besonderheit des Untergrunds.

Renesse verfügt über mehrere Strandübergänge, durch die man auch westlich des Ortes durch die Oosterenban (siehe auch Kapitel „Landschaft und Natur") und die davor liegenden Dünen an den Strand gelangen kann. Am Oude Hoeve bestand bis ins 17. Jahrhundert hinein ein Dünendurchbruch, das sogenannte Palinxgat, das den Oosterenban vom Westerenban der Insel abtrennte. Der Austritt dieses Palinxgat war dort, wo sich heute die Verklikkerduinen erheben. Dieser Strandabschnitt ist weiterhin sumpfig und bleibt eine Schwachstelle im Dünengürtel.

Die Verwandlung des alten Polderdorfes Renesse zum heutigen Seebad setzte erst um die Wende zum 20. Jahrhundert ein. Damals wurde ein erstes Strandzelt errichtet, wo man Erfrischungen kaufen und Schwimmkleidung ausleihen konnte. 1915 erhielt Renesse sogar einen Eisenbahnanschluss, den es heute allerdings nicht mehr gibt. Der große Durchbruch kam nach dem Zweiten Weltkrieg. Inzwischen hat Renesse alle für einen trubeligen Badeort erforderlichen Einrichtungen und ist von **Bungalow-Parks** wie auch **Campingplätzen** umringt.

Damit Renesse in der Saison nicht im Verkehrschaos erstickt, wurde außerhalb ein großer **Parkplatz** angelegt, auf dem Besucher ihre Autos kostenlos parken können. Von hier aus bringen **Pendelbusse** („Transferium Renesse") die Urlauber ebenfalls kostenlos in den Ort sowie zu den Strandübergängen, Campingplätzen und Bungalowparks. Als „NightXPress" verkehren diese Busse zur Hochsaison auch nachts bis 3 Uhr, dann allerdings kostenpflichtig.

An diesem großen Parkplatz liegt das **Ecoscope,** ein interaktives Museum, in dem Erwachsene und Kinder sich mit den Themen Natur und Naturschutz generell und speziell auf Schouwen-Duiveland befassen können. Um das Ecoscope wurden vier kulturgeschichtliche Gärten angelegt, die zum Nachdenken über die Zukunft von Raum und Landwirtschaft anregen.

Info

- **Tel.-Vorwahl:** 0111
- **VVV Kantoor:** 4325 BZ, Zeeanemoonweg 4a, Tel. (0900) 202 02 33, Fax 46 14 36, www.recreatieschouwenduiveland.nl, auch in der Hauptsaison So geschlossen, Außenstelle im Transferium (s.u.) auch So geöffnet.

Strand

- Gesamtlänge des Strandes von Schouwen 17 km, Strand von Renesse feinsandig, breit bis sehr breit, qualitativ einwandfrei (blaue Flagge für Strände Kijkduin, Renesse und

061ho Foto: ot

Wilhelminahoeve); Wassersport- und Aktivitätenstrand von Kijkduin bis zum Brouwersdam und bei Wilhelminahoeve; Hunde nur angeleint zugelassen, **Reiten** nur beim Duinhoevepad; **FKK** an der Nordseite der Verklikkerduinen zwischen Strandpfahl 7 und 8; **behindertengerechte Strandübergänge** beim **Hotel De Zeeuwse Stromen,** beim Übergang Rampweg und beim Bungalowpark *De Soeten Haert.*

● **Strandpavillons:** *Duin & Strand,* am Brouwersdam, ältester Strandpavillon auf Schouwen; *Perry's Beach Club,* am Brouwersdam; *De Jutter,* Übergang Ellemeet, Wilhelminaweg 17, Tel. 51 23 91 43; *De Branding,* Übergang Rampweg (Nr. 1), Tel. 46 15 69; *Kijkduin,* Übergang Rampweg; Zomerzon, Übergang Rampweg, Laone 15, Tel. 46 21 00; *Blasabloesa,* Übergang Jan van Renesseweg (Nr. 32), Tel. 46 16 88; *De Schorpion,* Übergang Jan van Renesseweg (Nr. 32), Tel. 46 16 88; *De Loze Visser,* Übergang Wilhelminahoeve, Capelweg 5, Tel. 46 15 68; *De Zwaluw,* Übergang Watergat, Stoofweg 16, Tel. 46 15 70.

Unterkunft

● **Schloss Moermond** €€€€: 4325 BC, Stoofwekken 5, Tel. 46 17 88, Fax 46 17 54, www.slot-moermond.nl, Kongresshotel mit Park und Wald, mit angeschlossenem **Restaurant Orangerie** €€€€, für Besichtigungsmöglichkeiten Information beim VVV (siehe oben), deutschsprachige Führungen

Zeeland

Beachvolleyball am Strand von Renesse

062ho Foto: ot

Juli/Aug. Mi 19 Uhr (Treffpunkt am Chor der Kirche), Beitrag 3,50 €, Kinder 2,50 €.

- **De Zeeuwse Stromen** €€€€: 4325 GL, Duinwekken 5, Tel. 46 20 40, Fax 46 20 56, www.zeeuwsestromen.nl, herrlich am Rand der Dünen gelegenes Hotel mit Hallenbad, Pool, Garten, Restaurant €€€.
- **Hotel Zoom-Oord** €€: 4325 Bj, Hagezoom 170, Tel. 46 18 60, Fax 46 27 14, www.zoomoord.nl, typische holländische familiengeführte Ferienpension in einem umgebauten Herrenhaus, mit großem Garten, Zimmer teilweise klimatisiert, Garni.
- **Hampshire Inn Renesse** €€€: 4325 DB, Hoogenboomlaan 5, Tel. 46 25 10, Fax 46 25 69, www.hampshirehotels.nl, Parterre-Zimmer mit Terrasse, Zimmer im 1. Stock mit Balkon, Garten, mit Restaurant „Brasserie Arc en Bleu" €€€.
- **Vakantiepark Schouwen:** 4325 DJ, Hogenboomlaan 28, Tel. 46 12 31, www.vakantieparkschouwen.nl, 6 ha großes Gelände, Bungalowpark Feb.-Nov., Campingpl. März-Okt.
- **Camping Julianahoeve:** 4325 DM, Hogenboomlaan 42, Tel. 46 14 14, Fax 46 27 69, www.julianahoeve.nl, Platz hinter den Dünen mit 200 m² großen Jahresstellplätzen, mit Supermarkt, Bar, Restaurant.

Strandübergang De Zeeuwse Stromen

Nachtleben

- **Diskotheek Pinky's:** Hogezoom 169, Tel. 46 13 02, www.pinky.nl, Musikrichtung Urban, R'n'B.
- **Cabanaz:** Hogezoom 186, Tel. 46 19 02, www.cabanaz.nl, Musikrichtung House, Techno und Electro.
- **Bar Disco Pigalle:** Hogezoom 186, Tel. 46 19 02, www.barpigalle.nl, Partymusik.
- **Diskotheek Trinity:** Hogezoom 181, Tel. 46 13 02, www.diskotheektrinity.nl, Musikrichtung R'n'B, Urban.
- **Café de Zoom:** Hogezoom 169, Tel. 46 18 31, www.dezoom.nl, Party-Café mit Partymusik.

Museen

- **Ecoscope:** Wilhelminaweg 2, Tel. 46 34 00, www.ecoscope.nl, beim Transferium, geöffnet Sa/So 11–17 Uhr, Juli/Aug. Di–So 11–17 Uhr, im Winter nur Sa 11–17 Uhr, für Gruppen nach Absprache 10–20 Uhr, Eintritt 2,50 €, Kinder 6–12 Jahre 1 €, im Sommer jeden Samstag Verkauf von Bio-Lebensmitteln.
- **Dosenmuseum De Blikvanger:** Capelweg 18, Tel. 46 17 94, www.blikmuseum.nl, das Minimuseum zeigt 3500 Dosen, geöffnet Mitte Feb. bis Jahresende Di 10–12 Uhr, Mi 14–17 Uhr, dritter Sonntag im Monat 13–17 Uhr, Juni und Sept. geschlossen, Eintritt 1 €, Kinder bis 4 Jahre frei.

Aktivitäten

- **Surfen:** Windsurfing Renesse Pro Surf&Fashion Shop, De Zoom 15, Tel. 46 27 02, www.windsurfingrenesse.nl, geöffnet April bis Okt. 10–17.30 Uhr, Weihnachtsferien und sonstige Samstage auch 10–17.30 Uhr.
- **Kirchturmbesteigung:** Weiter Ausblick über Schouwen, Juni–Aug. Mi 10–13 Uhr, Juli/Aug. zusätzlich So 10–13 Uhr, Eintritt 0,50 €.
- **Tennis- und Golfzentrum Paul Verspeek:** Jan van Renesseweg 23a, Tel. 46 21 16, geöffnet Mitte März bis Okt., auch Minigolf.
- **Reiten:** Manege Grol, Stoofweg 10, Tel. 46 16 23, www.manegegrol.nl, ganzjährig 7.30–17.30 Uhr.
- **Tattoo und Piercing:** Bizar West, Lange Reke 21, Tel. (06) 33 66 15 67, Body-Art, ganzjährig 10–23 Uhr.

Veranstaltungen

- **Kirmes:** vier Tage in den Sommerferien um den 25. Juli.
- **Nachtmarkt:** Letzter Sa im Aug. 19–24 Uhr in der Lange und Kromme Reke mit über 100 Verkaufsständen.

Einkaufen

- **Wochenmarkt:** Mai–Nov. 8–13 Uhr.

Verkehr

- **Transferium Vervoer:** Mitte Mai bis Mitte September verkehren kostenlos Busse vom kostenlosen Großparkplatz in Renesse auf vier Linien, Juli/Aug. auf neun Linien zu den Stränden, den Orten und ihren Unterkünften (Campingplätze, Bungalow-Parks etc.), Information: Taxi-Zentrale Renesse, Tel. 46 31 00.

Küste

Burgh-Haamstede

Im Zentrum von Schouwen liegt Haamstede, das durch die touristische Entwicklung längst mit dem benachbarten Ort Burgh eine Einheit bildet. Auch in den beiden Ortskernen von Burgh-Haamstede sind die **Kirchringe** noch deutlich auszumachen. Der Ortsteil Burgh entstand Ende des 9. Jahrhunderts aus einem mit Palisaden versehenen Ringwall, in den sich die Bewohner der Umgebung bei den damals häufigen Normannenüberfällen zurückziehen konnten. Dieser **Burgring** war nicht dauerhaft bewohnt und ist auch heute noch nicht bebaut. Nahebei findet man den traditionellen Kirchring. Inmitten dieses Häuserringes steht die aus dem 17. Jahrhundert stammende reformierte Ortskirche, die in Form eines griechischen Kreuzes gebaut wurde.

Die heutige Kirche von Haamstede stammt ebenfalls aus dem 17. Jahrhundert, wurde aber damals anstelle eines abgebrannten Vorgängerbaus errichtet. Von dem Ring um die Kirche führen vier Straßen in die vier Himmelsrichtungen. Nicht weit vom Ring entfernt steht **Schloss Haamstede.** Den Kern der Anlage bildet der alte Wehrturm aus dem 13. Jahrhundert. Heute hat hier die niederländische Natuurmonumentenvereniging ihren Sitz. Da die früheren Besitzer noch im Gebäude wohnen, ist eine Besichtigung nur im Rahmen von Führungen möglich, bei denen man auch den Rittersaal sieht. Der Schlosspark ist im Stil des 18. Jahrhunderts angelegt.

• **Schlosswald:** Führung durch den Schlosswald von Burgh-Haamstede und durch die Zeepeduinen, Juli bis Ende Aug. Mi 19 Uhr (2 Std.), Anmeldung beim VVV (s.o.).

Nieuw-Haamstede

Nordwestlich von Burgh-Haamstede erhebt sich in Nieuw-Haamstede der 1840 gebaute, über 50 Meter hohe, spiralförmig rot-weiß gestrichene **Leuchtturm.** Bis dahin wies man der Schifffahrt mit einem offenen Feuer auf einer Bake den Weg.

Heute dient der Turm auch dem nahe gelegenen Flugfeld als Radarwegweiser. Eine Rundstrecke aus Torenweg und Strandweg erschließt den Zugang zu den großartigen Villen von Nieuw-Haamstede, die sich teilweise in großen Grundstücksarealen verbergen. Vom Strandweg aus führen mehrere längere Dünenübergänge durch die **Verklikkerduinen** zum Strand, der hier – weitgehend naturbelassen – viel Platz bietet.

Dünen und Strände

Die inzwischen mit ihren vielen Bungalowparks, Campingplätzen und sonstigen Ferieneinrichtungen weit ausladende Gemeinde Burgh-Haamstede umschließt mit dem **Westerenban** (siehe auch Kapitel „Landschaft und Natur") das größte Dünengebiet von Schouwen. Den beiden Ortszentren am nächsten sind die **Zeepeduinen** mit ihren vielfältigen Erscheinungsformen aus Sandwällen, Tälern und kleinen Waldstücken, ein Gebiet, das früher auch landwirtschaftlich genutzt wurde. Heute grasen Ponys das Gelände ab, damit es nicht verstraucht. Westlich zur Meerseite hin erheben sich die **Meeuwenduinen,** an denen man alle Formen der künstlichen Dünenverfestigung durch Begrünung erkennen kann. Das südwestliche Dünenareal wurde in den 1920er Jahren künstlich mit Nadelbäumen bewaldet, damals noch aus holzwirtschaftlichen Gründen. Inzwischen versucht man, hier auch Laubwald zu kultivieren, um der heutigen Nutzung als Erholungswald gerecht zu werden. In einzelnen Dünenvertiefungen sammelt sich Süßwasser, sodass dieser nunmehr Boswachterij Westerschouwen genannte Dünenwald durch mehr oder weniger große **Seen und Teiche** aufgelockert wird. Die halbrunde meerseitige Kante dieses Dünenareals bietet herrliche Strandabschnitte, die im Bereich der Verklikkerduinen noch relativ breit sind, aber mit zunehmender südöstlicher Ausrichtung der Küstenlinie **Westerschouwen** in Richtung auf den südwestlichen Ortsteil von Burgh-Haamstede, schmaler werden.

Plompe Toren

Südlich von Haamstede an der Küste zur Oosterschelde steht mitten am Deich ein einsamer alter **Kirchturm,** der Plompe Toren. Im 16. Jahrhundert stand ein ganzes Dorf um diesen Turm. Die See, die damals hier noch tief in die Oosterschelde eingriff, machte diesem Dorf und zwölf weiteren den Garaus. 1583 hörte Koudekerke auf zu existieren, die Bewohner zogen ab und rissen ihr Dorf Stein für Stein ab – übrig blieb nur der Plompe Toren. Er dient heute als **Informationszentrum des Naturschutzvereins,** der hier mit einer kleinen Ausstellung die mysteriöse Geschichte des Plompe Toren darlegt. Der Turm kann bestiegen werden und bietet einen grandiosen Blick über Schouwen und die Oosterschelde.

- **Plompe Toren:** Plompetorenweg an der Oosterschelde bei Burghsluis, Tel. (0113) 64 40 44, geöffnet in den Sommermonaten täglich außer Mo, sonst am Wochenende 10–17 Uhr, Eintritt frei.

Schelphoek

Wenige Kilometer östlich vom Plompe Toren hat die Sturmflut des Jahres 1953 einen tiefen Einbruch in der Südküste von Schouwen herbeigeführt. Die Schelphoek genannte Einbuchtung

063ho Foto: ot

blieb dabei übrig. Unmittelbar nördlich der neuen Küstenlinie verblieb ein abgeschlossener See, der heute als **Naturreservat** ausgewiesen ist und nur auf einem kleinen Schotterwegzugang vom Stolpweg aus zu erreichen ist - eine wunderschöne Seenlandschaft!

Info

- **Tel.-Vorwahl:** 0111
- **VVV Kantoor:** 4328 AK, Noordstraat 45a, Tel. (0900) 20 20 233, Fax 65 28 33, www.vvvzeeland.nl.

Strand

- Feinsandig, breit bis sehr breit (blaue Flagge), Hunde nur angeleint zugelassen; **FKK** an der Nordseite der Verklikkerduinen zwischen Strandpfahl 7 und 8 sowie zwischen Oude Vuur und Zeventien Hectaren.
- **Strandpavillons:** *De Zandsnor,* Strandübergang De Rotonde, Westerschouwen, Tel./Fax 65 17 88, www.zandsnor.com; *De Schaar,* Strandübergang De Rotonde, Westerschouwen; *De Punt,* Strandübergang De Punt, Westerschouwen.

Essen & Trinken

- **Pannekokenmolen De Graanhalm** €: Burghseweg 53, Tel. 65 24 15, www.pannekokenmolen.nl, Pfannkuchenrestaurant in einer alten Mühle, in der das Mehl für das Restaurant gemahlen wird, mit Mühlenladen, geöffnet in der Saison bis Okt. 12–20 Uhr, Besichtigung Mühle mit Laden in der Saison bis Okt. 11–18 Uhr (außer So), Eintritt 2,50 €, Kinder ab 4 Jahren 1,50 €, behindertengerecht (Parterre).
- **'t Oliegeultje:** 4328 NT, Burghsluis, Havenplateau 1, Tel./Fax 65 28 75, www.oliegeultje.nl, „Strand"-Pavillon am nahe gelegenen Sporthafen von Burghsluis, Bar und kleines Restaurant mit Terrasse, Spezialität Muscheln.

Unterkunft

- **Duinhotel** €€€€€: 4328 JC Nieuw-Haamstede, Torenweg 1, Tel. 88 77 66, Fax 88 77 55, www.duinhotel.nl, neuer Hotelkomplex am Ortseingang am Dünenrand beim Flugfeld, mit Restaurant €€ und großer Gartenterrasse, bietet günstige Arrangements an.
- **Hotel Bom** €€: 4328 AL Haamstede, Noordstraat 2–4, Tel. 65 22 29, Fax 65 38 80, www.hotel-bom.nl, im Zentrum gegenüber von Schloss Haamstede, mit Restaurant **De Regtkamer** €€ und Taverne mit vielen Außentischen in der Saison, am Seiteneingang gegenüber der Kirche.
- **De Zilvermeeuw** €€: 4328 RR, Westenschouwen, Lageweg 21, Tel. 65 22 72, Fax 65 82 55, www.hoteldezilver

Naturschutzgebiet De Schelphoek bei Burgh-Haamstede

meeuw.nl, 400 m vom Strand und vom Wald entfernte Ferienpension mit Garten und Terrasse.

- **Landal Villapark Livingstone:** 4328 PP, Daleboutsweg 4, Tel. 65 70 00, www.landal.de, großzügige Bungalowanlage neben dem Sportzentrum Westerschouwen, angeschlossen **Landal Resort Haamstede,** autofreier Park mit einfacheren Bungalows.

Museen

- **Museum De Burghse Schoole:** Kerkstraat 3 (Burgh), Tel. 65 15 29, ww.museaschouwenduiveland.nl/schoole.html, Museumsklassenraum von 1920, geöffnet April bis Juni, Sept./Okt. Di–Sa 13.30–16 Uhr, Juli/Aug. Di–Sa 12–17 Uhr, Eintritt 1,75 €, behindertengerecht.

Aktivitäten

- **Sportzentrum Westerschouwen:** Daleboutsweg 9, Tel. 65 23 51, www.sportcentrumwesterschouwen.nl, Freizeitanlage mit breit gefächertem Sportangebot, Indoor-Spielparadies, geöffnet 9–22 Uhr.
- **Golf:** *Golfclub Molenberg,* Hogeweg 53, Tel. 65 44 00, 18-Loch-Platz, täglich geöffnet.
- **Planwagenfahrten:** Kutscherei *Het Gareel,* Dapperweg 23, Tel. 65 38 71, Kutschfahrten und Wild-West-Ponyreiten nach Absprache, *Manege Lisiduna,* Hogeweg 57–59, Tel. 65 18 20.
- **Rundflüge:** *Vliegclub Haamstede,* Tel. 63 35 57, www.vliegeclubhaamstede.nl.
- **Hochseeangeln:** *P.C.Bouwman,* Haamstede, Noordstraat 17, Tel. 65 12 50, mit den Sportangelbooten „M.S. Neeltje Jans“ und „M.S. Zeelandia“ ab Burghsluis um 8 Uhr.

064ho Foto: ot

Veranstaltungen

- **Burghse Dak:** Dorffest am zweiten Samstag im August mit Pferdewagen-Parade, Trachten, Ringstechen, Musik, Jahrmarkt etc.

Verkehr

- **Fahrradfähre:** „M.S. Breeveertien", vom Schiffsanleger Burghsluis nach Colijnsplaat (auf Noord-Beveland) und weiter nach Zierikzee und zurück, verkehrt Anfang Juli bis Ende Aug. Mo–Fr 2x täglich, So 1x täglich, Tarif (einfach mit Fahrrad) 7,50 €, Kinder 4,75 €, Fahrrad 1,50 €, Information Tel. 41 43 09, führt auch Angelfahrten durch.

Oosterscheldedam

Küste

Das größte Projekt des Delta-Plans war die Errichtung des Oosterscheldedam. Die Baumaßnahmen verschlangen Milliarden. Entstanden ist ein Damm, der in bisher einmaliger Weise den Anforderungen an den Küstenschutz wie auch an den Naturschutz gerecht wurde. Seine Pfeilerdämme mit den imposanten Sturmflutschützen sichern das Hinterland und lassen gleichzeitig die Tide und damit auch den Wasseraustausch mit Meerwasser in der Oosterschelde zu. Die ehemalige Sandbank und Arbeitsinsel Neeltje Jans, heute mit der südlicher gelegenen Sandbank Nordland zu einer lang gestreckten Insel verschmolzen, birgt heute die Schaltzentrale des Dammes und das technologische **Besucherzentrum Waterland Neeltje Jans.**

Mit Filmen und einer großen Ausstellung werden die Deltawerke, eines der größten Wasserbauprojekte der Welt, den Besuchern nahe gebracht, wobei auch das Innenleben des Sturmflutwehrs besichtigt werden kann. Eine Ausstellung vermittelt einen Eindruck von den Folgen der Sturmflutkatastrophe im Jahr 1953. Ein „lebensechter" 3-D-Film führt den Zuschauern die Meeres- und Wasserwelt vor. In der futuristischen „Walfischwelt" kann man Wale und Delfine sehen.

Blick auf den Oosterscheldedam von der Insel Schouwen-Duiveland

Speziell für Kinder wurde ein Wasserspielplatz eingerichtet. So ist Neeltje Jans heute eine interessante, aber noch weiter im Aufbau befindliche Mischung aus Technikmuseum, Tierpark und Vergnügungspark in der Welt des Wassers.

Die Schlickbänke der Oosterschelde im Umfeld von Neeltje Jans eignen sich besonders gut für die **Muschelzucht.** Es wurden eigens Miesmuschelstämme aus Spanien und Italien verpflanzt, die hier besonders gut gedeihen.

- **Delta Expo Neeltje Jans:** Eiland Neeltje Jans, Tel. (0111) 65 56 55, www.neeltjejans.nl, geöffnet April–Anf. Nov. täglich 10–17.30 Uhr, ansonsten Mo/Di geschlossen (außer in den Schulferien), Eintritt 19 €, Senioren 16 €, Kinder bis 3 Jahre frei, April–August 21/18 €.
- **Klimcentrum De Pijler:** Klettern am Reservepfeiler des Oosterscheldedam, Information: *Zeeland Buitensport/De Pijler,* 4327 AG Zerooskerke, Dorpsplein 2, Tel. (0111) 67 22 67, Fax 67 22 94, www.zeelandbuitenland.nl/index_klimmen.html.
- **Sportvisserij Hoogerwerf:** *Neeltje Jans,* Tel. (0111) 48 15 05, www.sportvisserijhoogerwerf.nl, Hochsee-Angeltouren mit Makrelen- und Kabeljautrawlern, tägliche Abfahrten in der Sommersaison, 7.30 Uhr Makrelen 25 €, 6.30 Uhr Kabeljau 30 €.
- **Muscheln:** Hangkulturmuscheln bietet u.a. die *Viskwekerij Neeltje Jans* an, Tel. (0111) 65 34 51, www.viskwekerijneeltjejans.nl, geöffnet Mo–Fr 8–16 Uhr, Sa 8–14 Uhr.

Insel Noord-Beveland

Im Zuge der Erstellung der Sturmflutdämme des Delta-Plans wurden die Inseln Walcheren sowie Noord- und Zuidbeveland miteinander verbunden. Die nördliche Verbindung mit Schouwen stellt der 1968 fertig gestellte **Oosterscheldedam** dar, die südliche Verbindung von Noord-Beveland mit Walcheren wurde durch den schon 1961 gebauten **Veerse Dam** geschaffen. Das ursprüngliche Veerse Gat, jener Meeresarm, der Noord- und Zuidbeveland voneinander trennte, war schon ein Jahr zuvor durch den im Osten dieses Meeresarms errichteten Zandkreekdam zu einem Binnenmeer geworden, das seither als **Veerse Meer** bezeichnet wird.

Bevor man auf die Insel Walcheren gelangt, führt die Delta-Verbindungsstraße über den äußersten Zipfel der Insel Noord-Beveland. Mit dieser Nordwestecke ragt die Insel in die offene Nordsee hinein. Hier erstreckt sich vor der durch die Dämme geschaffenen Küstenbefestigung der **Banjaardstrand,** ein wunderschöner Strandabschnitt mit großem Dünenareal, der in früheren Zeiten als gefährliche Sandbank eine große Gefahr für Segelschiffe darstellte. In der weitläufigen Fläche zwischen den Dünen und dem weit ausholenden Bogen der Delta-Verbindungsstraße breitet sich der großzügig angelegte Bungalow- und Ferienpark De Banjaard aus.

Küste

Kamperland

Kamperland ist der dem Dünengürtel am nächsten gelegene Ort auf Noord-Beveland. Der einst Campen genannte Ort hat römische Wurzeln – sein Name leitet sich vom lateinischen Wort *campus* (Feld) ab. Erste schriftliche Nennungen datieren aus dem Jahr 976. 1170 wurde Campen als eigenständige Pfarrei geführt. Allerdings riss die Sturmflut des Jahres 1530 die Häuser des Ortes in die Fluten. Erst über hundert Jahre später entstand der neue Ort mit der Eindeichung des „Heer Hanszpolder", der seither Kamperland heißt. Mit zwei Jachthäfen am Veerse Meer und an der Oosterschelde konzentriert sich das Dorf heute auf den Tourismus.

Info

- **Tel.-Vorwahl:** 0113
- **VVV Kamperland:** Veerweg 4, 4493 AS Kamperland, Tel. 11 85 81, www.vvvnb.nl.

Strand

- Feinsandig, naturbelassen, geschützte Dünentäler, Vermietung von Strandkabinen, Windschirmen und Strandstühlen; mit Toiletten und Duschen; zwischen Mai und Sept. Hunde 8–18 Uhr nur angeleint zugelassen, **Reiten** 8–18 Uhr verboten; **Drachenfliegen** 10–19 Uhr verboten; **Kitesurfen** und **Bananenboote** sind nur 50 m ab Wasserlinie und nicht in den markierten Schwimmbereichen zugelassen.
- **Strandpavillon:** *De Banjaard,* Banjaardstrand, Tel. 37 10 60.

Essen & Trinken

- **d'OuweVeerstoep** €€: Havenweg 7, Tel. 37 29 64, www.ouweveerstoep.nl; Fischrestaurant am Jachthafen mit großer Terrasse am Wasser.

Unterkunft

- **Hotel-Restaurant Kamperduin** €€: 4493 RA, Patrijzenlaan 1, Tel. 37 14 66, Fax 37 60 30, www.hotelkamperduin.nl, unmittelbar am Dünenrand des Banjaardstrandes gelegenes Haus mit großer Terrasse.
- **Noordzee Résidence De Banjaard:** Kamperland, Reservierungen Tel. (0900) 81 00 (0,20 €/Min.), www.roompot.nl, am Nordseestrand von Noord-Beveland gelegener luxuriöser Ferienpark mit vielen Einrichtungen (tropisches Hallenbad etc.) in einem im Strandstil erbauten Plaza-Gebäude in der Mitte des Parks; behindertengerecht.

●**RCN de Schotsman:** 4493 CX, Schotsmanweg 1, Tel. 37 17 51, Fax 37 24 90, www.rcn-centra.nl, am Veerse Meer gelegener, 30 Hektar großer Komfort-Ferienpark mit Bungalows, Appartements, Mobilheimen, Campingplatz, Restaurant; kleiner Strand, Bootsanleger über die ganze Länge des Parks.

●**Camping De Roompot:** Weitläufiger Park unmittelbar an der Oosterschelde hinter dem Oosterscheldedam, am kleinen Sandstrand mit Strandpavillon neben dem Jachthafen, mit tropischem Hallenbad, Reitstall, Minigolf, Restaurants, Supermarkt, ganzjährig geöffnet, Reservierungen Tel. (0190) 47 20 09 (0,41 €/Min.), www.roompot.nl.

Aktivitäten

●**Surfen:** *Roha Watersport,* Havenweg 2, Tel. 37 15 40, www.roha-surfing.nl, größtes Surf- und Kitesurfzentrum der südwestlichen Niederlande, ganzjährig Mo–Fr 9–18 Uhr, Sa 9–17 Uhr; *Zwemer Wassersport,* Havenweg 4, Tel. 37 15 47, ganzjährig 8–18 Uhr.

●**Zeeuws Planetarium:** 4493 BJ Kamperland, Haven 5, Tel. 37 63 02, www.zeeuwsplanetarium.nl; Einblicke ins Weltall bietet das Planetarium im Hafen Kamperlands. Vorstellungen täglich um 11.30, 13, 14.30, 16 und 17.30 Uhr, Eintritt 10 €, Kinder bis 8 Jahre 5 €.

Einkaufen

●**Emelisse Abdijbier:** Dunkles, traditionelles Klosterbier, mild im Geschmack, das nach Original Noord-Beveländer Rezept gebraut wird, im Handel und in der Gastronomie von Noord-Beveland erhältlich, Information: *Stichting Emelisse,* 4493 ZG Kamperland, Tel. 37 18 18, www.emelisse.nl.

Verkehr

●**Fahrradfähre:** „M.S. Frisia", vom Schiffsanleger Sophiahaven (nahe Roompot Marina) nach Zierikzee, Anfang Juli bis Ende Aug. Mi und Do 1x täglich, Tarif (einfach) 9 €, Kinder 6,50 €, Fahrrad 2,50 €, Informationen Tel. (06) 53 47 03 30.

Hinterland

Veerse Meer

Der einstmals Veerse Gat genannte Meeresarm wurde im Zuge der Realisierung des Delta-Projektes in einen nunmehr Veerse Meer genannten Binnensee mit einer Fläche von 954 Hektar, verwandelt. Das Veerste Meer ist 150 bis 1500 Meter breit und wird vor allem als **Freizeitgewässer** genutzt. Mehrere Surfschulen haben sich diesen Trend zunutze gemacht. Darüber hinaus kann

Halbinsel Walcheren

Lange haben die Menschen auf Walcheren ein vom niederländischen Festland getrenntes Leben geführt. Die Besiedlung reicht zwei Jahrtausende zurück. Die Römer hatten bei Domburg einen Stützpunkt ausgebaut, von dem aus sie England-Fahrten unternahmen. Im 9. Jahrhundert fielen die Normannen auch auf Walcheren ein. Zu dieser Zeit begann man mit der Anlage von **Warften,** die man zum Schutz umwehrte und mit einem Graben versah. Solche „Burgen" waren die Ausgangspunkte vieler Orte auf der Insel, so **Middelburg** und **Domburg.** Seit dem 12. Jahrhundert deichten Mönche aus flämischen Klöstern erste Gebiete auf der Insel ein, um die Bauern vor den immer wieder eindringenden Nordseefluten zu schützen. Das 16. und 17. Jahrhundert waren Blütejahre für Walcheren, als von hier die Schiffe der Ostindischen Kompanie in See stachen und mit reichem Handelsgut aus Asien zurückkehrten.

Jahrhundertelang war die Landschaft von Walcheren durch kleine Landwirtschaftsparzellen gekennzeichnet, wie sie mit der frühen Landgewinnung durch Eindeichung entstanden. Durch die Bombenangriffe der Alliierten im Herbst 1944, bei denen gezielt die Deiche zerstört wurden, um die deutsche Besatzung von der Insel zu vertreiben, die von Walcheren aus den Zugang zum Antwerpener Hafen empfindlich stören konnte, hat sich das Erscheinungsbild geändert. Im Zuge des Wiederaufbaus in den 1950er Jahren hat man die alten Wälle um die Felder eingeebnet, um größere Nutzflächen zu schaffen. Insofern bietet das Inselinnere von Walcheren heute ein erheblich großflächigeres Bild als früher.

Schon 1871 hat Walcheren durch den Bau des Sloedam, des Verbindungsdammes nach Zuid-Beveland, seinen Inselcharakter verloren. Die gute Eisenbahn- und Straßenanbindung der heutigen Halbinsel macht die Badeorte auf Walcheren zu einem beliebten Reiseziel für holländische und vor allem deutsche Urlauber. Sie suchen die Strände auf, die fast die gesamte Kopfseite der einstigen Insel Walcheren einnehmen – sie sind feinsandig und mit einem rückwärtigen Dünengürtel versehen. Die doppelten Pfahlreihen, die als Buhnen den Strand gegen Sandabtragungen schützen, sind typisch für die Küste von Walcheren.

Traditionell wird auf Walcheren noch am **Ringstechen** festgehalten. Es handelt sich um einen Pferdesport, bei dem Reiter mit einer Lanze einen Ring von einer hohen Leine „herunterstechen" müssen. Der Reiter, der im Laufe eines Turniertages die meisten Ringe sticht, ist Sieger. Die Ursprünge dieses Sports gehen auf die Ritterturniere des ausgehenden Mittelalters zurück.

man hier Wasserski fahren, waveboarden, segeln, schwimmen, angeln, Kanu fahren und tauchen.

Die **Inseln** im Veerse Meer (Haringvreter, Goudplaat, Aardbeieneiland und Mosselplaat) sind frei zugänglich, nicht so die sich an der Südostkante ausbreitenden **Middelplaten** - dieses vormalige Wattengebiet, das nunmehr austrocknet und verlandet, ist als Brutgebiet für Kormorane und auch als Aufenthaltsort für Zugvögel (Enten und Gänse) ein wichtiger Lebensraum, der nur mittels geführter Exkursionen aufgesucht werden kann.

Um die Wasserqualität des Veerse Meer dauerhaft auf hohem Niveau zu gewährleisten, wird regelmäßig Oosterscheldewasser eingeleitet. Hierfür wurden entsprechende Vorrichtungen am Zandkreekdam geschaffen. Als Dank dieser Bemühungen haben sich inzwischen Bestände an seltenen Moororchideen ausbreiten können.

Ein weiteres interessantes Wattengebiet stellt **De Schotsman** westlich von Kamperland dar, das ebenfalls verlandet. Hier kann man in Gesellschaft von Kaninchen sowie Sing- und Riedvögeln wandern. Gelegentlich verirren sich Rehe hierher.

Küste

Vrouwenpolder

Hat man den Veerse Dam hinter sich gelassen, der Noord-Beveland mit Walcheren verbindet, führt die erste Ausfahrt hinter dem Damm zum Strand von Vrouwenpolder. Der Ort selbst zählt zu den ältesten auf Walcheren - schon im 13. Jahrhundert war hier das Schwemmland hinter den Dünen eingedeicht worden. In diesem damals sogenannten *Niepolder* stiftete man der Jungfrau Maria *(Ons Lieve Vrouwe)* eine Kapelle, die 1340 ein Altarbild erhielt und das Ziel von Pilgerreisenden wurde. Die Herkunft des Heiligenbildes dieses Wallfahrtsortes ist nicht geklärt, doch reichte sein Ruf so weit, dass selbst *Philipp der Gute,* Herzog von Burgund und Herrscher über die Niederlande, diesem Marienbild huldigte. Das Altarbild selbst ist verschollen, eine Kopie aus dem 16. Jahrhundert hängt in der katholischen Kirche von Middelburg – aber an der Tradition der Wallfahrt wird bis heute festgehalten.

Die **Ortskirche** von Vrouwenpolder wurde im Achtzigjährigen Krieg durch die Spanier zerstört und 1622 unter Verwendung der alten Stützpfeiler wieder errichtet. Fundamente einer alten Klosterkirche konnten inzwischen nah bei dieser Kirche frei gelegt werden. Im Jahre 1588 wurde nordöstlich von Vrouwenpolder die **Festung Den Haak** errichtet, die den Zugang zum Veerse Gat sichern sollte. Während der französischen Besatzungszeit zu Beginn des 19. Jh. fielen englische Truppen in Walcheren ein und zerstörten diese Festung. Heute sind noch ihre Wälle zu erkennen, in denen ein botanischer Garten angelegt wurde.

Nördlich von Vrouwenpolder breitet sich unterhalb der Dünen die Feriensiedlung **Breezand** aus, benannt nach der großen Ansandung, die sich im Nordosten von Walcheren erstreckt. Zwischen dieser Strandfläche und den Poldern liegt das **Dünengebiet Oranjezon** – es sind junge Dünen, die erst zwischen dem 13. und 18. Jahrhundert entstanden. In Richtung auf Westhove, das Dünengebiet vor Oostkapelle, breiten sich **Laub- und Nadelwälder** aus. Hier begann die Stadt Middelburg 1892 mit der Trinkwassergewinnung. Heute gehört das Landschaftsgebiet der *Stichting Het Zeeuwse Landschap* (Stiftung Zeeländische Landschaft).

- **Duingebied Oranjezon:** Dünengebiet der *Stichting Het Zeeuwse Landschap* am Breezand, nur mit Tageskarte auf drei markierten Wanderwegen zugänglich (1 €), erhältlich an der Pompstation Oranjezon.

Info

- **Tel.-Vorwahl:** 0118
- **VVV Vrouwenpolder:** Dorpsdijk 32e, www.vvvzeeland.nl.

Strand

- Gepflegter, breiter Strand (blaue Flagge), Lagerfeuer und Kampieren verboten, Mitte Mai bis Mitte Sept. Hunde zwischen Übergang Zandput und Veerse Dam nur kurz angeleint zugelassen, Pferde überhaupt nicht; mit Motorbooten darf man nicht vom Strand ablegen; **Kitesurfen** ist vom Strandübergang Fort den Haakweg bis zur Gemeindegrenze von Veere zugelassen, **Surfen** ab Strandpfahl 10.58; **Drachenfliegen** zwischen Strandpfahl 10.9 und dem letzten Strandpfahl möglich, **Behinderten-Strandrollstühle** gibt es am Strandwachtposten *Breezand* (Tel. 58 62 75).

- **Strandpavillons:** *Neptunus Strandpaviljoen,* Kon. Emmaweg, Dünenübergang Oranjezon, Tel. (0113) 59 47 22 bzw. (06) 22 90 36 87, am FKK-Strand, auch im Winter.

Essen & Trinken

- **Vrouwe in den Polder** €€€: Vrouwenpolderseweg 81, Tel. 59 19 00, www.vidp.nl, unterhalb des Deiches, der die Nordsee vom Veerse Meer trennt, mit großer Terrasse, Menüs, exzellente Küche, Mo und Di Ruhetag.
- **De Boekanier** €€: 4354 AC, Dorpsdijk 22, Tel. 59 18 29, Fax 59 26 83, www.boekanier.nl, reizvolles Hotel mit schönem Café-Restaurant, Terrasse, auch Appartements.

Unterkunft

- **Camping Oranjezon BV:** 4354 KD, Koningin Emmaweg 16a, Tel. 59 15 49, Fax 59 19 20, www.oranjezon.nl, an den Dünen gelegener, freundlicher Familienplatz nahe FKK-Strand, einige Plätze mit eigenen Sanitäranlagen, geöffnet April bis Okt.
- **Breezand-Park:** 4354 NS, Tel. 59 31 33, Fax 59 25 30, www.breezandbv.com, großzügig angelegter Park mit luxuriösen Villen, komfortable Bungalows, Appartements strandnah hinter den Dünen gelegen.

Aktivitäten

- **Parasailing:** *Bader Para Team Vereniging:* Koningin Julianalaan 11, Tel. 59 24 90, Parasailing, Paragliding, Bananenbootfahrten am Banjaardstrand, geöffnet April bis Sept., 30 €, Kinder 25 €.
- **Fort den Haak:** 4354 NG, Fort den Haakweg 38, Tel. 59 44 95, www.fortdenhaak.nl, subtropischerGarten mit großer Orangerie, geöffnet April–1. November, Di–So 10–17 Uhr, Juli–September auch Mo, Eintritt 5,50 €, Kinder 4–12 Jahre 2,50 €.

Veranstaltungen

- **Touristenmarkt:** Ende Mai bis Mitte Sept. Mo 13–21 Uhr.
- **Wallfahrt:** 15. August Prozession mit dem Bild der Heiligen Jungfrau durch die Polder von Vrouwenpolder.
- **Vierspänner-Rennen:** Veranstalter *Manege De Eintracht,* jährlich Ende Juli, Eintritt 5 €, Kinder 2,50 €.

Einkaufen

- **Wochenmarkt:** donnerstags 12–20 Uhr.

Hinterland

Veere

An der Nordküste von Walcheren entstand der Ort Campveere, dessen Name später zu Veere verkürzt wurde und der seine Blütezeit vom 14. bis 16. Jahrhundert erlebte. Die Herren *von Borsele* herrschten im ausgehenden Mittelalter über Veere. Sie befestigten den Ort zu Beginn des 14. Jahrhunderts und konnten den Einwohnern Zollfreiheit für den Handel mit Holland und Zeeland gewähren. Sie verfügten über weitreichende Beziehungen zu europäischen Adelshäusern. *Wolfert van Borsele* heiratete die Tochter des schottischen Königs, ein Zeichen für die schon damals umfassenden Handelsbeziehungen der aufblühenden Stadt – eines der wichtigsten Handelsprodukte war schottische Wolle! Insgesamt standen zu jener Zeit an die 700 Häuser in Veere. Prächtige Kaufmannshäuser an der Kade und am Markt zeugen noch aus dieser reichen Vergangenheit der Stadt. Besonders bemerkenswert sind die beiden spätgotischen, mit Flamboyant-Maßwerk verzierten Kontorhäuser schottischer Wollhändler (Kade 25/27), die deswegen auch als **Schotse Huizen** bezeichnet werden.

Zwischen 1570 und 1600 wurden die Bollwerke von Veere landseitig erweitert, doch dann setzte der wirtschaftliche Niedergang ein. Im 18. Jahrhundert begann der Ort sogar zunehmend zu verfallen – doch vieles blieb erhalten, sodass der Ortskern von Veere immer noch den Charme der „guten alten Zeit" ausströmt.

Das imposante **Rathaus** von Veere wurde 1474 fertig gestellt. Das zweigeschossige Sandsteingebäude im Stil flämischer Spätgotik trägt zwischen den Fenstern im Obergeschoss Statuen der Adeligen von Veere (heute sind es Kopien). Das hohe Dach wird von kleinen, achteckigen Türmen flankiert und vom großen Turm überragt, der später ein Glockenspiel erhielt und dem eine Zwiebelhaube aufgesetzt wurde.

Der **Campveerse Toren** als einziger Rest der alten Befestigungsanlagen ist das Wahrzeichen der Stadt und von vielen Malern als Motiv verwendet worden. Das Bauwerk aus dem 15. Jahrhundert ist zum ehemals offenen Veerse Gat rund gestaltet. Weiße Sandsteinreihen verzieren seine Mauern, die Fassade zur Stadt hin ist mit einem Treppengiebel versehen. Das Gebäude wird schon seit Jahrhunderten als Restaurant genutzt.

Die heutige **Grote Kerk,** auch *Onze Lieve Vrouwe ter Sneeuw* genannt, entstand 1435 als Neubau eines Vorgängerbaus aus dem vorangegangenen Jahrhundert. Auch die Kirche blieb vom Verfall der Stadt nicht verschont. Bereits 1572 wurden alle Kirchenschätze zur Finanzierung des Krieges gegen die Spanier verkauft. Später diente sie reformierten wallonischen und schottischen Gemeinden als Gotteshaus. Brände, Stürme und englischer Beschuss im Jahre 1809 richteten große Schäden an. Danach wurde die Kirche unter anderem als Krankenhaus genutzt, die dafür umgebauten gotischen Fenster zeugen davon. Seitlich der Grote Kerk steht der als **Fontein** bezeichnete Stadtbrunnen mit gotischen Säulen aus dem Jahr 1542, der mit Regenwasser vom mächtigen Dach der Kirche gespeist wurde und zum Waschen der schottischen Wolle diente.

- **Grote Kerk:** Oudestraat 26, Tel. 50 18 29, www.grotekerkveen.nl, geöffnet Mo–Sa 11–17 Uhr, So 13–17 Uhr, Eintritt 1,50 €, Kinder bis 16 Jahren 0,50 €; Veranstaltungsraum für moderne Kunst und Musik der *Stichting Nieuwe Musiek,* 4330 AA Middelburg, Tel. 62 36 50, www.nieuwemusiek.nl, Turmbesteigung März bis Aug. täglich 11–17 Uhr, Eintritt 1 €.

Strand am Veerse Meer

Der Veerse Dam hat einen Teil der sich nach Osten ins Veerse Gat hineinziehenden Dünenreihe von Walcheren abgeschnitten, sodass das Veerse Meer noch über einen kleinen Strandabschnitt verfügt. Dieser Strand wird gern von Familien aufgesucht, ist er doch durch den Damm vor den Nordseewellen und ihren Gezeiten geschützt.

Info

- **Tel.-Vorwahl:** 0118
- **VVV Veere:** 4351 AV, Oudestraat 28, Tel. 50 17 92, www.zeeland.nl.

Strand

- Am Veerse Meer: schmal, feinsandig, mit Umkleidekabinen versehen; Mitte Mai bis Mitte Sept. Hunde und Pferde nicht zugelassen; Lagerfeuer und Kampieren verboten.

Essen & Trinken

- **De Campveerse Toren** €€€: 4351 AA, Kaai 2, Tel. 50 12 91, Fax 50 16 95, www.campveersetoren.nl; Traditionsrestaurant mit Hotelbetrieb €€€ im Seitentrakt.
- **'t Waepen van Veere** €€€: 4351 AG, Markt 23, Tel. 50 12 31, Fax 50 60 09, www.waepen.nl; Familienbetrieb, mit Terrasse vor dem Haus, angeschlossener Hotelbetrieb €€ mit einfachen Zimmern.
- **In de Struyskelder** €€: Kaai 25, Tel. 50 13 92, www.struyskelder.nl, Restaurant und Taverne im Kellergewölbe der Schotse Huisen mit Gartenterrasse.

Museen

- **Museum De Schotse Huizen:** Kaai 25/27, Tel. 50 17 44, www.schotsehuizen.nl; Heimatmuseum im spätgotischen Gebäude der schottischen Wollhändler, geöffnet April-Okt. 13-17 Uhr, Eintritt 4 €, Kinder bis 12 Jahren 2 €, Kinder bis 4 Jahren frei.
- **Museum De Vierschaar:** Markt 5 (im Rathaus), Tel. 50 60 64, www.vierschaarveere.nl, Gerichtsmuseum, geöffnet Mai-Okt. Mo-Sa 13-17 Uhr, Eintritt 1,50 €, Kinder bis 12 Jahren frei.

Aktivitäten

- **Segelschule:** *De Zeeuwse Stromen,* Nieuwe Bogerdstraat 7, Tel. 41 58 30, auch Bootsvermietung.
- **Reiten:** *Stalhouderij Schroevers,* Veerseweg 105, Tel. 63 47 51, Fax 63 35 50.

Verkehr

- **Fahrradfähre:** „MS Stadt Veere", vom Anleger am Campveerse Toren zum alten Anleger von Kamperland, verkehrt von Mai bis Sept. Di, Do, Sa und So 3x täglich, Juli/August täglich 3x, Tarif (einfach mit Fahrrad) 2,20 €, Information Tel. 41 93 67.

Küste

Oostkapelle

Oostkapelle zählt zu den alten Ortschaften auf Walcheren. Erste Siedlungsspuren lassen sich auf die Zeit um 400 n. Chr. zurückdatieren. Die Kirche des Ortes entstand in mehreren Bauphasen. Der Turm stammt noch aus dem 14. Jahrhundert, das Schiff aus dem frühen 15. Jahrhundert (der 48 m hohe Turm kann im Juli/Aug. Di und Fr bis 19 Uhr bestiegen werden.) Im 16. Jahrhundert wandten sich die Bewohner Oostkapelles von dem Spanien ergebenen Middelburg ab und dem protestantischen Vlissingen zu. 1574 musste Middelburg kapitulieren, Oostkapelle fiel an Veere. Finanzielle Nöte führten dazu, dass der Ort 1678 für 9500 Gulden an den Herrn *Willem Le Sage* verkauft wurde. Weitere Verkäufe unter den Adeligen von Walcheren folgten.

Im 17. Jahrhundert profitierte auch Walcheren vom wirtschaftlichen Aufschwung, der den Niederlanden das „Goldene Jahrhundert" bescherte. Adelige und reiche Kaufleute errichteten sich am inneren Dünenrand eine Vielzahl von **Landsitzen,** von denen später einige verfielen, andere aber erhalten werden konnten und heute, wie die Landhäuser Berkenbosch, Duinbeek, Duinvliet oder Hoogduin, wunderbar renoviert inmitten prächtiger Parkanlagen liegen.

Heute stellt sich Oostkapelle als reizvoller **Familienbadeort** dar. Nördlich des alten Ortskerns mit seinen Geschäften und Restaurants erstrecken sich die Ferienanlagen bis zu den Dünen. Das Dünengebiet selbst wird vom Landschaftsschutzgebiet De Manteling eingenommen. Dieses vom Seewind geformte, bewaldete Dünengebiet breitet sich bis zum Ortseingang von Domburg aus. Der Strand selbst gehört zu den wenigen der Niederlande, die nicht durch künstliche Sandanschwemmungen geschützt werden müssen – hier schwemmt die Strömung genügend Sand an.

066ho Foto: ot

Die bedeutendste Sehenswürdigkeit von Oostkapelle ist **Kasteel Westhove.** Das im 13. Jahrhundert errichtete Schloss liegt westlich des Ortes auf halbem Weg nach Domburg. Ab dem 15. Jahrhundert war es der Landsitz der Äbte von Middelburg. Hier waren der holländische Graf *Floris V., Karl der Kühne, Philipp der Schöne* und *Karl V.* zu Gast. Die Schlossgebäude erhielten im 18. Jahrhundert eine neue Gestalt. Die Renovierungen nach den Beschädigungen durch den Zweiten Weltkrieg und im Jahre 2004 gaben den Gebäuden ihren heutigen Glanz. Der Schlosskomplex besteht aus einem Hauptgebäude und einer Vorburg, die von zwei Rundtürmen flankiert wird. Wassergräben umgeben beide Bauteile, die man über Brücken erreichen kann. In der ehemaligen Orangerie des Schlosses ist **Terra Maris,** das „Zeeuwse Museum voor natuur en landschap", untergebracht – mit Exponaten zur Entstehung der seeländischen Landschaft, einem Seeaquarium und Landschaftsgarten. Im Landschaftsgarten ent-

Kasteel Westhove aus dem 13. Jahrhundert

steht ein „Mottekasteel", eine für das frühe Mittelalter typische Burg, die als Verteidigungsturm auf einem Hügel (= Motte) errichtet wurde.

Info

- **Tel.-Vorwahl:** 0118
- **VVV Oostkapelle:** Lantsheerstraat 1, Tel. 58 29 40, Fax 21 50 844, www.vvvzeeland.nl.

Strand

- Gepflegter, breiter Strand (blaue Flagge), Lagerfeuer und Kampieren verboten; Hunde von Mitte Mai bis Mitte Sept. zwischen Übergang Berkenbosch Richtung Vrouwenpolder bis zum letzten Strandpfahl nur kurz angeleint zugelassen, Pferde überhaupt nicht; mit Motorbooten darf man nicht vom Strand ablegen; **FKK-Gebiet** zwischen Strandpfahl 10.9 und Übergang Oranjezon in Richtung Vrouwenpolder; **Drachenfliegen** zwischen Strandpfahl 14.2 am Ostrand von Domburg bis zum Übergang Berkenbosch möglich; **Surfgebiet** bei Strandpfahl 11.748 sowie zwischen Strandpfahl 12.25 und 14.485 zwischen Oostkapelle und Domburg; **Behinderten-Strandrollstühle** am *Zeeuws Biologisch Museum* sowie beim Strandpavillon *Bos en Duin* (Tel. 58 31 10).
- **Strandpavillons:** *Lage Duintjes,* Duinweg 1, Tel. 58 36 94; *De Piraat,* Duinweg 2, Tel. 58 31 87; *Strandpaviljoen Berkenbosch,* Einde Duinbeekseweg, Tel. (06) 22 93 58 69, www.broodjepieter.nl.

Essen & Trinken

- **The Boat House** €€€: Domburgseweg 85, Tel./Fax 58 02 07, www.boat-house.nl, Fischrestaurant im Zentrum von Oostkapelle.

Unterkunft

- **Green White** €€€: 4356 EB, Noordweg 43, Buitenplaats Ipenoord, Tel. 59 12 23, www.greenwhite.nl, ehemaliges Landgut vor Oostkapelle mit Garten im englischen Landschaftsstil, Zimmer im Haupthaus unter historischer Balkendecke, Bungalowzimmer im Park.
- **Villa Magnolia** €€: 4356 CC, Tel. 58 19 80, Fax 58 40 58, www.villamagnolia.nl, Hotel-Villa aus dem Jahr 1900 mit großem Garten und Terrasse, Jan. und Dez. geschlossen.
- **Hotel Randduin de Oase van Rust** €€: 4356 CE, Duinbeekseweg 24, Tel. 58 16 52, Fax 58 39 81, www.randduin.nl, reizvolles *Garni-Hotel* im Dünenwald.
- **Stayokay Domburg:** 4356 ND, Duinvlietweg 8, Tel. 58 12 54, Fax 58 33 42, www.stayokay.com/domburg, Jugendhotel und Gruppenunterkunft im Kasteel Westhove.
- **Zeeland Camping de Pekelinge:** 4356 RE, Landmetersweg 1, Tel. 58 28 20, Fax 58 37 82, www.zeelandcamping depekelinge.nl, weitläufig angelegter, gehobener Platz landeinwärts, Stellflächen 120 m², geöffnet April bis Okt.

- **Zeeland Camping Ons Buiten:** 4356 RJ, Aagtekerkesweg 2a, Tel. 58 18 13, Fax 58 37 71, www.zeelandcamping.nl/onsbuiten.nl, Komfortplatz hinter den Dünen mit supergroßen Stellflächen, geöffnet April bis Okt.
- **Camping in de Bongerd:** 4356 AM, Brouwerijstraat 13, Tel./Fax 58 15 10, www.bongerdzeeland.nl, im Grünen gelegen, beheiztes Hallenbad, Vermietung von Standcaravans, private Sanitärräume zu mieten.

Museum

- **Terra Maris:** Duinvlietweg 6, Tel. 58 26 20, www.terramaris.nl, 2006 neu eröffnetes Zeeuws Biologisch Museum mit Sitz in der Orangerie des Kastells Westhove, stellt die Geschichte der Landschaft und Natur von Zeeland dar, mit Landschaftsgarten, Café und Museumsladen, geöffnet Mai–Okt. 10–17 Uhr, ansonsten Mi–So 12–17 Uhr, Eintritt 5 €, Kinder 3 €, gebührenpflichtiger Parkplatz.

Veranstaltungen

- **Ringstechen:** Mitte August in der J. van Pourkstraat.
- **Touristenmarkt:** Ende Mai bis Mitte Sept. Do 14–21 Uhr.

Einkaufen

- **Wochenmarkt:** donnerstags 12–21 Uhr.

Küste

Domburg

Die Siedlung Domburg an der Nordwestküste von Walcheren hat weit zurückreichende Wurzeln. Aus der Römerzeit stammt ein im 17. Jahrhundert wiedergefundener Gedenkstein der lokalen zeeländischen Gottheit Nehalennia, der die Händler nach der Rückkehr von England-Fahrten Opfer brachten. Im Mittelalter entstand die Ortschaft neu, 1223 erhielt sie Stadtrechte. Im 15. und 16. Jahrhundert lebten die Einwohner überwiegend vom Heringsfang, von Ackerbau, Viehzucht und Jagd. Die reformierte Ortkirche geht auf das 14. Jahrhundert zurück. Berühmt wurde die Kirche durch ein Bild von *Piet Mondrian,* ihren Turm darstellend. Im 17. Jahrhundert erschienen die ersten „Tagestouristen" aus Middelburg. Doch der eigentliche Badebetrieb setzte erst in der ersten Hälfte des 19. Jahrhunderts ein. 1837 wurde der erste Badepavillon in Betrieb genommen. Zunächst waren es vornehmlich gesundheitliche Gründe, die die Menschen veranlassten, Domburg als Bade- und Kurort aufzusuchen. Es war eine vornehmlich begüterte Klientel, was sich auch in der bis zum Beginn des Ersten Weltkriegs entstandenen Bebauung widerspiegelt. Beispiele dieser großartigen Zeit bieten die eleganten Sommerhäuser in den Dünen, allen voran die **Villa Carmen Sylva** oder das Schlösschen **Villa Duinenburg.** Der alte **Badpavillon** auf den Dünen ist ebenfalls eines dieser Gebäude aus der Pionierzeit des Badelebens in Domburg. Das 1889 ganz im Stil des Fin-de-Siècle errichtete Gebäude stand lange Zeit leer, ist inzwischen renoviert, beherbergt Eigentumswohnungen und das Restaurant „Het Badpaviljoen" an der Seeseite – der ursprüngliche Kur- und Tanzsaal ist integriert.

Einen entscheidenden Beitrag zur Entwicklung Domburgs als „Heil-Badeort" ganz besonderer Prägung lieferte der Arzt *Dr. J.G. Mezger,* der vor allem physiotherapeutische Methoden anwandte. Er kam 1885 nach Domburg und baute sich hier seine Villa Irma, wo ihn so berühmte Patienten wie König *Gustav V. von Schweden,* Zarin *Maria Federovna* oder auch Kaiserin *Sissi von Österreich* aufsuchten.

Die Atmosphäre und das Licht zogen auch **Künstler** nach Domburg. Die berühmtesten unter ihnen waren die Maler *Piet Mondrian, Jan Toorop* und *Jacoba van Heemskerk.* Die große Zahl der Galerien im Ort erinnert noch an diese Vergangenheit. Inzwischen hat man den ursprünglichen hölzernen Ausstellungspavillon an einem Standort an der Hauptstraße rekonstruiert. Hier finden zweimal jährlich Ausstellungen von Bildern der Maler statt, die Domburg als Künstlerkolonie berühmt gemacht haben.

Info

- **Tel.-Vorwahl:** 0118
- **VVV Domburg:** 4357 ZG, Postfach 8, Besuchsadresse: Schuitvlootstraat 32, Tel. (0900) 202 02 80 (0,45 €/Min.), Fax 58 35 45, www.vvvzeeland.nl.

Halbinsel Walcheren

Strand

• Gepflegter, nach Osten breiter werdender Strand (blaue Flagge), Lagerfeuer und Kampieren verboten; Hunde von Mitte Mai bis Mitte Sept. zwischen Übergang Hoge Hil West und Hoogduin nur kurz angeleint zugelassen, Pferde überhaupt nicht; mit Motorbooten darf man nicht vom Strand ablegen; **FKK-Gebiet** am Westerstrand zwischen Strandpfahl 16.4 und 16.9 (auf Höhe des Golfplatzes); **Drachenfliegen** zwischen Strandpfahl 14.2 am Ostrand von Domburg bis zum Übergang Berkenbosch in Oostkapelle sowie am Westerstrand zwischen Strandpfahl 16.94 bis Übergang Hoge Hil West; **Surfgebiet** am Strandpfahl 15.2, zwischen Strandpfahl 12.25 und Strandpfahl 14.485 zwischen Domburg und Oostkapelle sowie ab Strandpfahl 15.998 in Richtung Westkapelle; **Behinderten-Strandrollstühle** bei der *Stichting Strandexploitatie* (Tel. 58 62 75).

• **Strandpavillons:** *De Oase,* Westerstrand, Tel. 58 21 90, www.strandpaviljoen-oase.nl; *De Stenen Toko,* Dr. Vaandragerstr. 3, Tel./Fax 58 16 82; 't Zeepaerdje, Schuurmanstr. 121, Tel. 58 41 29.

Essen & Trinken

• **Mondrian** €€€: Oostraat 6, Tel. 58 44 34, www.restaurantmondrian.nl, mit Terrasse.

• **Het Badpaviljoen** €€: 4357 AV, Badhuisweg 21, Tel. 58 24 05, www.hetbadpaviljoen.nl, elegantes Strandrestaurant im restaurierten ehemaligen Kurgebäude Domburgs, große Außenterrasse, Do–So geöffnet.

Unterkunft

• **Bommelje** €€: 4357 AL, Herenstraat 24, Tel. 58 16 84, Fax 58 22 18, www.bommelje.nl, in ruhiger Seitenstraße nahe den Dünen, mit Garten, Zimmer mit Balkon und Suiten mit Kitchenette, angeschlossenes Restaurant €€€ Mo und Di sowie Nov. bis April geschlossen.

• **The Wigwam** €€€: 4357 AL, Herenstraat 12, Tel. 58 12 75, Fax 58 25 25, www.wigwamhotel.nl, ruhig gelegenes Hotel mit komfortablen Zimmern, teilweise mit Balkon, Studios, Familien-Suiten, Wintergarten-Lounge, Lift, Dez. und Jan. geschlossen, angeschlossenes Restaurant €€€.

• **Wilhelmina** €€€: 4357 AP, Noordstraat 20, Tel. 58 12 62, Fax 48 41 10, www.wilduin.nl, stilvoll, zentral und nahe zum Strand gelegen, Zimmer rund um einen Innenhof, mit Garten, ohne Restaurant, Mitte November bis 25.12. geschlossen.

• **Strandhotel Duinheuvel** €€€: 4357 AV, Badhuisweg 2, Tel. 58 12 82, Fax 58 33 45, www.wilduin.nl, Mitte Nov. bis Karneval geschlossen, ohne Restaurant.

• **Hotel Zonneduin** €€: 4357 AW, Nehalenniaweg 1, Tel. 58 13 29, Fax 58 22 67, www.hotelzonneduin.nl, unmittelbar am Strandübergang in den Dünen gelegenes Hotel, Terrasse nach Süden, Frühstückslounge zum Meer.

• **Stayokay Domburg:** 4356 ND, Duinvlietweg 8, Tel. 58 12 54, Fax 58 33 42, www.stayokay.com/domburg, Jugendhotel und Gruppenunterkunft im *Kasteel Westhove* (siehe Oostkapelle).

• **Roompot Campingpark Hof Domburg:** Weitläufiger Komfort-Park nahe zum Strand, mit tropischem Hallenbad, Reitstall, Minigolf, Restaurants, Supermarkt, Kur- und Beautyzentrum *De Parel,* ganzjährig geöffnet, Reservierungen Tel. (0190) 47 20 09 (0,41 €/Min.), www.roompot.nl.

Museen

• **Marie Tak van Poortvliet Museum:** Ooststraat 10a, Tel. 58 46 18, www.marietakvanpoortvlietmuseumdomburg.nl, Ausstellungen von Malern der Domburger Künstlerkolonie aus der Zeit um die Wende zum 20. Jh., behindertengerecht, mit Ladengeschäft, geöffnet April bis Anfang November 13–17 Uhr, Eintritt 3,50 €, Kinder bis 12 Jahre 3 €.

Aktivitäten

• **Golf:** Domburgsche Golfclub, Schelpweg 26, Tel. 58 61 06, www.domburgschegolfclub.nl, geöffnet in den Sommermonaten 9–20 Uhr, im Winter 9–17 Uhr, Dünenanlage mit echten Golf-Links.

• **Schwimmen:** Badespaß im *Vrijetijdcentrum De Parel,* Babelweg 2, Tel. 58 82 60, ganzjährig geöffnet 11–19.30 Uhr, 1.1. geschlossen, Eintritt 6 €, Kinder 5–15 Jahre 3,60 €.

• **Beautyzentrum:** Kur- und Beautycentrum *De Parel,* Babelweg 2, Tel. 58 82 99, exklusiv, gehört zum *Roompot Campingpark Hof Domburg,* ganzjährig 10–17 Uhr, Di und Mi bis 21 Uhr.

Veranstaltungen

• **Ringstechen:** Mitte Juli und Anfang August samstags.

Einkaufen

• **Wochenmarkt:** montags 12–21 Uhr.

Westkapelle

Küste

Westkapelle liegt an der Westspitze Walcherens und war einst durch Dünen gegen die Nordsee geschützt. Doch der Dünengürtel zog sich im Laufe der Jahrhunderte zurück, sodass sich heute die Häuser hinter einem hohen Deich ducken. Der Ursprung des Ortes liegt in einer dem heiligen *Willibrordus* geweihten „Kapelle im Westen" (der Insel Walcheren), deren erste Erwähnung auf das Jahr 1067 zurückgeht. Genauso wie Domburg erhielt Westkapelle 1223 vom holländischen Grafen *Floris V.* die Stadtrechte.

Über Jahrhunderte lebten die Bewohner Westkapelles vom Fischfang, der ihnen einigen Wohlstand bereitete. Sie bauten eine neue, dreischiffige Kirche, von der nach einem Brand im 19. Jahrhundert nur der Turm verblieb, der heute als **Leuchtturm** fungiert. Durch das vordringende Meer verlagerte sich die Handels- und Schifffahrtstätigkeit nach Vlissingen, Westkapelle verarmte. Als eine Haupteinnahmequelle der Bewohner verblieb vor allem die Arbeit am Deich, der aufgrund der exponierten Lage von Westkapelle ständiger Reparaturen bedurfte.

Ende 1944 bombardierten die Alliierten Westkapelle, sodass vom Ort fast nichts übrig blieb. Die Deiche brachen, halb Walcheren wurde überflutet. Kurz darauf, am 1. November 1944, landeten alliierte Truppen auf Walcheren. Die deutschen Truppen zogen sich unter großen Verlusten auf beiden Seiten langsam zurück. Die 1999 gegründete Stiftung Polderhaus hat ein **Museum** eingerichtet, das an diese Ereignisse erinnert – die Stiftung erhielt ihren Namen nach dem Polderhaus, dem früheren Gebäude der Wassergenossenschaft *Polder Walcheren,* die einst der größte Arbeitgeber in Westkapelle für die Arbeiten am Deich war. Eröffnung war am 1. November 2004, dem Jahrestag der alliierten Landung.

Südlich des Ortskerns von Westkapelle erstreckt sich ein kleiner Strandabschnitt an der Westerschelde bis zur **Bucht De Kreek,** die noch von der Überschwemmung des Jahres 1944 herrührt. Der Zuiderhoofd schützt die Bucht zur Westerschelde hin, der dann in den langen Strandabschnitt bis Vlissingen übergeht.

Info

- **Tel.-Vorwahl:** 0118
- **VVV Westkapelle:** 4361AK, Zuidstraat 134, Tel. (0900) 20 2 02 80, Fax 58 35 45, www.vvvzeeland.nl.

Strand

- Strandabschnitte unmittelbar südlich des Ortes, schmal im Osten (blaue Flagge), Lagerfeuer und Kampieren verboten; Hunde von Mitte Mai bis Mitte Sept. nicht zugelassen, Pferde überhaupt nicht; mit Motorbooten darf man nicht vom Strand ablegen, abgesehen vom Dünenübergang Erica; Behinderten-Strandrollstühle am Strandwachtposten Zuiderstrand (Tel. 56 16 98).

- **Strandpavillons:** *A. van Rooijen,* Koudorpstr. 39, Tel. 57 12 67, Vermietung von Strandhäuschen; *Kalimaros,* De Bucksweg 2, Tel. 56 21 01; *Scheldezicht,* Joossesweg 1, Tel. 57 12 39; *Zuiderhoofd,* Tel./Fax 57 15 94; *Zuiderduin Beachclub* (siehe unten).

Essen & Trinken

- **De Westkaap** €: Westkapelse Zeedijk 7, Tel. 57 25 57, www.westkaap.nl, auf dem Seedeich von Westkapelle liegt der Deichpavillon mit grandiosem Blick über die Nordsee, Köstliches aus dem Meer: Austern, Muscheln, Hummer und Seezunge.
- **Batavia:** Zuidstraat 143, Tel. 57 13 71, www.kasteelvanbatavia.nl, Café und Kneipe direkt unterhalb des Deiches an der äußersten „Ecke" von Westkapelle, mit Terrasse vor dem Haus, 1944 durch Bomben zerstört, 1955 neu errichtet.

Unterkunft

- **Zuiderduin** €€€: 4361 SM, De Bucksweg 2, Tel. 56 18 10, Fax 56 22 61, www.zuiderduinbeachhotel.nl, mit Hallenbad, großem Garten, alle Zimmer zu den Dünen mit Terrasse oder Balkon, teilweise mit Küchenzeile, mit Restaurant und Brasserie, Anfang Januar geschlossen, zugehörig Strandpavillon *Zuiderduin Beachclub,* kostenloses Parken.
- **Badmotel** €€: 4361 JG, Grindweg 2, Tel. 571358, Fax 571359, www.badmotel.nl, mit großem Garten, angeschlossenes Restaurant €€€ Mo und Di geschlossen.

Nachtleben

- **Discotheek de Hooizolder:** Grindweg 6, Tel. 56 16 32, www.dehooizolder.nl.

Museen

- **Stichting Polderhuis:** Kon. Julianastraat 19, www.polderhuiswestkapelle.nl; Deich- und Kriegsmuseum, geöffnet April bis Anfang Nov. täglich 10–17 Uhr, sonst Mi–So 11–17 Uhr, 25. und 31.12. und 1.1. geschlossen, Eintritt 5,50 €, Kinder von 13–18 Jahren 3,50 €, von 7–12 Jahren 2,50 €.
- **De Noorman:** Kornmühle, Molenwal 25, Tel. 57 20 50, gebaut 1852, Besichtigung Sa 10–16 Uhr, gebaut 1852, Besichtigung Sa 10–16 Uhr.

Veranstaltungen

- **Touristenmarkt:** Ende Mai bis Mitte Sept. Fr 12–20 Uhr.
- **Ringstechen:** Ende August auf dem Markt.

Küste

Zoutelande

Südöstlich von Westkapelle liegt Zoutelande unmittelbar hinter den Dünen, die diesen Küstenabschnitt gegen die Westerschelde sichern. Doch unmittelbar vor dem Ortskern reichte dieser Schutz nicht mehr aus – hier wurde ein Deich angelegt, der den Strandabschnitt zwischen Westkapelle und Vlissingen kurz unterbricht. Bei Zoutelande erheben sich die **höchsten Dünen der Niederlande** mit bis zu 54 Metern Höhe!

Der Legende nach soll der Missionar *St. Willibrordus* im 8. Jahrhundert in Zoutelande einen Brunnen gegraben haben, der heilkräftiges Wasser lieferte. Der Willibrordus-Brunnen aus dem 16. Jahrhundert ging durch die Dünenverschiebung verloren, ein späterer durch den Deichbau. In Erinnerung an die Legende wurde auf dem Deich ein **Brunnen** nachgebaut. Auch die **Kirche** des Ortes hat unter der Dünenverschiebung gelitten. Der Turm zeigt noch Fragmente der Gotik, die Kirche selbst wurde um 1500 zu einer Hallenkirche umgebaut. Deutlich ist zu sehen, dass der

067ho Foto: ot

untere Teil des Turms durch Dünenverwehungen unter dem Sand verschwunden ist.

Genau wie Domburg zog Zoutelande Künstler an, unter anderem den Maler *Hart Nibbrig*. Sie suchten hier ihre Motive im leuchtenden Sonnenlicht. So wurde viel über Zoutelande berichtet und erste neugierige Urlauber suchten den Ort auf. Heute hat sich Zoutelande ganz dem Fremdenverkehr gewidmet und preist seinen Strand als „Zeeländische Riviera" an – der Strand ist hier nach Süden ausgerichtet, was ansonsten an der niederländischen Küste kaum der Fall ist. Der Ort ist lebhaft, aber in erster Linie familienfreundlich. Zum Erhalt des schönen Strandes von Zoutelande wurden 2009 grundlegende Küstenschutzmaßnahmen ergriffen, der Deich auf einer Länge von über einem Kilometer verstärkt und der davor liegende Sandabschnitt erweitert.

Info

- **Tel.-Vorwahl:** 0118
- **VVV Zoutelande:** 4374 EM, Bosweg 2, Tel. 58 13 42, www.vvvzeeland.nl.

Strand

- Schmaler, südwärts ausgerichteter Strand (blaue Flagge), Lagerfeuer und Kampieren verboten; Hunde von Mitte Mai bis Mitte Sept. nicht zugelassen, Pferde überhaupt nicht; mit Motorbooten darf man nicht vom Strand ablegen; **Drachenfliegen** und **Surfen** in Höhe des Boulevards möglich; **Behinderten-Strandrollstühle** gibt es beim VVV (s.o.), Behinderten-Strandkabinen Info-Tel. 56 18 18.
- **Strandpavillons:** De Branding, Westkapelseweg 28, Tel. 56 18 04, www.paviljoendebranding.nl, am Westerstrand, Übergang De Hoge Hilt bei den Sportplätzen; Het Kustlicht, Westkapelseweg 1, Tel. 56 18 05; De Zeeuwse Riviera, Koddeln 13, Tel. 56 18 07.

Dünen wie Berge am Strand von Zoutelande

Essen & Trinken

- **'t Streefkerkse Huis** €€: 4374 EG, Duinweg 48, Tel. 56 15 21, Fax 56 32 12, www.streefkerksehuis.nl, ansprechendes Haus mit kleinem Hotelbetrieb €€.

Unterkunft

- **Beach** €€: 4374 EC, Duinweg 97, Tel. 56 12 55, Fax 56 12 69, www.beachhotel.nl, ruhig hinter den Dünen gelegen, Zimmer teilweise mit Balkon/Terrasse, bietet auch Familienzimmer an, Jan. geschlossen, angeschlossenes Restaurant €€ ab Ostern geöffnet.
- **Hotel-Restaurant Willebrord** €€: 4374 AT, Smidsstraat 17, Tel. 56 12 15, Fax 56 26 86, www.willebrord.nl, gemütliches Hotel in Strandnähe, Restaurant mit Gartenterrasse.
- **Oase:** 4374 EJ, Noordendolfer 8, Tel. 56 14 81, Fax 56 31 15, www.oase-bv.com, Frühstückshotel und Bungalowvermietung hinter den Dünen, auch Gruppenunterkünfte.
- **Duinpark Het Kustlicht:** 4374 LD, Branding 11, Tel. 56 25 35, www.kustlicht.nl, verschiedene frei stehende Bungalow-Typen in großzügig angelegtem Gelände unmittelbar hinter den Dünen mit direktem Strandübergang am Strandpavillon *Het Kustlicht.*
- **Camping Janse:** 4374 ND, Tel. 56 13 59, Fax 56 27 78, www.campingjanse.nl, gepflegter Platz am Fuß der Dünen, geöffnet April bis Okt.
- **Camping Valkenisse:** 4373 RR Groot Valkenisse, Valkenisseweg 64, Tel. 56 13 14, www.campingvalkenisse.nl, direkt hinter den Dünen gelegen, grenzt der Platz an den Wald, Vermietung von Bungalows und Standcaravans, geöffnet April bis Okt.

Museum

- **Bunkermuseum:** Duinweg 40, Tel. 61 21 06, www.bunkerbehoud.com, Zugang über den Dünenaufgang *Het Pauwtje,* zwei Bunker, ein Doppelgrundunterstand und ein etwas entfernter Artilleriebeobachtungsstand mit Turm, geöffnet Ende April–Okt. So und Mi 13–17 Uhr.

Aktivitäten

- **Golf:** Paradise Golf, Melsenweg 2 (zwischen Zoutelande und Westkapelle, Tel. 56 14 13, www.paradisegolf.nl, 18-Loch-Fungolf-Platz und 9-Loch-PAR-3-Platz, mit kleinem Restaurant.

Veranstaltungen

- **Touristenmarkt:** Ende Mai bis Mitte Sept. Di 13–21 Uhr.

Einkaufen

- **World of Silk:** Seidenshop in Meliskerke 2 km von Zoutelande in der Dorpstraat 3 mit Galerie, virtuellem Seidenmuseum und Café, geöffnet Di–Sa 12–17 Uhr, www.worldofsilk.nl, Tel. 59 33 05.

Küste

Dishoek

Die Dünenreihe an der Westerschelde setzt sich südöstlich von Zoutelande über Groot und Klein Valkenisse fort. Hier ist eine Düne knapp 50 Meter hoch: 128 Stufen führen hinauf, oben steht ein Kreuz. Hinter den Dünen erstreckt sich ein lang gezogener Wald bis Dishoek, ein kleiner Ort, der sich ganz dem Fremdenverkehr widmet. Wer seine Ferien in Ruhe, fernab vom Trubel der großen Badeorte genießen will, ist hier gut aufgehoben.

Info

- **Tel.-Vorwahl:** 0118
- **Information:** siehe Zoutelande, www.dishoek.info

Strand

- Gepflegter, nach Süden ausgerichteter Strand, Lagerfeuer und Kampieren verboten; Hunde von Mitte Mai bis Mitte Sept. nicht zugelassen, Pferde überhaupt nicht; mit Motorbooten darf man nicht vom Strand ablegen.
- **Strandpavillons:** *Frapo's Dishoek,* Koudekerke, Strandweg 1; *Jord's Beach Club,* Koudekerke, Kaapduinseweg 13; *De Zilvermeeuw Strandpaviljoen,* Koudekerke, Dishoek 1, Dünenübergang *Camping Dishoek,* Tel. 55 17 34; *Kaapduin,* Koudekerke, Pizzeria, Strandweg, Tel. 55 16 43; *De Zeester,* Koudekerke, Strandweg, Tel. 55 23 74; *Kon-Tiki,* Vlissingen, Strand Westduin, Tel. 55 14 66, www.kon-tiki beach.nl, ganzjährig.

Unterkunft

- **Golden Tulip Westduin** €€€: 4371 PE Koudekerke, Tel. 55 25 10, Fax 55 27 76, www.goldentulipwestduin.nl, am Fuß der Dünen von Dishoek gelegen, mit Garten, kleine komfortable Zimmer mit Terrasse oder Balkon, Hallenbad, angeschlossenes Restaurant €€€.
- **De Vijde Landen** €€€: 4371 NV, Kondekerke, Verlengde Dishoekseweg 13, Tel. 55 12 75, Fax 55 13 35, www.dewijde landen.nl, Familienhotel mit Restaurant und Studiohotel hinter den Dünen von Dishoek, geöffnet Mitte April–Okt.
- **Westduin:** Eeuwigelaan 3, Tel. (072) 581 57 91, www.aaanzee.com. Ferienhäuschen direkt an den Dünen auf dem Strand, einmalig in den Niederlanden, für 4 Personen, Wohn/Schlafzimmer, Küchenzeile, Etagenbett, Dusche, Toilette, die Häuschen werden über Winter abgebaut.

Zeeland

Küste

Vlissingen

Bis Vlissingen im Süden der Halbinsel zieht sich der Strand von Walcheren hin. Diese geschichtsträchtige Stadt ist vor allem stolz auf die Seehelden, die sie hervorgebracht hat. So wurde der lange Küstenboulevard nach dem großen niederländischen Admiral *Michiel de Ruyter* (1607–76) benannt, dessen Standbild am Ende des Boulevards steht. Durch die strategisch günstige Lage an der **Scheldemündung** konnte sich Vlissingen schon ab dem 14. Jahrhundert zu einer bedeutenden **Hafenstadt** entwickeln. Dies gilt bis heute – in den 1960er Jahren entstand weit östlich der Stadt ein großes, modernes Hafenterrain. Der alte Hafen ist inzwischen in einen Freizeithafen umfunktioniert worden und dient gleichzeitig als Fährha-

fen für Schiffe nach England. Der **Fährbetrieb nach Zeeuws Vlaanderen** (Breskens) ist seit dem Bau des weiter östlich gelegenen Westerscheldetunnels nach Terneuzen auf den Fußgänger- und Fahrradverkehr beschränkt.

Der Ortsname von Vlissingen ist seit dem 7. Jahrhundert bekannt, 1315 erhielt es Stadtrechte. Der Hafen florierte, man fuhr zum Heringsfang aus, hier kamen und gingen die Ostindienfahrer und es wurde Sklavenhandel betrieben. Im 18. Jahrhundert ging es wirtschaftlich abwärts. Vor allem die napoleonische Zeit raubte der Stadt ihre Geschäftsbasis. Ende des 19. Jahrhunderts führten der Bau des Walcherenkanaal und der Eisenbahnanschluss zu einem erneuten Aufschwung. Doch der Zweite Weltkrieg richtete schwere Schäden an. Zunächst bombardierten die Deutschen die Stadt, dann jahrelang die Alliierten. Kaum ein Haus blieb unbeschädigt. Heute zählt Vlissingen fast 50.000 Einwohner und bietet ein großartiges Flair als Hafen- und Industriestadt, aber auch als Urlaubsstadt mit urbaner Infrastruktur.

Sehenswertes

Am mondänen Boulevard De Ruyter findet man mit dem **Gevangenentoren** aus dem 15. Jahrhundert noch ein Relikt aus Vlissingens stolzer Vergangenheit. In diesem Überrest eines alten Stadttors ist heute ein Restaurant untergebracht. Im Zentrum am Oude Markt steht die **St. Jacobskerk,** die nach einem Brand im Jahre 1911 nach Originalplänen mit schönem Turm wieder errichtet wurde. Der Bau entstand zu Beginn des 14. Jahrhunderts und wurde 1500 zu einer Kreuzkirche erweitert. Heute werden hier nicht nur Gottesdienste abgehalten, sondern auch klassische Konzerte gegeben. Im Sommer kann der Turm bestiegen werden. Das **Börsengebäude** am Beursplein stammt aus dem Jahr 1635. Der Renaissancebau erhielt 1880 eine offene Galerie.

Das **Lampsinshuis** am Nieuwen Dijk gegenüber dem alten Fischereihafen und heutigen Jachthafen ist ein typisches Reederhaus aus dem 17. Jahrhundert. *Cornelis Lampsins,* nach dem das Gebäude benannt ist, war der bedeutendste Reeder der Stadt und hatte große Besitztümer in den niederländisch-westindischen Kolonien. Übrigens war *Michiel de Ruyter* bei Cornelis Lampsins als Seilmacherlehrling angestellt und konnte sich später zum Kapitän eines seiner Schiffe hocharbeiten. Heute ist das **Seefahrtsmuseum** der Stadt im Haus von Lampsins untergebracht.

Reizvoll ist das Ambiente des **Bellamy-Parks,** der Ende des 19. Jahrhunderts auf dem zugeschütteten Ende des Koopmanshaven angelegt wurde. Hier befindet sich auch der **Reptilienzoo Iguana** mit einer großen Sammlung an Amphibien, Reptilien und Insekten. Ebenfalls im Altstadtkern findet sich zwischen der Walstraat und der Spuistraat das **Seemanserve,** ein Gebäudekomplex, der offiziell „Cornelia Quackshofje" heißt. Die Jungfrau *Quack* stiftete die ehemals 23 kleinen, um einen Hof gruppierten Häuser als Ruhesitz für Witwen von Seeleuten und Fischern, die sie selbst bekochte.

Auf der Ostseite des Jachthafens steht das ehemalige **Arsenal,** heute ein maritimer Erlebnispark mit allerhand Attraktionen für Groß und Klein. Es erscheinen Piraten, Geisterschiffe lehren das Gruseln, Haifische tauchen auf, Kapitän Einauge präsentiert eine Papageienschau. Ein Stück weiter steht seit etwa 1650 auf dem Oranjebollwerk an der Westerschelde die **Oranjemolen.** Diese Kornmühle war bis 1957 in Betrieb und wurde 1971 restauriert. In der Mühlenwand steckt noch immer eine Kanonenkugel, die aus einer englischen Schiffsbeschießung während der napoleonischen Besatzungszeit herrührt. Neben der Mühle landeten die alliierten Truppen am 1. November 1944, das **Landungsmonument** am nahe gelegenen Commandoweg erinnert an dieses Ereignis, das die Befreiung der Niederlande von der deutschen Besatzung einleitete. Neben der Mühle befindet sich ein alter **Wehrmachtsbunker,** der heute zu besichtigen ist.

Strände

Die stadtnahen Strände machen Vlissingen zu einem besonders attraktiven Badeort. Wer die Abwechslung sucht, kann hier vom Strand aus die großen Überseedampfer bei ihrer Ein- und Ausfahrt auf der Schelde von und zum Hafen von Antwerpen aus unmittelbarer Nähe betrachten. Der Evertsen-Strand bietet zudem rückwärtig den Blick auf die Skyline der vielgeschossige Appartement- und Hotelbauten am Boulevard von Vlissingen.

Ritthem

Östlich von Vlissingen wurde 1547 bei Ritthem das **Fort Rammekens** errichtet, eine für die damalige Zeit hochmoderne Seefestung zur Verteidigung der Häfen von Middelburg und Antwerpen. Diese älteste Seefestung Europas war Ankerplatz für die Schiffe der Vereinigten Ostindischen Kompanie. Heute ist das Areal vom **Naturschutzgebiet Rammekenshoek** umgeben. Die zugefügten, mächtigen Kasematten stammen aus der napoleonischen Besatzungszeit. In den Räumen ist eine Ausstellung über die Festung und die Natur der Umgebung untergebracht. Der kleine Ort Ritthem weist eine hübsche kleine **Kirche** auf, deren Ursprünge auf das Jahr 1271 zurückgehen. Der Turm ist gotisch, das Kirchenschiff wurde einige Jahrhunderte später erneuert.

- **Fort Rammekens:** Rammekensweg, Tel. (0118) 41 24 98, www. fortrammekens.nl, geöffnet April–Okt. Di–So 12–17 Uhr, Eintritt 4 €, Kinder 3 €, im Winter geschl.
- **Rammekenshoek:** Führungen Juli/Aug. Di 19.30 Uhr, Karten beim VVV, beim *MuZEEum* (s.u.) oder beim Fort.

Info

- **Tel.-Vorwahl:** 0118
- **VVV Vlissingen:** 4381HS, Spuistraat 46, Tel. 58 13 42, Fax 42 21 91, www.vvvzeeland.nl

Strand

- Gepflegte, schmale, nach Süden ausgerichtete Strandabschnitte (blaue Flagge), Lagerfeuer und Kampieren verboten; Hunde von Mitte Mai bis Sept. nicht an den Stränden vor den Boulevards Evertsen, Bankert und De Ruyter, am

Nollenstrand sowie in den dazu gehörigen Umkleidekabinen zugelassen, Pferde überhaupt nicht; mit Motorbooten darf man nicht vom Strand ablegen; Behinderten-Strandrollstühle am Strandpavillon *Panta-Rhei* sowie am Badstrand Boulevard (Tel. 41 26 25).

● **Strandpavillons:** *Panta-Rhei,* Nieuwstraat 36, Tel. 41 93 46, www.strandpaviljoenpantarhei.nl, Strandfeste; *Piet Hein VOF,* Zwanenburg 9, Tel./Fax 55 13 27.

Essen & Trinken

● **De Bourgondier** €€€€: Boulevard Bankert 280, Tel. 41 38 91, www.de-bourgondier.nl, Pavillon am Boulevard mit aussichtsreicher Sonnenterrasse.

● **Solskin** €€€€: Boulevard Bankert 58, Tel. 41 73 50, www.solskin.nl, Boulevardrestaurant mit klassischer Speisekarte, Fischspezialitäten, Ende Dez. geschlossen.

● **Bleij** €€€€: Bellamypark 16, Tel. 41 25 24, Taverne und Restaurant, 2. Feb.-Woche sowie 31.12. und 1.1. geschl.

● **De Zeven Provincien** €€€: Smallekalde 13, Tel. 41 71 62, kleines, sympathisches Familienrestaurant im Zentrum, 1. und 12.2., Mitte Juli sowie Mi und Do geschlossen.

● **Da Xin:** €€: Beursplein 5–9, Tel. 41 47 66, www.da-xin.nl, schön eingerichtetes Chinalokal mit großer Terrasse am alten Hafen.

Unterkunft

● **Grand Hotel Arion** €€€€: 4382 AC, Boulevard Bankert 266, Tel. 41 05 02, Fax 42 21 91, www.hotelarion.nl, Vorderzimmer mit Balkon und Strandsicht, bietet auch günstige Arrangements an.

● **De Leugenaar** €€€: 4382 AC, Boulevard Bankert 132, Tel. 41 25 00, Fax 41 25 58, www.hoteldeleugenaar.nl, kleines Hotel am Boulevard, angenehme Zimmer mit angeschlossenem Tavernen-Restaurant €€.

● **Solskin** €€€: 4382 AC, Boulevard Bankert 58, Tel. 41 73 50, Fax 44 00 72, www.solskin.nl, Hotel-Restaurant am Boulevard in der Nähe des Gevangenentoren.

● **De Gulden Stroom:** 4382 AC, Boulevard Bankert 634, Tel. 44 07 91, www.deguldenstrom.nl, komfortable Appartements mit Balkon im Hochhaus am Boulevard mit weiter Aussicht über die Westerschelde.

Museen

● **Zeeuws Maritiem MuZEEum:** Nieuwendijk 11, Tel. 41 24 98, www.muzeeum.nl, geöffnet Mo–Fr 10–17 Uhr, Sa und So 13–17 Uhr, Eintritt 8 €, Senioren 7 €, Kinder von 3 bis 12 Jahren 5 €, behindertengerecht, 1.1. geschlossen.

● **Het Arsenaal Piratenpark en Zeeaquarium:** Arsenaalplein 1, Tel. 41 54 00, www.arsenal.nl, maritimer Freizeitpark, mit Restaurant und Piratenshop, täglich geöffnet 10–18 Uhr, Eintritt 13,50 €, Senioren 12,50 €, Kinder von 3 bis 12 Jahren 11,50 €.

● **Reptilienzoo Iguana:** Bellamypark 35, Tel. 41 72 19, www.iguana.nl, geöffnet 14–17 Uhr, Juni bis Sept. zusätz-

lich 10–12.30 Uhr, 25.12. und 1.1. geschlossen, Eintritt 6 €, Kinder bis 4 Jahren frei.

- **Bunkermuseum Vlissingen:** 4337 AX, Bruggemede 7, neben der Oranjemolen auf dem Deich hinter dem Arsenal, ehemaliger Artilleriebeobachtungsturm der deutschen

Der alte Hafen von Vlissingen, heute Standort von Lotsenbooten

Wehrmacht mit einer 20 Tonnen schweren Panzerstahlkuppel, geöffnet Ende April bis Okt. So 13–17 Uhr.

Aktivitäten

- **Hallenbad:** Vrijburgbad, Sportweg 2, Tel. 48 68 20, www.optisport.nl/vrijburgbad, täglich geöffnet.
- **Beauty-Zentrum:** *Swaenenburgh Recreatie,* Zwanenburgse Weg 11, Tel. 47 25 00, www.swaenenburgh.nl, im Freizeitpark Westduin, bietet vor allem mehrtägige Arrangements, Do Damentag, geöffnet Mo und Di 17–23 Uhr, Mi–Fr 14–23 Uhr.
- **Segeltörn:** Mit der „Endeavour", dem nachgebauten Schiff von *Captain Cook,* von Vlissingen nach Antwerpen oder Maassluis und Rotterdam, Informationen unter Tel. 44 04 44 oder über das Maritiem Museum (s.o.), www.housebritain.com.

Veranstaltungen

- **Midzomer-Nachtmarkt:** 1. Freitag im August auf Boulevards 19–1 Uhr, mit 400 Marktständen, Musikeinlagen etc. Information www.midzomernachtmarkt.nl.

Einkaufen

- **Wochenmarkt:** freitags 8–16 Uhr.

Verkehr

- **Fußgänger- und Fahrradschnellfähre:** „M.S. Prinses Maxima" und „M.S. Prins Wilhelm Alexander" von Vlissingen (Anleger am Bahnhof) nach Breskens, Fahrtzeit 20 Min., Tarif (einfach) 2,35 €, Kinder 1,40 €, Fahrrad 0,70 €, Information: *BBA Connex Group,* Tel. (0900) 9292 (0,50 €/Min.), Service-Tel. 46 59 05, www.bresjes.nl/veerdiensten/bv.html.

Hinterland

Middelburg

Middelburg ist die größte Stadt auf Walcheren und **Hauptstadt der Provinz Zeeland.** Einst hatte Middelburg große Bedeutung als Hafen. Tuch- und Weinhandel machten die Stadt reich. Im Achtzigjährigen Krieg kam sie 1574 an die Geusen. Noch am Ende des Jahrhunderts erhielt die Stadt einen mächtigen **Verteidigungsring,** der bis 1692 um **Bastionen** verstärkt wurde, die bis heute erhalten sind. Bis auf die Koepoort stehen aber keine Stadttore mehr. Neuen Aufschwung erlebte die Stadt im 18. Jahrhundert durch die Niederlassung der Ostindischen Kompanie, deren Schiffe auch von hier aus ihre Ostasienreisen unternahmen. Doch mit der Versandung des Flusses Arne verlor der Hafen an Bedeutung. Anfang Mai 1940 bombardierten deutsche Flugzeuge und während des Kriegs englische Flugzeuge die Stadt und zerstörten ihren Kern fast vollständig. Doch der Wiederaufbau ist meisterhaft gelungen, die meisten Sehenswürdigkeiten konnten stilgerecht wieder hergestellt werden.

Heute stehen mehr als 1200 denkmalgeschützte Gebäude in der Stadt. Sie gibt es nicht nur im Altstadtkern, sondern vor allem auch an den **Kais** des Binnenhaven sowie am Rouaanskai, Bierkai, Londensekai und am Turf- und Houtkai.

Rathaus

Das prächtige **Stadhuis** am Marktplatz zeugt bis heute vom einstigen Reichtum der Stadt. Das im Stil der Brabanter Spätgotik errichtete Gebäude zeigt reichen Fensterschmuck an der Fassade mit einem linksseitig aufgesetzten Schmuckgiebel. Der 55 Meter hohe Turm trägt vier kleine Ziertürmchen.

- **Stadhuis:** Markt, Tel. (0118) 67 54 50, Führungen April bis Okt. Di und Mi 12 Uhr, Teilnahme 7,50 €.

Schützenhöfe

Die **Kloveniersdoelen Achter de Houttuinen** ist der Schützenhof einer Schützengilde der Stadt, Anfang des 17. Jahrhunderts als Renaissancebau mit Schweifgiebel und weißen Steinreihen in der Backsteinfassade errichtet. Dieses Gebäude, in dem später die Oostindische Compagnie ihren Sitz hatte, verlor 1735 ihren Turm durch Blitzeinschlag. Der Nachkriegswiederaufbau wurde dann wieder mit Turm vorgenommen. Eine weitere Schützenhalle, die **St. Jorisdoelen** aus dem späten 16. Jahrhundert, steht nahe der Abtei.

Abtei

Zentrales Gebäude in der Stadt ist die Abtei. Sie ging aus einer karolingischen Burg hervor, auf deren Gelände sich im 12. Jahrhundert Prämonstratenser niederließen. Der Komplex besteht aus den eigentlichen Klosterbauten, in denen heute das **Zeeuws Museum** untergebracht ist, dem Kreuzgang und mehreren Kirchen. Da gibt es einmal die einschiffige Chorkirche aus dem 14. Jahrhundert und die zweischiffige Nieuwe Kerk aus dem 16. Jahrhundert, dazwischen die Wandelkerk. Der 95 Meter hohe Abteiturm kann bestiegen werden

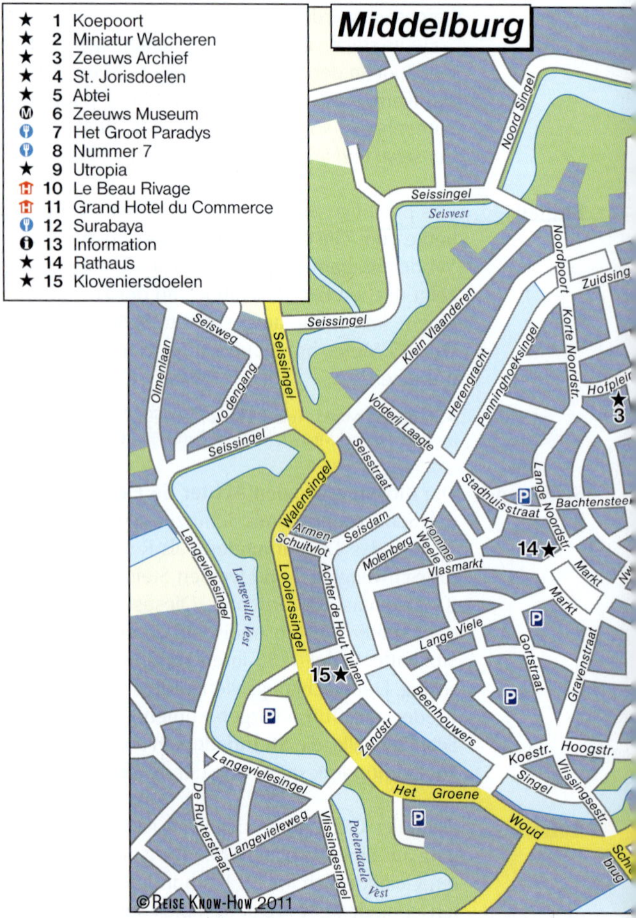

und bietet einen weiten Überblick über die Stadt und die Insel Walcheren.

Museen

● **Abdij:** 4331BK, Abdij 9, Tel. (0118) 62 66 55, www.theagenda.nl/v1258_historama-abdij-middelburg.html, mit Historama in den Kirchenkrypten, geöffnet April bis Okt. Mo–Sa 11–17, So 12–17 Uhr, Eintritt 1,80 €, Kinder 0,50 €.

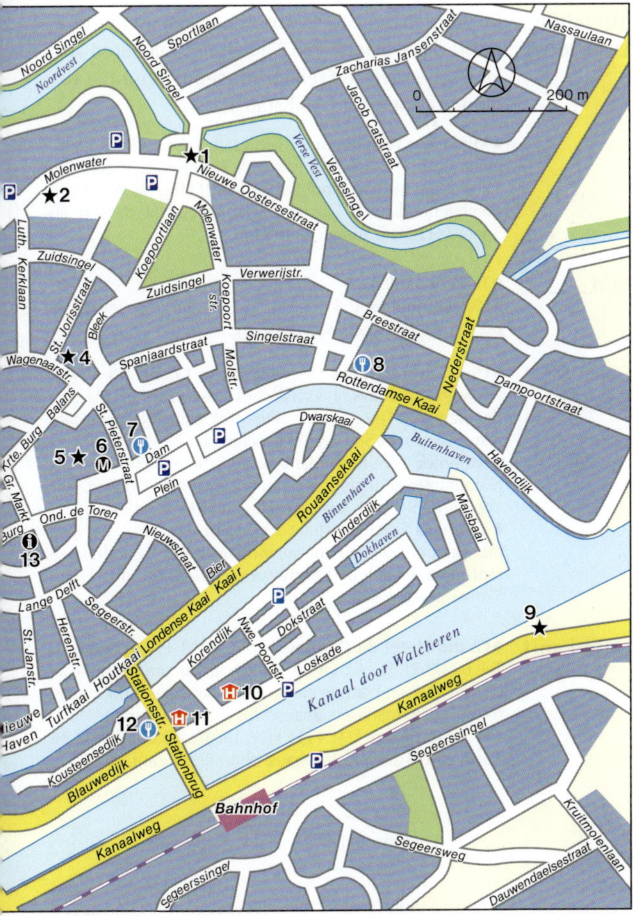

- **Turmbesteigung:** *Abdijtoren de Lange Jan,* Onder de Toren 1, Tel. 61 25 25, www.langejanmiddelburg.nl, Mitte März bis Ende Okt. Mo 13–16 Uhr, Di–So 10–16 Uhr, im Sommer bis 17 Uhr, Eintritt 3,50 €.
- **Zeeuws Museum:** 4331 BK, Abdij plein, Tel. 65 30 00, Fax 65 30 99, www.zeeuwsmuseum.nl; Heimatmuseum, naturwissenschaftliche Sammlung, geöffnet täglich Di–So 11–17 Uhr, Ostern, Pfingsten, Weihnachten, 30.4. und 1.1. geschlossen, Eintritt 8,50 €, Kinder bis 18 Jahre frei.

Miniatuur Walcheren

Im Norden des Stadtkerns dehnt sich an der Koepoort das Gelände von Miniatuur Walcheren aus. Das sehenswerte **Freilichtmuseum** zeigt die Region Walcheren im Maßstab 1: 20.

- **Miniatuur Walcheren:** Molenwater, Tel. 61 25 25, www.minimundi.nl, Spielplatz, Minigolf, Restauration, geöffnet Mitte März bis Anf. April Sa/So 10–19 Uhr, bis Anf. Sept. durchgehend 10–19 Uhr (Juli–Sept. bis 20 Uhr), Eintritt (ab 3 Jahre) 12,50 €, jünger Eintritt frei.

Info

- **Tel.-Vorwahl:** 0118
- **VVV Middelburg:** 4331 AH, Nieuwe Burg 40, Tel. 65 99 00, Fax 65 99 10, www.middelburg.nl.

Essen & Trinken

- **Het Groot Paradys** €€€€: Damplein 13, Tel. 65 12 00, www.grootparadys.nl, klassisches Restaurant im Herzen der Stadt, mit Terrasse, 2. Hälfte März, Mitte Nov., zur Jahreswende sowie So und Mo geschlossen.
- **Nummer 7** €€: Rotterdamsekaai 7, Tel. 62 70 77, www.restaurantje.nl, legeres Restaurant am Binnenhaven, nur abends geöffnet, 3. Januarwoche und Mo geschlossen.
- **Surabaya** €: Stationsstraat 20, Tel./Fax 63 59 14, www.surabaya.orientalrestaurants.nl, indonesisches Abendrestaurant mit Reistafel- und Buffetspezialitäten, Mo und Di im Winter geschlossen.

Unterkunft

- **Grand Hotel du Commerce** €€€: 4331 HV, Loskade 1, Tel. 63 60 51, Fax 62 64 00, www.hotelducommerce.nl, ältestes Haus am Platz, in einem alten Gasthausgebäude mit roten Fenstermarkisen, angeschlossenes Restaurant €€€.
- **Le Beau Rivage** €€€: 4331 HW, Tel. 63 80 60, Fax 62 96 73, in einem alten Herrenhaus, ohne Restaurant.

Das imposante Rathaus (Stadhuis) von Middelburg

Aktivitäten

- **Stadtrundfahrten:** Reederei *Rondvaart Middelburg,* Achter de Houttuinen 39, Tel. 64 32 72, www.rondvaartmiddelburg.nl; 40-minütige Rundfahrten durch das historische Zentrum von April bis Okt., Fahrpreis 5,50 €, Kinder bis 12 Jahren 3 €; *Redereij Dijkhuizen,* Loskade, Tel. 41 93 67, www.redereij-dijkhuizen.nl, Fahrten April–Okt., Fahrpreis 5,50 €, Kinder bis 12 Jahre 3 €, Familienkarte 15 €.
- **Utropia:** Tropische Vogel- und Pflanzenausstellung, Kleverskerkseweg 3–5, Tel. 65 11 99, www.utropia.nl, 1000 qm großes Gewächshaus am Kanaal door Walcheren nahe beim Bahnhof, geöffnet Di–So 10–17 Uhr, Mo 13–17 Uhr (im Winter Mo geschlossen), Eintritt 6,50 €, Senioren (65+) 6 €, Kinder bis 3 Jahre frei, Kinder von 4–12 Jahren 5,50 €.
- **Go-Kart:** *Indoor Karting Middelburg,* Arnesteinweg 19, Tel. 61 74 75, www.kartingzeeland.nl, geöffnet Mo–Fr 16–22 Uhr, Sa und So 14–22 Uhr, 12-Minuten-Runde 13 €.
- **Kinderbauernhof:** *De Klepperhoeve,* Meivelpad 55, Tel. 62 71 42, www.kinderboerderij-middelburg.nl, geöffnet Di–Fr 10–12 und 13.30–17 Uhr, Sa und So 13.30–17 Uhr.

308ho Foto: ti

Einkaufen

- **Bauernladen:** Obstanbau *Weststrate,* Sandberglaan 10, Tel. 64 00 22, Regionalprodukte und Geschenkkörbe, geöffnet Mo–Mi 13–17.30 Uhr, Do und Fr 9–12 und 13–17.30 Uhr, Sa und So 9–18 Uhr.
- **Käse:** Käserei *Schellach,* Prooyensweg 26, Tel. 61 39 84, geöffnet Mo–Sa 9–17.30 Uhr (Laden), 25 Sorten Bauernkäse, Regionalprodukte, Führungen Juli/Aug. Di 19.30 Uhr, Eintritt 3 €, Kinder bis 12 Jahren 1,50 €.
- **Wochenmarkt:** donnerstags auf dem Marktplatz.

Veranstaltungen

- **Antiquitätenmarkt:** Jeden Donnerstag im Sommer auf dem Vismarkt.
- **Ringstechen:** Mitte August in folkloristischer Tracht auf dem Middenwater.

Zeeuws Vlaanderen

Die Küste von Zeeuws Vlaanderen, dem südwestlichsten Teil der Niederlande, geht in die belgische Küste über. Zwischen Breskens und Cadzand-Bad erstreckt sich ein langer Strandabschnitt mit besonders feinem Sand, der nur an wenigen Stellen, wo die Dünen zum Schutz des Hinterlandes nicht ausreichen, durch Deichbauten unterbrochen ist. Küste und Hinterland scheinen so gar nicht ins Bild der Niederlande zu passen, was sicherlich daran liegt, dass dieses Gebiet früher schwer zu erreichen war – heute bietet der neue **Westerscheldetunnel nach Terneuzen** den Niederländern aus Amsterdam oder Rotterdam einen viel einfacheren und schnelleren Zugang zu diesem südlichsten Küstenabschnitt.

Im 80-jährigen Krieg haben im Westen von Zeeuws Vlaanderen heftige Auseinandersetzungen mit den Spaniern getobt. Die vielen kleinen **Festungsstädtchen,** die sich zur Abwehr der Spanier mit Mauern oder Wällen umgaben, sind noch Zeugen dieser Zeit.

Der viel besuchte Strand der Küste von Zeeuws Vlaanderen birgt eine Überraschung – hier kann man nach jahrhundertealten **Haizähnen** suchen. Die besten Fundorte der uralten Zähne liegen beim Radarturm in Nieuwvliet und im Zwingeul bei Cadzand. Bei jeder Umschichtung des Sandes kommen wieder Zähne an die Oberfläche. Wer mehr über die Haizähne wissen möchte, sollte das Besucherzentrum des Naturschutzgebietes 't Zwin (zwischen Cadzand und Retranchement) aufsuchen, wo es unter anderem Auskunft über diese Fossilienfunde gibt.

- **Westerscheldetunnel:** ganzjährig Tag und Nacht geöffnet, Durchfahrt für PKW 4,90 €, PKW mit Wohnwagen 7,30 €, Kundenservice Tel. (0900) 235 88 66 (0,05 €/Min.), www.westerscheldetunnel.nl.

Küste

Breskens

Von Vlissingen aus legt die Fahrrad- und Personenfähre in Breskens an. Das Leben dieses Ortes an der **Westerscheldemündung** spielt sich rund um seine vier **Häfen** ab. Da gibt es den Handelshafen, den Fischereihafen und den Jachthafen, in einer Entfernung von ungefähr einem Kilometer liegt der Fährhafen. Schiffe haben immer freien Zugang – trotz des Gezeitenunterschieds von ungefähr vier Metern sind die Häfen ohne Schleusen direkt von der Nordsee aus erreichbar.

Breskens war aufgrund seines strategisch wichtigen Standortes an der Westerschelde im Zweiten Weltkrieg Ziel alliierter Bomber, die den Ort bis 1944 zerstörten. Danach entstand es völlig neu.

Westlich von Breskens lohnt ein Spaziergang auf dem Panoramaweg zum schwarz-weiß gestrichenen **Leuchtturm,** der als Miniatur in Madurodam in Den Haag (s. dort) steht. Vom Panoramaweg aus hat man einen weiten Blick auf den Schiffsverkehr der Westerschelde und Vlissingen. Nicht weit vom Leuchtturm befindet sich ein Vogelzählposten – dieser markante Landpunkt am Kopf der Westerschelde wird von Zugvögeln zur Orientierung benutzt.

Der **Strand** von Breskens erstreckt sich zwischen dem Fährhafen und dem Handelshafen sowie vom Fährhafen westlich bis über den Leuchtturm hinaus – hier wird er immer breiter. Hinter dem Dünengebiet Groese Duintjes breitet sich das Zwarte Gat aus, eine Schlickfläche. Über den **Deltadeich,** der hier dünenartigen Charakter hat, kann man mit dem Auto fahren – der Strand bleibt aber autofrei. Bei **Nieuwvliet-Bad** ist der Strand am breitesten. Hier entstehen bei Ebbe flache Wasserflächen, die für Kinder paradiesische Spieloasen darstellen. Hinter dem von Dünen umringten Strand breiten sich Familiencampingplätze, Campingbauernhöfe und Ferienparks aus.

070ho Foto: ot

Verdronken Zwarte Polder

Beim Verdronken Zwarte Polder handelt es sich um einen ehemaligen, inzwischen versandeten Meeresarm von besonderem naturkundlichem Reiz. Der Verdronken Zwarte Polder teilt den Strand von Nieuwvliet etwa auf halbem Weg von Breskens. Nach dem Versanden des Zwarte Gat wurde das Gebiet zunächst eingepoldert, aber ab Beginn des 20. Jahrhunderts wieder regelmäßig überflutet. Heute besteht diese 55 Hektar große Meereseinbuchtung aus **Schlick-, Watt- und Dünenflächen.** Hier sind die typischen Salz liebenden Pflanzen vertreten, in den Dünen auch die so seltenen Stranddistel und Strandwinde. Ebenso wie Het Zwin bei Cadzand ist auch der Zwarte Polder Rast- und Futterplatz für viele Wasservögel.

• **Führung Zwarte Polder:** Juli/Aug. Mi 19.30 Uhr, Start am Parkplatz des Abwasser-Schöpfwerkes, Information Tel. (0117) 56 91 28, www.hetzeeuwselandschap.nl.

Groede

Etwas landeinwärts von Breskens liegt der beschauliche Ort Groede, angelegt um die 1741 errichtete **lutherische Kirche.** Die im flämischen Stil errichteten Häuser mit den hübschen Giebeln blieben vom Zweiten Weltkrieg verschont. Aber schon während des 80-jährigen Krieges war die Region arg in Mitleidenschaft gezogen worden. Die Spanier hatten die Deiche gebrochen, um die niederländischen Truppen zu vertreiben. Ein eiserner Bolzen am Kirchturm der reformierten Kirche gibt noch heute an, wie hoch 1582 das Wasser gestanden hat. In der Slijkstraat befindet sich auf dem Gelände des Vlaemsche Erfgoed ein **Freilichtmuseum** mit einem Straßenzug mit Museumsgeschäften und historischen Werkstätten vor der Kulisse des alten Groede aus dem 13. Jahrhundert.

Häufig überflutet: der Verdronken Zwarte Polder

• **Lutherische Kirche:** Molenstraat 28, Tel. (0117) 37 24 14; www.het-vlaemsche-erfgoed.nl, ein Besuch des Vlaemsche Erfgoed (s.u.) schließt eine Besichtigung der Lutherse Kerk ein. Die Kirche wurde von Flüchtlingen aus Salzburg gestiftet, sie dient als Ausstellungs- und Konzertsaal, geöffnet Ostern bis Ende Sept. Mo–Sa 10–17 Uhr, So geschlossen, Gruppen nach Vereinbarung, Führungen Tel. (0117) 37 21 14, Eintritt 3,60 €, Kinder 1,80 €. Besondere Gruppenpreise.
• **Het Vlaemsche Erfgoed:** Slijkstraat 1, Tel. 37 24 14, kulturhistorisches Museum mit u.a. Dorfherberge, Textilgeschäften, Schreinerwerkstatt, Friseursalon, Schmiede, Maleratelier, geöffnet Ostermontag bis Mitte Sept. Mo–Sa 10–17 Uhr, Eintritt 3,60 €, Kinder 1,80 €, mit Führung 1 €.

Info

• **Tel.-Vorwahl:** 0117
• **VVV Breskens:** 14511 CK, Oranjeplein, Tel. 38 18 88, www.vvvzeeland.nl.

Strand

• Feinsandig, nach Westen breiter werdend (blaue Flagge für mehrere Strandabschnitte), Hunde von Juni bis Aug. 10–19 Uhr nur angeleint zugelassen; **Surfen** und **Segeln** nur außerhalb der durch Bojen abgegrenzten Schwimmbereiche zugelassen, Wasserscooter verboten; **Drachen** mit zwei oder mehr Leinen dürfen von Juni bis Aug. 10–19 Uhr nicht steigen; Reiten Juni bis Aug. 10–18 Uhr nicht zugelassen, außerhalb dieser Zeit nur an der Wasserkante; **FKK** westlich von Nieuwesluis am Dünenübergang 24 bis zum Ende des Zandertje; für Behinderte im Bereich des Deltadeichs erleichterter Strandzugang mit dem Auto, **Behindertenrollstühle** können beim *Camping Napoleonhoeve,* Tel. 38 35 00, gemietet werden.
• **Strandpavillons:** *Matour vof,* Parklaan 23, Tel./Fax 38 82 28; *Carrousel Bazar,* Groede, Zeeweg 4a, Tel. (06) 20 54 43 31; *'t Halve Maentje,* Groede, Nieuwvlietseweg 10, Tel./Fax 38 51 70, www.halvemaentje.nl; *Matour, Groede,* Zeeweg 1, Tel. 37 17 59.

Essen & Trinken

• **De Milliano** €€€: 4511 AW, Scheldekade 27, Tel. 38 18 12, www.milliano.nl, nahe am Jachthafen, innenarchitektonisch als authentischer Muschelkahn aus der ersten Hälfte des 20. Jh. eingerichtet, klassisches kleines Fischrestaurant, Anfang Jan. bis Mitte Feb., Mo und Do nach 20.30 Uhr geschlossen.

Leuchtturm von Breskens

Unterkunft

- **De Milliano** €€€€: 4511 RB, Promenade 4, Tel. 38 18 55, Fax 38 35 92, www.milliano.nl, Zimmer mit Balkon und Kitchenette, Blick auf die Westerschelde.
- **Scaldis** €€: 4511 GA, Langeweg 3, Tel. 38 24 20, Fax 38 60 21, www.hotelscaldis.nl, in einer ruhigen Innenstadt-Seitenstraße, mit Abendrestaurant (Mi geschlossen).
- **Strandpark Breskens:** Tel. (0800) 081 77 77, www.hogenboom.com, ein Hogenboom-Ferienpark, 1 km vom Strand entfernt nahe Ortszentrum, großzügige Bungalows, Hallenbad.
- **Camping Napoleonhoeve:** 4511 RH, Zandertje 30, Tel. 38 38 38, Fax 38 35 50, www.napoleonhoeve.nl, ein Campingplatz der Molecaten-Ferienparks mit Hallenbad.
- **Recreatiezentrum Pannenschuur:** 4504 PP Nieuwvliet-Bad, Zeedijk 19, Tel. 37 23 00. Fax 37 14 15, www.pannenschuur.nl, 500 m vom Strand mit Hallenbad.
- **Camping Groede:** 4503 PA Groede, Tel. 37 13 84, Fax 37 22 77, www.campinggroede.nl, großflächiger Camping- und Caravanplatz mit Mobilheimen in unmittelbarer Strandnähe.

071ho Foto: ot

- **Recreatiepark Schoneveld:** 4511 HR, Schoneveld 1, Tel. 38 32 20, Fax 38 36 50, www.campingschoneveld.nl, direkt am Strand mit geschützten Stellplätzen, überdachtes Schwimmbad, Pavillon mit Terrasse am Strand.
- **Camping Schippers:** 4504 PT Nieuwvliet-Bad, Baabstpoldersedijk 6, Tel. 37 12 50, Fax 37 62 42, www.camping schippers.nl, ruhiger, strandnaher Platz.

Museen

- **Fischereimuseum:** Kaai 1, Tel. 38 36 56, www.visserij museumbreskens.nl, Exponate zur Fischerei, Sammlung von See- und Hafenansichten, Fossilienkollektion, eindrucksvolle Schiffsmodelle, Hafenmodell und Seeaquarium, geöffnet Ostern–Ende Juni sowie Sept./Okt. Di und Sa 10–12.30 Uhr, 13.30–16.30 Uhr, Juli/Aug. täglich 10–17 Uhr, Ostermontag und Himmelfahrt geschlossen, Pfingstmontag 14–17 Uhr, Eintritt 3 €, Kinder und Senioren 2 €.
- **Steinerne Kornmühle Nieuwvliet:** Molenweg, Tel. 37 13 86, Kornmühle vom Typ „Grondzeiler", ganzjährig Mi und Sa 13–17 Uhr, Eintritt frei.

Aktivitäten

- **Bootsverleih:** CBI, Kaai, Tel. 38 06 85, Vermietung eines Sportfischerbootes für 12 Personen mit Skipper zum Angeln auf der Nordsee.
- **Go-Kart:** Raceland, Deltahoek 44, Tel. 38 00 53, www.ra celand-action.nl, 400-Meter-Bahn, Fahrpreis 13 €, Kinder 8 €, in der Saison ganztägig geöffnet, ansonsten Di–Sa ab 18 Uhr, So ab 14 Uhr.
- **Indoor- und Outdoor-Spielplatz:** De Afslag, Kieweg 2, Tel. 38 02 30.
- **Landschaftsführungen** zu Geologie, Archäologie, Geschichte, Flora und Fauna, in den Sommermonaten Mi und Do 19 Uhr, Information Tel. 45 30 21.

Veranstaltungen

- **Fischereitage:** Wochenende Anfang August, Information unter www.visserijfeesten.nl.

Einkaufen

- **Forellenfarm in de Haven:** 4511 RC, Visserijhaven2, Tel. 38 31 58, Angeln täglich 10–21 Uhr, außerhalb der Saison Mo geschlossen.
- **Töpferwaren:** Pottenbakkerij Laura Vroon, Grote Kade 30, Tel. 38 14 02, www.breskens.com/vroon/info.htm; geöffnet nach Absprache.

Verkehr

- **Fußgänger- und Fahrradschnellfähre:** „M.S. Prinses Maxima" und „M.S. Prins Wilhelm Alexander" vom Anleger Breskens nach Vlissingen (Anleger am Bahnhof), Fahrtzeit 20 Min., Tarif (einfach) 2,35 €, Kinder 1,40 €, Fahrrad 0,70 €, Information: BBA Connex Group, Tel. (0900) 92 92 (0,50 €/Min.), Service-Tel. 46 59 05, www.bresjes.nl/veer diensten/bv.html.

Küste

Cadzand

Kurz vor der belgischen Grenze hat sich der Cadzand vorgelagerte Badeort **Cadzand-Bad** zu einem viel besuchten Ferienort entwickelt. Der einst auf einer Insel gelegene Ort Cadzand taucht erstmals in einer Urkunde aus den Jahren 1111–15 unter dem Namen *Cadesant* auf. In dieser Urkunde wird dem Grafen *Boudewijn VII.* der Zehnte (Kirchensteuer) von *Cadesant* zugestanden, der eigentlich der Kirche von Rodenburg (Aardenburg) gehörte. Der Name *Cadesant* deutet darauf hin, dass hier um diese Zeit bereits ein ansehnliches System von Ländereien vorhanden war. In den folgenden Jahren vergrößerte sich die Insel, weil man ein Wattgebiet nach dem anderen mit Deichen versah und zum Poldergebiet machte. So gehören die Deichanlagen auf dem „Landje van Cadzand" zu den ältesten von Westeuropa - aus dem Jahre 1177 datieren die ersten bekannten Aufzeichnungen über Polder auf der Insel Cadzand.

Im Zentrum von **Cadzand-Dorf** steht noch die zu Beginn des 14. Jahrhunderts errichtete gotische Pfarrkirche. Die reizvollen Häuser des alten Dorfkerns sind ringförmig um die Kirche gebaut - Cadzand ist das einzige Kirchringdorf in Zeeuws Vlaanderen. Die Mühle am Dorfeingang wurde 1977 restauriert und kann besichtigt werden.

Het Zwin

Der Zwin, der Zufluss westlich von Cadzand, der einst Brügge mit dem offenen Meer verband, ist zum toten Meeresarm versandet und wurde bis über die belgische Grenze hinaus zum **Naturschutzgebiet** erklärt. Über ein Drittel der 150 Hektar großen Fläche liegt auf niederländischem Gebiet und wird von der Stiftung *Het Zeeuwse Landschap* verwaltet. Der Zwin ist heute ein typischer **Priel mit Marschland,** das hinter den Dünen liegt und über eine Flussrinne mit dem Meer verbunden ist. So gibt es hier viele Übergänge, von süß zu salzig, von Lehm zu Sand, von niedrig zu hoch und von nass zu trocken. Bei Sturm wird das gesamte Gebiet überschwemmt, die niedrigeren Gebiete bei jeder Flut. Das eindringende Wasser gibt einer Salz liebenden Flora Lebensraum.

• **Besucherzentrum 't Zwin:** Retranchement, Gerrit van Hoekestraat 2, Tel. (0117) 39 22 21, www.cadzand-online.de, vermittelt wird ein Eindruck von Flora, Fauna und Geschichte des vom Zwin gebildeten Meeresarms, geöffnet ab Anf. April, Mai, Sept. und Okt. Di–So 12–17 Uhr, Juni bis Aug. Di–Sa 10–17 Uhr, So 12–17 Uhr, Eintritt 2 €, Kinder bis 16 Jahren und Senioren 1 €, Führungen Juli/Aug. an einem Vormittag pro Woche um 10 Uhr, Start am Besucherzentrum, Information Tel. 56 91 28.

Retranchement

Heute erheben sich am südlichen Ende des Naturschutzgebietes Het Zwin die Wälle von Retranchement – der Name ist die französische Bezeichnung für „Verschanzung". Hier wurde 1612 eine Festung zur Verteidigung des Meeresarms Het Zwin gebaut. Denn das heute westlichste Dorf der Niederlande wurde 1604 von Prinz *Moritz von Nassau-Oranien* von den Spaniern zurückerobert, nachdem auch die Festungsstadt Sluis eingenommen war. Auf den gut erhaltenen Wällen des **Forts Nassau** kann man heute spazieren gehen. Sehenswert sind im Ort noch die **Bockwindmühle** aus dem Jahr 1634 und die schlichte **Saalkirche** aus dem 17. Jahrhundert.

Info

• **Tel.-Vorwahl:** 0117
• **VVV Cadzand:** 4506 JK Cadzand-Bad, Boulevard de Wielingen 44d, Tel. 39 12 98, Fax 39 25 60, www.vvvzeeland.nl.

Strand

• Teilweise schmal, am Zwin sehr breit, feinsandig; westlich der Gemeindegrenze von Cadzand Hunde von Juni bis Aug. nur angeleint zugelassen, am Strand von Retranchement in dieser Zeit ganz verboten, **Surfen, Segeln, Drachenfliegen, Kanufahren** beim Strandpavillon *De Zeemeeuw* zugelassen; **FKK** im Naturschutzgebiet *Het Zwin* geduldet; **Behindertenrollstühle** können unter Tel. 39 12 35 gemietet werden.
• **Strandpavillons:** *The First Wave,* Geldeloozepad 1, Tel./Fax 39 21 80; *De Molen,* Zwartepolderweg, Tel./Fax 39 15 24; *De Zeemeeuw,* Retranchement Braamdijk, Tel. 39 19 75; *Strandloper,* Noordzeestr. 1, Tel. 39 16 23.

Unterkunft

- **De Blanke Top** €€€: 4506 JH, Boulevard de Wielingen 1, Tel. 39 20 40, Fax 39 14 27, www.blanketop.nl, einzigartige Lage auf den Dünen, Zimmer mit Balkon, mit Hallenbad und Terrasse, angeschlossenes Restaurant €€€.
- **Strandhotel** €€€€: 4506 KM, Boulevard de Wielingen 49, Tel. 39 21 10, Fax 39 15 35, www.strandhotel-cadzand.nl, auf den Dünen, Hallenbad, beheizter Wintergarten, Restaurant €€€€ à la carte.
- **Noordzee** €€: 4506 KM, Noordzeestraat 2, Tel. 39 18 10, Fax 39 14 16, www.hotelnoordzee.nl, auf den Dünen, Zimmer und Suiten mit Möbeln aus exotischen Hölzern eingerichtet, mit Terrasse oder Balkon, dazu Restaurant **De Duinpan** €€€ und Kaffeebar **De Koffiemolen.**
- **De Wildhof:** 4525 NB Retranchement, Kanaalweg 5, Tel. 39 14 06, Fax 39 25 89, www.campingdewildhof.nl, nahe am Naturschutzgebiet Het Zwin gelegener Familiencampingplatz, Standplätze mit eigenen Sanitäranlagen, April bis Okt.
- **Camping de Sandt Plaet:** 4525 NB Retranchement, Kanaalweg 5, Tel. 39 63 96, Fax 39 25 89, www.sandtplaet.com, ganzjährig geöffneter Familienplatz am Zwin.
- **De Zwinhoeve:** 4525 LX Retranchement, Duinweg 1, Tel. 39 21 20, Fax 39 22 48, www.zwinhoeve.net, in Strandnähe gelegener Campingplatz am Zwin.

Nachtleben

- **Diskotheek Joy Cadzand,** Boulevard de Wielingen 4/8, Tel. 39 60 73, www.discojoy.nl, im Winter geschlossen, bietet Disco-Bus zum Hotel an.

Mühlen

- **Nooitgedacht Cadzand:** Zuidzandseweg 3, Tel. 46 17 44, www.cadzand-dorp.nl/molen, runde, steinerne Mühle mit drehbarer Haube, in Betrieb zu besichtigen, ganzjährig So 14–18 Uhr sowie Mitte Juni bis Aug. zusätzlich Mi 14–18 Uhr, abends beleuchtet, Eintritt 1 €, Kinder 0,50 €, Mehlverkauf.
- **Bockwindmühle Retranchement:** Molenstraat 3, Tel. 39 13 59, www.visitsluis.nl, einzige Mühle (gebaut 1643) der Region, die sich um die eigene Achse dreht, regelmäßig in Betrieb Juli/Aug. Sa 13–17 Uhr, 14.7. bis 25.8. zusätzlich 13–17 Uhr, Eintritt frei.

Aktivitäten

- **Flugfeld:** *Vliegterrein Nieuwvliet,* St. Jansdijk 1, Tel. 37 14 27, www.vliegterrein-nieuwvliet.nl, Deltafliegen, Paragleiten, Modellflugplatz.
- **Kutschfahrten:** J.A. Dekker, Retranchement, Platteweg 4a, Tel. 39 13 47.

Veranstaltungen

- **Drachenflieger-Feste:** am Strand im Frühjahr und im Sommer.
- **Dorffest:** August in Cadzand.
- **Touristenmarkt:** im Sommer montags in Cadzand-Bad.

Sluis

Hinterland

Im Hinterland der Küste von Zeeuws Vlaanderen ist das kleine Städtchen Sluis kulturhistorisch interessant. Sluis war im 14. Jahrhundert ein Vorhafen von Brügge an dem später versandeten Zwin. Auf den **Wallanlagen** dieser einst so bedeutenden Stadt ist heute ein Spazierweg angelegt. Von den Stadttoren wurden das Süd- und Osttor vollständig restauriert, das Westtor teilweise in seinen ursprünglichen Zustand zurückversetzt. Das **Rathaus** der Stadt aus dem 14. Jahrhundert ist rechteckig angelegt, in seiner Mitte erhebt sich ein eingebauter, viereckiger, mit pittoresken Türmchen versehener Belfried mit einem schönen Glockenspiel. Der Ratssaal mit herrlichen Holzschnitzereien, Wandteppichen und Gemälden gilt als einer der schönsten der Niederlande. Von den Türmen aus hat man eine prächtige Aussicht auf das Städtchen und die Zeeuws-Vlaamse Landschaft. Heute ist Sluis vor allem als gemütliche Einkaufsstadt bekannt, die viele Tagestouristen anzieht.

• **Belfried und Ratssaal Sluis:** Groote Markt 1, Tel. (0117) 47 55 00, www.visitsluis.nl, archäologische Sammlung und Ratssaal geöffnet Mai, Juni, Sept., Okt., Ostern, Himmelfahrt und Pfingsten So 14–17, Juli/Aug. täglich 13–17 Uhr, Eintritt 2 €, Kinder und Senioren 1 €, Turmbesteigung Mai, Juni, Sept., Okt. So 14–17 Uhr, Juli/Aug. täglich 13–17 Uhr, Information Tel. 45 70 00, www.cadzand-online.de.

Sint Anna ter Muiden

Etwas westlich von Sluis an der belgischen Grenze liegt Sint Anna ter Muiden, ein kontrastreicher Ort zum lebhaften Sluis. Man kann gar nicht glauben, dass Sint Anna ter Muiden einst sogar Stadtrechte besaß. Die Häuser des Ortes sind um einen dreieckigen Platz gruppiert, in dessen Mittelpunkt eine charakteristische Dorfpumpe aus dem Jahre 1789 steht. Weithin sieht man den hohen Backsteinturm der Kirche aus dem 14. Jh. Das relativ große Stadthaus verweist auf die Bedeutung dieser früher so lebendigen Hafenstadt, deren florierende Geschäfte durch die Versandung des Zwin

073ho Foto: ot

beendet wurden – und Sint Anna ter Muiden in eine ländliche Atmosphäre zurückversetzten.

● **Turm der Kirche Sint Anna ter Muiden:** Nederherenweg 1, Tel. (0117) 46 17 00, www.sintannatermuiden.nl,

Das Rathaus von Sluis

der 28 m hohe Turm diente früher als Leuchtturm; Besichtigungen/Gruppenbesuche nur unter Leitung eines Kirchenführers, Information beim VVV (s.u.).

Info

- **Tel.-Vorwahl:** 0117
- **VVV Sluis:** 4524, St. Annastraat 15, Tel. 46 17 00, Fax 46 26 84, www.vvvzeeland.nl.

Essen & Trinken

- **De Vijverhoeve** €€€: Sint Anna ter Muiden, Greveningsweg 2, Tel. 46 13 94, www.devijverhoeve.nl, Spezialitätenrestaurant mit rückwärtiger kleiner Terrasse an einem Weiher, Spezialitäten Gänseleber, Schalentiere und Hummer, Mi und Do geschlossen.
- **Oud Sluis** €€€€: Beestenmarkt 2, Tel. 46 12 69, www.oudsluis.nl, kleines Spitzenrestaurant mit raffinierter Küche, Fisch- und Meeresfrüchtespezialitäten, 1. Aprilwoche, 2. Juniwoche, zwei Wochen im Oktober, Mo und Di geschlossen.
- **Gasterij Balmoral** €€: 4524 CK, Kaai 16a, Tel. 42 11 04, Fax 42 11 05, balmoral.sluis@planet.nl, mit Terrasse, französische Küche, Mitte Jan. bis Mitte Febr., Do geschlossen.

Nachtleben

- **Jopie Café-Bar-Diskotheek:** Kaai 3, Tel. 46 12 31, www.jopiesluis.nl.

Museen

- **Streeklandbouwmuseum West-Zeeuws-Vlaanderen:** Sint Jansdijk 7, 4504 PB Nieuwvliet, ersetzt das bisherige regionale Landbaumuseum *Agrimundia* in Sint Anna ter Muiden, zeigt Exponate zur Arbeit auf dem Bauernhof, landwirtschaftliche Geräte etc.
- **Rathaus:** Groote Markt 1, Tel. 49 55 08, www.gemeentesluis.nl, im historischen Ratssaal ist eine Ausstellung von Gemälden aus dem 17. und 18. Jahrhundert zu sehen, geöffnet Anf. April bis Okt. und an Feiertagen 14–17 Uhr, Juli/Aug. 13–17 Uhr, Eintritt 2 €, Kinder 1 €.
- **De Brak:** Nieuwestraat 26, Tel. 46 12 50, www.molenvansluis.nl, schwere, runde, steinerne Stellungsmühle mit drehbarer Haube (Baujahr 1739), erste steinerne Mühle der Region, gebaut als Festungsmühle an der Südostgrenze von Fort Sluis, regelmäßig in Betrieb, Ostern bis Ende Okt. täglich 10–17 Uhr, außerhalb der Saison Do und Fr geschlossen, Eintritt 2 €, Kinder 1,50 €, mit Souvenirshop und Café, Brasserie und Restaurant.

Aktivitäten

- **Tover Sluis:** Nieuwestraat 83a, Tel. 46 11 11, www.toversluis.nl, überdachtes Spielparadies für Groß und Klein, geöffnet Mo, Di und So 14–23 Uhr, Mi und So 11–23 Uhr, Fr/Sa 11–1 Uhr, Eintritt frei.
- **Holzschuhherstellung:** L&B Sluis Klompenhuis, St. Annastraat 51, Tel. 46 24 74, gezeigt wird die Holzschuhherstellung, Souvenirladen, Kaffeehaus.

Aardenburg

Von Sluis lohnt die Weiterfahrt ins nahe gelegene Aardenburg. Hier siedelten schon vor 8000 Jahren Menschen. Im Jahr 170 n. Chr. errichtete der römische Feldherr *Marcus Didius Julianus* das **Castellum Radanum,** sodass Aardenburg sich zu Recht als älteste Stadt Zeelands bezeichnen kann; in der Burchstraat wurde das Fundament des West-Tores dieses Kastells rekonstruiert. Hauptbauwerk des Ortes ist die **St. Bavokerk,** die zu den bedeutendsten Denkmälern der flämischen Gotik in den Niederlanden zählt. Mönche der St. Baafsabtei deichten das Gebiet um Aardenburg im 10. Jahrhundert ein und stifteten 959 die St. Bavokerk. Die damalige Kapelle diente als Basis für die heutige Kirche. Während der Restaurierungsarbeiten nach dem Zweiten Weltkrieg kamen Sarkophage mit Grabmalereien aus dem 14. und 15. Jahrhundert zum Vorschein.

Reizvoll ist ein Spaziergang durch die alte Stadt mit ihren vornehmen **Patrizierhäusern** innerhalb der „Wallanlagen" mit dem mittelalterlichen **Kaitor.** Einst lag dieses Tor am Hafen. Seine Entstehung geht auf das 13. Jahrhundert zurück, die heutige Form erhielt es um 1650.

Museen

- **Archäologisches Regionalmuseum Aardenburg:** Marktstraat 18, Tel. 49 28 88, www.gementesluis.nl, Exponate aus Römerzeit und Mittelalter, geöffnet Di–So 13.30–17 Uhr, Eintritt 2 €, Kinder 1 €.

Aktivitäten

- **Kutschfahrten:** T. Hijens, Hoekseweg 9, Tel. 46 14 09.
- **Schneckenzucht:** In den Wijngaard, Tel. 49 12 36, geöffnet Mai bis Sept., Führungen 14.30 Uhr, Eintritt 3,55 €, Kinder 1,85 €.

074ho Foto: ti

Anhang

Literaturtipps

Romane

- *Harry Mulisch:* **Die Entdeckung des Himmels,** Rohwohlt Verlag 1995. Die Geschichte einer schicksalhaften Dreiecksbeziehung und eines ungewöhnlichen Auftrags rührt an große Menschheitsfragen.
- *Cees Nooteboom:* **Rituale,** Suhrkamp Verlag 1995. Als sich die Hauptfigur das Leben nehmen will, entdeckt sie es neu. Eine Schilderung der Sinnsuche vor dem Hintergrund der Lebensumstände im Amsterdam der 1960er Jahre.
- *Maarten 't Hart:* **Das ganze Wüten der Welt,** Piper Verlag 1999. *Alexander,* zwölfjähriger Sohn eines Lumpenhändlers aus einem Armenviertel an der Küste, lebt in der spießigen Enge der holländischen Provinz und wird Zeuge eines Mordes, dessen Hintergründe in die Deutsche Besatzungszeit zurück reichen. Die Lösung des Falls ist überraschend. *Alexander* ist einem Drama aus Schuld und Verrat auf die Spur gekommen – für sich selbst findet er nur Halt in der tröstlichen Kraft der Musik.
- *ders.:* **Die Netzflickerin,** Piper Verlag 2000. Die Lebensgeschichte des Apothekers *Simon Minderhout* und seiner Liebe zu einer Netzflickerin. Ein einmaliges Ereignis aus der Zeit des Widerstandes gegen die deutsche Besatzung, die ihn ein Leben lang in Bann hält. Jahrzehnte später gerät er durch diese Liebe in einen Teufelskreis aus Denunziation und Verrat.
- *ders.:* **Der Schneeflockenbaum,** Piper Verlag 2009, die außergewöhnliche Lebensgeschichte zweier Freunde von der Nachkriegszeit bis in die Jetztzeit, ihre wissenschaftliche Laufbahn, ihre Konkurrenz um das weibliche Geschlecht – mit viel Humor geschriebener Einblick in die moderne niederländische Gesellschaft.

Landeskundliches

- *ANWB:* **Kustgids Nederland,** ANWB Verlag, Den Haag 2002. Hervorragender Führer (auf Niederländisch) des Niederländischen Automobilclubs durch die niederländischen Küstenlandschaften.

- **Deutschland – Niederlande: Heiter bis wolkig,** Bouvier Verlag, Bonn 2000. Begleitbuch zur gleichnamigen Ausstellung im Haus der Geschichte der Bundesrepublik Deutschland (Bonn, Nov. 2000 bis April 2001) und im Rijksmuseum Amsterdam (Mai bis Sept. 2001).
- *Bart Lootsma:* **Superdutch – Neue Niederländische Architektur,** Deutsche Verlagsanstalt, Stuttgart und München 2000. In Übersetzung erschienenes Buch zu den bedeutendsten Werken moderner niederländischer Architektur, geordnet nach Architekturbüros.
- *Thimo de Nijs* und *Eelco Beukers* (Hrsg.): **Geschiedenis van Holland,** Uijtgeverei Verloren 2002 ff. Umfassende Darstellung (auf Niederländisch) der holländischen Geschichte in vier Bänden.
- *Constance Eenschooten* und *Hélène Matze:* **De Hollandse Keuken,** Atrium Verlag, Alphen aan den Rijn 2003. Einführung in die holländische Küche mit gut bebildertem Rezeptteil, Text auch auf Englisch.

Sprachhilfen

- **Niederländisch – Wort für Wort,** aus der Kauderwelsch-Reihe (Bd. 66), REISE KNOW-HOW Verlag, Bielefeld. Niederländisch zum Einsteigen, ermöglicht die schnelle Verständigung. Die handlichen Sprechführer bieten eine auf das Wesentliche reduzierte Grammatik und viele Beispielsätze für den Reisealltag.
- **Niederländisch Slang,** Kauderwelsch Band 159, REISE KNOW-HOW Verlag, Bielefeld. Die Alltagssprache für Fortgeschrittene.

Zu beiden Bänden gibt es eine begleitende Audio-CD, den **AusspracheTrainer.** Ebenfalls erhältlich ist das komplette Buch Niederländisch – Wort für Wort auf CD-ROM: **Niederländisch digital.**

Kleine Sprachhilfe

Aussprache

Bei den **Konsonanten** besteht im Niederländischen und Deutschen weitgehende Identität – hier die wichtigsten Abweichungen:

g: wie hartes ch in Bach (z.B. *groot* = groß, aber nicht in Fremdwörtern wie *gag*)
s: scharf wie in lassen (z.B. *sint* = Heiliger)
sj: wie sch in Schule (z.B. *meisje* = Mädchen)
ch: immer wie in acht, nicht wie in Küche (z.B. *achter* = hinter)
sch: getrennt gesprochene Konsonanten s + ch (z.B. *Scheveningen*)
z: stimmhaftes s wie in Rose (z.B. *zoon* = Sohn)

Bei den **Vokalen** gibt es große Abweichungen, vor allem bei den Vokalverbindungen:

ei: wie äi (z.B. *klein* = klein)
eu: wie ö (z.B. *deur* = Tür)
ij: wie äi (z.B. *Ijsselmeer*)
oe: wie u (z.B. *Hellevoetsluis*)
ou: wie au (z.B. *hout* = Holz)
u: wie ü (z.B. *Utrecht*)
ui: wie öi (z.B. *huis* = Haus)

Wichtige Begriffe für unterwegs

abdij: Abtei
apotheek: Apotheke
arts: Arzt
bezienswaardigkeit: Sehenswürdigkeit
bezoekerscentrum: Besucherzentrum
boerderij: Bauernhof
bushalte: Bushaltestelle
dijk: Deich
doorgaandverkeer: Durchgangsverkehr
fiets: Fahrrad
gemeentehuis: Rathaus
gesloten: geschlossen
gestremd: gesperrt
hervormde kerk: Reformierte Kirche
Hollandse Nieuwe: frischer Matjes
huis: Haus
kaas: Käse
kasteel: Burg
knooppunt: Kreuzung
landbouw: Landwirtschaft
let op!: Achtung!
meer: Binnensee

moffen: geringschätzige Bezeichnung für die Deutschen aus der Zeit des Zweiten Weltkriegs (*mof* = Muff)
molen: Mühle
omleiding: Umleitung
open: geöffnet
paleis: Palais, Schloss
plas: kleiner See
parkeren: parken (*niet parkeren:* Parkverbot, *betaald parkeren:* gebührenpflichtiger Parkplatz)
plein: Platz
politie: Polizei
pompstation: Tankstelle
postkantoor: Postamt
postzegel: Briefmarke
rechtdoor: geradeaus
richting: Richtung
schouwburg: Theater
slot: Schloss
sluis: Schleuse
stadhuis: Rathaus
station: Bahnhof
streek: Landstrich
tankstation: Tankstelle
tram: Straßenbahn
tramhalte: Straßenbahnhaltestelle
tentoonstelling: Ausstellung
toegang: Eingang
toilet: Toilette
trein: Zug
trekken: wandern
tuin: Garten
uitrit: Ausfahrt
veer: Fähre
verboden: verboten
voorang: Vorfahrt
vuurtoren: Leuchtturm
wandelen: spazieren gehen
wandelweg: Wanderweg
werk in uitvoering: Bauarbeiten
zachte berm: Seitenstreifen unbefestigt
zee: Meer
ziekenhuis: Krankenhaus

Redewendungen und Floskeln

ja – nein: *ja – nee*
bitte sehr: *alstublieft* (Sie), *alsjeblieft* (Du)
danke sehr: *dank u wel*
guten Morgen: *goedemorgen*
guten Tag: *goedendag*
guten Abend: *goedenavond*
auf Wiedersehen: *tot ziens*

Hallo – tschüss: *hallo/hoi – dag*
Entschuldigung: *pardon*
Wie bitte?: *Wat zegt u?*
Haben Sie...?: *Heeft u...?*
Haben Sie noch Zimmer frei?: *Heeft u nog kamers frij?*
mit Dusche?: *met douche?*
Was kostet das Zimmer mit Frühstück?
Hoeveel kost logies met ontbijt
mit Halbpension?: *met halfpension?*
für eine Nacht (Woche)?: *voor een nacht (week)?*
Können Sie mir ein gutes Hotel (eine Pension) empfehlen?
Kunt u mij een goed hotel (een pension) aanbevelen?
Die Speisekarte, bitte!: *De Kart, graag!*
Guten Appetit!: *Eet smakelijk!*
Die Rechnung, bitte!: *De rekening, alstublieft!*
Bitte, wo ist? *Waar is?*
Volltanken bitte: *vol, alstublieft*
Ich habe hier Schmerzen: *Ik heb hier pijn*
Ich habe Fieber: *Ik heb koorts*
Können Sie mir bitte helfen?: *Kunt u mij alstublieft helpen?*
Bitte rufen Sie schnell einen Krankenwagen
(Polizei, Feuerwehr)!: *Belt u direct een ziekenwagen*
(de politie, de brandweer)!
Es war meine (Ihre) Schuld!: *Het was mijn (uw) schuld!*
Wieviel kostet es?: *Hoe duur is het? Hoeveel kost het?*
Wieviel Uhr ist es?: *Hoe laat is het?*
Wie geht es Ihnen (dir)?: *Hoe gaat het met u (jou)?*

Zahlen

1: een
2: twee
3: drie
4: vier
5: vijf
6: zes
7: zeven
8: acht
9: negen
10: tien
11: elf
12: twaalf
13: dertien
14: veertien
15: vijftien
16: zestien
17: zeventien
18: achttien
19: negentien
20: twintig

21: eenentwintig
22: tweeëntwintig
23: drieëntwintig
30: dertig
40: veertig
50: vijftig
60: zestig
70: zeventig
80: tachtig
90: negentig
100: honderd
200: tweehonderd
500: fijfhonderd
1000: duizend
10000: tienduizend
1 Mio.: een miljoen

1/2: een half
1/3: een derde
1/4: een vierde, een kwart

HILFE!

Dieser Reiseführer ist gespickt mit unzähligen Adressen, Preisen, Tipps und Infos. Nur vor Ort kann überprüft werden, was noch stimmt, was sich verändert hat, ob Preise gestiegen oder gefallen sind, ob ein Hotel, ein Restaurant immer noch empfehlenswert ist oder nicht mehr, ob ein Ziel noch oder jetzt erreichbar ist, ob es eine lohnende Alternative gibt usw.

Unsere Autoren sind zwar stetig unterwegs und versuchen, alle zwei Jahre eine komplette Aktualisierung zu erstellen, aber auf die Mithilfe von Reisenden können sie nicht verzichten.

Darum: Schreiben Sie uns, was sich geändert hat, was besser sein könnte, was gestrichen bzw. ergänzt werden soll. Nur so bleibt dieses Buch immer aktuell und zuverlässig. Wenn sich die Infos direkt auf das Buch beziehen, würde die Seitenangabe uns die Arbeit sehr erleichtern. Gut verwertbare Informationen belohnt der Verlag mit einem Sprechführer Ihrer Wahl aus der über 220 Bände umfassenden Reihe „Kauderwelsch" (siehe unten).

Bitte schreiben Sie an: REISE KNOW-HOW Verlag Peter Rump GmbH, Postfach 140666, D-33626 Bielefeld, E-mail: info@reise-know-how.de

Danke!

Kauderwelsch-Sprechführer – sprechen und verstehen rund um den Globus

Afrikaans • Albanisch • Amerikanisch - *American Slang, More American Slang,* Amerikanisch oder Britisch? • Amharisch • Arabisch - Hocharabisch, für Ägypten, Algerien, Golfstaaten, Irak, Jemen, Marokko, • Palästina & Syrien, Sudan, Tunesien • Armenisch • *Bairisch* • Balinesisch • Baskisch • Bengali • *Berlinerisch* • Brasilianisch • Bulgarisch • Burmesisch • Cebuano • Chinesisch - Hochchinesisch, kulinarisch • Dänisch • Deutsch - *Allemand, Almanca, Duits, German, Nemjetzkii, Tedesco* • *Elsässisch* • Englisch - *British Slang, Australian Slang, Canadian Slang, Neuseeland Slang,* für Australien, für Indien • Färöisch • Esperanto • Estnisch • Finnisch • Französisch - für Restaurant & Supermarkt, für den Senegal, für Tunesien, *Französisch Slang, Franko-Kanadisch* • Galicisch • Georgisch • Griechisch • Guarani • Gujarati • Hausa • Hebräisch • Hieroglyphisch • Hindi • Indonesisch • Irisch-Gälisch • Isländisch • Italienisch - *Italienisch Slang,* für Opernfans, kulinarisch • Japanisch • Javanisch • Jiddisch • Kantonesisch • Kasachisch • Katalanisch • Khmer • Kirgisisch • Kisuaheli • Kinyarwanda • *Kölsch* • Koreanisch • Kreol für Trinidad & Tobago • Kroatisch • Kurdisch • Laotisch • Lettisch • Lëtzebuergesch • Lingala • Litauisch • Madagassisch • Mazedonisch • Malaiisch • Mallorquinisch • Maltesisch • Mandinka • Marathi • Mongolisch • Nepali • Niederländisch - *Niederländisch Slang,* Flämisch • Norwegisch • Paschto • Patois • Persisch • Pidgin-English • *Plattdüütsch* • Polnisch • Portugiesisch • Punjabi • Quechua • *Ruhrdeutsch* • Rumänisch • Russisch • *Sächsisch* • *Schwäbisch* • Schwedisch • *Schwiizertüütsch* • *Scots* • Serbisch • Singhalesisch • Sizilianisch • Slowakisch • Slowenisch • Spanisch - *Spanisch Slang,* für Lateinamerika, für Argentinien, Chile, Costa Rica, Cuba, Dominikanische Republik, Ecuador, Guatemala, Honduras, Mexiko, Nicaragua, Panama, Peru, Venezuela, kulinarisch • Tadschikisch • Tagalog • Tamil • Tatarisch • Thai • Tibetisch • Tschechisch • Türkisch • Twi • Ukrainisch • Ungarisch • Urdu • Usbekisch • Vietnamesisch • Walisisch • Weißrussisch • *Wienerisch* • Wolof • Xhosa

sound trip
in cooperation with
piranha
Musik im
REISE KNOW-HOW Verlag
REISE KNOW-HOW
East Africa
Northern Africa
South Africa
The Andes
Argentina
Australia
The Balkans
Baltic States
Barbados
Oriental Belly Dance
Northeast Brazil
Canada
Chile
China
Colombia
Cuba
Finland
Iceland
India
Ireland
Israel
Japan
Mexico
New Zealand
Norway
Russia, St. Petersburg
Scotland
Switzerland
Turkey
Uruguay
Die Compilations der CD-Reihe sound trip stellen aktuelle, typische Musik eines Landes oder einer Region vor.
Im Buchhandel erhältlich | Unverbindl. Preisempf.: EURO 15,90 [D]
Kostenlose Hörprobe im Internet.
www.reise-know-how.de

Strand und Watt

Reiseführer für Sonnenanbeter, Wattwanderer, Nordsee-liebhaber und Leute, die einfach nur ausspannen wollen. Hunderte von Adressen, detaillierte Tipps, verlässliche, praktische Angaben: Urlaubshandbücher von **REISE KNOW-HOW** (Auswahl)

Dänemarks Nordseeküste
360 Seiten, ca. 90 Fotos, 28 Karten und Pläne, durchgehend farbig illustriert

Nordseeküste Schleswig-Holstein
320 Seiten, 13 Ortspläne und Karten, durchgehend farbig illustriert

Insel Föhr
204 Seiten, 14 Exkurse, mehr als 70 Fotos, 14 Karten und Pläne, durchgehend farbig illustriert

Insel Amrum
204 Seiten, 17 Exkurse, 7 Karten und Pläne, 70 Fotos, durchgehend farbig illustriert

Insel Borkum
228 Seiten, 12 Exkurse, 9 Karten und Pläne, 80 Fotos, durchgehend farbig illustriert

REISE KNOW-HOW Verlag, Bielefeld

Anhang

Register

320ho Foto: fr

Die Autoren

Barbara und Hans Otzen – ihr gemeinsames Leben ist durch seine Reiselust geprägt worden. Es hat ihn an den Amazonas, in die Anden und nach Ostafrika gezogen. Aus all diesen Reisen sind Reiseführer entstanden, die in renommierten Verlagen erschienen.

Inzwischen konzentrieren sich beider Interessen auf die europäischen Länder und Kulturen. Geschichte und Kunst wie gleichermaßen Essen und Trinken spielen dabei in den Reiseführern über Österreich, Deutschland, Frankreich, die Niederlande und in mehreren Kochbüchern sowie Wein-Reiseführern eine zentrale Rolle. Mit der niederländischen Küste fühlen sich die Autoren dabei besonders verbunden, sind sie doch schon als Kinder und auch mit ihren Kindern immer wieder dorthin in die Ferien gefahren.

Im Reise Know-How Verlag sind von Barbara und Hans Otzen bisher die Reiseführer „Normandie", „Die Eifel" und „Niederlande" erschienen. Der Reiseführer „Südtirol" ist in Planung.